Claudia von Werlhof

Die Verkehrung

Das Projekt des Patriarchats und das Gender-Dilemma

Die Drucklegung der Publikation wurde ermöglicht durch
das Bundesministerium für Wissenschaft und Forschung / Wien.

Bibliografische Information der Deutschen Bibliothek
Die Deutsche Bibliothek verzeichnet diese Publikation in der
Deutschen Nationalbibliografie; detaillierte bibliografische Daten
sind im Internet über http://dnb.ddb.de abrufbar

Homepage: www.mediashop.at

Umschlaggestaltung: Gisela Scheubmayr
Lektorat: Karin Ballauff
Buchgestaltung: Jo Schedlbauer
Druck: AZ Druck und Datentechnik GmbH
Printed in Germany
ISBN 978-3-85371-332-7

Fordern Sie einen Gesamtprospekt des Verlages an:
Promedia Verlag, Wickenburggasse 5/12
A-1080 Wien, Fax: 0043/1/405 27 02 - 22
E-Mail: promedia@mediashop.at

Claudia von Werlhof

Die Verkehrung

Das Projekt des Patriarchats und das Gender-Dilemma

PROMEDIA

Die Autorin

Claudia von Werlhof, 1943 in Berlin geboren, ist Professorin für Frauenforschung an der Universität Innsbruck. Mit ihrem 1983 erstmals erschienenen Klassiker „Frauen, die letzte Kolonie" (gemeinsam mit Maria Mies und Veronika Bennholdt-Thomsen) hat sie nicht nur die Frauenbewegung, sondern auch den antiimperialen Diskurs wesentlich beeinflusst. Zuletzt ist von ihr im Promedia Verlag erschienen: „Subsistenz und Widerstand. Alternativen zur Globalisierung" (2003). Im Jahr 2010 hat sie den Verein „Planetare Bewegung für ‚Mutter Erde'" gegründet.

Inhaltsverzeichnis

Widmung

Dieses Buch widme ich allen Menschen, Frauen und Männern, die das Patriarchat bisher nicht verstanden haben (können oder wollen). Darunter sind auch diejenigen, die seit jeher glaubten, mich persönlich bekämpfen zu müssen, gerade auch Frauen, die sich allerdings nicht mehr als solche verstehen wollen. Dieser Zwist ist seit Jahrzehnten ein Grundkonflikt in meinem Leben. Ich bin aber nicht das Problem, sondern nur die Botin. Und so lege ich auch Kunde ab davon, dass ein Nicht-Verstehen(-Wollen) des Patriarchats Gründe hat, die in seiner eigenen Logik liegen. Es ist also erklärbar. Das gilt natürlich auch für Männer und ihre so oft zu beobachtende Unwilligkeit oder Unfähigkeit, das Patriarchat als ihre eigene Erfindung und sich selbst sowie die Frauen darin zu sehen, von einem Verstehen dieser Situation ganz zu schweigen. Letzteres gilt gerade auch für den Zwist zwischen Frauen. Denn er bedeutet nichts Geringeres als das Sichtbar-Werden der letztlich antagonistischen Spaltung von Frauen zwischen der Anpassung an das lebensfeindliche Patriarchat und der Erinnerung an das lebensfreundliche Matriarchat als ihrer eigenen, aber verdrängten Kulturleistung. Auch für Männer ist zu hoffen, dass sie endlich anfangen, ihre Spaltungen untereinander sowie die Spaltung zwischen Männern und Frauen als Resultate des Patriarchats als System zu begreifen. Denn für Männer bedeutet das Patriarchat ebenfalls nichts Gutes. Es ist höchste Zeit, dass das von allen Beteiligten gesehen wird. Sonst gehen wir sehr gefährlichen Zeiten entgegen. In der heutigen Zivilisationskrise drohen nämlich überall neo-totalitäre Verhältnisse, die ohne Patriarchatskritik nicht verstanden werden können. In diesem Falle könnten alle, Männer und Frauen, leicht zu Opfern und/oder (Mit-)TäterInnen gemacht werden, diesmal allerdings bei einem Verbrechen gegen das Leben, ja die Erde im globalen Maßstab.

Vorwort

Verkehrung, die Logik des Patriarchats – Vom „Tod der Natur" über den Tod der Frau zum ultimativen Muttermord – an der Erde selber?

Die Erde als Waffe, oder: Hält die Kritische Patriarchatstheorie, was sie verspricht?

Seit 2010 habe ich eine Reihe von Erfahrungen gemacht, die mein Leben zu verändern begonnen haben. Deshalb muss ich nachträglich bzw. während diese Erfahrungen noch laufen, an dieser Stelle darauf eingehen. Als ich Mitte Februar 2010 in einem Interview im Wiener „Standard" die internationale Diskussion darüber erwähnte, dass das Erdbeben in Haiti im Januar desselben Jahres womöglich ein künstlich produziertes gewesen sein könnte, brach über mich eine wochenlange Welle von Anfeindungen und Verhöhnungen in der österreichischen Presse, an „meinem" Institut für Politikwissenschaft an der Universität Innsbruck, an dem ich schon 22 Jahre lang tätig bin sowie im Internet herein, die sich in einer zweiten Phase noch einmal in einem gefährlichen Ausmaß so steigerte, dass ich praktisch zahllosen Angriffen ausgeliefert war [1]. Bei der Suche nach einer Erklärung für diese Kampagne und der Recherche zu den Ereignissen in Haiti bin ich auf das Buch von Rosalie Bertell gestoßen: „Planet Earth. The Latest Weapon of War", aus dem Jahre 2000. Ich hatte sie bisher nur vom Hörensagen als eine Umweltwissenschaftlerin gekannt. Ihr Buch aber, das nach ihrer Studie „Keine unmittelbare Gefahr? Die radioaktive Verseuchung der Erde", das ihr 1986 den Alternativen Nobelpreis einbrachte [2], ihr zweites großes Werk ist und bislang nur in englischer und japanischer Sprache vorliegt, ist bis heute weitgehend unbekannt geblieben. Wie ich inzwischen von ihr erfahren habe, wurde sie nach Erscheinen ihres Werkes schwer krank und der Verlag ging pleite, so dass das Buch kaum verbreitet wurde.

Rosalie Bertell hat über Jahrzehnte hinweg die Experimente und technologischen Entwicklungen des Militärs in der Sowjetunion/Russland und den USA, etwa im Militärforschungszentrum HAARP in Alaska, verfolgt und nachgewiesen, dass dabei sowohl die Methode des Hervorrufens von Erdbeben als auch verschiedene Arten der Wettermanipulation, der Verstärkung und Lenkung von Tornados und Tsunamis, von Dürre und Überschwemmungen, von krankmachenden Luftveränderungen und generell Manipulationen mithilfe elektromagnetischer Wellen und eine Art von „Geo-Engineering" erprobt werden. Es wurden nicht-nukleare Massenvernichtungswaffen erfunden und getestet, die auf der Grundlage der Manipulation der Energiegesetze der Erde diese gegen sich selbst und das Leben auf ihr wendet. Dabei sind

1 vgl. Werlhof 2010 (a), Krcal
2 Bertell 1987

möglicherweise irreversible Beschädigungen des Planeten und insbesondere seiner Lufthüllen, die ihn gegen kosmische Strahlungen schützen, die Folge gewesen (Ozonloch, Aufladung/-heizung der Ionosphäre), und die Erde wurde durch Störung der Magnetfelder bereits ins Schwanken gebracht[3]. Das Panorama der Forschungen bewegt sich zwischen den unter- und oberirdisch ausgeführten Atomversuchen seit den 1950er Jahren und der Verwendung von Umweltwaffen im Vietnam-, Balkan-, und Golf-Krieg, über die Installation von Satelliten in Erdumlaufbahnen und die Raumfahrt bis hin zu Beeinträchtigungen des Elektromagnetismus der Erde, des Golfstroms und der nicht zufällig abtauenden Pole und Eisregionen der Erde. So könnte der Klimawandel viel mehr mit der Aufheizung der Ionosphäre als mit dem CO_2-Ausstoß zu tun haben und überhaupt im Wesentlichen ein Ergebnis der jahrzehntelangen russischen „Sura"-, „Woodpecker"- und amerikanischen HAARP-Aktivitäten mittels der dafür errichteten „Ionosphären-Heizer", also besonderer Radar-Anlagen sein, die mit elektromagnetischen Wellen arbeiten.

Die Essenz von Bertells Forschungen lautet: Der Planet wird gegen sich selbst in den Krieg geschickt, und es wird mit dem Planeten Krieg geführt. Der Planet Erde ist zur Waffe geworden. Die bereits eingetretenen und noch zu erwartenden Folgen sind in ihrem Ausmaß bisher weitgehend unbekannt und können jederzeit in eine Katastrophe münden.

Nun ist Bertell aber nicht die Einzige, die im Gegensatz zu großen Teilen der Öffentlichkeit, Wissenschaft und Politik über diese technologischen Entwicklungen Bescheid weiß. Auch die UNO hat bereits 1977 zum ersten Mal öffentlich in der Environmental Modification Convention, ENMOD, also vor nicht weniger als 35 Jahren, darauf hingewiesen. Da heißt es, dass jede militärische oder feindselige Anwendung von Technologien, die die Umwelt verändern, verboten sein solle, nämlich insbesondere Technologien, die „Erdbeben, Tsunamis, eine Störung des ökologischen Gleichgewichts einer Region, Veränderungen des Wetters (inkl. Wolkenbildung, Zyklone, Tornados), Veränderungen des Klimas, Änderungen von Ozeanströmungen, Änderungen der Ozonschicht und Änderungen im Zustand der Ionosphäre" bewirken können (UNO 1977). Diese Konvention wurde bis heute von etwa 90 Staaten unterzeichnet. Und sie wurde 2010 in Nagoya durch das Moratorium der UNO gegen das so genannte „Geo-Engineering" und seine Gefahren, die demselben technologischen Komplex planetarer Eingriffsmethoden angehören, ergänzt. Dieses Abkommen wurde inzwischen von 193 Staaten unterzeichnet[4].

Wenn wir uns aber ansehen, dass sich die Naturkatastrophen seit den 1970er Jahren verzehnfacht[5] und allein im Vergleich 2009/2010 die Zahl großer

3 Bertell 2010, 2011
4 vgl. UNO 2010, www.pbme-online.org, 2. Info-Brief 2010
5 Bertell 2010

Erdbeben verdreifacht hat, so ist zu befürchten, dass die 1977er-Konvention von vielen Staaten nicht eingehalten wird. Wenn die Ereignisse um Mega-Erdbeben, Tsunami und dreifachen Super-GAU in Fukushima in Japan 2011 mit einbezogen werden, kann man inzwischen davon ausgehen, dass wir bereits in einen neuen Weltkrieg eingetreten sein könnten, der mit der Geheimwaffe Naturkatastrophe vonstatten geht und in der Tat planetare Ausmaße angenommen hat [6].

Ich möchte diese Ereignisse und Erkenntnisse in ein Buch „einbauen", das sich insbesondere mit dem patriarchalen Projekt einer „Verkehrung der Welt" beschäftigt, das meiner Analyse nach von der Transformation der Natur in eine „Gegen-Natur" ausgeht, sei es in Mikro-, Meso-, also menschlichen, oder Makro-Bereichen. Hält die bisher entwickelte Erklärung dieses Phänomens dem Ansturm neuer Realitäten, ja gänzlich neuer, nämlich planetar-kosmischer Dimensionen stand?

Ich denke, dass ich diese Frage inzwischen mit Ja beantworten kann. Die Kritische Patriarchatstheorie, wie wir sie nennen [7], kann und muss nun über ihre bisherige interdisziplinäre Breite hinaus um das Kapitel einer „planetaren Militär-Alchemie" [8] erweitert werden, so sehr ich mir auch wünschen würde, dass der Anlass dafür nie eingetreten wäre. Die Kritische Patriarchatstheorie ist wahrscheinlich weltweit der bisher einzige theoretische Ansatz, der überhaupt dazu imstande ist. Und er ist dazu gerade deshalb imstande, weil er von der „Geschlechterfrage" – sei es im Allgemeinen oder Besonderen, sei es im historischen oder im aktuellen Kontext – ausgeht, nämlich ihrer „Ordnung" im Patriarchat.

Ursprünglicher Zugang zum Thema: ein entsetzlicher Verdacht

Seit Jahren entsteht in mir ein entsetzlicher Verdacht. Er ist nahezu unaussprechlich. Es gibt für ihn auch keinen genauen Begriff. Aber ich merke, da braut sich etwas zusammen. Das zeigt sich auf einer formalen Ebene, nämlich beispielsweise daran, dass es zunehmend wirksame Denk-, Schreib- und Sprech-Tabus gibt.

Ein Tabu ist eigentlich ein absolutes Verbot. Es zu brechen gilt als Verbrechen. Was bedeutet es dann, dass es heute „tabu" ist, über einen positiv verstandenen Zusammenhang von Frauen und Natur zu sprechen, gar im Zusammenhang mit Müttern, dem weiblichen Leib und der Mutterschaft, ja im Zusammenhang mit „Mutter Erde"? Ist etwa die Thematisierung von Mutterschaft und einem positiven Verhältnis zum Leib und zur Natur heute so etwas wie ein Verbrechen? Ja, das Wort „Frau" auszusprechen, ist – auch ohne weitere Bezugnahme – in bestimmten Kreisen heute schon zum Tabu geworden.

6 Werlhof 2011 (a)
7 Projektgruppe 2009
8 vgl. Werlhof 2011 (c)

Stattdessen soll ausschließlich von „Gender" die Rede sein. Das gilt beispielsweise in vielen Teilen der heutigen Wissenschaft, in NGOs, der so genannten Entwicklungshilfe, bei Verlagen und in weiten Teilen der Politik. Wer da einen Antrag auf Finanzierung oder Publikation stellt, in dem systematisch, also theoretisch verortet – wie etwa in unserer Kritischen Patriarchatstheorie – von „Frauen" statt von „Gender" (und dem entsprechenden Gleichstellungs- und -behandlungskonzept) die Rede ist, darf mit Ablehnung rechnen. Das ist mir kürzlich mit dem eigentlich als seriös geltenden Fonds zur Förderung der wissenschaftlichen Forschung (FWF), Hauptfinancier sozialwissenschaftlicher Forschungsprojekte in Österreich, und mehreren, sich als fortschrittlich bis links verstehenden englischsprachigen Verlagen, passiert, und ich höre sogar aus Bangladesh, wo meine Freundin Farida Akhter, die für die dortige „neue Bauernbewegung"[9] arbeitet, sich gegenüber ausländischen „Hilfs"-Organisationen zur Wehr setzt, indem sie sagt: „Ich bin nicht ein Gender, sondern ich bin eine Frau!"

Bekannt ist inzwischen auch die Redewendung „doing gender", eher neu ist der Ausdruck „gender is happening"[10]. Dabei fällt auf, dass das Tabu, über Frauen zu sprechen, auf einer Welle der „Verniedlichung", Banalisierung und Verharmlosung daherkommt. Was wird dahinter versteckt? Ist denn nicht das Sex-Geschäft mit Frauen heute das größte der Welt, sind nicht Frauen nach wie vor, ja zunehmend das Billiglohn- bzw. Gratislohngeschlecht in aller Welt und sind nicht Frauen, anstatt irgendein „Gender", heute das Opfer männlicher Gewalttaten inner- und außerhalb der Familien, im Privaten wie in der Öffentlichkeit von Amstetten bis Ciudad Juárez, von Kapstadt bis nach Osteuropa und von den USA bis in den Kongo?[11]

Nach Hannah Arendt kann die Banalisierung von gewalttätigen gesellschaftlichen Verhältnissen als „Banalität des Bösen" bezeichnet werden. Sie meinte das Verhalten Eichmanns, der als nüchterner Bürokrat und sozusagen ohne mit der Wimper zu zucken die Transporte von Millionen Juden in die Konzentrationslager organisierte, ohne für sein mörderisches Verhalten und dessen Folgen die Verantwortung übernehmen zu wollen[12]. Die Tendenz zur Banalisierung des jeweils „Bösen" scheint seitdem aber nicht aufgehört zu haben, sondern in einer Zeit des Zusammenwirkens von Neo-Kolonialismus, Neo-Liberalismus, drohendem Totalitarismus und globalen Kriegen[13] auf allen Ebenen der Realität geradezu „notwendig" zu sein. Denn nur so kann das Erkennen bestehender Zusammenhänge und damit einhergehender Krisen, ja letztlich das heute zu beobachtende Scheitern der modernen Zivilisation[14] noch eine Weile verborgen werden.

9 Akhter 2003
10 Heinrich Böll Stiftung, nach Auskunft von Maria Mies 2009
11 z. B. Kreutzer/Milborn 2008
12 Ahrendt 1964
13 Mies 2004
14 Werlhof 2010 (c)

Wie kommt also ein derart groteskes „Tabu", noch nicht einmal mehr über Frauen sprechen und schreiben zu dürfen, zustande, was bedeutet es, wer hat Interesse daran, warum, wo, seit wann und wie wird es durchgesetzt? Warum sind es heute ausgerechnet Frauen selbst, die es mit Vehemenz vertreten? Und inwiefern hindert dieses Tabu Frauen auch daran, das Megaverbrechen an Mutter Natur, unserem Planeten, heute wahrzunehmen und vor allem, kollektiv dagegen aufzustehen? Die Tabuisierung des Sprechens und Forschens über Mütter, den Leib und Mutter Natur ist ja schon seit Längerem gang und gäbe. Das Totschlagargument hingegen hat sich nun bis zu der absurden Behauptung gesteigert, wer diese Begriffe heute in positiver Weise benutze, sei rechtsextrem, faschistisch und gar nationalsozialistisch gesinnt [15].

Ich habe eine grauenhafte These: Das Sprechen über Mütter, den Leib, Frauen und Natur ist tabuisiert, weil es sie bald nicht mehr geben soll. Der geplante und laufende Muttermord am Leib wie an „Mutter Natur", der von Carolyn Merchant so genannte „Tod der Natur" [16] sowie der heutige „Tod der Frau" dürfen – als der wahre Tabubruch – nicht benannt werden. Das verordnete Schweigen darüber ist die Vorwegnahme der Mord-Tat und gleichzeitig ihre Legitimation. Mütter, der Leib, Frauen und Natur: Es wird sie nie gegeben haben!? [17] Und schon jetzt werden sie unsichtbar gemacht. Sie sind zum Unaussprechlichen geworden. Das ist die neue „political correctness".

Und gilt das nicht inzwischen auch für den Planeten Erde selbst? Es droht der ultimative Muttermord an der Erde, und daher darf darüber nicht gesprochen werden. Was nicht gesagt wird, existiert auch nicht?

Hier stehen also inzwischen noch ganz andere Dimensionen der Vernichtung, Transformation und angeblich möglichen Ersetzung an, als nur die des individuellen Frauseins oder auch der Gattung der Frauen. Es geht nun auch noch um „Gaia", den lebendigen Planeten. Ist es deshalb so schwierig, den Sinn der Gründung der „Planetaren Bewegung für Mutter Erde" allgemein begreiflich zu machen? Und gibt es deshalb inzwischen Spaltungen, wie beispielsweise die der Matriarchats-„Szene", in der zu Alternativen zum derzeitigen Patriarchat geforscht, gelehrt und praktiziert wird und in der schon davon ausgegangen worden war, dass das Patriarchat heute mehr oder weniger „zu Ende" sei? [18] Wird also die erneute Verschärfung der Probleme, die aufgrund der planetar muttermörderischen neuen Technologien aufgetreten sind, mit einer Art von Realitätsverweigerung beantwortet anstatt mit allgemeiner Empörung?

15 vgl. AutorInnengemeinschaft 2003
16 Merchant 1987
17 frei nach Anders 1981
18 vgl. Libreria delle Donne di Milano 1996, Zeitschrift MatriaVal

Die patriarchalen Realitäten machen alles klar: Von dieser letzten aller Dimensionen aus gesehen, nämlich der planetaren selbst, ergibt das Geschehen seinen furchtbaren „Sinn", wird alles als ein einziges Projekt erkennbar: das „alchemistische Projekt des Patriarchats" – vom Mikro- bis zum Makro-Geschehen, vom Nanoteilchen bis hin zu „Planet Erde", dem ultimativen „Feind", den es aus dieser Perspektive als Ganzen zu beherrschen gilt, vom alltäglichen Gewaltakt bis zur ultimativen Waffe zu seiner – und unserer – Unterwerfung und Verkehrung, die (Selbst-)Vernichtung eingeschlossen.

Schon jetzt, wo es sie, die Mütter, den Leib, die Frauen, die Erde und die Natur ja immerhin noch gibt, wird also so getan, als ob sie höchstens noch als graue und primitive Vorzeit gedacht werden können, die nun endlich vorbei ist. Und gilt das nicht inzwischen auch für den Planeten Erde selbst? Sollen wir nun fortschrittlicherweise ein Leben ohne die Erde ins Auge fassen? Oder meint man und frau, hier noch ganz „altmodisch", mann könne der Erde als Planet ohnehin nichts anhaben? Ja, was haben diese Menschen denn für einen Begriff von Mutter Erde? Ist sie bloß ein toter Stein, der durchs Weltall rast, wie die Naturwissenschaftler es im Prinzip sehen, oder ist sie ein empfindsames kosmisches Lebewesen, das inzwischen dazu gezwungen wird, um die Aufrechterhaltung seiner Ordnung, seines Gleichgewichts und seiner Errungenschaften in Gestalt der Fülle seiner Lebensformen zu ringen?

Wird also vorwegnehmend davon ausgegangen, dass die „Endlösung" der Frauen-, Leib- , Natur- und Mütterfrage, ja der neuen „planetaren Frage" im Prinzip schon stattfindet oder zum Teil bereits stattgefunden hat, dass wir in einer Zukunft leben, wie sie der – übrigens faschistische – Futurismus im vorigen Jahrhundert propagierte? In meinen Begriffen: Leben wir schon in dem durchgesetzten, vollständigen, vollendeten, „reinen Patriarchat", das nun – endlich gänzlich unabhängig und ungetrübt von matriarchalen und weiblich-mütterlichen Einflüssen und von Naturschranken und -zyklen „befreit" – zur beliebigen männlichen bzw. „Gender"-betriebenen Maschinen-Schöpfung von „Mensch", „Natur" und „Gesellschaft", ja der Erde insgesamt voranschreiten kann? Alles machbar – sogar die alchemistische Unterwerfung, Zerstörung, Verkehrung und „Neuschöpfung" des Planeten zur kontrollierbaren Megamaschine? [19].

Machbar bedeutet beliebig tötbar – sei es vorher, sei es nachher – bedeutet, alchemistisch gesprochen, „Mortifikation", Zersetzung. Die gelingt immer, nicht aber die anschließend angeblich erfolgende „Neuschöpfung", geschweige denn eine auch noch bessere und „höhere" Schöpfung. Deshalb gilt in vielen Bereichen naturwissenschaftlichen Handelns bereits die Tötung als „Schöpfung". Das ist beispielsweise in der Nuklearalchemie der Fall, wo die gewaltsame Zer-

19 Werlhof 2010 (f), www.pbme-online.org, Info-Briefe. Vgl. Kap. I.3

teilung des eigentlich Unteilbaren, des Atoms, zu „Spaltprodukten" führt, die sonst nicht da wären, also als „Schöpfung" der Nuklearalchemisten gelten [20].

Dieser Gedanke kann – wie alle patriarchale Alchemie – nur aus dem Krieg, seiner Propagierung und Glorifizierung gekommen sein. Für uns Zivilisten ist er, zumal in Gestalt des Handelns unserer (Natur-)Wissenschaft, jedoch höchst bedrohlich.

Ist also eine Art der „Verabschiedung" von nichts Geringerem als der Erde, dem Leben, der Natur, den Müttern und den Frauen bzw. dem, was sie immer bedeutet haben, das, was die so genannte „Postmoderne" ausmachen soll, in der wir uns angeblich längst befinden? Und gaukelt uns dies nicht auch der globale Neoliberalismus als glücklich machendes zivilisatorisches Ziel vor? Oder sind wir, ganz im Gegenteil, nicht längst an den Grenzen der Manipulierbarkeit der Erde in ihren Mikro-, Meso-, und Makrobereichen angekommen, haben sie vielleicht sogar schon überschritten? Wir werden es bald merken, möglicherweise am Versiegen des Golfstroms und einer folgenden Eiszeit im Norden nach nunmehr 37 Jahren des Abtauens der Arktis mittels elektromagnetischer extrem niedrigfrequenter „ELF"-Wellen aus mehreren Ionosphären-Heizern seitens der Russen und Amerikaner, angeblich geregelt im Abkommen von Wladiwostok 1974 [21].

Das hat merkwürdigerweise bisher niemand von uns gewusst. Wir haben die Entwicklungen der letzten Jahrzehnte verschlafen [22].

Die These des Buches

Dem – wenn auch nur in patriarchaler Propaganda – „paradiesischen" Zustand, dem wir uns nun nähern [23], geht eine Zeit der „notwendigen" und daher unvermeidlichen Gewalt, des Krieges, der Herrschaft über Leben und Tod, des Raubes und der Kolonisierung in Form so genannter „ursprünglicher Akkumulation" für das Kapital sowie vor allem der Transformation, ja Verkehrung der Welt und der Naturbedingungen mittels „technischem Fortschritt" voraus [24]. In diesem Prozess macht mann bzw. „Gender" sich los von Müttern, Frauen, dem Leib und Mutter Natur [25]. Man zerstört sie, während man sie transformiert und dabei angeblich erst bzw. neu „erschafft" und anschließend angeblich „ersetzt", nämlich durch künstliche „Schöpfungen" – eine neu „erschaffene" Welt. Diese Welt kann, ja soll auch ganz anders sein als die alte

20 vgl. Kap. I.3
21 Ponte 1976
22 Bertell 2011
23 vgl. Kap. I.2
24 Kap. I.3
25 vgl. Kap. II

– nämlich eine Welt jenseits von Müttern, Frauen, dem Leib und Mutter Natur, den irdischen Lebensbedingungen, ja dem Planeten selbst? Und das heißt ohne sie. Kommt auch noch die ganze Erde ins Spiel, wie das heute der Fall ist, dann sieht man sofort: Hier gibt es nicht nur einen logischen Fehler, sondern hier geht alles systematisch in die falsche Richtung. Wann, wenn nicht jetzt, haben die Alarmglocken zu läuten?

Das Ziel unserer Zivilisation ist also nun so klar sichtbar wie noch nie: Es ist nicht „Fortschritt" per se, sondern ein ganz bestimmter Fort-Schritt, nämlich das Fort-Schreiten von und aus dem Leben und dem Leib, dem Leib von Müttern und von Mutter Natur und dem unseres Gestirns. Es handelt sich um ein Projekt gegen sie, um ein Vorgehen, das ihre Vernichtung und Abschaffung betreibt. Von einer „Unschuld" dieses Fortschritts, seiner „Neutralität" oder gar seiner „Güte" bzw. einer in diesem Zusammenhang vertretbaren „Ethik" kann also gar keine Rede sein. Das Argument von der Notwendigkeit, der Unausweichlichkeit und einer der menschlichen Neugier geschuldeten, im Charakter völlig neutralen „Innovation" wird ja immer bemüht, wenn Kritik am Fortschritt laut wird[26]. Damit werden die „Fortschrittsfeinde" mundtot gemacht und als Steinzeitadepten diffamiert, was im Übrigen auch nur von der Ignoranz hinsichtlich der tatsächlichen Steinzeit, einer matriarchalen Epoche, kündet.

Dabei ist das fragliche Ummodelungsunternehmen ganz und gar zielgerichtet und nicht im Mindesten neutral, sondern „verkehrt", und es ist zudem von so ungeheuerlichen Dimensionen, dass zu fragen ist, wie es – in seinem Charakter „unbemerkt" – entstanden sein und auch noch „unverstanden" bleiben konnte. Wie sollen wir das unseren Kindern und Enkelkindern, falls es die dann noch gibt, eigentlich erklären? Und wer begrüßt diese Verkehrung der Welt? Wieso wird sie von immer mehr Frauen – wenn auch meist in ihrer Eigenschaft als „Gender" – unterstützt? Wie kann dieses Verkehrungsprojekt also begriffen und bezeichnet werden?

Es ragt dieses Vorhaben doch weit hinaus über Sexismus, Rassismus, Kolonialismus, Naturfeindlichkeit, Mütterfeindlichkeit, weltfeindlichen Gnostizismus, religiösen Fundamentalismus und die Despotismen, Totalitarismen und Faschismen von der Antike bis ins 20. Jahrhundert. Denn es umfasst zum ersten Mal wirklich alle und alles. Es lässt nichts und niemanden aus, im Großen, ja im Allergrößten nicht, und auch nicht im Allerkleinsten.

Wahrscheinlich kommt dem Charakter dieses Projekts noch der deutsche Nationalsozialismus am nächsten, allerdings keineswegs als zurückgebliebene Volks-, Mutter- und Naturtümelei, die ja vergleichsweise harmlos wäre, sondern als futuristische Verallgemeinerung von Vernichtung und angeblich möglicher „Neuschöpfung"[27]. O-Ton Hitler: „Wir müssen einen neuen Men-

26 Sieferle 1984
27 Ruault 2004

schen schaffen!"[28]. Damit meinte er den Untergang der Juden und den darauf folgenden Aufstieg bzw. die systematische Erschaffung der so genannten „arischen Rasse" als „Gegenteil" zur „jüdischen Rasse". Die „Schöpfung" des „höheren Menschen" wurde – in typisch alchemistischer Manier – damit an die Vernichtung des angeblich „niederen" und lebens-„unwerten" Menschen geknüpft.

Heute werden im Prinzip alle Menschen zu „Untermenschen" und Leben als „unwert" erklärt. Dies gilt grundsätzlich längst in den Biotechnologien und „Life Industries", natürlich unter dem Deckmantel des Fortschritts. Was Frauen und/als potenzielle Mütter angeht, ist es ebenfalls offensichtlich, auch außerhalb technischer und medizinischer Eingriffe in die Lebensbedingungen.

Bei dem Unternehmen ohne Namen, dem unaussprechlichen – sein offizieller Name, technischer Fortschritt, ist ja als „Plastikwort" inhaltsleer[29] – handelt es sich um die Idee und Praxis eines Weltmuttermordes, eines sexistisch-rassistischen Anti-Matrismus, der die ganze Natur, jeden lebendigen Leib, jede Zelle und die ganze Erde meint.

Und viele Frauen – „Frauen"? – stimmen dem auch noch zu, ja, wollen aktiv dabei mitmachen!?

Was ist mit ihnen geschehen? Wie ist das zu erklären? Wissen sie, was sie tun?

Doch welcher Name kann einem solch unvorstellbaren Plan gegeben werden, einem Vorhaben, das – so gesehen – im Nationalsozialismus vergleichsweise in den Kinderschuhen steckte? Kann es mehr noch als Faschismus und Nationalsozialismus geben, nämlich das Projekt eines globalen „(Inter-)National-Sozialismus"?

Zeitgenössisch-futuristischer Hintergrund

Es handelt sich heute um eine bestimmte Epoche, nämlich den Höhepunkt des patriarchalen Projekts, einer fünf- bis siebentausendjährigen Geschichte von – makrosozial gesehen – Krieg, Eroberung, Kolonisierung, Plünderung, Transformierung und Pervertierung, und – mikrosozial gesehen – von Hass, Gewalt, Betrug, Wahn, Neid, Hybris und Gier, das zuletzt in die „Globalisierung" des „kapitalistischen Patriarchats" als seiner letzten Stufe mündete, nämlich in die „Moderne", die nun unausweichlich an ihre objektiven, weil materiellen Grenzen stößt, dem die subjektiven, seelisch-geistigen folgen werden. Neu daran ist, dass dieses kapitalistische Patriarchat, dessen Projekt die modern-alchemistisch betriebene Verkehrung der Welt in ihr utopisches

28 „70 Jahre Beginn des 2. Weltkriegs", Sendung am 1.9.2009 in ORF2
29 Pörksen 1988

Gegenteil ist, nichts und niemanden mehr auslässt, ja auch nicht den Planeten selbst, und dass es die Frauen erreicht hat: Immer mehr Frauen machen bewusst und unbewusst, freiwillig, ja freudig, aber auch hasserfüllt und voller Ressentiments mit, glauben daran, empfinden entsprechend und vertreten es in aller Welt als Befreiungsprojekt[30]. Verstehen sie demnach das Dilemma der Frauen im Patriarchat als auflösbar, ohne dass das Patriarchat dafür zu weichen hätte, weil es die Geschlechterfrage durch Abschaffung des Geschlechts buchstäblich aufzuheben trachtet?

Haben sie nicht begriffen, woran sie da „partizipieren" wollen und gerade auch sollen?[31] Machen sie sich irgendwelche Illusionen? Sehen sie alles ganz anders, als ich es hier darstelle, und wie wäre das möglich? Wie behandeln diese Frauen diese Fragen auf der theoretischen Ebene, nämlich ihr eigenes „Gender"-Dilemma?

Kann es so etwas wie einen „weiblichen" Faschismus, nämlich in Gestalt eines „Gender"-Faschismus geben, der auch gegen die eigene Gattung, die eigenen Mütter, ja gegen Mutter Erde selbst vorgeht? Ist die Distanzierung von Müttern und Natur nur eine Vorphase? Wird die eigene Gattung also gar nicht mehr als solche definiert? Wird der älteste aller Zusammenhänge, der von Frau und Mutter, Mutter und Natur, Frau und Natur und Frau/Natur und Mutter Erde nun auch von Frauen und Müttern selbst geleugnet? Haben also Frauen und Mütter von heute den patriarchalen Naturbegriff übernommen, bei dem es um die Dämonisierung, Bekriegung, Unterwerfung, Beherrschung und Transformation bis hin zur Ersetzung und letztlich Abschaffung von Frauen, Müttern und Natur gleichermaßen geht[32]?

Und: Gelten Frauen und Mütter, die nicht ins Gender-Genre fallen, gar nicht mehr als Mit-Menschen bzw. Mit-Frauen? Kann es also paradoxerweise einen Gender-Rassismus und -Sexismus geben?

Wollen jetzt auch die Frauen Mutter Natur und Mutter Erde ganz bewusst im Stich lassen?

Ich wage es nicht zu Ende zu denken, wäre doch dies der letzte Triumph des Patriarchats und seine wertvollste Bestätigung, und zwar rückwirkend bis zu seinen Anfängen und vorwirkend bis zu seinem Armageddon, das schon in Sicht ist – geht man von der Geisteshaltung der Täter und ihren Plänen sowie den laufenden Vorbereitungen für deren Verwirklichung aus.

Die Opfer legitimieren die Täter sowohl nachträglich als auch prophylaktisch für ihre noch kommenden ultimativen, unvorstellbaren Verbrechen. Sie schließen sich den Tätern aus Vergangenheit, Gegenwart und Zukunft an.

Frauen erfinden das Patriarchat zum zweiten Mal, und diesmal selbst. Das wäre die entsetzlichste, die letzte Logik des Patriarchats: die gelungene

30 Kap. I.3, II.6

31 vgl. Kap. II

32 Kap. II.5

Verkehrung der Frauen in irgendein Gegenteil von ihnen, das es noch nie gegeben hat. Sie würden auf diese Weise vom Opfer nicht nur zur Mittäterin, sondern nun direkt zur Täterin mutieren.

Heißt das, nie wieder Opfer zu sein? Glauben die Opfer, in der Täterschaft ihre Befreiung zu finden? Gibt es nur Opfer und Täter und nichts Drittes, das darüber hinausgeht und endlich jenseits der Tat an einem Neubeginn landet?[33]

Wenn auch die Opfer zu Tätern werden, also die Täterschaft verallgemeinert wird, wer sind dann die Opfer dieser Täter? Wird das Opfer durch die ehemaligen Opfer, die nun als Täter auftreten, ebenfalls verallgemeinert? Oder geht es in diesem System darum, dass alle mal Opfer, mal Täter sind, je nach Zeit, Ort und „Notwendigkeit"?

Wie entsteht dieser Weg? Vom passiven Leiden als Opfer über den Selbsthass, die Übernahme der Perspektive und Rechtfertigung des Täters hin zur aktiven Mit-Täter- bzw. Mit-Täter-innen-schaft? Geht er aus von der Verkehrung des Richtigen – also der Behauptung der Rechtmäßigkeit der Gewalttat – und deren Internalisierung sowie der Identifikation mit dem Aggressor über die Fetischisierung des Verkehrten als dem angeblich einzig Richtigen zum gänzlichen Umkippen des Richtigen in sein Gegenteil? Verschwindet damit das Richtige überhaupt? Wird es dadurch unsichtbar und unaussprechbar, und existiert es damit nicht mehr als Orientierungsmöglichkeit?

Es riecht nach einem neuen Orwell – nach der laufenden Erfindung und Errichtung eines global ausgerichteten Totalitarismus auf der Basis eines weltweiten Techno-Öko-Bio-Faschismus, nach der Welt als einem alternativlosen „Kriegssystem"[34], einer globalen „totalen Institution", die von ihren Insassen angeblich oder wirklich auch noch „geliebt" werden soll, und zwar nur sie?

Das Patriarchat als technologisches Projekt der allgemeinen Verkehrung – „Schöpfung aus Zerstörung", Zerstörung als „Schöpfung"?

„Wir müssen einen neuen Menschen schaffen!" Das sagte keineswegs nur Adolf Hitler. Es wird seit der Antike gesagt, und heute umso mehr, ständig, täglich, überall und aus aller Munde[35]. O-Ton „Human Nature" – Ars Electronica 2009, Linz: Es geht um „Die Neuerfindung der Natur". Dazu gehörten „die Errungenschaften der Gen- und Biotechnologie, die (den) Übergang in eine neue Epoche markieren" – nämlich die des „Anthropozäns", also des von Menschen gemachten Zeitalters. „Nicht nur mehr unsere Umwelt verändern wir, sondern die Grundlagen des Lebens selbst, auch unseres eigenen Lebens.

33 Gruen 1997
34 Werlhof 2010 (k)
35 vgl. Kap. I.3

Der Mensch hat sich zum Schöpfer aufgeschwungen. Wir wissen zwar noch kaum, wie es überhaupt funktioniert, aber schon verändern wir ganze Genome, konstruieren neue Organismen, klonen, erschaffen, erfinden neues Leben."

Hier wird nicht gezweifelt, gefragt oder gebangt, hier wird bloß dummdreist triumphiert.

Es handelt sich um die „Verwegenheit der Ahnungslosen"[36]. Das wären die „Idioten" des Forschrittsoptimismus. Aber es gibt vor allem seine Verbrecher: Die wissen, was sie tun. Und sie tun es trotzdem bzw. eben deswegen. Selbst für völlig Naive gibt es dafür genügend Beispiele:

Es gehören dazu die Bombe über Hiroshima und danach Nagasaki, drei Tage später, als schon bekannt war, welche Wirkung sie erzielte – und heute sind es die Erfinder von Mini-Nukes, der Neutronenbpombe und Bomben mit „abgereichertem Uran", die Betreiber von AKWs, nicht funktionierenden atomaren Endlagern wie Asse in Deutschland, oder die Wahnsinnigen im CERN, dem europäischen Kernforschungszentrum in Genf, die angeblich den kosmischen „Ur-Knall" nachstellen wollen, sowie die Ionosphären-Heizer in der Ukraine, Nishini Nowgorod, Alaska, Puerto Rico und in Tromsö, dazu GMO-Firmen wie Monsanto und die Export-Subventionierer von Lebensmitteln in der EU, die den Hunger überall einführen[37].

Schöpfung aus Zerstörung all überall, moderne Alchemie in allen Bereichen und Dimensionen, gnostische Weltflucht statt Umarmung von Mutter Erde, zersetzende und scheiternde „Neuschöpfung" des Lebens statt Staunen in seinem Angesicht; „Mortifikation" aller Erscheinungen, bis alles Leben, ja auch noch der Tod ausgetrieben sind, und die Zyklen zerbersten ...

Sehen die Gender-„Frauen" sich in dieser Tradition der Moderne stehen, ja des gesamten Patriarchats, oder wo?

Der Essenzialismus-Vorwurf

Ja, wenn das ginge, „den neuen Menschen" und nichts Geringeres als eine neue Erde zu „schaffen" – und es auch noch erstrebenswert wäre! –, dann hätte der Vorwurf des „Essenzialismus" gegenüber denen, die immer noch vom so gesehen Vorsintflutlichen reden bzw. gar in ihm verharren (wollen), erst einen Sinn. Dieser Vorwurf wird nämlich in der Tat ununterbrochen und automatisch erhoben, wenn die fraglichen Themen auch nur berührt werden[38]. Denn lediglich dann, wenn die Natur und die Frauen als Leib und Mutter überwind- und durch etwas nachweisbar Besseres substituierbar sind bzw. bereits substituiert worden sind, und zwar gewaltlos, dann wäre ein weiteres Reden über

36 Dahl 1989

37 z. B. Ziegler 2002

38 vgl. Kap. II.1

sie – vielleicht – wirklich zu kritisieren, wenn auch keineswegs zu tabuisieren, also zu einer Art von Verbrechen zu erklären. Währenddessen wird das wirkliche Verbrechen, das die Propaganda der Ars Electronica so munter ausplaudert, gar nicht bemerkt.

Dabei entstammt der Begriff des Essenzialismus eigentlich dem Repertoire der Metaphysik einerseits und der (Al-)Chemie andererseits: Essenz = Wesen, Wesenheit, Essenzen = meist künstlich hergestellte konzentrierte Stoffe/Materien [39].

Die Verwendung des Begriffs heute ist daher umso merkwürdiger als nun nicht etwa ein Reden über Metaphysisches tabuisiert werden soll, sondern jenes über das Physische schlechthin. Das „Konzentrat", der Inbegriff des Physischen etwa, also der Mutterleib selber, soll „wegfallen" [40].

Die Verwendung des Begriffs Essenzialismus als Schimpfwort, ja als intellektuelles Totschlagargument, ist also nur dann zu verstehen, wenn das (konzentriert) Physische (physein = gebären) bereits nicht mehr existiert und deshalb zum Metaphysischen, zum nicht mehr Physischen (gemacht) worden ist, also aus der realen Welt verschwunden, der Annihilation – um mit Günter Anders zu sprechen – zum Opfer gefallen ist; wenn also ein Welt- und Muttermord, der „Tod der Natur" und der des Leibes wirklich und umfassend vollzogen werden oder gar schon geworden sind und stattdessen ein neues „Physisches", nämlich die patriarchale „Neuschöpfung" aus bzw. nach der Zerstörung der bisherigen „Schöpfung" – als auch noch „bessere" – wirklich stattfinden kann, umfassend stattfindet oder weitgehend stattgefunden hat [41].

Wie also kommt es, dass plötzlich – eigentlich erst seit ca. 20 Jahren – gerade so viele Frauen von Essenzialismus sprechen, kaum dass sie erinnert werden an den, ihren, Leib und an die, ihre, Mutter bzw. die eigene (potenzielle) Mutterschaft sowie an „Mutter Natur" oder gar Mutter Erde? Was versetzt sie in eine solche Panik, ja einen solchen Hass auf sich selbst und andere Frauen, Mütter, Leiber und Naturvorgänge, ja den Planeten selber? Und: cui bono? Wem nützt das eigentlich?

Denn schließlich sind die ja alle immer noch da: der Leib, die Mütter, die Erde, die Natur. Sie sind keineswegs verschwunden, und es sieht auch nicht so aus, als ob sie es demnächst sein würden oder könnten – oder doch?

Aber diese Frauen – und es sind die „Gender-Frauen", die das Wort „Frau" und gar Mutter, Leib und Natur am liebsten aus dem allgemeinen Wortschatz ausradieren würden – tun so, als ob der patriarchale Utopismus und Futurismus bereits Einzug gehalten hätten und die so genannte „Postmoderne" , allerdings nur als Resultat der Moderne, bereits Realität auf Erden bzw. einem neu zu schaffenden Planeten (?) wäre.

39 Wahrig 1989
40 vgl. Kap. I
41 vgl. Kap. I.3, Kap. II.1

So formuliert zeigt das ganze Projekt der Verkehrung der Welt in der Tat nur eins: seinen absurden, wahnhaften, irrealen, idealistischen und nihilistischen sowie absolut gewalttätigen Charakter.

Warum also wird hier ein dieser Verkehrung vorauseilendes Denken und Gehorchen eingeübt? Wem gehorchen, was denken? Und was ist mit dem Fühlen? Es ist – zumindest als Empathie – nicht (mehr) vorhanden, warum? [42]

Ist es die Ankündigung, in den Gebärstreik getreten zu sein, allgemein die „Frauen"-, speziell aber die Hausfrauen- und Mütterarbeit nicht mehr leisten zu wollen, den Leib für die Heterosexualität und das Gebären aufgegeben bzw. „abgeschafft" zu haben [43] und dafür in einen anderen, „neuen", nicht weiblichen „verwandeln" zu wollen oder bereits verwandelt zu haben? „Selbstalchemisierung" als Emanzipationsprogramm [44]? Technisch ist auch ein menstruations-, brust- und uterusloses Dasein herstellbar, neuen Transgender-Identitäten verhilft eine zu allem bereite und wirklich skrupellose Operations- und Menschenversuchsmedizin gerne in die Realität [45]. Und solange generell Mütter noch gebraucht werden, geht es ja auch mit Leihmüttern oder der „Überbevölkerung" aus den „unterentwickelten" Kolonien bzw. den hiesigen Migrantenfamilien weiter, oder?

Historischer Hintergrund

Die wütende Ankündigung dieser Frauen, keine – und zwar keine Art von – „Frau" mehr sein zu wollen, hat natürlich reichliche Gründe. Alle haben ausschließlich mit dem Patriarchat und seinem Umgang mit den Frauen, Müttern, dem Leib und der Natur zu tun. Nur beziehen sie sich gerade darauf nicht (mehr). Das ist das Merkwürdige. Denn da war die jahrtausendelang andauernde Zerstörung der matriarchalen Zivilisationen mittels Krieg, Eroberung, Muttermord, Vergewaltigung und Unterwerfung, die durch die europäische Kolonisierung der Welt fast vollständig durchgesetzt wurde. Da war die Verfolgung, Einkerkerung, Folterung und Ermordung der weisen und anderer Frauen, genannt Hexen, ja, der Angriff auf die Frauen als Gattung insgesamt im frühneuzeitlichen Europa [46] und ihre mittels dieser jahrhundertelang ausgeübten Gewalt schließlich erfolgte Transformation, also Verkehrung von „wilden Frauen" in „Hausfrauen", denen ausgerechnet in der Aufklärung eine neue „Natur" des freiwilligen Erleidens, masochistischen Unterwerfens und

42 Gruen 1997
43 vgl. Schmölzer 2005
44 vgl. Kap. II.3
45 vgl. Kap. I.3, II.1; Sorgo 2003; Bergmann 2004
46 vgl. Kap. II, III

bedingungslosen, liebenden Dienens angedichtet wurde. Und wenn es immer noch nicht funktionierte, dann drohte die Psychiatrie, dass den Frauen die Rationalität, nämlich die „Vernünftigkeit" ihrer Beherrschung nun endgültig – und buchstäblich – eingeimpft würde [47].

Da war die Zerstörung der Großfamilien und der örtlichen „Gemeinheiten" [48] sowie des Widerstands der männlichen Bevölkerung von Bauern und Handwerkern gegen den neuzeitlichen Staat und ihre Unterwerfung unter ihn [49]. Und da war und ist die brutale und immer systematischere Ausbeutung der Gesamtheit aller weiblichen Fähigkeiten leiblicher, seelischer und geistiger Art in der Neuzeit, die gratis und in einem gefängnisähnlichen Raum der Vereinzelung, Atomisierung und Entsolidarisierung erfolgte, so dass ein Entkommen erneut so gut wie unmöglich gemacht wurde. Die Gewalt seitens der Väter, Ehemänner, Lehrer, Priester und „Partner" aller Art, die den Frauen gegenüber den neuen Kerkermeister, Inquisitor, Gott-Vater und das mit dem Gewaltmonopol ausgestattete „Staatsoberhaupt" in der modernen Kleinfamilie, in Fabrik und Büro abgaben bzw. mimten, sorgte dafür, dass die Verhältnisse aus der „Zeit der Verzweiflung" [50] fortgesetzt und einzementiert wurden. So wurden die Hausfrauen immer noch wie (potenzielle) „Hexen" verwahrt, allerdings nun einzeln und im extra dafür geschaffenen „privaten" Raum.

Wen wundert es da, wenn es Männer wie Fritzl oder Priklopil gibt, die „ihre" Frauen jahrzehntelang unentdeckt in Kellern einsperren konnten, und die ja nur die Spitze des patriarchalen Eisbergs sind?

Der Inquisition mit endloser Folter und „peinlicher Befragung" jenseits jeder Rechtsordnung entstiegen also der absolutistische Staat und der neuzeitliche Krieg ebenso wie die moderne Ehe und Kleinfamilie, die moderne Medizin/Gynäkologie und (Natur-)Wissenschaft samt technischem Fortschritt sowie der Kapitalismus [51]. Hier schließt sich der Kreis [52].

Dies voraussetzend ist zu untersuchen, wer sich auf welche Seite schlug, schlägt und warum. Denn von all dem spricht der „Genderismus" nicht.

Konsequenzen des Patriarchats: Aufstieg in ihm oder Ausstieg aus ihm

Es gibt für Frauen wahrhaftig genügend Gründe, um aus dieser Geschichte irgendwann und massenhaft die Konsequenzen zu ziehen. Jedoch, deren scheinen grundsätzlich nur zwei zu sein: Paria oder Parvenu!

47 vgl. Kap. II
48 Illich 1982
49 Zimmermann
50 Becker u. a. 1977
51 Mies 1988, Daly 1981
52 vgl. Kap. II

Entweder, Frau bemüht sich, aus dem Patriarchat auszusteigen, oder sie versucht, in ihm aufzusteigen.

Das Letztere entspricht der Patriarchats- und Fortschrittslogik, das Erstere einer Art Matriarchatslogik.

Die eine Bewegung geht nach „außen", die andere nach „oben", um sich durch Wegbewegung/Flucht entweder aus dem Ganzen zu entfernen, oder um innerhalb möglichst nicht mehr als Objekt/Opfer, sondern als Subjekt/Täter endlich auch in die Gefilde männlicher Verfügungsmacht zu gelangen.

Wird also die „Eigenmacht" anstelle der Ohnmacht gesucht, oder das Mitmachen bei der Macht? Soll es wieder Liebe geben können, oder soll der Hass den endgültigen Sieg davontragen? Soll es endlich weder Opfer noch Täter geben, weder Sklaven noch Herren, oder will frau bloß bzw. endlich vom Opfer zum Täter „aufsteigen"? Ist Letzteres die Antwort auf die Frage, was die Frauen mit ihrer Unterwerfungsgeschichte im Patriarchat am Ende anfangen, wenn schließlich der daraus resultierende Hass die Oberhand gewinnt? Und haben wir uns nicht immer gewundert, wo diese Reaktion der Frauen eigentlich geblieben ist, war sie doch so lange verborgen? Jetzt ist sie da.

Wenn das die beiden Grund-Logiken sind, die im Patriarchat existieren, dann treten sie auch in Erscheinung. Welche aber setzt sich durch, wie und für wie lange? Wie haben sie die verschiedenen Frauenbewegungen geprägt?

Der Konflikt zwischen den beiden Grund-Logiken hat in der Tat die Frauenbewegung(en) immer (wieder) gespalten, ja zerrissen. Seltsamerweise aber sind diese Erfahrungen von Frauen nur wenig oder gar nicht in ihrer Tiefe analysiert worden, und Männer haben offensichtlich nie begriffen, welche Dramen und Tragödien sich hier immer wieder abspielten. Sie stehen irgendwie weiterhin auf dem Standpunkt: Frau gleich Frau und Frauenbewegung gleich Frauenbewegung. Eins haben sie aber schnell gemerkt: Mit „Gender" lässt es sich als (patriarchaler) Mann sehr gut leben. Da fällt die „political correctness" auch gar nicht schwer! Ja, mann kann solche Texte sogar zitieren, auch entsprechende Forschungsprojekte genehmigen, und es tut sich kein Widerspruch auf[53].

Das war in Zeiten des beginnenden Feminismus wahrlich anders[54]. „Mann" könnte dazu sagen: Seien wir Männer doch froh, dass diese Zeiten vorbei sind. Am besten, wir erinnern uns gar nicht daran und nehmen das, was ist, als „Frauenbewegung", auch wenn sie sich selbst gar nicht mehr so nennt, ja das Wort „Frau" aus ihrem Wortschatz getilgt hat. Aber wir Männer wissen ja auch so immer, wer Mann und wer Frau ist. Und im Übrigen haben wir ja kräftig nachgeholfen, dass der Feminismus zumindest aus der offiziellen main-male-stream-Wissenschaft verschwunden ist, schließlich konnten wir die Stellen, die die feministische Frauenforschung nach sich zog, auch ganz gut

53 z. B. Kap. II.5., 6
54 Werlhof 2010 (I)

selber gebrauchen und vor allem haben wir darauf geachtet, dass höchstens Gender-Frauen sie bekamen, wenn nicht wir selber. Achteten wir doch darauf, nur die zuzulassen, die uns politisch und inhaltlich genehm waren und nicht über die Stränge unserer Wissenschaft schlugen. Das konnte man zunächst unschwer am Parteibuch erkennen oder an einer „linken" Geisteshaltung, die z. B. nicht auch noch den Marxismus „feministisch" infrage stellte [55].

Es gab in der Tat diese unheilige Allianz: die linken Professoren aus der Reformzeit der Universität in Deutschland haben den Feminismus in der Wissenschaft verhindert und den Gender-Import aus den USA übernommen, obwohl der gut zum neo-reaktionären Neoliberalismus passte, der mit Ronald Reagan und Margaret Thatcher gerade begonnen hatte, sich auszubreiten bzw. ausgebreitet zu werden.

Denn in Deutschland ist der Genderismus nicht entstanden. Aber er traf auf eine bereits gespaltene Bewegung, deren eine Seite, die parvenu-hafte, aufstiegsorientierte, ihn sofort annahm. Diese von außen kommende Stärkung – und es flossen auf einmal Mittel! – hat viele ursprünglich feministische Projekte zerstört, z. B. das des Bielefelder „Universitätsschwerpunktes Frauenforschung", das der Zeitschrift „beiträge zur feministischen theorie und praxis", das zwar eine Weile weiterlief, aber immer weniger feministisch orientiert war, und vor allem das der Besetzung von Frauenforschungsprofessuren mit Feministinnen. Vermutlich bin ich die nahezu einzige Feministin der ersten Stunde, die tatsächlich in dieser Zeit einen Lehrstuhl für Frauenforschung bekam, allerdings nicht in Deutschland, sondern in Österreich, und aus Gründen, die keineswegs mit irgendeiner dort größeren Toleranz zu tun gehabt hätten, im Gegenteil [56].

Die Folgen der Aufstiegslogik sind klar: „frau" kann dabei in der Tat ihr „Frausein" nur verleugnen, welches auch immer, das vormoderne, „hexische" oder matriarchale ebenso wie das moderne „hausfrauliche". Hier wird die Flucht aus dem Frausein überhaupt angetreten. Nie wieder zum unterworfenen Geschlecht gehören! [57] Hieran knüpft alle „Gender"-Politik an, und hieran haben auch vorher schon der politisch „linke" Feminismus und die konservativ geprägte Frauenbewegung angeknüpft, jedenfalls, was die Ablehnung des vormodernen oder gar matriarchalen Frauseins angeht. Die moderne, kapitalistisch-patriarchale Systemimmanenz ist ihr gemeinsames Merkmal, auch wenn sie sich in einigem voneinander unterscheiden mögen, etwa darin, dass Letztere vor allem eine Aufwertung der unbezahlten Hausarbeit, Ersterer eine Höherbezahlung und Ausweitung der Frauenlohnarbeit erreichen wollen.

55 Werlhof 1983
56 Werlhof 1996 (e)
57 vgl. Kap. II.1

Nur der versuchte Ausstieg aus dem Patriarchat selbst ist ein systemexmanentes Projekt, das auch die Moderne als kapitalistisches Patriarchat mit umfasst. Denn der Trick der Linken ist es, das Patriarchat – wenn überhaupt davon die Rede ist – der Vormoderne anzulasten. Daher sieht es aus ihrer Sicht so aus, als würde ein „Ausstieg" aus dem Patriarchat gerade dadurch erfolgen, dass ein Aufstieg im angeblichen Post-Patriarchat der Moderne gelingt. Das glauben auch die meisten Gender-Frauen. Sie definieren das Patriarchat lediglich als „Männer-Herrschaft". Kaum sitzt an der fraglichen Stelle eine Frau, scheint das Patriarchat überwunden. Es ist dann alles lediglich eine Personalfrage. Und das scheint auch dann zu gelten, wenn es nicht in einer Demokratie stattfindet. Hauptsache, Frauen sind ganz vorn mit dabei, im Atomkraftwerk ebenso wie im Polizei-Staat.

Dass bisher alle Frauen an der Macht so patriarchal wie Männer an der Macht waren und genau dieselbe frauenfeindliche Politik gemacht haben, fällt dann regelmäßig unter den Tisch. So richtet „Gender" es sich im Patriarchat. Das Ziel ist – genau wie in der Linken – als Machtergreifung definiert. Dann erspart man und frau sich ein Nachdenken darüber, was diese Macht ist und macht, warum sie, ja ob sie überhaupt da ist, und in wessen Interesse sie ist und ausgeübt wird – auch von Frauen.

Agnostisch könnte man den Genderismus daher nennen: Er ist nicht an der Erkenntnis der Gesellschaft interessiert, in der er stattfindet. Im Gegenteil, diese Erkenntnis muss um jeden Preis verhindert werden, sollte sie immer noch oder erneut irgendwo angestrebt werden oder auftauchen: im Feminismus und Ökofeminismus, seinen Nachfolge-Analysen und erweiterten Gesellschaftstheorien nämlich, gar in der „Kritischen Patriarchatstheorie" als bisher letztem und umfassendstem „Meta-Paradigma"[58], das aus dem Feminismus der ersten Stunde hervorgegangen ist.

Die Analyse weiterzutreiben und „zu Ende zu denken", war immer schon mein Bemühen. Also habe ich auch immer am unmittelbarsten erlebt, was der Unterschied zwischen dem Auf- und dem Ausstiegswunsch im Patriarchat heute bedeutet und was es heißt, mitten in einer so genannten Frauenbewegung Antagonismen zwischen Frauen zu erleben, die zum Teil diejenigen, die zwischen Männern und Frauen möglich sind, noch übersteigen. Denn es ist ein gewaltiger Unterschied, ob ein Mann so patriarchal ist wie seine Gesellschaft oder ob eine Frau so patriarchal wird wie ihre Gesellschaft[59].

Denn die Frauen sind zwar nicht die besseren Menschen, aber sie haben die bessere Zivilisation hervorgebracht: die matriarchale. Und genau deshalb macht nichts eine Gender-Frau so wütend wie die Erinnerung an unsere matriarchale Vergangenheit und sogar noch Gegenwart[60]. Mit anderen Wor-

58 Behmann 2009

59 vgl. Kap. II.3

60 AutorInnengemeinschaft 2003, Kap. I.1, 2, Kap. III

ten: der Hass der Frauen richtet sich gegen ihre eigenen Artgenossinnen und nicht gegen die Männer an der Macht, er richtet sich gegen diejenigen, die die Wahrheit des Leibes und der Liebe zum Leben aussprechen, von der sie sich abgewendet haben, und nicht gegen diejenigen, die das Leben auf der Erde systematisch zerstören.

Anders dagegen verhält es sich mit den Reaktionen der Gender-Gemeinde auf die Technikkritik und dem darauf fußenden neuen Patriarchatsbegriff der Kritischen Patriarchatstheorie. Dass Gender nämlich gerade auch „Operation" bedeutet, also nicht Rückkehr zum gesellschaftlich nicht manipulierten Geschlecht, sondern gerade Herausschneiden des Geschlechts sogar im buchstäblichen physischen, aber auch im geistig-seelischen Sinne, und dass das Gender-Projekt haargenau in das uralt patriarchale ebenso wie das moderne kapitalistisch-patriarchale Projekt der tatsächlichen „Neuschöpfung" eines angeblich besseren und höheren Lebens und Menschen passt, das zu sagen hinterlässt Schweigen. Der anschließende Angriff ist – wie ich es erlebt habe – umso vernichtender. Erst aus diesem Erleben heraus ist in mir der Verdacht entstanden, dass der Genderismus Frauen in einen neuen Faschismus führen kann, wie er aufgrund der Zivilisationskrise der Moderne in allen ihren Bereichen heute droht [61].

Der neue Patriarchatsbegriff und die „Identitätsfrage" im „Genderismus"

Die Utopie des Patriarchats ist schon seit der Antike eine mutterlose Welt [62], die auch die Natur verändern will, sozusagen in Richtung einer „Umschöpfung", bei der am Ende eine verkehrte männliche Natur bzw. Schöpfung herauskommt. Der männliche Gott ist lediglich die erste Ausdrucksform davon. Da er die Göttin ermordet [63] und alle ihre Attribute vernichtet, sich aneignet oder bis heute negiert, ist von vornherein klar, dass diese Schöpfung nicht die weibliche ergänzen, sondern diese zerstören und anschließend gänzlich ersetzen soll. Dieses Projekt befindet sich nach dem Krieg, der tatsächlichen Eroberung, zunächst im Kopf der Patriarchen: als ihre Wunschvorstellung, als ihre Rechtfertigung, als das „Denkbare", wie es bei Platon heißt [64], als Ideologie, Religion, Philosophie, Phantasie, eben Utopie und „Traum". Es ist das Bilderbuch, der Vorstellungsvorrat, die phantastische Themensammlung, die Fiktion aus mehreren 1000 Jahren, die zur Umsetzung in die Realität anstehen, nämlich dann, als in der Neuzeit – eben deswegen – die moderne

61 Projektgruppe 2009
62 vgl. Kap. I.1, 2
63 Thiamat-Marduk
64 Kap. I.2

„Natur"-Wissenschaft und der technische Fortschritt erfunden werden. Nun konnte man endlich Nägel mit Köpfen machen. Nun konnte endlich an die große Aufgabe herangetreten werden, das patriarchale Erbe des „Idealen", der „Idee" vom männlichen Schöpfertum, auch ins Materielle zu heben, und im Sinne des modernen „Materialismus", also des männlich-patriarchalen „Mutter-Stoff"/Schöpfertums, ganz real ins Irdische zu befördern. Das Projekt ganz irdisch-säkularer männlicher Schöpfung kulminiert zuerst im Athanor, dem alchemistischen Ofen, heute in der „Maschine". Sie ist bzw. soll werden und sein: Mutterersatz, Menschenersatz, Naturersatz, ja Ersatz des Planeten. Sie arbeitet, produziert, zerstört, verwandelt, bringt völlig Neues hervor – „gebiert" – und setzt Paradoxes zusammen, sie funktioniert jenseits der Naturzyklen und macht sich von ihnen unabhängig, wo immer möglich.

Allerdings geht das nur so lange, wie sie die Naturdinge, die sie selbst nicht herstellen kann, sondern nur verbraucht, auch in der Natur bzw. Gesellschaft vorfindet. Das wird meist verschwiegen. So ist es bis heute nicht möglich, ohne weibliches Ei ein „Designer"-Baby „herzustellen".

Letzteres zeigt, dass die männliche Schöpfung nur ein Schein ist. Zur Produktion dieses Scheins aber wird real die Erde zerstört. Das erfahren wir zurzeit schmerzlich durch die Rohstoff- und Klimakrise und die künstlich hervorgerufenen Naturkatastrophen, wenngleich wir deren Zustandekommen im Einzelfall immer noch nicht nachweisen können. Alles nur Illusion, aber eine, für die die ganze Erde zerstört wird – so dass dabei die Dystopie, d. h. eine gescheiterte, umgekehrte Utopie herauskommt, bzw. eben genau das, was man getan hat. Wer dauernd zerstört, kann am Ende nicht als Schöpfer hervortreten[65].

Innerhalb dieses Panoramas passt es doch prima, dass der Genderismus zur Verweigerung der Mutterschaft anregt, zur Selbst-Verstümmelung und -zerstörung, zur Operation und letztlich Selbstalchemisierung aufruft (obschon das Wort natürlich nicht verwendet wird), jede Leiblichkeit ablehnt, freiwillige Sterilisation bloß wegen der Arbeitsmarktchancen befürwortet (DDR-Frauen kurz nach der Vereinigung), und den Ökofeminismus, die Kritik des kapitalistischen Patriarchats und die Beschäftigung mit der eigenen Geschichte sowie Mutter Erde verhöhnt, ja diese regelrecht verfolgt.

Geschlechtsneutralität – ein sine qua non des Gender-Aufbruchs in die Höhen der patriarchalen Gesellschaft und ihrer Verbrechen!

Kennen wir das nicht schon? Denn vor der neuen Frauenbewegung und feministischen Frauenforschung klang es genauso. Das „Geschlecht" war keine Kategorie theoretischer Bemühungen. Alles sah so aus, als gäbe es nur das männliche bzw. als bedeute es gleichzeitig auch das weibliche, wenn dieses überhaupt gemeint war und nicht sowieso im Unsichtbaren und Undenkbaren

65 vgl. Kap. I.3

verblieb. Dieser Monismus, diese Monokultur wird also nun von Frauen neu erfunden. Gender erfindet das Patriarchat noch einmal, verdoppelt es, fügt sich ihm selbst zu und ein.

Dadurch dass solche Anstrengungen gegen andere und gegen die eigene soziale und sonstige Herkunft unternommen werden müssen, zeigt sich, dass das Patriarchalwerden der Frauen ein anderer Prozess ist als das der Männer [66]. Das beweist, das Geschlecht ist doch da, es ist nicht „weg", bloß weil frau sein Verschwinden beschlossen hat. Es muss nämlich erst beseitigt werden. Und: welcher Mann wüsste nicht, wes Geschlecht jemand sei, wie sehr es auch verborgen, verdrängt oder verleugnet würde?

Darum sind die Konsequenzen der Aufstiegslogik daran orientiert, das Patriarchat auch noch zu vervollkommnen. Darum wollen diese Frauen es nicht verlassen. Darum wollen sie stattdessen in ihm bleiben. Darum beklagen sie ihre Leiblichkeit anstatt deren Missbrauch und Plünderung. Darum wenden sie sich gegen die Natur anstatt gegen deren Zerstörung. Darum bekämpfen sie die „Natur", die man ihnen angedichtet hat, nicht damit, dass sie zu einer existierenden, authentischen oder „wilden" Natur „zurück"- oder vorkehren [67], sondern damit, dass sie jedwede Natur hinter, an und unter sich los sein wollen. Sie glauben tatsächlich, ohne Natur, Mutter(-schaft) und letztlich sogar ohne Mutter Erde leben zu können.

Darum treten sie gegen die Mütter und die Mutterschaft an, anstatt gegen deren Patriarchalisierung, Unterwerfung, Kolonisierung, Zerstörung und Beraubung.

Ohne Leib keine Leibeigenschaft?

Pyrrhus-Siege der patriarchatsidentifizierten Gender-Frauen: statt Subjekt der Macht nur ihr „aktives Objekt"

Es handelt sich um eine Mimesis des Patriarchats, die hier vollzogen wird [68]. Eine Alternative dazu kommt nicht infrage, weil da keine Macht ist, kein Fortschritt, keine Erlaubnis zum Hassen. Patriarchale Frauen interpretieren die Frauenbewegung als Aufstiegsvehikel. Daher sind sie unsolidarisch mit anderen Frauen: ihre eigene „Identität" und Karriere sind wichtiger. Dazu gehört entsprechend: Bloß keine Analyse des Patriarchats! „Diskurs", Hedonismus, subjektive Befindlichkeit, sexuelle Vorlieben sind es, über die gesprochen wird [69], als hätten die jemals das Patriarchat oder gar das moderne Patriarchat gestört. Deswegen werden die matriarchale Vergangenheit und die Vernichtung ihrer Reste in Gestalt der „Hexe" von den Gender-Frauen

66 vgl. Kap. II.3
67 vgl. Kap. III.1
68 vgl. Genth 2002
69 vgl. Kap. II.1

nicht nur nicht genannt, sondern deren Nennung sogar tabuisiert, und es wird unhistorisch argumentiert, um die eigenen, vollkommen unkritischen Vorstöße in die Politik und ins politische System, an die Macht, ans Geld sowie an die Spitze möglichst aller Institutionen der Gesellschaft zu rechtfertigen. Dass Frauen generell das Unten bleiben, mehr noch als jemals zuvor, daran möchten sie überhaupt nicht erinnert werden, daran, dass sie Opfer waren, ja immer noch sind. Sie möchten vielmehr endlich zu den Tätern gehören! Emporkömmlinge, mit Ressentiments geladene Parvenus. Rauf statt raus!

Deshalb muss um jeden Preis die andere Frauenbewegung und -forschung negiert, verhöhnt, vernichtet und unsichtbar gemacht werden. Denn mit ihr gäbe es nicht nur eine Option, sondern sie könnte die Bedingungen des Aufstiegs hinterfragen, und vor allem würde sie die moralische Fragwürdigkeit, ja den Verrat, das Verräter-, und – bei Bedarf – auch Verbrechertum der Aufsteigerinnen, ihre Dummheit, Gefühllosigkeit und Prostituiertheit, ihre Gefährlichkeit für andere Frauen und ihre Unglaubwürdigkeit entlarven – ihre Gewaltbereitschaft. Auf der Seite der Täter[70] muss Gehirnwäsche betrieben werden.

Am Ende machen sie sich selbst zu neuen Opfern des Patriarchats: als dessen „aktive Objekte" anstatt machtvolle Subjekte.

Und wenn sie keine Frauen mehr sein wollen: Männer werden sie nie sein. Daher gilt es, wenigstens dem Frausein zu entkommen.

Welch ein Antagonismus! Er hat die Frauen und die Frauenbewegung stets schwer beschädigt. Davon lege ich hier Zeugnis ab. Ich war immer mittendrin und habe es 40 Jahre lang erlebt.

Persönlicher Hintergrund

Es klingt komisch: Denn ich bin – formal gesehen – aufgestiegen, indem ich Universitätsprofessorin wurde, was in unseren Breiten für Frauen immer noch sehr selten ist. Aber dennoch war und blieb ich immer eine Aussteigerin, nie Parvenu, sondern immer Paria[71]. Denn ich war und blieb das, was wir am Anfang „Frauenforscherin" genannt haben.

Wie ist das zu erklären, wie hat es sich bemerkbar gemacht und tut dies noch? Mein „Fall" ist zumindest ein Beweis dafür, dass Aufstieg nicht korrumpieren muss.

Ich habe mich also zu fragen, was für eine Art von „Feministin" ich selber geworden bin, wie und warum. Denn ich war als Kind vor allem von patriarchalen Frauen, jedenfalls solchen, die männliche Hierarchien stützten und das Ideal der bürgerlichen Ehefrau und patriarchalen Mutter vertraten, im Rahmen der Familie meiner Mutter umgeben, die mit allen Mitteln versuchten,

70 Thürmer-Rohr 1989

71 Unterscheidung nach Arendt 1957: Kampf um Anerkennung, gelungene Assimilation, Aufstieg, zwischen Paria und Parvenu

aus mir auch ein patriarchales Mädchen und dann eine patriarchale Frau zu machen. Meine Mutter nahm allerdings nicht direkt daran teil, aber sie bewahrte mich auch nicht davor.

Seltsamerweise habe ich mich diesen Versuchen immer widersetzt, schon als Kleinkind. Ich wollte weder mit anderen Kindern konkurrieren noch mich unterdrücken lassen, ich wollte mich nicht „wie ein Mädchen" benehmen und meine Körperkraft und meinen Mut verstecken. Ich wollte mich – „klein, dumm und hässlich", wie ich aus der Sicht der patriarchalen Frauen in meiner Familie war – nicht einschüchtern lassen, wenngleich ich mich sehr im Stich gelassen fühlte und auch ein oft sehr trauriges Kind war (Spitzname: „der Heulwolf"). Und ich bestand deutlich auf „Egalität und Gerechtigkeit" im Umgang miteinander und im Verhältnis zu anderen Kindern. Über den Mangel daran habe ich schon als Elfjährige die ersten anklagenden Gedichte und Prosatexte verfasst.

Heute denke ich, dass ich als selbstverständlich matriarchal empfindendes Wesen auf die Welt gekommen bin und daran bis heute festgehalten habe. Und von dieser Selbstverständlichkeit herrschaftsfreier matriarchaler Existenz als meiner inneren Normalität habe ich mich einfach nicht abbringen lassen. Alles andere hat mich je weder überzeugt noch interessiert, es war mir immer fremd und unverständlich, erschien mir unnötig kompliziert und empörend ungerecht.

Männliche Wesen spielten erst ab meinem siebten Lebensjahr eine zunehmende Rolle in meinem Leben. Mit meinem Vater, den ich aus Kriegsfolgegründen erst dann richtig kennen lernte, war ich irgendwie seelenverwandt, er verstand und unterstützte jedenfalls alles, was ich tat und wollte. Einen Bruder hätte ich gern gehabt, also betrachtete ich die Jungen in der Nachbarschaft als solche. Und sie akzeptierten mich. Meist war ich das einzige Mädchen in solchen Gruppen. Diese Kameradschaftlichkeit habe ich sogar noch in die Studienzeit hineingerettet. Von Mädchen und Frauen hielt ich mich eher fern, weil sie durch patriarchale Erziehung fast alle ihre „Wildheit" eingebüßt hatten und mir fremd waren bzw. grenzenlos langweilig vorkamen. Ich war also durchaus nicht „männerfeindlich", sondern suchte im Gegenteil die Gesellschaft des männlichen Geschlechts, weil es mir „wilder", und das hieß für mich „normaler" und vertrauenswürdiger vorkam, als das mir bekannte weibliche.

Dass es ein Problem mit den Männern gab, erlebte ich allerdings auch schon früh. Denn Buben, mit denen ich nicht befreundet war, verfolgten mich regelmäßig, um mich zu verprügeln, weshalb ich schon früh gelernt habe, ziemlich schnell zu laufen. Es entging mir allerdings der Grund für ihre Unfreundlichkeit. Sie erwarteten von Mädchen offensichtlich eine unterwürfigere Haltung, und die war bei mir schlicht nicht zu erwarten.

Erst von dem Moment an, als sich in den Begegnungen mit dem anderen Geschlecht ganz konkret der Eros bemerkbar zu machen begann, konnte ich über die Tatsache, dass die meisten Jungen und Männer ebenfalls „patriarchal" waren, wenn auch auf ganz andere Art als Mädchen und Frauen, nicht mehr hinwegsehen. Ihre mir so vertraute „Wildheit" verschob sich nämlich plötzlich in Richtung ziemlich primitiver Oberflächlichkeit, ja latenter Gewalttätigkeit. Es war eben kein „Eros", der mir da entgegenkam, sondern eine abstrakte „Fleischbeschau", ein reduzierter unpersönlich-abschätziger Blick, ein lächerliches, mehr oder weniger grobes „Verführungs"-Spektakel und ein geist- und seelenloses, anonym-abstraktes „Interesse" daran. Da war ich „als Person", als Wesen, das ich war, gar nicht oder gerade nicht gemeint. Das fand ich sehr ernüchternd.

Mein eigener Eros ging da eher unter, und war er doch geweckt, dann kam er gar nicht an. Er wurde noch nicht einmal bemerkt. Ich begann also, ein Problem mit Männern zu haben, als sie nicht mehr meine „Brüder" waren oder sein konnten.

Ich hatte damit entdeckt, dass nicht nur Frauen, sondern auch Männer „patriarchal" waren, wie ich es heute nennen würde. Und genau das habe ich nicht verstanden, weil es sich bzw. mich von allem entfernte, was ich interessant fand, sei es im Handeln, im Empfinden oder im Denken. Ich wusste damals nicht, dass es auch matriarchale Erwachsene, Männer wie Frauen, geben konnte.

Ich war aber wegen der Fragen, die aus meiner Lebenserfahrung entstanden, immer schon „erkenntnisorientiert", nicht erst als Erwachsene. Das heißt, ich hatte ein Kriterium, einen Maßstab für das Leben in mir, wie ich es mir wünschte und es zu leben versuchte, den ich heute als „matriarchal" bezeichne, und ich stieß dauernd auf den meist krassen Unterschied zur Realität in der Gesellschaft, wie sie war, nämlich „patriarchal". Das war es, was mir immer schon zu denken gab, auch bevor ich Begriffe dafür hatte, eben weil es mir fremd war, weil ich es „nicht richtig", verkehrt, unverständlich, schmerzlich und vor allem ungerecht fand.

Als ich nach und nach feststellte, dass meine Erfahrungen nicht nur persönliche waren, sondern kollektive, dass an ihnen ein ganzes System, die ganze Gesellschaft „hing", und das nicht nur in Mitteleuropa, sondern auch in anderen Teilen der Welt, begann ich mich für Frauen zu interessieren – nämlich im Sinne der „Frauenfrage" als allgemeiner, allumfassender, ja weltweiter und zu dieser Zeit wieder einmal oder noch völlig unbenannter, ununtersuchter, unsichtbarer, undiskutierter, aber umso mehr grundlegender Frage: nämlich der, über die aus dem Patriarchat hinauszusehen und hinauszugehen war, insofern ja auch andere Frauen potenziell ebenso „matriarchal" wie ich waren.

Ich kam also nicht zur Frauenbewegung, weil ich insgesamt besonders frauenfreundlich und/oder männerfeindlich gewesen wäre, sondern weil grundsätzlich die Frauen die Leidtragenden in diesem System waren, und ich die damit verbundene Gewalt und Ungerechtigkeit nicht schweigend hinzunehmen oder gar als Normalität zu akzeptieren trachtete. Ich musste also herausfinden, wieso die Dinge waren, wie sie waren, damit sie wieder verändert werden können. Die „Frauenfrage" zum Thema zu machen, war also aus meiner Sicht „notwendig", um zu verstehen, in welcher Gesellschaft und Welt wir eigentlich leben. Letzteres war das, was ich ohnehin wissen wollte, nachdem ich mit dem Studium angefangen hatte, das nicht zufällig eines der Soziologie wurde – übrigens nachdem ich einen ähnlichen Versuch in den Naturwissenschaften sofort an den Nagel gehängt hatte. Denn dort erfuhr man nichts über die Welt oder gar die Natur, wie sie wirklich war. Um das ging es mir aber: Wie ist die Welt, warum ist sie so, was bedeutet das, und wie kann sie noch sein? Und nun entdeckte ich nach und nach, dass und warum die Frauenfrage dabei so bedeutsam, ja absolut zentral war. Denn über sie war es möglich, das Ganze aus einer unter oder außer ihm liegenden Perspektive zu sehen …

Dieses Forschungsprogramm, sozusagen eines für die ganze Welt, war aber dann konkret erst ein Resultat meines Aufbruchs in diese Welt. Denn ich hatte mich aufgemacht, um zu sehen, wie es anderswo war, und ob es vielleicht dort „besser" war als daheim, sozusagen weniger „patriarchal", wie ich es heute nenne.

Erst in Übersee machte ich die Entdeckung, dass nur die Frauenfrage die Tiefen- und Breitendimension der globalen gesellschaftlichen Realität und ihrer Geschichte bloßlegte und erkennbar machte, während ohne sie alles an der Oberfläche steckenblieb und damit immer irgendwie „nicht richtig" war.

Nun machte ich auch die Bekanntschaft von matriarchalen oder wenigstens nicht ganz patriarchalen Verhältnissen und Menschen, Männern wie Frauen, und ich fing an, die Unterschiede immer deutlicher wahrzunehmen und schließlich in ihrer Andersartigkeit und deren Gründen zu erkennen. Die noch deutlicher matriarchale Seite des „Südens" hat mich immer wieder angezogen, sozusagen „erotisch". Aber die Suche nach noch oder wieder matriarchalen Verhältnissen auch zuhause im Norden, sozusagen nach dem Matriarchat als „zweiter Kultur"[72], war nur teilweise erfolgreich und hat mir immer wieder die tiefen Gräben gezeigt, die das Patriarchat zwischen uns allen gezogen hat. Das Thema „Gender" ist daher für mich – im Zusammenhang mit der Analyse der Unsäglichkeiten des Patriarchats als System – der bisher letzte Ausdruck des Dilemmas patriarchalisierten Frauseins.

Die moderne Matriarchatsforschung und -bewegung im Norden waren mir daher so willkommen und selbstverständlich, wie sie es nur sein konnten. Aber ich habe inzwischen bemerkt, dass hier bei uns, wo das kapitalistische Patriarchat – das bisher gefährlichste von allen – entstand, die notwendige matriarchale Gegenbewegung nicht so selbstverständlich ist wie sie mir erschien. Es kommt mir nämlich immer mehr zum Bewusstsein, dass nur wenige Menschen den ihnen vielleicht auch angeborenen Zugang zu allem Matriarchalen so stur und entschlossen wie ich haben bewahren können.

72 nach Genth

Erfahrungshintergrund aus über 30 Jahren Frauenbewegung: Vier Beispiele

Beispiel A:

Wie „tabuisiert" diese Themen bzw. die Perspektive, die ich dabei einnahm, sind, erfuhr ich 1986 im Anschluss an den GAU von Tschernobyl, der eine Mütterbewegung gegen Atomkraft zur Folge hatte, der ich an „vorderster Front" angehörte. Mein dazu publizierter Aufsatz mit dem Titel „Wir werden das Leben unserer Kinder nicht dem Fortschritt opfern!"[73] machte die „Feministin" Alice Schwarzer so wütend, dass sie mir in ihrer Zeitschrift „Emma" den Spottnamen „tschernobyles Muttertier" verpasste, der sogar in irgendeine Liste der „Wörter des Jahres" einging.

Ich hatte ein Tabu gebrochen. Dafür wurde ich nun „bestraft". Ich sollte dem öffentlichen Hohn preisgegeben werden, ich sollte mich unmöglich gemacht haben, ich sollte als nicht mehr ernst zu nehmende, ja völlig lächerliche Person dastehen, als altertümliche, konservative, ja als rückwärtsgewandte, mütteridentifizierte „Nazisse"! Als eine, die es immer noch nicht kapiert hat.

Ja, was eigentlich? Dass Mütter überholt sind, dass Feministinnen keine Kinder mehr haben sollen, dass Mutterschaft unmodern ist, dass eine ernstzunehmende Frau nicht mehr heterosexuell sein darf und dass sie sich um „solche Dinge" – wie das Leben? – nicht mehr zu kümmern hat?

Das galt für die „Szene" des deutschen „Feminismus", wie ihn Alice Schwarzer damals vertrat und immer noch vertritt.

Mein „Vergehen" aus dieser Sicht bestand darin, dass ich mich als Mutter für Mütter und Kinder und gegen einen technischen Fortschritt und eine ihn unbedingt unterstützende – linke? – Politik ausgesprochen hatte, die ganz offensichtlich das Leben bedrohen.

So gesagt ist das unverständlich. Wie kann es ein Tabubruch, ein „Vergehen" sein, sich gegen ein Verbrechen auszusprechen, das das Tabu der Bedrohung des Lebens bricht? Oder gilt dieses Tabu, das Leben zu bedrohen, heute nicht mehr? Und besteht daher der Tabubruch gerade darin, an dieses vielleicht älteste Tabu menschlicher Kultur – und zwar eine offenbar durch und durch mütterliche Kultur – zu erinnern?

Also ist nun alles umgekehrt: Der patriarchale Bruch mit dem Tabu, sich am Leben zu vergreifen, darf nicht als solcher benannt und angegriffen werden. Tabu ist die Benennung des Tabubruchs!

Was kann es darüber hinaus eigentlich noch geben, um festzustellen, dass wir uns damit in einer Art neuem, und zwar ganz allgemein argumentierendem Faschismus befinden? Denn hier geht es nicht um das Leben bestimmter, sondern aller Menschen, ja Lebewesen, der Natur insgesamt, und zwar der Inkaufnahme ihrer Beschädigung und sogar Tötung durch gesellschaftliche

73 Werlhof 2010 (n)

Handlungen, denen ein höherer „Wert" zugeschrieben wird als der, den das Leben selbst hat.

Steht Alice Schwarzer mit dieser Sicht allein da? Man merkt schon, nein, die Gesellschaft ist auf ihrer Seite, jedenfalls der allergrößte Teil der Politik, der Wissenschaft, der Wirtschaft und – des heutigen „Genderfeminismus".

Beispiel B:

Johanna Dohnal, damals Frauenministerin in Österreich, bittet mich kurz nach meiner Ernennung zur ersten offiziellen Professorin für Frauenforschung im Lande zu einem Gespräch unter vier Augen. Wir treffen uns im berühmten Café Landtmann in Wien. Sie erzählt mir, dass sie eine Gentechnik-Gegnerin sei und bittet mich um wissenschaftliche Unterstützung. Ich bin erfreut, denn ich teile ihre Kritik. Die nächste Gelegenheit bietet sich bei einer Fernsehkonfrontation zum Thema, bei der ich gegen einen Molekularbiologen antreten soll. Im Innsbrucker Frauenzentrum besprechen wir noch meine gesammelten Argumente, bevor ich in die Kontroverse gehe. Dabei mache ich klar, dass ich wirklich und grundsätzlich gegen Gentechnik bin und warum.

Im Frauenzentrum spricht daraufhin niemand mehr mit mir. Ich verstehe nicht warum. Kurz darauf meldet sich Frau Dohnal an. Sie kommt ins Innsbrucker Frauenzentrum und nimmt an einer öffentlichen Diskussion über Gentechnik teil.

Nach mir fragt niemand, und ich bin/werde an der Aktion nicht beteiligt. Später stelle ich fest, dass es dabei nur darum ging, die Beteiligung von Frauen an den Projekten der Gentechnik in Österreich einzuklagen!

Die Ablehnung der Gentechnik als solche war gar nicht gemeint.

Ich habe Frau Dohnal nie wieder gesehen.

Beispiel C:

Eine Innsbrucker Kollegin von mir, auch Frauenforscherin, wurde schwanger. Als die Schwangerschaft fortgeschritten war, sagte sie bei einem Treffen mit anderen Frauen:

„Ich hatte nicht gedacht, dass Schwangerschaft heute immer noch so unglaublich physisch ist!"

In der Tat: Wir Frauen sind immer noch Leib und nicht Maschine, so sehr der patriarchale Fort-Schritt vom Lebendigen zum Maschinellen dies auch vorgesehen haben mag. Aber ich war überrascht, dass eine Frauenforscherin darüber so überrascht sein konnte.

Der Fortschritt und die Verbesserung der Lebensbedingungen, eine höher entwickelte Zukunft und die Befreiung von lästigen Gefahren oder Abhängigkeiten, all die Propaganda, die von allen Seiten ununterbrochen auf uns herabdonnert, bedeutet ja nichts Positives. Denn dabei wird uns eigentlich nichts Geringeres mitgeteilt, als dass in der Tat das Leben und der Tod, das Geschlecht und die Fortpflanzung, die Ernährung und die Sexualität, ja die

Natur und die Gesellschaft selbst transformiert, zerstört und ersetzt werden sollen.

Ich weiß immer noch nicht, dachte ich damals, wie ich schreiben oder sprechen soll, damit den Leuten schlecht wird. Denn wenn ihnen schlecht wird, ist die Botschaft angekommen. Und diese Botschaft lautet: Es sind Wahnsinnige am Werk, die das Leben auf der Erde, ja diese selbst ganz bewusst aufs Spiel setzen, indem sie ein Projekt in die Tat umsetzen, das an Hybris nicht zu überbieten ist.

Und sie haben es geschafft, dass es kaum jemand merkt, ja, dass fast alle begeistert mitmachen. Sogar die Frauen! Denn die Frauen haben als diejenigen, die das Leben hervorbringen, ernähren und am Leben halten – wie viel oder wenig sie dabei von außen auch immer unterstützt werden –, meist eine andere Sicht auf die Dinge gehabt und sich wegen ihrer Lebenserfahrung wenig weismachen lassen.

Das ist inzwischen anders geworden, jedenfalls dort, wo eben dieses Projekt der Transformation, Zerstörung und Ersetzung des Lebens und des Todes am intensivsten und fortschrittlichsten umgesetzt wird: im Westen bzw. Norden der Welt.

Meine These ist: Die „Gender"-Studien sind ein Ausdruck davon, sie sind die dazugehörige Ideologie.

Beispiel D:

Es gibt eine Anhörung der Bewerberinnen auf eine Stelle für Frauenforschung bzw. inzwischen so genannte Frauen- und Geschlechterforschung im Bereich Kulturwissenschaften an meiner Universität.

Eine der Bewerberinnen hält einen Vortrag im Sinne der Gender-Studies: sie entwirft das Bild einer Gesellschaft aus dieser Perspektive. In der Diskussion frage ich sie, wie denn diese Gesellschaft mit der Frage der Mutterschaft umgehen würde, da ja die Herkunft der je nächsten Generation in jeder Gesellschaft in irgendeiner Form organisiert werden müsse. Denn zu dieser Frage hatte sie gar nichts gesagt. Da antwortete sie zu meiner Verblüffung prompt: „Ja, dafür haben wir doch die Gentechnik!" – Und während ich noch zu sagen versuche, dass ein solcher Gewaltweg ja wohl weder möglich noch gar wünschenswert wäre, biegen sich die Balken vom grölenden Gelächter einer Reihe von Studentinnen aus der „Szene" …

In diesem Moment hatte ich zum ersten Mal das Gefühl, dass es einen neuen Faschismus geben kann. Der würde darin bestehen, „Menschen zu machen", und zwar ohne wesentliche bzw. als solche anerkannte Beteiligung von Müttern und dem Mutterleib und idealerweise ganz ohne sie. Hier würde die Alchemie zu einem faschistischen Projekt, und es gäbe Frauen, die das bejubeln.

Es hat sich von den meisten Menschen unbemerkt offenbar inzwischen eine Spaltung unter den Frauen vollzogen. Sie zeigt sich in einem immer mehr auseinanderdriftenden Fühlen, Denken und Handeln von Frauen in unserer Gesellschaft. In der Wissenschaft zeigt sich diese Spaltung als eine zwischen der ursprünglichen feministischen Frauenforschung, wie sie mit der neuen Frauenbewegung Ende der 1960er Jahre entstand, und den so genannten Gender-Studies, die Anfang der 1980er Jahre aus den USA importiert wurden.

Auch in der Politik ist das Phänomen zu beobachten. Es war ursprünglich eine Spaltung zwischen feministischen und linken Frauen und wurde dann zu einer zwischen „Mittäterinnen" bzw. Aufsteigerinnen im und Aussteigerinnen aus dem Patriarchat, wie ich es nenne[74].

Generell ist zu sagen, dass die Frauen, die in einer patriarchalen Gesellschaft leben, das Problem der Spaltung immer haben: Wer macht mit, wer verweigert sich, wer profitiert, wer bleibt Opfer, wer arrangiert sich, wer ergreift die Flucht ... Das geschieht selbstverständlich auch dann, wenn die Beteiligten gar nicht „wissen", was eine patriarchale Gesellschaft für Frauen bedeutet, und es nicht – etwa im Gegensatz zum Leben in einer matriarchalen Gesellschaft – reflektiert und sich „bewusst" gemacht haben. Daher ist es ja unsere Aufgabe als Forscherinnen und Analytikerinnen der Gesellschaft, diese Dinge herauszufinden, damit sie bewusst und zur Grundlage entsprechender Entscheidungen gemacht werden können.

Die Frage ist: Was ist das Besondere an der heutigen Situation? Und warum reagieren gerade Frauen so heftig und so unterschiedlich darauf?

Meine These dazu ist: Heute geht es nicht mehr nur ideell, sondern unmittelbar und materiell um die Abschaffung der Frau als Mutter – und damit auch um die potenzielle Abschaffung der Frauen überhaupt: als Geschlecht, als der „andere" Leib, als Sexualwesen, als eine, die in besonders enger Weise auch mit der außermenschlichen Natur verbunden ist, als „matriarchale" Gestalt, als „Göttin"-Nahe, als Magierin und spirituelle „Kriegerin", als „Gesandte" und Sprachrohr von „Mutter Erde", und last but not least um diese selbst. Diese Tatsache des Versuchs von nichts Geringerem als einer Abschaffung der Mutter spiegelt sich in den krass unterschiedlichen und hoch emotionalen Reaktionen der Frauen.

Verkehrung von „Frau und/als Natur" – Perversion und Reversion

Natur, dieser Zusammenhang, ist das Einzige, was wir immer haben. Daher ist sie in der Tat auch unser „last exit".

Die Transformation der Frauen als Trennung von sich selbst ist dagegen kein Exit. Sie geschieht von einem angeblichen Naturwesen, das ihnen die Gesellschaft oktroyiert und das sie nicht sind, in das Nicht-Naturwesen ei-

74 Werlhof 1996 (e), 2010 (o)

nes „Gender“, das sie angeblich sind oder werden können. „Frau“ bzw. Gender ist damit angeblich von vornherein nicht mehr von Natur bzw. Mutter aus in der Welt: naturlos, ungeboren, mutterlos, nabellos? Bleibt die Herkunft nebulös, so ist die Zukunft befreit von ihr, im Jenseits der Natur? Damit ist das Gender-Projekt eine Vorwegnahme der konkreten Utopie der bestehenden Gesellschaft: die endliche, wirkliche Befreiung von Mutter (und) Natur.

Und das ist auch die Befreiung (der Frau) von der „Frau“. Danach kommt „Gender“ als eine Art von Geschlechtslosigkeit oder -neutralität oder -beliebigkeit oder -machbarkeit oder -wählbarkeit oder -austauschbarkeit.

Seine Herkunft ist angeblich die „Sprache“ oder der „Diskurs“, jedenfalls kein Leib.

Gender schöpft sich aus dem Geist?/dem Nichts? selbst-sprechend, schreibend, „Identität“ darstellend und vor allem flexibel.

Der flexible Mensch[75] ohne Leib, materielle Herkunft, Bindungen, Verantwortungen, ohne Mutter, Familie und Naturhaftung – Lara Croft?

Frauen verlassen die Natur. Sie tun es inzwischen sogar freiwillig. Dabei bestand das ganze Drama des Patriarchats gerade nicht im Zusammenwirkenlassen von Frauen und Natur, sondern in deren bewusster Trennung. Dafür haben die Hexen gebrannt. Es ist alles umgekehrt.

Wenn Frauen heute sagen, wir wollen endlich von der Natur getrennt werden, dann kann dem nur entgegengehalten werden: das ist ja längst passiert. Genau darum ist es immer gegangen. Gerade das Auseinandergerissenwerden von allem und allen ist der springende Punkt am Patriarchat. Meine These ist also genau umgekehrt zu der, die sonst meist vertreten wird, und sie ist natürlich auch nur dann verständlich, wenn wir einen anderen Naturbegriff zugrunde legen als den üblichen, den patriarchalen.

Immer mehr Frauen gehen dem Technologieprojekt des Patriarchats auf den Leim. Sie geben gerade auch ihren eigenen Leib preis, jenen Anteil an Natur, der uns nicht äußerlich ist. Und gerade um den weiblichen Leib hat sich die Politik des Patriarchats immer gedreht. Es ist ein besonderer, ein gebärender, ein „kosmisch verbundener“, ein weiser, ein „numinoser“ rätselhafter Leib, und in der Natur gibt es nicht den metaphysischen „Schöpfer“ aus dem Jenseits, sondern es ist immer eine immanent-transzendente Schöpferin am Werk. Nicht nur „Frau = Natur“, sondern sogar „Natur = Frau“ heißt es in den alten, nicht patriarchalen Naturauffassungen, denn in den Frauen zeigt sich der Naturzusammenhang deutlich. Die besondere Verbundenheit zwischen Frau und Natur, der im weiblichen Schöpfungsakt zum Ausdruck kommt, wurde weltweit als positiv verstanden. Und immer noch haben Männer diesen Gebärneid, ja geht ihr ganzes techno-politisches Programm darum, wie

75 Sennett 1998

der Mann zum Gebärer werde oder zum Produzenten, zum Schöpfer von dem, was er „Leben" nennen würde – nicht zusätzlich, sondern an Stelle der Frau.

Patriarchat heißt, den Versuch zu unternehmen, eine gegen die Natur und gegen die Frauen gerichtete Gesellschaft auf der Grundlage einer angeblich möglichen männlichen „Produktivität" zu errichten, um damit die weibliche „Produktivität" zu „ersetzen". Nicht, weil sie auch produktiv sein wollen, errichten Männer das Patriarchat, sondern weil sie an Stelle, statt der Frauen und der übrigen Natur Allein-Hersteller, omnipotent werden wollen. Ihr Ideal ist die mutter- und naturlose Gesellschaft „gebärender" Männer. Das haben schon die alten Ägypter und vor allem Griechen formuliert und heute versucht man krampfhaft, diese Utopie auch materiell zu verwirklichen. Die Welt soll auf den Kopf gestellt werden.

Warum wollen so viele Frauen das heute mit- und nachmachen? Oder geht es nicht vielmehr darum: Wie stellen wir die Männer wieder vom Kopf auf die Füße? Der nun mehrtausendjährige Versuch, die Welt verkehrt herum zu betrachten, und der mehrhundertjährige Versuch, sie auch tatsächlich zu verkehren, hat Spuren hinterlassen, auch im Gefühl. Die Schwierigkeit einer Reversion der Perversion äußert sich in Angst und Ekel – nicht so sehr vor der Gesellschaft und ihrer Technik, sondern gerade umgekehrt vor dem eigenen Leib und der Natur insgesamt. Psychoanalytisch nennt man diese Gefühle „Phobien". Bei solchen Phobien wird erfahrene oder weiter vererbte Erfahrung mit Gewalt gewissermaßen auf das Opfer übertragen. Die Begegnung mit den Opfern, hier dem Leib oder der Natur, dem Frausein selbst, erinnert an die ihnen zugefügte Gewalt und löst einen entsprechenden Ekel oder Hass aus. Durch Abwendung vom Opfer-Objekt wird dann versucht, die Erinnerung zu verdrängen und weitere Gewalt zu vermeiden, anstatt eine Rehabilitierung des Opfers zu beginnen.

Die Lösung bestünde darin, diese Verschiebung des Gefühls, seine „Projektion" auf das Opfer zu erkennen, und sich auch dem Täter, der inzwischen zum „System" verdinglicht worden ist, zuzuwenden. Nur so könnte die Perversion beendet und allmählich eine Reversion der Verhältnisse in Gang gesetzt werden.

Die Frauen sollten sich also auf die Seite der Natur schlagen und sagen: In der Tat, wir gehören zur Natur. Wir sind ihre Stimme. Wir lassen sie und damit auch uns selbst nicht im Stich. Die Natur hat uns nie etwas getan. Im Gegenteil, sie ist unsere Verbündete. Wir werden sie neu kennen lernen. Und von hier aus werden wir die Gesellschaft verändern. Dann können wir auch zu ihr gehören.

Claudia von Werlhof, Innsbruck, im Juli 2011

I.
Das Projekt des Patriarchats – die Verkehrung der Welt

I.
Die Negation des Matriarchats. Zur Perspektive eines Wahns[76]

Vorbemerkung

Bisher war ich weniger eine Matriarchats- als eine Patriarchatsforscherin. Ich sehe mich nämlich als matriarchale Frau, die das Patriarchat zunächst gar nicht versteht. Deswegen bemühe ich mich, es zu analysieren. Denn es ist nicht die matriarchale, sondern die patriarchale Gesellschaft, die ein Problem darstellt.

Dabei bin ich mir bewusst, dass die Unterscheidung zwischen „Matriarchat" und „Patriarchat" dualistisch wirkt. Aus der historischen Analyse wird jedoch klar, dass dieser Eindruck auf einer falschen Annahme beruht. Denn das Patriarchat ist in der Tat das Gegenteil des Matriarchats, jedoch nicht in der Form, wie meist angenommen wird, nämlich in der einer Männerherrschaft anstelle einer früheren Frauenherrschaft. Letztere ist allerdings nirgendwo nachgewiesen worden, weil es sie außerhalb des Patriarchats, das die verschiedensten Herrschaftsformen hervorgebracht hat, offenbar nicht gegeben hat. Es handelt sich daher beim Unterschied von Matriarchat und Patriarchat als den bisher nachweisbaren und wahrscheinlich wichtigsten Grundformen menschlicher Zivilisation um etwas anderes:

Das Patriarchat entsteht erst aus dem Prozess der Zerstörung und einem sich dabei entwickelnden grundsätzlichen Gegenentwurf zur matriarchalen Gesellschaft.

Erst aufgrund dieser Erkenntnis kommen wir zu einer dem Thema angemessenen Komplexität der Analyse. Denn diese hätte sowohl den Charakter der bis heute noch lebenden Matriarchate nachzuvollziehen als auch die Veränderungen der erst matriarchalen Verhältnisse durch eine überall zunehmende und sich durchsetzende Patriarchalisierung herauszuarbeiten.

76 Artikel erschienen in: Göttner-Abendroth, Heide (Hg.), Gesellschaft in Balance. Dokumente des ersten Weltkongresses für Matriarchatsforschung 2003, Stuttgart 2006, S. 30–41, ergänzt und überarbeitet 2011.

Was ist „Patriarchat"? These und Einordnung

Aus matriarchaler Sicht ist es meine These, dass das Patriarchat keine eigenständige, von den Gesellschaften der Matriarchate unabhängige Gesellschaftsordnung, Kultur und Zivilisation darstellt, sondern sich aus der Negation der matriarchalen Gesellschaft entwickelt hat. Patriarchat stellt insofern auch einen Wahn dar, als es eigentlich nicht Sein oder Wirklichkeit im Sinne seiner eigenen Definition werden kann. Denn Patriarchat bedeutet wörtlich „am Anfang der Vater", „Vater-Ursprung" bzw. „Vater-Gebärmutter".

Das Patriarchat bleibt damit Perspektive, Vorstellung, Utopie, Projekt einer im wahrsten Sinne mutterlos und naturunabhängig gedachten Gesellschaft, die von der Verbundenheit alles Seienden am Ende getrennt sein will.

Allerdings wird versucht, diese Utopie zu konkretisieren, wobei zuerst in der Tat „Vater-Herrschaft" entsteht[77]. Vor allem in der Neuzeit wird außerdem versucht, Patriarchat nicht nur ideell, sondern auch materiell, „technisch", zu realisieren. Denn Patriarchat im ursprünglichen Sinne des Wortes ist knapp, wenn nicht überhaupt inexistent.

Beim Versuch der Realisierung des Patriarchats kommt es zu derartigen Zerstörungen von Mensch – insbesondere Frau – und Natur, dass das Patriarchat inzwischen sichtbar an seine Grenzen stößt. Der Wettlauf zwischen Zerstörung und „Produktion" bzw. Konstruktion des Patriarchats steht heute vielleicht kurz vor seiner Entscheidung.

Das Patriarchat ist also zu verstehen als ein sich ausbreitender und vertiefender Prozess, der die Tendenz hat, zu einem System zu werden, aber nicht abgeschlossen ist und im Prinzip auch nicht werden kann, und dessen bisher letzte, rabiateste und umfassendste Periode der Kapitalismus als Weltsystem („Globalisierung"), das „kapitalistische Patriarchat" ist. Darin kulminieren bzw. kumulieren sich viele patriarchale Tendenzen der Geschichte.

Mit dieser These stehe ich im Gegensatz zu denen, die Patriarchat nur als „Vater-Herrschaft" verstehen und nicht nach dem Grund des Herrschen-Wollens, bzw. -Müssens fragen, so als verstünde sich Herrschaft per se. Ich stehe auch im Gegensatz zu denen, die das Patriarchat nicht mit der Moderne verbunden sehen, sondern für ein vor- oder unmodernes, „traditionelles" und rückständiges Phänomen halten, das heute zunehmend als überholt, wenn nicht als – gewissermaßen von sich aus – im Verschwinden begriffen erscheint. Ich stehe generell aber auch im Gegensatz zu denen, die sich überhaupt gegen eine Periodisierung der Geschichte wehren, die z. B. über die Neuzeit, das Mittelalter oder auch die Antike weiter zurückgreift. Denn nur, wenn man den Blick in die „Vorgeschichte" des Patriarchats verweigert, kann

77 Herrschaft als patriarchale Bedeutung von arché

man die Existenz von Matriarchaten und die gegen sie gerichtete Entstehung von Patriarchaten überhaupt leugnen oder für irrelevant halten.

Dem möchte ich mit Goethe entgegenhalten:

„Wer nicht von drei Tausend Jahren sich weiß Rechenschaft zu geben, bleibt im Dunkeln, unerfahren, mag von Tag zu Tage leben."[78]

Schließlich stehe ich selbstverständlich im Gegensatz zu denen, die lediglich systemimmanent denken, die Geschichtlichkeit des Patriarchats nicht erkennen wollen und es „unhistorisch" als immer schon gegeben ansehen, und zwar als eine eigenständige, „notwendige" oder gar „bestmögliche", zur „Evolution" von „Zivilisation" besonders geeignete, ja einzig ernst zu nehmende Gesellschaftsordnung oder Zivilisation.

Patriarchat ist für mich also nicht mehr ein allgemeiner und diffuser politischer Kampfbegriff, sondern vor allem ein theoretisches Grundkonzept für das Verständnis der Herkunft, Entwicklung und Zukunft unserer gegenwärtigen weltweiten Gesellschaftsordnung.[79]

Angriffe auf Matriarchatsforschung und Patriarchatskritik

Bezeichnenderweise werden heute feministische Matriarchatsforschung und Patriarchatskritik erneut angegriffen, wie schon einmal zur Zeit des Nationalsozialismus[80]. Denn der Nationalsozialismus hatte durchaus ein Interesse an diesen Themen und verwendete sie für seine Zwecke. Aber selbstverständlich hatte er kein Interesse an einer matriarchal bzw. feministisch und patriarchatskritisch orientierten Forschung, die er sogar verbot. Sondern er versuchte, die Matriarchatsforschung patriarchal zu vereinnahmen und mit einer Art Patriarchatskritik sowohl Juden zu diffamieren wie auch Frauen für den Nationalsozialismus zu gewinnen. Selbstverständlich hütete man sich aber, die Patriarchatskritik auf den Nationalsozialismus selbst anzuwenden[81].

Zurzeit geschieht der Angriff auf Matriarchatsforschung und Patriarchatskritik aber insbesondere auch von links sowie von nicht feministischen Frauengruppen, Frauen-Lobby-Gruppen, neoliberalen Politik-Vertreterinnen und ebenso postmodernen wie postfeministischen „Gender"-Forscherinnen[82]. Diese wehren sich überhaupt und vehement gegen die Begriffe Matriarchat und Patriarchat, vermutlich, weil sie sonst ihre Politik des Mitmachens im globalen Patriarchat heute nicht mehr begründen könnten[83].

78 West-Östlicher Diwan, zuerst 1819
79 vgl. Kap. I
80 vgl. AutorInnengemeinschaft 2003
81 Ruault 2006
82 z. B. Röder u. a. 1996
83 zur Kritik D. Bell/ R. Klein 1996

Bestimmte linke Gruppen halten Patriarchatskritik und Matriarchatsforschung gar für rechts außen, weil sie als Linke zwar eine Kapitalismuskritik entwickelt haben, die aber immanent geblieben ist, indem sie den Sozialismus nach wie vor als Alternative zum Kapitalismus begreift und nicht als Bestandteil ein und desselben „kapitalistischen Patriarchats" bzw. „Weltsystems" [84].

Weil diese Kapitalismuskritik also die so genannte Zweite, angeblich „postkapitalistische", aber auch die so genannte Dritte, angeblich „vorkapitalistische" Welt nicht mit umfasst, ist sie an den folgenden Fragen nicht interessiert:

- Alternativen zum Staat, zum Herrschaftssystem
- Alternativen zum technischen Fortschritt/zu der Maschine
- Alternativen zum Naturverhältnis/Bedeutung der Ökologiefrage
- Alternativen zum Patriarchat als historischem Hintergrund bzw. „Träger" des Kapitalismus
- einer echten Diskussion der Frauenfrage, sind doch durch sie die genannten Probleme erst im und als Zusammenhang – als patriarchales Syndrom – erkennbar [85].

Fixpunkte dieser Abwehr-Debatte gegen Matriarchatsforschung und Patriarchatskritik sind entsprechend:

der technische Fortschritt, insbesondere die Technik als „Maschine", das feindliche Naturverhältnis und die (Männer-)Herrschaft müssen bleiben, und alle, die für Alternativen dazu plädieren, wie ÖkofeministInnen, HerrschaftskritikerInnen, SubsistenztheoretikerInnen, geschweige denn -praktikerInnen, so genannte spirituelle Frauen und MatriarchatsforscherInnen gelten aus dieser Perspektive allesamt als „esoterisch", „konservativ" bzw. mehr oder weniger weit „rechts". Da können sie übrigens so viel Kapitalismuskritik geliefert haben wie sie wollen.

Im Grunde heißt das: Der Kapitalismus bzw. die neuzeitliche Gesellschaft des Westens dürfen gar nicht wirklich kritisiert werden. Es geht lediglich um die Machtergreifung anderer Gruppen in ihm/ihr, und die Kritik gilt nur solange, als diese Machtergreifung nicht stattgefunden hat.

So scheint es ein von vielen geteiltes Verbot zu geben, den Kapitalismus und das Patriarchat, geschweige denn den Zusammenhang von beiden zu Ende zu denken, umso mehr als – wie an den Folgen der Globalisierung zu sehen ist – die patriarchal-kapitalistische Gesellschaftsordnung in die Krise gerät. Die Diskussion von Alternativen zu Kapitalismus und Neuzeit bzw. Moderne und gar Patriarchat sollen offenbar um jeden Preis verhindert werden [86].

84 Werlhof 2011

85 vgl. bereits Bennholdt-Thomsen/Mies/Werlhof 1992 (1983)

86 vgl. Göttner-Abendroth 2003

Ich trete stattdessen dafür ein, unsere Gesellschaftsordnung und Zivilisation als inzwischen prinzipiell weltweites Patriarchat zu verstehen, das sich über eine Periode von ungefähr 5000–7000 Jahren entwickelt hat, seinen „höchsten" bzw. bisher letzten Ausdruck im Kapitalismus als Weltsystem gefunden hat und jetzt an die materiellen Grenzen seiner weiteren Entfaltung stößt.

Damit steht nach dem Nationalsozialismus erneut und historisch zum ersten Mal global die Frage auf der Tagesordnung, welche Alternative zum Patriarchat – und nicht nur zum Kapitalismus – gefunden werden kann/können. Gerade die Matriarchatsforschung ist also heute dazu aufgerufen, sich dazu zu äußern, inwiefern neo-matriarchale oder generell nicht mehr patriarchale bzw. nicht mehr kapitalistische Verhältnisse eine solche Alternative darstellen (würden), denkbar sind und konkret gestaltet werden (können). Dazu gab es inzwischen zwei Weltkongresse für Matriarchatsforschung [87].

Matriarchat als „Zweite Kultur" innerhalb des Patriarchats

Wenn wir die hier vorgeschlagene Änderung bzw. Umkehrung der gängigen Sicht und die Zusammenschau der real existierenden Probleme gesellschaftlicher Entwicklung(en) im Patriarchat annehmen und ein wesentlich längeres „Fernrohr" für den Blick auch in die vor- oder nicht-patriarchale Zeit benutzen, um daraus für heute zu lernen, dann treten zwei Phänomene deutlich hervor: nämlich die einer Unter- bzw. Überschätzung des Patriarchats.

1. Wenn erkannt wird, dass Patriarchat nicht bloß ein Herrschaftssystem insbesondere von Männern über Frauen – ist, dann wird es nicht mehr unterschätzt. Denn Patriarchat will viel mehr als bloß Herrschaft. Es hat ein Ziel, das weit darüber hinausgeht.
2. Patriarchat hat einen Anfang und daher auch ein eventuelles Ende. Es ist evolutionär gesehen gerade nicht „notwendig", sollte also auch nicht überschätzt werden. Mit anderes Worten: Ausgehend davon, das matriarchal organisierte Gesellschaften immer noch existieren, müssen sie daher aus logischen Gründen bereits existiert haben und werden daher ebenso logischerweise unter allerdings völlig veränderten Bedingungen auch wieder entstehen können.
3. Die Tatsache der Existenz der verschiedensten lebenden Matriarchate bis heute beweist dabei in der Tat, dass es nicht immer und überall nur Patriarchate gegeben hat. Andererseits verweist das Bestehen matriarchaler Gesellschaften aber auch auf die bestehende Gefahr einer fortgesetzten Patriarchalisierung matriarchaler Verhältnisse.
4. Inwieweit neue, nicht mehr patriarchale Gesellschaften heute allerdings historischen bzw. heute noch existierenden lebenden Matriarchaten äh-

87 vgl. Göttner-Abendroth 2006 und 2009

neln würden, ist noch offen. Lebende Matriarchate können Hinweise geben, ebenso wie die alternativen und vor allem indigenen Bewegungen weltweit.

Welcher Archäologe kann erklären, was es bedeutet, dass die Sphinx ca. 14.000 Jahre alt ist und damit einer völlig unbekannten Hochkultur entstammt, die Tausende von Jahren vor den Pharaonen existierte? Ein Blick in die Archäologie und Etymologie, in die Gesellschaften noch oder wieder lebender Matriarchate und nicht zuletzt auf nicht-patriarchale Verhältnisse mitten im Patriarchat beweisen: die längste Zeit menschlicher Geschichte gab es eine vielfältige matriarchale Weltkultur und -zivilisation, und das Patriarchat in seinen verschiedenen Erscheinungsformen ist lediglich eine Verirrung, wenn auch eine extrem gefährliche und gewalttätige, der jüngsten Zeit.

Was bedeutet vor diesem Hintergrund die Beobachtung, dass viele Menschen trotz des Patriarchats immer noch oder überhaupt matriarchal denken und weit davon entfernt sind, das Patriarchat zu akzeptieren? Liegt das daran, dass sie sich matriarchaler Verhältnisse „erinnern" oder lediglich daran, dass sie sich gegen akute patriarchale Unterdrückung wehren? Und: Woher kommt dieser Widerstand, wenn er keiner Erfahrung mit anderen als patriarchalen Verhältnissen entstammt? Hier liegt ein echtes erkenntnistheoretisches Problem vor. Kommt die Dissidenz zum Patriarchat also auch aus irgendeiner matriarchalen Erfahrung oder Erinnerung? Inwiefern spielt ein „matriarchales Bewusstsein" nach wie vor bei vielen Menschen eine Rolle? Inwieweit ist dies damit erklärbar, dass menschliches Bewusstsein auch ein früheres menschliches Sein umfasst und nicht nur das selbst unmittelbar erlebte? Welche Rolle spielen außerdem rest-matriarchale Verhältnisse heute, also diejenigen, die auf das Matriarchat als „Zweite Kultur" im Patriarchat [88] verweisen?

Klar ist jedenfalls: Matriarchale Verhältnisse und Gesellschaften sind keineswegs nur irgendetwas aus grauer Vorzeit, das uns heute nichts mehr angeht, weswegen es letztlich gleichgültig ist, ob sie wirklich existiert haben oder nicht. Ganz im Gegenteil: Matriarchales wird immer aktueller, es zieht sich womöglich wie ein roter Faden durch Erfahrungen und Erinnerungen, Bewusstseinszustände und Empfindungen, Verhaltensweisen und Verhältnisse, Sehnsüchte und Gefühle, Vorstellungen und Denkformen. Es böte sich von daher an, nicht nur über historische und lebende Matriarchate, sondern gerade auch über matriarchale Verhältnisse und Phänomene innerhalb des heutigen Patriarchats zu forschen. Dadurch könnten sie durchaus lebendig wieder vermehrt ins Bewusstsein treten, so dass bei der Suche nach Alternativen zum Patriarchat direkt an sie angeknüpft werden könnte [89].

88 Genth 1996
89 z. B. in einer nicht mehr patriarchal orientierten Psychoanalyse, vgl. Croissier

Matriarchale und patriarchale Verhältnisse: Patriarchat als Prozess der Patriarchalisierung

Die Entstehung nicht mehr matriarchaler Verhältnisse ist, den bisherigen Forschungen gemäß, vor allem mit Notsituationen verbunden gewesen, die durch Klimaveränderungen und dadurch in Gang gesetzte „katastrophische" Wanderungen ausgelöst wurden. Dabei konnte es zum Verfall oder zur Verwahrlosung matriarchaler Verhältnisse bzw. zu deren Beseitigung kommen [90].

Unter matriarchalen Verhältnissen verstehe ich zunächst einmal jene, die dem natur- und seinsverbundenen Leben menschlicher Gruppen und Gemeinschaften und dessen Erhaltung am jeweiligen Ort am meisten angemessen sind und sich ihrerseits in einem langen Prozess historischer Entwicklung in verschiedenen Formen auf der ganzen Welt herausgebildet haben. Das Gemeinsame innerhalb der möglichen Vielfalt matriarchaler Kulturen ist – nimmt man Kultur wörtlich – „die Pflege" des Lebens, insbesondere auch die Reflexion über die Möglichkeiten, dabei Gewalt zu vermeiden. Es kann auch kaum ein Zweifel daran bestehen, dass es die lange Geschichte des Mutter-Kind-Verhältnisses war, die eine „Evolution" des und zum Matriarchat(s) möglich gemacht hat. Anders gesagt, wenn es überhaupt eine „Evolution" in der menschlichen Geschichte gegeben hat, dann ist sie zunächst im Mutter-Kind- Verhältnis zu suchen.

Patriarchale Verhältnisse entstehen also womöglich weniger aus einem innerhalb der matriarchaen Gesellschaft existierenden Projekt heraus, um sich gegen sie zu richten. Denn das würde voraussetzen, dass es in Matriarchaten systematische gesellschaftliche Widersprüche gibt, wie sie durch länger andauernde Gewalt, Herrschaft, Unterwerfung, Ausbeutung, Beraubung, Klassenbildung etc. entstehen. Solche Verhältnisse sind aber nur aus Patriarchaten bekannt, ja machen Patriarchat erst aus. Dennoch wird eine endogene Entstehung des Patriarchats aus den matriarchalen Gesellschaften heraus teilweise sogar innerhalb der Matriarchatsforschung vermutet [91].

Es scheint allerdings wahrscheinlicher zu sein, dass patriarchale Verhältnisse zunächst eher als Antwort auf die Unmöglichkeit entstehen, matriarchale Verhältnisse so, wie sie waren, fortzusetzen. Dies würde auch erklären, warum manche patriarchal werdende Gesellschaften, wie z. B. die Kelten, dennoch oft viele matriarchale Traditionen bewahrt haben [92].

Jedenfalls weist vieles darauf hin, dass matriarchale Gesellschaften erfolgreich den endogenen Aufbau von Herrschaft verhindern konnten und

90 Gimbutas 1994; Göttner-Abendroth 1989; de Meo 1997
91 vgl. Meier-Seethaler 1992 (1988)
92 Markale 1984

keinesfalls naiv im Hinblick auf die Möglichkeit der Entstehung von Macht, Herrschaft und Gewalt waren [93].

Es ist anzunehmen, dass erst aus der Not – bzw. der (durchaus auch betrügerisch gemeinten) Interpretation/Definition einer Situation als „Not" die Entscheidung, andere zu überfallen, entsteht. Es ist ein Überfall, wenn etwa auf einmal Tiere gejagt werden, die vorher tabu waren, und/oder eine Invasion anderer menschlicher Gemeinschaften unternommen wird, um sich mit Lebensmitteln zu versorgen. Wahrscheinlich hat man sich in vielen Fällen auf die Dauer irgendwie geeinigt. Jedenfalls brauchten die Kurgan-Völker nach Marija Gimbutas Hunderte bzw. Tausende von Jahren, um von bereits organisierten Eroberungswellen bis zur Errichtung eines regelrechten Herrschaftssystems zu kommen – z. B. Sumer im Zweistromland, Mesopotamien, dem heutigen Irak, im 4. Jtsd. v. Chr.

Die dort entstehende „Orientalische Despotie" beeinflusste die Entstehung und Entwicklung des antiken Patriarchats maßgeblich [94] und damit auch die des späteren westlichen Patriarchats, das mittels des römischen Kolonialismus und der von Rom ausgehenden gewaltsamen Christianisierung durchgesetzt wurde [95].

Die ungeheure Gewaltanwendung, die patriarchale Herrschaftssysteme von Anfang an geprägt haben [96], ist jedenfalls kaum erklärbar, wenn man eine endogene Entstehung des Patriarchats aus dem Inneren der matriarchalen Gesellschaft heraus annimmt.

Allerdings sind endogene Schübe dann erklärlich, wenn patriarchale Entwicklungen einmal von außen einzuwirken begonnen haben und in der Folge, z. B. aus Gründen des Schutzes vor drohender Gewalt, insbesondere Krieg, auch im Inneren zu einer Art „sekundären Patriarchalisierung" führen: Die „Schutztruppe" übernimmt nicht nur die Macht der Verteidigung nach außen, sondern schafft auch gleich die Macht im Inneren. Das ist „Kriegslogik", die bis heute existiert.

Wahrscheinlich handelt es sich um ein Problem der Periodisierung, also der komplexen Frage, ab wann eine Gesellschaft nicht mehr matriarchal bzw. primär patriarchal geworden ist. Denn wenn zuerst praktisch immer Matriarchat war und Patriarchat erst durch und nach dessen Eroberung entsteht, dann muss davon ausgegangen werden, dass sich überall auch während und nach der Patriarchalisierung matriarchale Verhältnisse erhalten haben, in neuen, unterworfenen, verelendeten Formen überhaupt erst entstanden sind oder auch nur zum Schein, etwa der Legitimierung der Herrschaft wegen, propagiert wurden.

93 vgl. Clastres 1976; Sigrist 1979, 1994
94 vgl. Wittfogel 1977
95 vgl. Mies 2003
96 vgl. Wolf 1994

„Logik" der Entstehung des Patriarchats

Der These zufolge, dass Patriarchat immer auf der Zerstörung von Matriarchat, also auf ursprünglich matriarchalen Verhältnissen aufsitzt, muss angenommen werden, dass es Grundprinzipien geben muss, die zur Schaffung des Patriachats – in Konkurrenz und im Gegensatz zum Matriarchat „notwendig" sind. Wenn also Patriarchat von sich aus gar nicht als solches existiert und sich nur im Widerspruch zur matriarchalen Gesellschaft bildet, dann bezeichnen solche Grundprinzipien das, was eine patriarchale oder sich patriarchalisierende Gesellschaft auf jeden Fall und „logischerweise" anstreben muss, um überhaupt zu sein bzw. zu werden. Als wären sie unverzichtbar in jedem Patriarchat, wie verschieden die jeweiligen patriarchalen Gesellschaften auch sonst sein mögen. Daher würden diese Prinzipien in jedem Patriarchat auch als unhintergehbar begriffen und mit allen Mitteln verteidigt werden. Ihre Infragestellung würde als Angriff auf die Grundlagen der patriarchalen Gesellschaft verstanden werden (müssen). Da wir fast alle das Patriarchat inzwischen im Prinzip für normal halten, fallen uns die Ungeheuerlichkeit dieser „Logik des Patriarchats" und ihr grundsätzlicher Widerspruch zu allem, was in matriarchalen Gesellschaften für normal gehalten wurde und wird, nur auf, wenn wir unmittelbar von ihr betroffen sind, also erleben, wie die Patriarchatslogik von der „strukturellen" oder latenten in die unmittelbare Gewalt umschlägt.

Ich stelle also im Folgenden die Patriarchatslogik dar als „notwendige" Negation der Verhältnisse. Dadurch soll der Skandal des Patriarchats wieder ins Bewusstsein treten und klar von matriarchalen Prinzipien geschieden werden können. Denn Patriarchat besteht auch immer in der Enteignung matriarchaler Errungenschaften, die am Ende gar noch dem Patriarchat zu Gute gehalten werden. Ich setze dabei nur voraus, dass das Patriarchat sich gegen die jeweilige matriarchale Gesellschaft durchsetzen will. Das ist jedenfalls unbestritten.

Das Patriarchat als „Kriegssystem"

Soweit wir heute wissen, beginnt das Patriarchat überall mit Krieg[97]. Der Krieg entwickelt sich aus dem bewaffneten Überfall berittener Männer auf unbewaffnete Dörfer und Städte, ihrer Plünderung, Zerstörung und Eroberung[98]. Erst dann können nach den fremden auch die eigenen Mitmenschen, insbesondere die Frauen unterjocht werden. Es entstehen die verfeindeten Geschlechter, Klassen, das Privateigentum als das geraubte Eigentum (privare = rauben) und der Staat.

97 Eisler 1993; Mies 2003; Werlhof 2003 (a), Dieckvoss 2003

98 Gimbutas 1994

„Gewalt" im Patriarchat ist also nicht nur irgendein diffuses, quasi beliebig vorfindbares Phänomen, das in dem Moment auftritt, wo Gewalt „von oben" legalisiert und legitimiert wird – was im Patriarchat durchgehend der Fall ist. Die gesellschaftliche Gewalt, sei sie eine individuelle oder eine kollektive, kommt im Patriarchat aus und mit dem Krieg. Der Krieg ist dabei aber nicht nur einmalige Gründungsgewalt, sondern fortgesetzte Gründungsgewalt[99]. Das Patriarchat beginnt daher nicht nur mit dem Krieg, so die These, sondern übernimmt den Krieg auch als Modell für die Nach- oder Nicht-Kriegszeit.

1. Die gesellschaftlichen Verhältnisse im Patriarchat orientieren sich am Krieg und sind ihm nachgebildet. Die Gewalt im Patriarchat ist demnach zu charakterisieren als die angeblich „gerecht(fertigt)e" Gewalt im „gerechten" Krieg. Erst im Krieg werden die spezifischen Formen von Gewalt „erfunden", die wir heute überall beobachten. Das gilt insbesondere für die Erfindung einer „kalten", also durch und durch geplanten Gewalt. Der Krieg ist der „Vater" (und in der Tat nicht die „Mutter") solcher Gewaltsysteme. Die gesellschaftlich produzierte, organisierte und institutionalisierte Gewalt im Patriarchat hat sich nicht unabhängig vom Krieg entwickeln können. Sie ist immer zuerst Kriegsgewalt. Der Krieg als Haupterfindung des Patriarchats liefert(e) über Jahrtausende die Erfahrungen dafür[100]. Dadurch entsteht auch das Gewaltmonopol des Militärs bzw. des Staates, der andere, staatsunabhängige Gewaltformen, wie z. B. die Blutrache, unterbindet.

2. Wenn der Krieg nicht nur am Beginn des Patriarchats steht, sondern es selbst Krieg ist, und zwar idealerweise in allen Bereichen des Lebens und der gesellschaftlichen Organisation, ist Patriarchat nicht bloß ein Gewaltsystem, sondern ein „Kriegssystem"[101]. Der Krieg ist die typische „Ordnung" des Patriarchats, und zwar auch in so genannten Friedenszeiten. Die unmittelbar und direkt kriegerische Anfangsphase wäre mit der Zeit zum eigentlichen Patriarchat ausgebaut worden. Patrialisierungsprozesse würden dann darin bestehen, alle gesellschaftlichen Bereiche und Verhältnisse in „kriegerische" zu verwandeln, also durchzumilitarisieren, und systematisch aufeinander zu beziehen. Der Krieg würde auf diese Weise nach und nach die ganze Gesellschaft bis in ihre Tiefen hinein durchdringen[102]. Dieser Zustand würde von Paul Virilio der „reine Krieg" genannt[103]. In ihm dreht sich die Gesellschaft einzig um die „Logistik der Kriegsmaschine".

Es sieht in der Tat so aus, als kämen wir diesem Zustand des „reinen Krieges" heute immer näher …

99 vgl. Girard 1992, und Kritik Werlhof 2010 (t)
100 vgl. Sunzi 1999
101 zu diesem neuen Begriff vgl. Mies 2004
102 Bröckling 1997
103 Virilio/Lotringer 1984

3. Der Krieg als Methode des Patriarchats muss neu definiert werden. Krieg im/als Patriarchat ist nicht nur vorübergehender Überfall und einmalige Eroberung, also „Angriffskrieg", obwohl er damit beginnt, geschweige denn bloß mehr oder weniger „fairer" Wettkampf zwischen gleich starken Gegnern[104]. Denn logischerweise wird der Krieg mit der Eroberung nicht beendet. Er bleibt als „Methode" für weitere Eroberungen bestehen, und er wird auch nach der Eroberung im Inneren des eroberten Gebietes fortgesetzt. Denn wäre dies nicht der Fall, würden sich die Eroberten wieder befreien (können). Außerdem geht es im Krieg nicht bloß darum, den „Feind" zu töten, sondern vor allem auch darum, ihn zu unterwerfen und für die Belange der „Sieger" einzusetzen, z. B. als Arbeitskraft und „Menschenproduzenten". Also ist der Krieg nicht eine Art „Fortsetzung der Politik mit anderen Mitteln", sondern umgekehrt sind die Politik, die Wirtschaft, die Technologie, das Natur- und Geschlechterverhältnis sowie die Rechtfertigungsstrategien in Wissenschaft, Ethik und Religion des Patriarchats die Fortsetzung des Krieges mit – nur teilweise – anderen Mitteln. Was nach dem „heißen" Krieg kommt, ist also bestenfalls ein „kalter Krieg" oder ein ebenso „kalter Frieden".

Im Patriarchat gibt es keinen Frieden. Eine Rückkehr zum Frieden wäre eine zu matriarchalen Verhältnissen. Wir haben uns nur daran gewöhnt, die zeitweilige Abwesenheit der direkten Tötungsgewalt, ihr Verschwinden aus unserer Nähe oder ihr Versteckt-Sein und ihre Verdrängung sowie die „kalte" Gewalt für Frieden zu halten. Die Gesellschaft wird aus patriarchaler Sicht permanent zugedacht. Zufällig gilt das Volk daher nach wie vor als „weiblich" bzw. „naturhaft" und wird des Festhaltens an matriarchalen Traditionen „verdächtigt". Denn es waren naturverbundene Frauenkulturen, die zuerst (und bis zuletzt) unterworfen wurden.

4. Das Patriarchat ist eine Utopie, die durch ein Kriegssystem konkret werden will, das sich legitimiert durch seine angebliche Fähigkeit, paradoxerweise mittels Krieg und Zerstörung eine verbesserte, „edlere" und „höhere" Neu-Schöpfung der Welt zustande zu bringen. Das Ergebnis dieses „alchemistischen Projekts"[105], in dem die Frauen und die lebendige Natur lediglich als zu transformierender, also zu tötender bzw. toter „Stoff", als „Mutter-Material" gelten, wäre gewissermaßen ein „reines Patriarchat", das nichts Matriarchales mehr an sich hätte und weder der Frauen noch der Natur mehr bedürfte. Erst dann hätte sich das Patriarchat als eigenständige unabhängige Gesellschaftsordnung restlos von der matriarchalen Gesellschaft emanzipiert. „Patriarchat" wäre dann im Wortsinn realisiert. Die „Gesellschaftsformation" wäre einer „technologischen Formation" bzw. einem „Alchemistischen System" gewichen, das letztlich aus dem Nichts existieren können müsste.

104 vgl. Schmitt 1932
105 vgl. Easlea 1986; Werlhof 2010 (j)

Diese Illusion dürfte die ultimative Rechtfertigung des Patriarchats darstellen, nämlich die, dass es „eigentlich" ein neues „Paradies" ohne Mangel und ohne Konflikte zu schaffen beabsichtige und alle Gewalt, alle Herrschaft und aller Krieg nur vorübergehende, aber „notwendige" Erscheinungen auf diesem Weg des angeblich von Gott, der Natur, ja den Frauen selbst gewollten Fortschritts seien.

Zusammenfassende Interpretation: Patriarchale Formen der Negation des Matriarchats

1. Patriarchat negiert Matriarchat, indem es sich selbst als gesellschaftlichen Ursprung voraussetzt. Gesellschaftliche Alternativen zum Patriarchat werden geleugnet, lächerlich gemacht oder dämonisiert. Gesellschaft wird auf Patriarchat reduziert.

2. Patriarchat negiert Matriarchat, indem es versucht, die Errungenschaften matriarchaler Kultur zu usurpieren, zu enteignen und sich einzuverleiben, um sie als die eigenen auszugeben. Der Herr, Gott, Vater stellt sich entsprechend als die bessere Herrin, Göttin, Mutter, Schöpferin und Natur(macht) dar. Das alte „Mutterrecht" zugunsten alles Lebendigen wird zum „Vaterrecht" über Leben und Tod.

3. Patriarchat negiert Matriarchat, indem es dessen Regeln und Prinzipien verkehrt bzw. pervertiert. Die matriarchale Gesellschaft wird förmlich auf den Kopf gestellt. Matriarchale Ess-, Sexual-, Herrschafts-, Ausbeutungs- und Tötungstabus gelten als zu brechende. Mit dem Krieg als „dem Vater aller Dinge" anstelle des Lebens als „der Mutter aller Dinge" scheinen Schöpfung und Reichtum aus bewusster Zerstörung anstatt aus der Kooperation alles Lebendigen zu kommen. Der Krieg gilt als schön, wahr und gut. Der Glaube an das Absurde steht gegen das Wissen über die Welt. Hohn und Zynismus gegenüber dem Leben gelten als angemessen und intelligent. Die menschliche Denkfähigkeit wird vor allem für kontrollierende und zerstörerische Zwecke eingesetzt.

4. Patriarchat negiert Matriarchat, indem es das Matriarchat zerstört. Göttinnen-, Mutter- und Frauenmord werden zur Regel. Das Frauen-, Natur- und Kulturopfer ist zentral. Innere und äußere Verwüstungen sind die Folge. Subsistenz-, Lebens- und Friedenswissen, die Weisheit im Umgang mit Konflikten und die Erfahrungen im Umgang mit Natur werden mitsamt ihrer Zeugnisse weitgehend vernichtet. In Europa geschah dies durch die Verfolgung und Vernichtung von Frauen als „Hexen"[106]. Es bleibt der Nihilismus des Patriarchats.

5. Patriarchat negiert Matriarchat, indem es versucht, die matriarchale Gesellschaft in ein Patriarchat zu transformieren. Das führt zum „alchemis-

106 Federici 2004

tischen" Projekt der Konstruktion und Produktion von patriarchaler „Schöpfung" auf der Basis des gewalttätigen „Teile und Herrsche" in allen Lebensbereichen. Insbesondere die Neuzeit und der Kapitalismus sind von diesem Projekt der direkt materiellen Patriarchalisierung, insbesondere in Gestalt der Warenproduktion, des zinstragenden Geldes und der Maschinentechnik („Militärisch-industrieller Komplex") gekennzeichnet.

6. Patriarchat negiert Matriarchat schließlich, indem es versucht, die matriarchale Gesellschaft durch Patriarchat zu ersetzen. Dazu muss es von matriarchalen Verhältnissen endgültig abstrahieren, also sich gänzlich von ihnen absetzen. Das geht aber nur, wenn die Konstrukte und Produkte des Patriarchats zu einer eigenständigen, zweiten „Schöpfung" führen, die bisherige Schöpfung tatsächlich substituiert. Erst ein solches „reines Patriarchat" würde die Annihilation von Frauen und lebendiger Natur nachträglich – aus patriarchaler Sicht – „rechtfertigen". Diese Hybris, die Bereitschaft, das gesamte Leben auf der Erde aufs Spiel zu setzen, bildet das wahre „Geheimnis" des Patriarchats.

Auf dem Weg zur neo-matriarchalen Sicht der „Verbundenheit alles Seienden"

In allen alternativen Entwürfen, selbst wenn sie sich nicht als matriarchal bezeichnen, wird weltweit von matriarchaler Egalität, Subsistenz, Gegenseitigkeit, Lebensbejahung und Kooperation ausgegangen. Die Selbstverständlichkeit herrschaftsfreier Existenz tritt wieder in den Mittelpunkt des Denkens, Handelns und Empfindens. Das Verhältnis zur inneren und äußeren Natur wird auf der Grundlage einer wieder matriarchal verstandenen, also einer gerade nicht ein Jenseits begründenden „Transzendenz" interpretiert, nämlich der tatsächlich „durchgehenden" (trans-cendere), die Begrenzung des Einzelnen überschreitenden Verbundenheit alles Seienden, aller Lebewesen und aller Erscheinungen. Damit wird überall wieder an den uralten Weisheiten matriarchaler Kultur angeknüpft[107].

Der Wahn des Patriarchats wird wie ein Spuk von der Erde verschwinden. Wir wissen allerdings nicht, wie viele Zerstörungen es davor noch angerichtet haben wird. Wenn wir aber dann mit einer Art „archäologischem Blick" zurückschauen auf die Zeit des Patriarchats, werden wir uns schon bald nur noch wundern, wie es überhaupt möglich gewesen ist.

107 vgl. Werlhof/Bennholdt-Thomsen/Faraclas 2003 (d)

2.
Das Patriarchat als Utopie von einer mutter- und naturlosen Welt[108]

Zur Notwendigkeit eines Paradigmenwechsels

Es geht um einen Paradigmenwechsel, in dem versucht wird, aus dem westlichen, neuzeitlichen und generell dem, was als patriarchales Denken bezeichnet werden kann[109], herauszutreten. Das Patriarchat wird hier nämlich nicht als bloße Hausväter-, Krieger- und auch nicht nur als allgemeine Herrschaftsordnung verstanden, sondern als ein ganzes Gesellschaftssystem, das sich auf der Grundlage der Unterwerfung und Zerstörung einer früheren, der matriarchalen bzw. „mütterlichen", Ordnung entwickelt (hat) und mit Gewalt deren „utopische Ersetzung" anstrebt. Dadurch wird aber nicht eine bessere Welt geschaffen, sondern im Gegenteil diese vernichtet, wie es uns z. B. das Artensterben, der Klimawandel, der Krieg und der Hunger in der Welt immer deutlicher vor Augen führen. Ja, inzwischen soll Mutter Erde als ganzer Planet selbst dieser Transformation zum angeblich „Besseren" unterliegen, was bisher außerhalb jeder Vorstellungskraft war[110].

Wie es vor allem seit der Neuzeit dazu kommen konnte, dass ein solch gefährliches Denken, Wollen und Handeln sich durchsetzte, ist zwar messbar, wird aber generell nicht verstanden. Denn es wird weiterhin an das Versprechen, also die Utopie des Patriarchats, die bessere Welt, ja einen besseren Planeten zu schaffen, geglaubt. Deshalb wird die stattdessen laufende Annihilation des Lebens auf der Erde, ja dieser selbst, nicht gesehen, nicht ernst genommen, und es wird ihr kein Einhalt geboten.

Um dieses Paradox als Ergebnis einer verbreiteten Mimesis an die Utopie des Patriarchats zu erkennen und konsequent aufzulösen, soll der Komplex des entsprechenden Denkens insgesamt gesehen werden. Das bedeutet, dass ein größerer historischer Zeitraum als die Neuzeit, ja als das Patriarchat selbst, das in Gestalt der Antike in unserer Gegend der Welt begann[111], betrachtet werden muss. Auch aus globaler Perspektive wird inzwischen gefragt, ob das, was als „Weltsystem" bezeichnet wird[112], nur 500 oder gar schon 5000 Jahre alt ist[113]. Außerdem ist zu fragen, inwiefern 5000 Jahre „Weltsystem" nur ein

108 Artikel erschienen in: Sitter-Liver, Beat, Utopie heute I. Zur aktuellen Bedeutung, Funktion und Kritik des utopischen Denkens und Vorstellens. Fribourg/Stuttgart 2007, S. 423–455, ergänzt und überarbeitet 2011.

109 Werlhof 2000, 2003 (b), 2006 (a)

110 Bertell 2000

111 vgl. Bornemann 1975

112 Wallerstein, zuletzt 2004

113 Frank/Gills 1999

anderer Begriff für das ist, was wir in der feministischen Forschung heute als „Patriarchat" bezeichnen [114].

Ein Paradigmenwechsel erfordert eine andere, zeitlich und räumlich umfassendere Periodisierung der Geschichte. Wenn wir dabei vom Patriarchat als Gesellschaftsordnung und von Utopien ausgehen, dann sehen wir, dass erst seit der Antike als einer patriarchalen Gesellschaft und nicht etwa immer schon und auch nicht überall von Utopien gesprochen wird. Das Thema Utopien führt also zunächst zu der Frage, welche Gesellschaften überhaupt Utopien entwerfen und welche nicht. Und: Warum ist das so?

Die Gesellschaften mit Utopien können in der Folge unterschieden werden nach dem Charakter oder Verwirklichungsgrad der jeweiligen Utopien. Dadurch entsteht auch eine andere Einordnung von Entwicklungen innerhalb derjenigen Gesellschaften, die Utopien entwerfen im Gegensatz zu denjenigen, die das nicht tun. Als Letztere gelten die vor- oder nicht-patriarchalen Gesellschaften, die in der modernen Matriarchatsforschung als matriarchale Gesellschaften bezeichnet werden [115]. Es liegt daher nahe, einen Zusammenhang zwischen der Existenz patriarchaler Gesellschaften und dem Auftauchen von Utopien zu vermuten.

Innerhalb des Patriarchats ist insbesondere die neuzeitliche Entwicklung von Interesse, also die des modernen, kapitalistisch-„sozialistischen", „modernen Weltsystems" [116], die sich am so genannten „Kapital" orientiert. Kapital und Kapitalismus/Industriesystem/Sozialismus könnten durch den Bezug zur Utopie in einem ganz neuen Licht erscheinen, nämlich als verschiedene Seiten ein und derselben Sache. Utopie heute: Was hat sie mit Kapital und Patriarchat, aber auch mit den Anfängen des Patriarchats etwa als entstehendem Weltsystem zu tun?

Warum erlebt die Utopie gerade dann eine Renaissance, als die Neuzeit beginnt? [117] Warum ist ein Ende des utopischen Denkens bzw. Handelns gerade heute nicht in Sicht, obwohl in der „Postmoderne" daran auch Kritik geübt wird? [118] Warum wird inzwischen sogar der Planet Erde in diese Utopie aufgenommen?

Ausgehend vom Patriarchat als Gesellschaftsordnung ist bezüglich der Utopien also zunächst der Bruch mit der nicht-patriarchalen Gesellschaft auf der einen Seite, aber eine eventuelle utopische Kontinuität innerhalb der patriarchalen Gesellschaften auf der anderen Seite zu vermuten. Dadurch wäre erkennbar, inwiefern Patriarchat und Utopie vielleicht nicht nur am Rande,

114 Mies 1986, 2003, S. 19ff
115 Göttner-Abendroth1988; 2002, S. 73f
116 Wallerstein 1986, 1998, 2004
117 Saage 2000, S. 22 ff
118 Saage 1990, S. 77 ff

sondern gerade auch in ihrem Kern miteinander zu tun haben. Das wurde in der Debatte zum Thema Utopie bisher nicht thematisiert. Denn es gibt dort im Allgemeinen kein Bewusstsein von der Existenz des Patriarchats und keinen (fundierten) Patriarchatsbegriff, geschweige denn eine Patriarchats- und daran orientierte Utopiekritik [119], von einer Diskussion matriarchaler Gesellschaften und ihrer Utopielosigkeit sowie den Gründen dafür ganz zu schweigen.

Innerhalb des Patriarchats und ohne den Kontrast zur nicht-patriarchalen Gesellschaft treten die Brüche zwischen utopischen Entwürfen stärker hervor. Insbesondere die Neuzeit scheint zu einem solchen Bruch innerhalb der patriarchalen Entwicklung von Utopien geführt zu haben, weil – so meine Behauptung – erst in der Neuzeit versucht wird, die Utopie als dem Patriarchat zugehörig zu realisieren [120]. Macht nicht genau das die Neuzeit überhaupt aus: dieses Verhältnis zur Utopie als zu „konkretisierender" Utopie?

Gelingt es, die neuzeitliche(n) Utopie(n) – und inwiefern ist/sind sie eigentlich verschieden von früheren – zu verwirklichen? Und beobachten wir zurzeit nicht, dass an diesem Versuch womöglich das ganze patriarchal-kapitalistische Weltsystem und große Teile der Menschheit sowie sogar der Erde selbst zugrunde gehen? Wäre das eine neue Erklärung für den krisenhaften, wenn nicht längst katastrophischen Zustand immer größerer Teile der Welt? [121] Wäre(n) die Utopie(n) gerade in ihrer Konkretion also vor allem Dystopie(n), d. h. Utopien, die in der Realität zum Gegenteil dessen führen, was sie propagieren, und warum?

2.1 Ohne Utopie, die „mütterliche Ordnung"

Beim 2. Weltkongress für Matriarchatsforschung 2005 in Texas waren auch TeilnehmerInnen von den Khasi, Mosuo, Minankabau, Khoisan, Kuna, Tuareg, Irokesen, Tolteken u. a. zugegen, Männer und Frauen aus noch lebenden matriarchalen Stammesgesellschaften in aller Welt [122]. Ihre Gesellschaftsordnungen sind wesentlich älter als die patriarchalen und haben die Verbreitung der letzteren über die Welt als einige wenige bisher überlebt. Sie gehörten einst zu eigenständigen matriarchalen Zivilisationen und Welt-, ja Hochkulturen, die in den meisten Fällen durch den Einfall kriegerischer Horden unterworfen und teilweise oder ganz vernichtet wurden [123].

Dieser Prozess vollzieht sich schon seit Jahrtausenden, und in seinem Verlauf entstanden patriarchale Gesellschaften, die sich durch die Negation

119 vgl. Mannheim 1985, Bloch 1980, Saage 2000, Chlada 2004
120 Werlhof 1997 (a), (b); 2006 (a), (c)
121 z. B. Wright 2006
122 vgl. Göttner-Abendroth 1991, 2000, 2006, 2009
123 Gimbutas 1996, Eisler 1993, Wolf 1994

der von ihnen unterworfenen Ordnung charakterisieren lassen[124]. Das heißt, sie setzen der friedlichen, am Leben orientierten, egalitären und prinzipiell diskriminationsfreien früheren „mütterlichen Ordnung" ein kriegerisches, das Leben und insbesondere die Frauen/Mütter verachtendes, die Menschen unterwerfendes, von Männern geführtes Ausbeutungs- und Herrschaftssystem entgegen.

Zu den letzten und gründlichsten dieser Eroberer und Zerstörer gehören die europäischen Kolonisatoren und ihre Nachfolger in Gestalt von Staatsapparaten, Konzernen, Missionaren, Militärs und „Helfern" heute[125].

Die „matristisch" matriachale, „mütterliche Ordnung" hat(te) keine Utopie. Denn sie orientiert sich nicht an Abstraktionen[126], sondern an dem, was ist, und wie es ist sozusagen an der „Topie", dem konkreten Hier und Jetzt als Ort innerhalb des All(e)s. Das Letztere wird in vorpatriarchalen „Kosmovisionen" verstanden als eine all(es)-umfassende, lebendige, bewegte, rhythmisch-zyklische „Raumzeit"[127]. Im Gegensatz dazu ist die patriarchale „Ordnung" immer auf der Suche nach etwas ganz anderem, „Jenseitigem", Meta-Physischem als einem Jenseits des Geborenen, während gleichzeitig eben dieses Physisch-Geborene geplündert, zerstört und negiert wird. Die „Rechtfertigung" dafür ist, dass aus dieser Perspektive das Physische „lediglich" das „Diesseits", nämlich das nun vom All(es) bzw. angeblichen „Jenseits" getrennt gesehene „bloß Diesseitige" ist.

Dieser Gedanke dürfte seinen Ursprung in der in der Tat „jenseitigen" Herkunft der Krieger und Eroberer haben, die im „Diesseits" einfallen und es sich als das angeblich „Niedere" unterwerfen. Damit haben sie auch gleich die ideologische Rechtfertigung dafür geschaffen.

Die Lebensentstehung aus der Großen Mutter/All-Göttin und der Erde bis zur je einzelnen Pflanzen-, Tier- und Menschenmutter steht dagegen im Zentrum der „mütterlichen Ordnung"[128]. Mater/meter arche = die Mutter am Anfang – nicht „Mütter-Herrschaft" – ist ihr Ausgangs- und Endpunkt[129]. Diese Ordnung ist überall in den patriarchalen Gesellschaften heute nur noch in Resten bzw. als „zweite Kultur"[130], unsichtbar und unbewusst gemacht, im Untergrund und an der Basis des Lebens zu erkennen[131].

Die Realität der patriarchalen Gesellschaft ist daher nach wie vor als Mischform zu verstehen, welche die allen Patriarchaten ursprünglich zugrun-

124 Werlhof 2006 (a)
125 z. B. Klöss 1985, Chomsky 1995
126 Göttner-Abendroth 2002, S. 73
127 James 2003
128 Derungs 2003
129 Göttner-Abendroth 1995, S.9
130 Genth 1996
131 Vaughan 1997, S. 23ff

de liegende matriarchale Ordnung noch immer nicht gänzlich hinter sich lassen konnte. Denn alle Patriarchate hängen nach wie vor in parasitärer Weise von der immer noch nicht voll „patriarchalisierten" Lebens(re)produktion des „Diesseits" ab und konnten bisher nicht wirklich davon unabhängig und eigenständig werden, so sehr sie das auch behauptet und bereits versucht haben. Eben dieser Versuch, sich von der matriarchalen Verfasstheit möglichst ganz loszulösen, so meine Vermutung, liegt – uneingestanden – auch fast allen Utopien zugrunde, die solange bestehen bleiben, wie dieser Versuch immer noch nicht erfolgreich ist.

Für mich ist das andere Paradigma, also das der lebensbejahenden, die Verbundenheit alles Seienden pflegenden und die vielfältigen Erscheinungsformen der Natur respektierenden matriarchalen Gesellschaft, von dem aus es mir möglich ist, von außen auf die patriarchale Gesellschaft, gerade auch auf die von heute, zu blicken.

2.2 Die Patriarchatsthese

Mein Ausgangspunkt ist die Gewalt als gesellschaftlich organisierte, geplante und systematisierte, im Prinzip kriegerische, und das durch sie verursachte Leid. Diese Form der Gewalt ist erst durch die Entwicklung von Patriarchaten systematisch in die Welt gekommen[132]. Vom matriarchalen Paradigma her lehne ich sie ab. Denn sie schadet dem Leben und bringt es insgesamt in Gefahr.

Heute besteht diese Gewalt vor allem darin, dass Verelendung, Krieg, Plünderung und Raubbau zum ersten Mal überall auf dem Globus und mit technologisch zum Äußersten gesteigerten Mitteln und Tempi stattfinden, und zwar bewusst inszeniert – als Politik des globalisierten „Neoliberalismus"[133], zu dem auch neue Kriege[134] sowie, wie erst kürzlich bewusst gemacht wurde, spätestens seit den 1970er Jahren Militärforschungen und -experimente auf der Grundlage neuer, nicht atomarer Massenvernichtungsmittel im Rahmen des Einsatzes von „Wetterkriegen, Plasma-Waffen und Geo-Engineering"[135] gehören.

Für mich ist entscheidend, dass das aufhört, und die Frage, die sich im Zusammenhang mit dem Thema Utopie stellt, ist: Hat die gesellschaftliche Gewalt von heute mit den Utopien von heute zu tun? Wie war das gestern? Ist der Unterschied nur ein quantitativer? Wieso ist das so genannte gelungene Le-

132 Dieckvoss 2003
133 z. B. Chossudovsky 1996, Mies/Werlhof 1998, Mies 2004, Werlhof 2007
134 Mies 2004
135 Bertell 2010

ben, das die Utopie ja auch real anstrebt, gerade nicht gelungen? Ist dies so trotz der Utopien oder sogar wegen ihnen?

Gibt es also einen Zusammenhang von kriegerischer Gewalt, (modernem) Patriarchat und dem erkennbar dystopischen Charakter der Utopien, sofern sie (auch) Realität werden?

Zum Patriarchatsbegriff

Das Patriachat ist nicht zu Ende [136], wie manche meinen, sondern wir haben es bisher im Allgemeinen noch gar nicht umfassend genug definiert. Daher können wir auch solange keine Aussagen über sein Schicksal machen, wie wir noch gar nicht erkennen, wovon eigentlich die Rede ist. Selbst in der Frauenbewegung ist das Patriarchat bisher nicht wirklich als präziser theoretischer Begriff entwickelt worden. Deswegen habe ich mich an diese Arbeit gemacht [137].

Denn wenn bisher überhaupt von Patriarchat die Rede ist, dann meist lediglich im Sinne einer bloßen Familien- oder Hausväterordnung [138] bzw. einer Kriegergesellschaft [139]. Daneben gibt es den Begriff von Patriarchat als gesamtgesellschaftlicher politischer Herrschaftsform, dem Staat [140]. Diese Arten von Androkratie sind seit der Antike historisch und gegenwärtig allgemein nachweisbar.

Davon mehr oder weniger getrennt existieren auch, nach Disziplinen getrennt, vor allem eine historische Debatte über die Entstehung des Patriarchats [141], eine philosophisch-theologische Debatte über das Patriarchat als Ideologie und monotheistische Religion [142], eine archäologische über matriarchale Hochkulturen und ihre Zerstörung [143], eine ethnologische über den patriarchalen bzw. matriarchalen Charakter so genannter „primitiver" Gesellschaften [144], eine ökonomische über die allgemeine, aber verdeckte Ausbeutung der Frauen als Grundlage der Weltwirtschaft [145], eine reproduktionstechnologische über die Medikalisierung/Industrialisierung des Gebärens [146], eine ökologische bzw. ökofeministische über die Parallelen im Umgang mit Frauen und der Natur [147] eine modernisierungs- und europakritische über die Hexen-

136 vgl. Librería delle Donne di Milano 1996
137 Werlhof 1996, 1997 (a), (b), 2000, 2003 (b), 2006 (a), vgl. Mies 1986, Genth 1996
138 vgl. The American Heritage Dictionary 2001, S. 619
139 Genth 1996
140 Schaeffer-Hegel 1984; beiträge zur feministischen Theorie und Praxis, Nr.13, 1985
141 vgl. Göttner-Abendroth 1988, Gimbutas 1996, Meier-Seethaler 1992
142 z. B. Mulack 1983
143 z. B. Wolf 1994
144 Göttner-Abendroth 1991, 2000
145 Bennholdt-Thomsen/Mies/ Werlhof 1983, Mies 1986
146 z. B. Bergmann 1998; Raymond 1995
147 Mies/Shiva 1993

verfolgung[148] und eine wissenschaftskritische über den patriarchalen Charakter der modernen (Natur-)Wissenschaften[149]. Dazu kommen diverse soziologisch-pschologisch-politologische Debatten, die aber im Gegensatz dazu – im Sinne des aus den USA seit den 1980er Jahren importierten „Gender"-Diskurses – gerade keinen Patriarchatsbegriff (mehr) entwickeln[150].

Ein neuer Patriarchatsbegriff

Die europäische Moderne als Konkretisierung frühpatriarchaler Utopie?

Was in der Debatte bisher fehlte, ist die Thematisierung des Patriarchats als „Syndrom" und als „System"[151], also als Zusammenhang der einzelnen Bereiche und als historische Dynamik der Entstehung und Herausbildung einer Gesellschaftsordnung, die in allen ihren Verhältnissen patriarchal geworden ist, wird oder noch werden soll. Patriarchat wäre demnach nicht eine statische Ordnung früherer Epochen, die heute abstirbt – wie oft vermutet wird – sondern umgekehrt ein Entwicklungsprozess, der gerade in der Moderne von Bedeutung, ja überhaupt erst in der Neuzeit – und das global – „zu sich" gekommen ist und sich in widersprüchlicher Manier durchsetzt.

So gesehen muss Patriarchat ganz zentral mit Utopie zu tun haben, denn es strebt in eine bestimmte Richtung. Ist diese Richtung dieselbe, die von Utopien thematisiert wird?

Die Richtung patriarchaler Entwicklung scheint im Prinzip bereits seit den Anfängen des Patriarchats klar gewesen zu sein. Es ist diejenige, die später auf der Basis der inzwischen gemachten Erfahrungen mit der Organisation patriarchal ausgerichteter Gesellschaften gerade in Platons „Politeia" ausformuliert wurde.

Ist es denn ein Zufall, dass die „klassische" Utopie „archistisch" im Sinne einer eindeutig am Patriarchat, nämlich an einer Herrschaft, Staat und Krieg voraussetzenden Gesellschaftsordnung orientiert ist, die alle ihre Mitglieder, darunter besonders die Frauen, und alle ihre natürlichen und gesellschaftlichen Bedingungen, selbst die emotionalen und künstlerischen, in jeder Hinsicht unter letztlich absoluter – zentralstaatlicher – Kontrolle haben will?[152]

Warum erlebt dieser Typus von Utopie dann ausgerechnet in Westeuropa zu Beginn der Neuzeit seine „Renaissance"?[153] Und ist nicht seitdem die philosophisch-religiöse Utopie des antiken griechischen Patriarchats immer mehr zum Projekt ihrer letztlich endgültigen Realisierung in der Moder-

148 Federici 2004
149 Merchant 1987; Fox Keller 1986
150 vgl. Kritik bei Bell/Klein 1996, Tazi-Preve 2004
151 Werlhof 2003 (b), 2006 (a)
152 vgl. Freyer 1936
153 v. a. Morus, Campanella, Bacon, vgl. Heinisch 2004

ne geworden? Hat nicht die westeuropäische Neuzeit eben diese Utopie des Patriarchats zu „materialisieren" begonnen, also endlich konkret zu „operationalisieren" und materiell „umzusetzen"? War das Mittel dazu nicht der so genannte Fortschritt, insbesondere der technische in Gestalt der neuen „Maschinenlogik" samt der dazugehörenden Form von „Rationalität", die das wichtigste Ergebnis der modernen Naturwissenschaft waren? [154]

Und inwiefern ist damit die Utopie heute weniger die bloße Vorstellung von einer angeblich „besseren Welt" geblieben als vielmehr zur Realität einer am Ende „dystopischen" Welt gemacht geworden, der sogar der Planet Erde selbst zum Opfer zu fallen droht?

Der Inhalt moderner Utopien ist immer wieder eine angeblich mögliche „Herstellung", die Machbarkeit einer Art neuen gesellschaftlichen Endzustandes oder Paradieses samt eines dazugehörigen „neuen Menschen" sowie einer „neuen Erde" und eines „neuen Himmels". Dies wurde ja bereits in der biblischen Apokalypse des Johannes vorweggenommen. Es ist meine These, dass sich dieses „Zweite" Paradies vom ersten dadurch unterscheidet, dass es als „Genesis zwei" [155] typisch patriarchal ist, nämlich nichts Geringeres als mutter- und allgemein natur-, ja erdlos geworden sein will. Am Ende wird dies auch tatsächlich der Fall sein, wenn dieser „Entwicklung" nicht Einhalt geboten wird, oder wenn sie schon auf ihrem Weg zu weit fortgeschritten ist – was wir nicht wissen. Dann kann aber von einem Paradies keine Rede mehr sein. Es wäre vielmehr der endgültige „Kollaps" [156] von Natur und Gesellschaft, womöglich von dem Planeten als Ganzem damit verbunden.

Vater-Herrschaft

Der Zusammenhang von „klassischen" utopischen Entwürfen und der Entstehung von Patriarchaten sowie den Problemen ihrer weiteren Entwicklung liegen – vergleicht man sie erst – auf der Hand.

Patriarchate sind fast überall durch Krieg entstanden [157]. Das Ergebnis von kriegerischer Gewalt ist Herrschaft und diese wiederum Voraussetzung für Herrschaft auf Dauer, also als System. Das ist es, was Patriarchat von Anfang an ausmacht: kriegerische Eroberung und Etablierung der dadurch entstandenen Fremdherrschaft auf Dauer durch eine Institution, die wir seitdem als Staat bezeichnen. Damit wird auch in „Friedenszeiten" der Krieg fortgesetzt, und zwar nun im Inneren, das vorher das Außen war. Das Resultat ist bekannt: eine ausbeuterische und unterdrückerische hierarchische „heilige Herrschaft" oder „Ursprungsordnung" von Männern, die religiös

154 Bacon in Heinisch 2004, S. 171 ff, Genth 2002, S. 91ff
155 Rifkin 1986
156 Diamond 2005
157 Dieckvoss 2003, Werlhof 2003 (b), Mies 2003

und philosophisch legitimiert wird, auf systematischen sozialen Klassen- und Geschlechterwidersprüchen aufbaut und bis heute im Prinzip die gleiche geblieben ist, auch in so genannten Demokratien [158].

Das erste patriarchale Herrschafts-System in unserem Teil der Welt war die „Orientalische Despotie" in Mesopotamien, dem heutigen Irak [159], eine weitere das pharaonische Ägypten [160], ferner das antike Griechenland und Rom [161], die alle durch Eroberung von außen zustande kamen. Außerdem gab es „sekundäre" patriarchale Entwicklungen im Umkreis der neuen Herrschaftsgebilde, die Herrschaftsformen zunächst ohne direkte oder dauerhafte Staatsbildung zur Folge hatten, was u. a. zunächst in Alt-Europa der Fall war [162].

Vor diesem Hintergrund ist zu fragen, was das neue Phänomen der Herrschaft mit dem ebenfalls neuen Phänomen des „Vaters" zu tun hat, wie er im Begriff des Patri-archats nicht zufällig auftaucht. Schließlich gibt der Herrscher sich – bis heute – oft genug als „Vater" aus. Auch die patriarchale Religion beruft sich auf einen noch darüberstehenden „Vater-Gott", der einerseits „zürnender" und „Blitze" werfender Kriegsgott, andererseits nichts Geringeres als der „Schöpfer" allen Lebens sein soll. Auch dies ist neu, denn bisher hatten wir es mit einer All-Göttin zu tun, die als „Große Mutter" nicht über, sondern mitten unter uns war und zwar mit Leben und Tod, aber absolut nichts mit dem Krieg und dem Töten zu tun hatte.

Vater-Ursprung?

Das griechische „arche", das in Begriffen wie Patriarchat und Matriarchat, Hierarchie und Architektur sowie „archistisch" und „anarchistisch" vorkommt und das meist mit „Herrschaft" übersetzt wird, heißt in einer älteren Bedeutung „Anfang, Ursprung" [163], auch „Sarg", „Geheimnis", „enger Raum", „enge Pforte (Vagina)"; „archein" bedeutet entsprechend „schützen, verbergen, verstoßen" [164]. Es handelt sich also um eine Beschreibung der Schwangerschaft und des Gebärens, des Uterus, und keinesfalls um „Herrschaft" im politischen Sinne [165]. Diese zweite und spätere Bedeutung ist entstanden, als es zum systematischen Herrschen überhaupt gekommen war [166]. Weil die

158 Werlhof 1996, S. 13ff
159 Wittfogel 1977
160 Wolf a.a.O.
161 Bornemann a.a.O.
162 Gimbutas 1994
163 Wahrig 1986, S. 184 f, arche-gonos = uranfänglich, zuerst entstanden, weibliches Fortpflanzungsorgan bei best. Pflanzen. Ebd.
164 vgl. Markale 1984, S. 207; Werlhof 2009 (a)
165 vgl. Göttner-Abendroth 1995, S. 9
166 archein = anfangen, herrschen, Wahrig ebd.

ältere Bedeutung von arche ohne die spätere nicht wahrgenommen wird, wird auch kein Widerspruch zwischen anfangen und herrschen gesehen. Aber was sollten denn ein Anfang (des Lebens) und das Herrschen miteinander zu tun haben außer im Patriarchat? Denn erst hier wird der angeblich von den „Vätern" kommende Lebensanfang zur Legitimation der Väter-Herrschaft verwendet. In dualistischer Manier werden Patriarchat und Matriarchat daher fast immer mit Vaterherrschaft und Mütterherrschaft übersetzt. Stattdessen muss es heißen: am Anfang (des Lebens) die Mütter bzw. am Anfang (angeblich) die „Väter", und zwar anstatt der Mütter.

Diese Unterscheidung ist allerdings kein Dualismus, wie er sich im Begriff von Vater- versus Mütter-Herrschaft ausdrückt. Denn die beiden „Anfänge" stehen noch nicht einmal theoretisch in einem Umkehrverhältnis zueinander. So ist der tatsächliche Anfang eines konkreten Lebens immer erst durch die Geburt aus einer Frau gegeben. Wenn aber stattdessen ein „Vater" am Anfang des Lebens stehen soll, dann behauptet dieser damit seine angeblich alleinige „schöpferische" Fähigkeit. Patriarchat statt Matriarchat würde also letztlich das buchstäbliche Verschwinden der Mutter bedeuten. Das Patriarchat beginnt daher auch überall mit dem Muttermord[167]. Denn der Eroberer setzt sich als Herrscher und „Anfang" über die unterworfene Gesellschaft.

Jedes Lebewesen kommt aber nach wie vor aus einer Mutter. Bedeutet dann Patri-archat, dass die Lebewesen irgendwann – utopischerweise – wirklich aus so genannten Vätern bzw. deren Apparaten kommen sollen anstatt aus Müttern?[168] Und werden Väter, bevor es so weit gekommen ist, quasi als Männer mit (Gebär-)„Müttern" definiert, die den Anfang des Lebens – wie auch immer sie ihn definieren – für sich reklamieren und von daher einen Herrschaftsanspruch über alle anderen, gerade aber die Frauen und Mütter, erheben zu können glauben?

Es klingt grotesk, aber dies ist in der Tat der Fall. So lässt sich der Pharao („Vater") Echnaton als schwangerer Mann abbilden[169] und der neue patriarchale Griechen-Gott Apoll sagt in der Orestie:

„Die Mutter bringt, was uns ihr Kind heißt, nicht hervor. Sie ist nur frisch gesäten Keimes Nährerin. Der sie befruchtet, zeugt … Für diese Rede leg ich den Beweis Euch vor. Es gibt auch ohne Mutter Vaterschaft. Hier steht als Zeuge da die Tochter des Olympiers Zeus"[170]. Es ist Athene, die als patriarchal modifizierte Kriegsgöttin bei ihrer Geburt Zeus in voller Rüstung aus dem Kopf gesprungen sein soll.

167 Tazi-Preve 1992, Wolf 1994, S.146 ff
168 vgl. Huxley 1932; Schmölzer 2005
169 Wolf 1994, S. 48
170 Aischylos 1987, S. 132

Bei allen Zeugungstheorien seit Aristoteles, die deshalb auch neue Gottes-, Geschlechter- und Naturbegriffe haben, wird die weibliche schöpferische Tätigkeit praktisch geleugnet [171]. Stattdessen tauchen die neuen – utopischen – Begriffe „Vater", „Herrschaft" oder „Vater-Anfang" auf, die, soweit wir wissen, in matriarchalen Gesellschaften nicht vorkommen [172]. Denn es gab/gibt dort weder Herrschaft noch herrschende oder das Leben schöpfende „Väter" oder Männer, die z. B. „Eigentumsrechte" an Frauen und Kindern erhoben hätten [173]. Sondern der Mann in matriarchalen Gesellschaften ist Bruder, Onkel, Vetter, Besucher, „Heros", Adoptierter oder Liebhaber. Monogame Verhältnisse oder „biologische" Väter spiel(t)en keine Rolle für die gesellschaftliche Verfasstheit matriarchaler Gesellschaften. Denn sie waren/sind nicht an der Kontrolle der Liebesverhältnisse und des Sexualverhaltens interessiert, außer dass es ein Endogamietabu gab/gibt [174].

Erst mit der Entstehung von Patriarchaten tauchen Väter und Herren auf, die sich quasi für die bessere bzw. einzig wahre Mutter oder Göttin bzw. als zweigeschlechtliche Mutter-Väter oder Göttin-Götter ausgeben. Ihre „Herrschaft" wird dem alten Begriff des arche dann als zusätzliche, legitimatorische Bedeutung übergestülpt, nachdem der Begriff für die angebliche Vater-Schöpfung usurpiert worden war. Nur von hier aus wird erklärlich, warum der Anfang des Lebens als angeblich rein männlich geprägter und die Herrschaft auf einmal zusammen gedacht werden, wie es im Gebrauch des Wortes „archaisch" oder „archistisch" unreflektiert nach wie vor geschieht: das heißt, wer das Leben schafft, ist auch zur Herrschaft darüber berechtigt. So haben die Mütter allerdings nicht gedacht: Für sie war das Leben ja auch weder ein unterworfenes und geraubtes, noch ein „gemachtes". Eine Herrschaft darüber war/ist ihnen fremd. Wozu hätte es sie geben sollen?

2.3 Patriarchatslogik und Utopie

Ob antike oder neuzeitliche und heutige Utopien – der Unterschied zwischen dem, was die patriarchale Gesellschaft und dem, was Utopien anstreben, ist bei vergleichender Betrachtung kaum auszumachen. Die meisten Utopien sind patriarchal und das Patriarchat ist utopisch – indem es den angeblich allein schöpferischen Vater am Anfang des Lebens immer noch vergeblich zu etablieren versucht und insofern eigentlich, außer als Herrschaftsordnung, immer noch nicht existiert. Damit ist die Herrschaftsordnung aber immer noch nicht legitimiert. Denn sie setzt den Vater als wirklichen Schöpfer voraus.

171 Treusch-Dieter 2001
172 Göttner-Abendroth 2002, S. 73–77
173 Göttner-Abendroth/Derungs 1997
174 Göttner-Abendroth 2006

Ich sehe daher im Patriarchat eine Ordnung, wenn nicht ein System, das nicht nur eine Utopie hat, sondern an und in sich selbst buchstäblich utopisch ist und daher auch zu bleiben versuchen wird, solange diese Utopie nicht Realität geworden ist.

Um das genauer zu untersuchen, könnten nun anhand von fünf Basis-Kriterien die allgemeinen Parallelen bzw. Unterschiede zwischen Matriarchaten bzw. Patriarchaten und Utopie(n) im Einzelnen diskutiert werden. Vorzuschlagen sind dafür vor allem:

1. das Naturverhältnis, das Ökonomie und Technik einschließt, und jeweils in einem Kontinuum zwischen Natur-Kooperation und versuchter Natur-Beherrschung angesiedelt ist,
2. das politische (Grund-)Verhältnis, also die Frage nach dem Ausmaß an Egalität oder Herrschaftlichkeit (z. B. „archistisch" vs. „anarchistisch") und seine räumliche Ausdehnung (z. B. lokal vs. imperial),
3. das Geschlechterverhältnis, also die Frage nach Egalität oder Herrschaft zwischen Frauen und Männern, inklusive der Frage nach etwaigen Geschlechtsunterschieden bezüglich der „Schöpfung" des Lebens,
4. das Generationenverhältnis, also die Frage nach dem Verhältnis zwischen den Generationen in der Zeitperspektive, insbesondere auch in Bezug zur patriarchal imaginierten „Schaffung" eines „neuen Menschen", und
5. das Transzendenzverhältnis, also die Frage nach dem Verhältnis zum Unsichtbaren, „Göttlichen" oder All, also zum angeblich existierenden „Jenseitigen" versus „Diesseitigen", „Meta"-Physischen versus Physischen, zur „Religion" bzw. „Spiritualität".

Diese fünf Verhältnisse können als grundlegend für die Charakterisierung einer ganzen Zivilisation gelten. D. h. jede Zivilisation bzw. im Einzelnen auch jede Gesellschaft muss diese fünf Grund-Verhältnisse definieren und regeln, um bestehen zu können [175].

Entsprechend könnten dann genauere Vergleiche zwischen matriarchalen bzw. patriarchalen Gesellschaften und Utopien angestellt werden, denn es ist davon auszugehen, dass alle mehr oder weniger detailliert zu diesen fünf Grundverhältnissen Stellung nehmen (müssen). Das kann an dieser Stelle des Umfanges wegen nicht erfolgen. Aber einige Hinweise möchte ich liefern.

Patriarchatslogik zwischen Matriarchat und Utopie

Die Patriarchatslogik geht aus der Negation des Matriarchats hervor, dessen kriegerische Unterwerfung generell die Vorbedingung für die Entstehung von

175 Arendt 1987; Interpretation nach Genth 2002a

Patriarchaten gewesen ist. So verhält sich das Patriarchat zur matriarchalen Gesellschaft der „mütterlichen Ordnung" nihilistisch bzw. als deren angeblich „besserer Ersatz".

Die patriarchale Gesellschaft schafft Verhältnisse, die denen in matriarchalen Gesellschaften grundsätzlich widersprechen, ohne dass dies aber immer direkt gesagt würde. Denn in patriarchalen Gesellschaften wird der Hinweis auf frühere matriarchale Verhältnisse peinlich vermieden, es sei denn – wie im patriarchalen Mythos – es sollen der früheren Ordnung die Fehler der eigenen angelastet werden[176].

Das Patriarchat beginnt sich damit einerseits systematisch von der matriarchalen Gesellschaft abzusetzen, andererseits strebt es aktiv in eine Richtung, die möglichst von allem Matriachalen „gereinigt" ist: die Utopie.

Auf diese Weise werden die grundlegenden Verhältnisse in patriarchalen Gesellschaften prinzipiell anti-matriachal, und genau das heißt utopisch:

1. Das patriarchale Naturverhältnis ist nicht mehr auf Verbundenheit und Kooperation angelegt, sondern grundsätzlich auf Beherrschung, Aneignung und Transformation. Das spiegelt sich in der Erfindung von Formen systematischer Naturausbeutung und derjenigen von menschlichem sowie tierischem Leben in Gestalt von „Arbeit" sowie Stände-, Kasten- und Klassenbildung wider. Die dafür erfundenen und eingesetzten Techniken sind entsprechend nicht mehr „magisch" geprägte[177], sondern tendenziell „alchemistisch" transformierende[178], die auf dem Prinzip des „Teile und herrsche!" – „solve et coagula" – beruhen bzw. dem Gedanken nach bereits „maschinell" sind[179]. So ist zwar die Maschine als „hardware" noch nicht erfunden, sondern zunächst nur als Organisationsprinzip („Megamaschine" als „soziale Maschine") angewandt worden[180]. Das ist auch in den Utopien nicht anders, von Platons Mathematik und Geometrie bis zu Bacons neuer, typisch alchemistischer Naturwissenschaft[181] und heutigen Technoutopien[182]. Immer soll die Natur überwunden und eine gänzlich neue oder vollkommen andere „geschaffen" werden. Deshalb gibt es von nun an auch immer einen doppelten Naturbegriff[183]. Der eine bezeichnet die zu überwindende, der andere die angestrebte bzw. neu

176 z. B. die „Begründung" für die Tötung der alten Muttergöttin Tiamat durch ihren Götter-Sohn Marduk im Enuma Elish, dem babylonischen Mythos, allg. Meier-Seethaler 2004, Weiler 1991

177 von „magan"= mögen, V(v)ermögen, Können, vgl. Kluge 1975, S. 484, allg. Mies 1984

178 Werlhof 1997 (b), 2000, 2003 (b)

179 nach Mumford 1977

180 Staatsbürokratie, „Management" der hydraulischen Kultur, Militär, vgl. auch Wittfogel 1977

181 vgl. Heinisch 2004, S. 205–213

182 vgl. Schirrmacher 2001

183 Merchant 1987

erschaffene, „utopische" Natur. Dabei ist der erste Naturbegriff immer negativ, der zweite positiv besetzt. Die angeblich böse, niedrige, schlechte, endlich-vergängliche und unvollkommen vorgefundene „erste" Natur soll durch eine gute, höhere, vollkommene und unendliche, ewige ersetzt werden, die als denk- und machbar vorgestellt wird. So soll die „zweite", utopische Natur weitgehend dem angeblichen göttlich-jenseitigen „Urbild" des ewig Guten, Gerechten, Schönen und Wahren entsprechen[184], oder auch – wie besonders heute als „dritte" Natur[185] – dem bloßen Belieben der Wissenschaftler bzw. deren Geldgebern entspringen. So soll die „zweite Schöpfung"[186] nicht eine Neuschöpfung der alten sein – die offenbar gar nicht möglich ist –, sondern eine völlig andere, ja gegensätzliche zum Ergebnis haben. Hauptprinzipien sind dabei neben dem allgemeinen des „alchemistisch-maschinellen" Zerteilens und Neuzusammensetzens die Überschreitung der Artgrenzen und die Herstellung von entsprechenden Hybriden oder „Cyborgs" als Mischwesen aus „Biologie" und Maschine[187], die Definition von „Leben" nicht als Gestalt, sondern als deren kleinster „Bestandteil"[188], und die angeblich mögliche schlaraffenlandähnliche Herstellung jedes beliebigen Dings oder „Lebens" mittels der so genannten Nano-Technik als einer Fabrikation auf der Ebene der Moleküle[189]. Die Weise dieser Herstellung ist so, dass sie auf den Leib der Frau oder der Erde, ja auf die Gestalt des Menschen selbst verzichten können und dadurch buchstäblich „posthuman" bzw. post-irdisch würde[190].

Die bei dem ganzen Unternehmen von Anfang an auftretenden Widersprüche und Zerstörungen werden allerdings meist auf die „erste" Natur zurückprojiziert. Die Schlechtigkeit, die nach Verbesserung ruft, wie z. B. Gewalt, Unordnung, Zerstörung, „Triebhaftigkeit", „Unfruchtbarkeit", Verwüstung oder Krankheit, sind aber erst das Ergebnis der „Veredelungs"- und Verbesserungsversuche selbst[191]. Dies wird allerdings nie anerkannt, denn es wäre das Ende des utopischen Projekts.

2. Das politische Verhältnis im Patriarchat ist klar von der früheren Egalität aller und der Tabuisierung von Herrschaft[192] übergegangen auf „Herrschaft als System", den Staat, der zur Naturform menschlichen Zusammenlebens erklärt wird[193]. Egalitäre Verhältnisse gibt es nur mehr innerhalb der Herr-

184 Platon, Bacon
185 vgl. Kurthen 2004
186 Rifkin 1986
187 Haraway 1995
188 Gen, Zelle, Atom, vgl. Chargaff 1988
189 vgl. Broderick 2004
190 Maresch, Rötzer 2004
191 vgl. Davis 2004
192 Clastres 1981
193 Aristoteles 1986, S. 49

schaftspyramide für bestimmte ausgewählte Gruppen, Gelegenheiten oder Eliten[194] bzw. als Gleichheit der allgemeinen Lebensbedingungen für die Masse[195]. Dadurch hat diese Art der Egalität keinen politisch unabhängigen und eigenständigen Charakter. Diese den Staat voraussetzende Herrschaftsordnung ist bis in die heutige Demokratie beibehalten worden. Eine Gesellschaft ohne Staat erscheint als undenkbar bzw. „Chaos". Es wird eine Schlechtigkeit und Unvollkommenheit der Gesellschaft bzw. der Politik angeprangert, die zum Anlass ihrer utopischen „Verbesserung" genommen wird. Der Staat gilt dabei paradoxerweise als Garant der utopischen Gesellschaftsgestaltung und legitimiert sich durch sie, obwohl er selbst die Schlechtigkeit der gesellschaftlichen Verhältnisse immer wieder durchsetzt, z. B. Klassen- und Geschlechterwidersprüche. Aber als „schlecht" gelten im Patriarchat gerade nicht die herrschaftlichen gesellschaftlichen Verhältnisse, sondern die „Unvernunft" derer, die sich ihnen nicht fügen wollen[196]. Die Utopie orientiert sich entsprechend an einem idealen Staat mit „vernünftigen" Bürgern, die nie mehr die alte Ordnung, geschweige denn ihre mutwillige Zerstörung durch eben diejenigen, die das Projekt ihrer utopischen Ersetzung predigen, thematisieren. Sie finden stattdessen ihr „Glück" darin, den Staat glücklich zu machen (Platon) und in der Herrschaftsordnung einen festen Platz einzunehmen, der ihnen ein (Über-)Leben garantiert, falls sie sich der gegebenen Ordnung unterwerfen.

3. Das patriarchale Geschlechterverhältnis ist im Gegensatz zur matriarchalen Gesellschaft strengen Regeln, Gesetzen, Sanktionen und Kontrollen unterworfen. Dabei geht es nicht so sehr um Gleichheit oder Differenz der Geschlechter – die mag es beide geben –, sondern vor allem um die (staatliche, „väterliche") Kontrolle von weiblicher Arbeit, Bildung, politischer Einflussnahme, Sexualität, Gebärtätigkeit und der generellen Unterworfenheit der Frauen. Diese wird auch in den meisten Utopien nicht nur angestrebt, sondern förmlich vorausgesetzt, obwohl die pauschale Unterordnung der Frauen zur jeweiligen Zeit noch gar nicht durchgesetzt, sondern gerade erst politisches Projekt geworden war[197]. Dabei steht die Vernichtung der alten weiblichen Eigenständigkeit und kulturellen bzw. ökonomischen Eigenmächtigkeit, insbesondere auch der Mütter, und allgemein die Zerstörung weiblicher Solidarität und kultischer Gemeinsamkeit im Mittelpunkt[198]. Darüber hinaus wird systematisch darauf hingewirkt, matriarchale Traditionen – wie das gewaltfreie und gemeinschaftliche Austragen von Konflikten[199] – unmöglich zu machen

194 bei Platon z. B. die Wächter
195 „utopischer Sozialismus" in frühneuzeitlichen Utopien
196 vgl. Kimmerle 1980
197 vgl. die frühneuzeitliche Hexenverfolgung und Utopie, Heinisch 2004, Federici 2004; Opitz-Belakhal 2006
198 für den Beginn der Neuzeit in Europa vgl. auch Mies 1986, S. 91ff
199 vgl. Eisler 1987

und die Tabus der mütterlichen Ordnung – wie insbesondere das Herrschafts-, Inzest- und Tötungstabu – zu brechen, indem Frauen zu Mittäterinnen – darin allein besteht nämlich ihre „Gleichheit" – gemacht werden. Die systematische Unterordnung der Frauen wird stets gerechtfertigt mit deren angeblicher Schlechtigkeit, Niedrigkeit, Triebhaftigkeit, Sündhaftigkeit, Boshaftigkeit, Unvernunft bzw. – paradox dazu – „Schwäche", die ihnen aufgrund ihrer „naturhaften", tierähnlichen und durchwegs negativ charakterisierten Leiblichkeit anhafteten[200]. Für die Lebens-„Schöpfung", die im Prinzip als eine des Vaters, Herrn, Staates oder Gottes vorgestellt wird, sind sie aber solange unverzichtbar, wie diese Vorstellung nur Utopie und nach wie vor nicht realisiert worden ist. So wird ihnen bei entsprechendem Gehorsam wenigstens ein wenn auch eingeschränktes und in allem den Männern untergeordnetes Leben zugestanden. Welche Angst und Unsicherheit in Bezug auf Frauen in vielen Utopien zum Ausdruck kommt, zeigt, dass z. B. bei Campanella nichts Geringeres als die Todesstrafe für Frauen vorgesehen ist, die sich lediglich schminken[201], während die herrschenden Männer von einem unglaublichen Pomp umgeben in die Öffentlichkeit treten[202]. Dies verweist z. B. auch auf die Usurpation des ursprünglich matriarchalen Kults durch die Männer im Patriarchat[203], die nicht mehr hinterfragt oder erinnert werden soll. Dasselbe gilt für die strengen Vorsichtsmaßnahmen und bis ins Kleinste ausgetüftelten Regeln, ja den dabei offenbar notwendigen und sogar – bei Platon[204] – offen eingestandenen Betrug, wie sie für die bürokratisch organisierte sexuelle Begegnung von Männern und Frauen wegen der züchterischen Absichten des Staates und der möglichst raschen Trennung von Müttern und Kindern nach der Geburt vorgesehen sind. Bei Platon sollen die Neugeborenen sogar sofort den Müttern weggenommen und mit anderen ausgetauscht werden. Hier wird die alte Muttermacht ganz bewusst gebrochen und das stärkste Band zerrissen, das es gibt: das zwischen Mutter und Kind. Außerdem wird damit suggeriert, dass eigentlich der Staat, die Herren und „Väter" die Schöpfer des neuen Lebens seien. Dass auch sonst die weibliche Sexualität „verwaltet" wird, und sei es, dass die Frauen unter bestimmten Umständen „allen" gehören, also Staats- oder öffentliches Eigentum sind, dem sie sich nicht entziehen können, ist ähnlich zu interpretieren. Hauptsache, die Frauen haben selber nichts mehr zu sagen, vergessen ihre eigenen Traditionen und machen aktiv in der neuen Ordnung mit. Die mütterliche Ordnung, das „Mutterrecht"[205] und die alten matriarchalen Tabus, etwa das Herrschafts-, Sexual- und Tötungstabu, werden hier systematisch vernichtet,

200 vgl. Heinisch a.a.O., periodisierend dazu Kimmerle a.a.O., S. 135 ff
201 Heinisch a.a.O., S. 134 f
202 vgl. auch Bacons Neu Atlantis
203 vgl. Markale 1984, S. 200
204 Politeia, 5. Buch
205 vgl. Bloch 1991

ohne dass von diesen Tabubrüchen gesprochen wird. Dazu gehört auch die sonst gar nicht erklärliche, staatlich organisierte Beteiligung von Frauen (und Kindern) im Krieg und innerhalb der Herrschaftsordnung.

Die matriarchale Ordnung ist offensichtlich das „Unaussprechliche" im Patriarchat (bis heute). Überhaupt nimmt das Thema des Geschlechterverhältnisses in den Utopien meist großen Raum ein, weil seine Neuschaffung die Grundlage des Staates ist.

4. Das Generationenverhältnis ist im Patriarchat vom „Mutterrecht" zum „Vaterrecht" übergegangen. Das bedeutet vor allem, dass nicht mehr alles Leben, das sich einstellt und lebensfähig ist, auch willkommen ist und seinen Platz in der Gemeinschaft einnehmen kann. Sondern der „Vater"/Herrscher/Staat bestimmt nun über Leben und Tod bzw. die „Erziehung" der nächsten Generation und die Art ihrer „Initiation" als „zweite", patriarchal inszenierte „Geburt" in die Männergesellschaft hinein. Auffallend oft geht es dabei um die „Schaffung" eines „neuen Menschen" der – wenn schon nicht durch die „erste" Geburt – dann eben danach „hervorgebracht" werden soll. Dazu gehört übrigens auch der Diskurs um das „Genie" als ein gerade nicht der Mutter, sondern irgendwie dem „Vater", Gott oder „der Gesellschaft" zu verdankendes. Im Mittelpunkt befindet sich aber immer die „freiwillige", „vernünftige" oder zu erzwingende Unterordnung unter die Väter/den Staat und die baldmöglichste Trennung vom mütterlichen/weiblichen Einfluss. Im Generationenverhältnis wird auf diese Weise die so überhaupt erst herbeigeführte bzw. von Natur aus angeblich gegebene „Schlechtigkeit" der Welt und des Lebens überwunden: durch den Übergang in eine angeblich bessere Welt der Zukunft durch und für die nächste(n) Generation(en). Davon dürften später auch der Gedanke der pfeilartig nach oben gerichteten „Evolution" bzw. der „Stadien" des „Fort"-Schritts und der „Entwicklung" herrühren, die sich von der älteren Auffassung einer Zyklizität des Weltgeschehens radikal absetzen [206]. Entsprechend ist das utopische Generationenverhältnis von männlichen Schöpfungsvorstellungen geprägt, die schon im Zeugungsakt, ja bereits vor ihm zum Zuge kommen sollen [207] und denen die Züchtungsabsichten beim Arrangement des zur Zeugung dienenden Sexualaktes [208] entsprechen.

Auch im patriarchal-utopischen Generationenverhältnis kommt es also zu vielen Formen der Negation der Mütter und ihrer Ordnung, wie ihrer weitgehenden Ausschaltung, Unsichtbarmachung, Manipulation, Enteignung, Abwertung, Misshandlung und sogar Tötung im Falle ihres Widerstandes [209]. Dadurch rücken auch hier die Väter, die das neue Leben allein sich selbst zu-

206 vgl. Rostow, 1960, Frank/Gills a.a.O.; S. 297–307
207 Bacon, Huxley; vgl. auch Morus
208 vgl. Campanella
209 Wolf 1994, Tazi-Preve 2004, S. 96ff, 103ff, 206ff

zuschreiben versuchen, in den Vordergrund. Diese „Väter" sind jedoch keineswegs am neuen Leben als solchem interessiert. So eignen sie sich nicht nur die Macht an, bei Neugeborenen über deren Weiterleben oder Tod zu entscheiden, sondern sie definieren auch das Leben – polarisierend und dichotomisierend – überhaupt als „gut" oder „schlecht", wobei gerade das „bessere" und generell das „gute" Leben oft mit einem vorhergehenden Tod verknüpft ist: Wer den Tod bringt, also tötet oder töten lässt wie die Herrscher, Krieger oder Opferpriester, führt das „bessere" Leben. So macht man die „Besten" zu Philosophen und Königen (Platon) bzw. Wissenschaftlern (Bacon) oder Soldaten. Der „richtige" Normal-Mann ist der Krieger. Wie sonst hätte man die Männer zum Töten gebracht? Das Leben an sich und vor allem dasjenige „für sich" aber hat an „Wert" verloren. Leben um des Lebens willen wird verhöhnt[210], Leben um des Tötens oder des „Lebens" im Jenseits willen dagegen erhöht.

5. Das Transzendenzverhältnis spielt im Patriarchat ebenfalls eine völlig andere Rolle als in matriarchalen Gesellschaften und ist auch in allen anderen Verhältnissen „anwesend". Die alten matriarchalen magischen Praktiken zur Bestätigung und Feier der Verbundenheit alles Seienden, die Formen von Erd-Spiritualität und All-Sicht oder „Kosmovision" mit dem unmittelbaren Wirken der Göttin/Mutter in allen Dingen und Lebewesen[211] wird immer mehr zum Verschwinden gebracht. An ihre Stelle treten gewalttätige patriarchale Kriegs-Götter und angeblich schöpferische Gott-Väter, welche die Mutter und die Göttin entweder vernichtet haben oder nur noch als angeblich männergeborene Töchter, zu unterwerfende Ehefrauen, böse, zu vergewaltigende und zu opfernde Frauen[212] bzw. als irgendein Attribut Gottes[213] ansprechen. Diese Götter, Herren und Väter entstammen einem angeblichen „Jenseits", einer „höheren" metaphysischen Sphäre hinter oder über dem „Diesseits", die das frühere „All" okkupiert hat. Von dort her „erschaffen" sie angeblich die Welt und herrschen über sie – z. B. durch ihre weltlichen Repräsentanten. Dieses Bild entstand wahrscheinlich deshalb, weil die Herren ja tatsächlich meist von fern kamen, also quasi aus einer anderen Welt. Von einem solchen Jenseits aus betrachtet gilt das diesseitige Leben entsprechend als niedriges, zu unterwerfendes, als bloßer Schein, nur Abbild des Urbilds (Platon), als lediglich vergänglich, schwach, sündig und wertlos: töt- und opferbar[214]. Als eigentliches oder „gutes" Leben gilt dann nur das möglichst metaphysische, jenseits des Physischen, „Selbstgewachsenen" der Natur[215] bzw. Geborenen

210 Loraux 1992
211 James a.a.O.
212 Treusch-Dieter 2001
213 Mulack 1983
214 Girard 1992
215 Wahrig a.a.O., S.926

liegende, das „reine", „ewige" und von Frauen und Müttern möglichst unbefleckte und unabhängige, wobei die Göttin nach und nach gänzlich negiert wird[216]. Es gilt nun, diesem angeblich existierenden oder möglichen „besseren Leben" auf Erden nachzueifern, um dadurch auch ein „besserer Mensch" zu werden, z. B. als Philosoph, der das Jenseits zum irdischen Gerangel, das „Denkbare", denkt[217], oder als Krieger, der immer schon mit einem Bein im Jenseits steht. Die entsprechende patriarchale „Spiritualität" einer auf Trennung und Dichotomisierung zwischen Sein und Seiendem basierenden „Geistigkeit" ist darauf aus, die irdischen Hervorbringungen von Frauen, Müttern und „Mutter Erde" zu dämonisieren und zu desavouieren sowie ihnen eine angeblich vollkommene, väterliche „Schöpfung" quasi ex nihilo entgegenzusetzen. Dass dabei immer wieder List und Lüge zu Hilfe genommen werden müssen, gilt nicht als Gegenbeweis[218].

Das patriarchale Transzendenzverhältnis ist daher zu verstehen als allgemeine Erklärung/Begründung für alle anderen gespaltenen, dichotomisierten und dualisierten Verhältnisse im Patriarchat, nämlich als „Denkgewalt"[219]. Sie ergänzt die übrigen, im Wesentlichen materiellen Gewaltverhältnisse. Das „Credo quia absurdum" der Kirchenväter ist dabei symptomatisch für den – nicht nur christlichen – Konflikt zwischen neuem Glauben und altem Wissen. Das utopische Transzendenzverhältnis knüpft hier an. Ein vorgestelltes und schließlich auch real angestrebtes „Jenseits" der konkreten Orte, sinnlichen Welten, unmittelbaren Naturerscheinungen und bekannten Wirklichkeiten fordert mit dem Glauben daran eine Imagination heraus, die sich nicht zufällig gerade auch „Gnosis", „Erkenntnis", zu nennen beginnt[220]. Die radikale Absetzung vom „Diesseits" und dessen Erkenntnis kann nun seine Zerstörung ebenso wie eine „Askese", eine Übung in Lebensenthaltung, bedeuten oder in das Projekt der Konkretion des Denkbaren im Diesseits münden. Im letzteren Falle aber geht es nicht mehr nur um die ideologische Vereinnahmung, Verkehrung, Dämonisierung, Zerstörung, Abstraktion und andere Formen der Negation der mütterlichen Ordnung[221], sondern um ihre direkte Substitution – ihre Ersetzung durch etwas noch nie Dagewesenes, die hier und jetzt zu realisierende, am „Jenseits" orientierte Utopie. So gesehen ist erklärlich, warum die „konkrete Utopie", wie sie insbesondere in der Moderne angestrebt und verwirklicht wird, gerade nicht am daseienden Leben und der vorfindlichen Natur orientiert ist[222].

216 Mikschik 2002
217 Platon, a.a.O., S. 211, 217, 219, 223ff
218 Platon, 5. Buch; Odysseus bei Horkheimer/Adorno 1989, S. 50ff; v. Braun 1999, S. 83ff
219 Ernst 1986, Einleitung
220 Sloterdijk 1991, S. 17–54
221 Werlhof, 2006 (a), S. 39f
222 Schütz- Buenaventura 1996

Zusammenfassende Interpretation

Gerade die matriarchale Ordnung, die konkret an den Realitäten und Möglichkeiten des irdischen Lebens – allerdings samt Kosmos bzw. All(em) – orientiert und deshalb über lange Zeiten erfolgreich war, soll im Patriarchat durch eine davon so weit wie möglich abstrahierende „Modell"-Gesellschaft ersetzt werden, die prinzipiell irreal und lebensfeindlich ist, aber gerade deswegen verwirklicht werden soll. Daher stellt sich die Frage, inwieweit dieses utopische Projekt mit dem neuen, im Patriarchat entwickelten Verhältnis zum Tod zu tun hat. Da der Tod künstlich herbeigeführt werden kann und aus dieser Perspektive im Patriarchat Macht über das – mit dem Tode bedrohte – Leben ausgeübt wird, erhalten die Gewalt, der Krieg, das Opfer und die (Todes-)Strafe ihre zentrale Bedeutung in dieser Gesellschaftsordnung. Das tötende Geschlecht muss aus dieser Sicht daher unbedingt über das gebärende herrschen. Die Machbarkeit des Todes soll utopisch durch die Machbarkeit des Lebens ergänzt werden. Die Utopie des Patriarchats geht daher vom Tod als dem Tod-Bringen aus. Hierin liegt faktisch die Macht im Patriarchat. Sie kann daher nicht aufgegeben werden, sondern wird im Gegenteil zum Ausgangspunkt der utopischen Kolonisierung des Lebens. Das, was im Patriarchat und der Utopie aus angeblich legitimen Gründen und auf angeblich ebenso legitime Weise bekämpft wird, muss(te) also erst einmal erfunden werden: die mit allen Mitteln „schlecht" gemachte ex-matriarchale Welt-Ordnung, die besondere „Vergänglichkeit" und „Niedrigkeit" irdischen Lebens, die überall anwesende All-Göttin-Mutter, die nun als böser, grauenerregender Dämon – Drache – dargestellt wird, und die begeiste(r)te Natur, die jetzt als Unordnung, Chaos und Gefahr erscheint. Von hier aus kann dann in einer Art „Selffulfilling Prophecy" zur „Heldentat" von deren „notwendiger" Verbesserung bis hin zur Utopie ihrer vollständigen Ersetzung durch ein von allen matriarchalen Resten gesäubertes, ewiges, neu-paradiesisches Patriarchat geschritten werden, das seinen „Ursprung" im Jenseits hat. Die Utopie dreht sich also um eine Art Totgeburt, die den angeblichen Makel des Irdischen, Naturhaften und Weiblich-Mütterlichen nicht mehr hat und ein „edleres", „väterlich" geschaffenes Kunstleben sein soll. Inzwischen wird jedoch erkennbar, dass die alchemistischen Technologien des systematischen Tötens bis zur bewussten Zerstörung der Naturkreisläufe reichen und die „Lebensproduktion" jenseits davon nicht zum besseren oder gar ewigen Leben führt, sondern in einen neuen, ewigen Tod, aus dem nichts mehr ins Leben zurückkehrt, weil die Verbindungen dahin zerstört wurden. Diese Phantasie und Praxis patriarchalen Schöpfungswahns verweist auf das eigentliche Problem: die Bereitschaft des Patriarchats zur skrupellosen Beschädigung und zum tatsächlichen Aufs-Spiel-Setzen des Lebens auf der Erde und schließlich dieser selbst. Darin liegt die eigentliche und trotz aller Brüche – insbesondere der von der Theorie in die Praxis – durchgehende Kontinuität des Utopischen.

Ergebnis: Utopie des „reinen" Patriarchats – die mutter- und naturlose Welt jenseits des Irdischen

Sind nicht die meisten uns bekannten Utopien erst unter dieser patriarchalen Perspektive wirklich zu verstehen? Können nicht ihre häufige Unvollständigkeit, Widersprüchlichkeit, Realitätsferne oder (jedoch meist unbemerkt bleibende) -nähe, die Art ihres Scheiterns und partiellen oder scheinbaren, vorübergehenden Gelingens aus patriarchatskritischer Sicht neu interpretiert werden? Welche sind eigentlich überhaupt frei von patriarchalem Gedankengut?

Der Versuch, die „Gnosis", den „Geist" oder das „Denkbare" hier und jetzt in die Wirklichkeit zu holen, ist zu charakterisieren als die Wende von einem utopischen Idealismus zu einem utopischen Materialismus. Dieser von Anfang an enge Zusammenhang zwischen utopischer Theorie und utopischer Praxis ist zu betonen [223], wird doch sonst eher davon ausgegangen, dass Utopien mehr fiktive Entwürfe als real umzusetzende Projekte beschreiben.

Damit tritt neben dem Transzendenz- das Naturverhältnis ins Zentrum – nämlich das der utopischen Praxis: die Metaphysik steht Pate für die utopische „neue Physik" [224], das neue Gebären [225].

So geht es in vielen Utopien regelmäßig um die Befreiung von der Natur, dem Leib und den Müttern, ja, der Erde, die sich darstellt als Kontrolle, Entmachtung bzw. Überwindung der Abhängigkeit von ihnen [226].

Der utopische Materialismus strebt schließlich die Ersetzung der realen „Mater" durch die Schaffung einer patriarchalen „Materie"/Mutterschaft an [227]. Das Leben soll am Ende durch „schöpferische Zerstörung", also Raub, gewaltsame – „alchemistische" –Transformation oder tatsächlich aus dem Nichts herstellbar sein. Damit wäre den Müttern und der Materie die kreative Eigen-Macht, also der mit ihnen verbundene Geist, endgültig ausgetrieben und würde als „Böses" der „niederen" Vergangenheit angehören [228] bzw. von Frau und Materie „befreit" den patriarchalen Machenschaften zur Erlangung der „Weltherrschaft" zur Verfügung stehen [229].

Hier zeigt sich der Zusammenhang von Patriarchat und Utopie in seiner wichtigsten Dimension: die Utopie wird imaginiert als eine letztlich mutterlose Welt, ja sogar als Welt ohne Mutter Erde. Erst wird die Mutter in allen ihren Formen dämonisiert, dann erniedrigt, in der Neuzeit auch praktisch zur „MutterMaschine" [230], und schließlich soll sie im Nichts verschwinden. Es

223 vgl. Mannheim a.a.O., S. 86ff
224 vgl. Genth 2002, S. 173 ff
225 physein = gebären
226 Schmölzer a.a.O.; Chlada a.a.O., S.200ff
227 Weizenbaum 1990, S. 8ff
228 Meier-Seethaler 2001, Huxley 1932
229 quasi als „Stein der Weisen" der Alchemie, vgl. Heidelberger, Thiessen 1981, S. 84ff
230 Corea 1986

geht also um nichts Geringeres als die tatsächliche Ersetzung der Frau als Gebärerin sowie die Ersetzung „des Menschen"[231] und schließlich auch der Natur sowie der Erde selbst. Die Folgen für die Gesellschaft wären am Ende katastrophal: „Zivilgesellschaft" und Lebensbedingungen auf der Erde würden in einem allgemeinen Bellizismus, in dem „Krieg als System" untergehen[232].

Diese „konkrete" Utopie des Patriarchats mündet in der Neuzeit nach einigen Umwegen durch die Aufklärung[233] in moderne Technoutopien von vernetzter Maschinerie und „Virtualität" bis hin zur Utopie des „Post-Humanismus"[234], der als „nach dem Menschen" auch als „post humus", als ein angeblich Mögliches „nach der Erde" bzw. deren „Neuschöpfung" interpretiert wird[235].

Da liegt auch die – selbst von Frauen, die inzwischen patriarchal und utopisch zu denken gelernt haben, thematisierte – Geschlechtslosigkeit der gewünschten Welt nicht weit[236]. Der „neue Mensch" in seinen verschiedenen Varianten soll nicht mehr prinzipiell an die „conditio humana" der Natalität[237] gebunden sein. Was es aber tatsächlich heißen würde zu versuchen, nicht mehr durch Geburt in die Welt zu kommen, wird paradoxerweise nicht imaginiert[238]. Grundsätzlich keine Eltern, Mutter und Genealogie mehr zu haben, wird hier auch keineswegs gefürchtet. Die phantasierte Beliebigkeit technologischer Denk- und Machbarkeit erweckt kein Grauen[239]. Im Gegenteil, sie enthält ja das utopische Versprechen einer besseren Gesellschaft und Welt.

Schließlich gehört zur mutterlosen Welt auch die Schaffung einer generell naturunabhängigen, naturlosen oder postnatürlichen Welt. Denn die Natur wirkt selbst mütterlich, indem sie stets eigenmächtig neues Leben hervorbringt. Der Charakter als selbstschöpferische, „erste", „wilde", gebärende und geborene Natur – natura naturans/natura naturata – soll nun der gesellschaftlich beherrschten, durchkontrollierten, durchtechnisierten, quantitativ und qualitativ beliebig ausdehnbaren „Produktion" einer „zweiten", gesellschaftlich gemachten, künstlichen und völlig neu konzipierten Natur und Erde weichen. Deren Merkmal ist, dass sie an keine Schranken oder Widerstände mehr stoßen soll: Es handelt sich um die Natur jenseits des Leibes: die Natur als Maschine bzw. die Maschine als neuer Natur[240], ja die Erde als Maschine.

231 Schirrmacher 2001
232 Palm in Maresch/Rötzer 2004, S.223-236, Virilio, Lothringer 1984, Werlhof 2006 (b)
233 vgl. Genth 2002, S. 11ff
234 Fukuyama 2002
235 vgl. Deleuze in Chlada 2004, S.22
236 beiträge zur feministischen Theorie und Praxis 1995
237 Arendt 1987
238 Firestone 1975, Hasselmann u. a. 2004, Mürner u. a. 2000
239 vgl. Mies 1992
240 Genth 2002, S. 237ff

Auch hierbei fällt auf: Wie die geplante Abschaffung der Mutter, so ist auch die – angeblich mögliche – der Natur und der Erde mit keinen Ängsten verknüpft[241]. Das verweist auf einen bestimmten Phantasiemangel vieler Utopisten: Sie wissen gar nicht (mehr), dass die Natur eine lebendige Ordnung ist, auf die wir im wahrsten Sinne natürlich gar nicht verzichten können, ob uns das passt oder nicht[242]. Sie stellen sich daher auch nicht vor, was es heißt, wenn diese Ordnung gestört ist – wie es z. B. der Klimawandel heute ahnen lässt[243] – geschweige denn, wenn sie gar abhanden zu kommen droht[244], unter anderem deshalb, weil Militärs in Ost und West den Planeten in den Griff nehmen und ohne Rücksicht auf mögliche Folgen ihrer Kontrolle als Riesenwaffe unterwerfen wollen[245].

In dieser Hinsicht sind die meisten Utopien ungeheuer ignorant, insbesondere was die Natur und die Frauen angeht, und Entwürfe trotziger, typisch patriarchaler Realitätsverweigerung, die sich vor allem gegen die Natur(ordnung) und die Mütter und eben nicht gegen die bestehende Herrschaftsordnung, die das eigentliche Problem darstellt, richtet. Sich bloß nicht aufs irdische Leben einlassen, sondern es durch alle möglichen Fortschritte bald hinter sich zu lassen, das scheint die wahrhaft platonisch-gnostische Devise zu sein. Der „Westernheld" von heute verlässt nicht nur seine Frau, sondern gleich den Planeten.

Am Ende soll in vielen Utopien ein für alle Male die Gesellschaft als ein geschlossenes System – als Gesellschaftsmaschine[246] – entstehen, die dem Kriegs-System als neuestem Entwurf gesellschaftlicher Utopie entspricht und zu dem es kein „Draußen"[247], also keine sozialen oder natürlichen Alternativen mehr geben würde. Wenigstens gegen die Utopie eines neuen Totalitarismus werden allerdings heute wieder Stimmen laut[248], weil es damit bereits konkret gemachte historische Erfahrungen gibt[249].

Indem schließlich die matriarchale Ordnung in allen ihren Facetten als gänzlich überwindbar und am Ende tatsächlich überwunden vorgestellt wird, ohne allerdings an sie überhaupt noch zu erinnern, ist die patriarchale Ordnung als vollständiges System erst endgültig definiert und – bisher allerdings nur in der utopischen Phantasie – zur vollendeten Wirklichkeit des „Denkbaren" geworden.

241 Dahl 1989
242 vgl. Diamond 2006
243 Al Gore 2006
244 Chargaff a.a.O.
245 Bertell a.a.O.
246 vgl. bereits Fichtes „Geschlossener Handelsstaat", zit. B. Freyer a.a.O., S.137–146
247 vgl. Virilio/Lothringer a.a.O.
248 Korten 2006
249 vgl. Orwell 1949

Das vollständige, „reine" Patriarchat, in dem nichts Mütterliches oder Matriarchales mehr gebraucht wird oder als Alternative „droht", wäre dann sogar von der Lüge befreit bzw. nachträglich zu ihr legitimiert gewesen. Denn es hätte damit schließlich bewiesen, dass es eine eigenständige, ja die einzige Ordnung der Gesellschaft und des Lebens – was auch immer dann darunter verstanden wird – für die Ewigkeit und damit die einzige Wirklichkeit und somit „Wahrheit" wäre. Gewalt und Herrschaft würden dann vielleicht nicht mehr als Zumutung, sondern als konkurrenzlos einzige Form der sozialen Organisation angesehen und dem allgemeinen „Glück" – was auch immer dann darunter verstanden wird – keinen Abbruch tun, ganz bestimmt nicht dem des Staates[250]. Ja, der Staat als System hätte sich so verselbständigt, dass es der persönlichen Herrschaft und Gewaltanwendung gar nicht mehr bedürfte. Sie würden – wo noch nötig – einer Art Automatismus überantwortet[251]. Das logische Ende wäre eine Art „Neue Weltordnung" als gelungene Weltherrschaft über den ganzen Planeten.

2.4 Andere utopische Entwürfe

Feministische und anarchistische Utopien oder solche vom „Guten Wilden" möchten sich partiell oder ganz vom Herrschaftssystem Patriarchat zugunsten einer Art herrschaftsfreien Gesellschaft verabschieden – seltener allerdings vom bestehenden technischen Fortschritt. Jedoch wird meist kein Zusammenhang mit der matriarchalen Vergangenheit, geschweige denn Gegenwart gesehen[252] und wenn, dann kein genauerer Matriarchats- und Patriarchatsbegriff zugrundegelegt, so dass solche Utopien oft in den damit einhergehenden Widersprüchen steckenbleiben[253].

Grundsätzlich abweichend vom utopischen Trend sind also oft noch nicht einmal a-narchistische Utopien, von sozialistisch-kommunistischen ganz zu schweigen. Denn meist werden die wirklichen Dimensionen der Frauenfrage oder des Naturverhältnisses ausgeblendet und gerade auch die Probleme mit der „Produktivkraft-Entwicklung"[254]. Man konzentriert sich vor allem auf das politische Verhältnis, wobei sich bei Marxisten – wenn auch angeblich nur vorübergehend – die „Diktatur des Proletariats" vor dem Endzustand des Kommunismus zu ereignen hat und das Matriarchat nach wie vor als primiti-

250 vgl. die Dystopien von Orwell 1949, Huxley 1932

251 vgl. die Erfindungen von Tötungsmaschinen sowie Marx Vorstellung einer zukünftigen Gesellschaft, die aufgrund der „hoch entwickelten Produktivkräfte" auf den Staat verzichten kann, Marx, Engels 1970

252 Göttner-Abendroth 2006

253 z. B. beiträge zur feministischen Theorie und Praxis 1995, D'Eaubonne 1975, Bookchin 1977, Bahro 1995, Spehr in Chlada 2004,S. 217ff, Fromm 2005, Gögl, Kittinger 2005

254 Stowasser 1995

ve Vorstufe der „Zivilisation" bzw. als Frauenherrschaft missverstanden wird und daher als Alternative nicht infrage kommt.

So gilt das patriarchale Muster zwar nicht für alle Utopien. Doch Vorstellungen und vor allem auch die Praxis von tatsächlich herrschaftsfreien Basis- oder Direktdemokratien finden sich meist nur in (noch) matriarchalen bzw. nicht-patriarchalen oder angeblich „primitiven" Gesellschaften [255].

Explizit anti-patriarchale bzw. neo-matriarchale Alternativentwürfe eines herrschaftsfreien gesellschaftlichen Lebens sind in Umbruchszeiten wie dem Beginn der Neuzeit [256] propagiert worden und entstehen auch heute wieder (Zapatistische Indio-Bewegung in Mexiko, südasiatische Bauernbewegungen, Anti-Globalisierungsbewegungen). Es ist aber die Frage, ob sie als Utopien gelten können. Denn sie kommen im Gegensatz zu den meisten „einschlägigen" Utopien allesamt „von unten" und nicht aus Institutionen, sondern aus oppositionellen sozialen Bewegungen, entwickeln kein umfassendes Schrifttum und sind kaum abstrakt: Sie entstehen im Kampf gegen Ungerechtigkeit und Zerstörung in der Gegenwart und im Ringen um praktische Alternativen dazu, wobei die „Rückerinnerung" an egalitäre Traditionen der Vergangenheit wesentlich ist. Deshalb ist auch die Rede vom „konservativen" Charakter [257] solcher „Utopien", die gerade keine sind, eine Diffamierung, die erneut das offenbar Unaussprechliche, die mütterliche Ordnung, als mögliche zukünftige Realität und Alternative negiert. Der „revolutionäre" Ansatz solcher Bewegungen im Sinne des re-volvere, des Zurückkehrens zu besseren Zuständen in der Vergangenheit, ist also kein irrationales Sich-Verweigern, sondern bedeutet ein Anknüpfen an oft uralte Verhältnisse, vor allem solche vor dem Patriarchat, die im Bewusstsein immer noch da sind.

Im Gegensatz zu den Utopien des Patriarchats sind solche alternativen Entwürfe damit die einzig realistischen Entwürfe, denn sie gehen vom Umgang mit dem irdisch Seienden aus und nicht von dem mit einem irdisch (noch) Nicht-Seienden. Das anzuerkennen ist vielleicht das größte Tabu der Utopiedebatte.

Kurz: wirkliche Egalität in allen Verhältnissen ist weder ein patriarchales noch ein utopisches Thema. Im Gegenteil, heute glauben die meisten Menschen, dass eine herrschaftsfreie Ordnung ein Chaos sei, während das Chaos aufgrund der Herrschaftsordnung und der Ergebnisse der Konkretion patriarchaler Utopien gerade nicht als solches verstanden wird.

Deswegen stellt sich die Frage, ob es sich bei den wirklich egalitären, den Staat als Herrschaftssystem hinter sich lassenden Bestrebungen sozialer Bewegungen [258] weniger um Utopien als vielmehr um die Beschreibung ge-

255 Clastres 1976, Werlhof 1996, S. 189ff, Shiva 2005

256 Winstanley in England 1651/2, vgl. Federici a.a.O., S. 61, 72, 160; Müntzer und der Bauernkrieg in Deutschland 1525, vgl. Ebert 1987

257 Ebert a.a.O., S. 15, 37ff

258 vgl. Holloway 2002

sellschaftlicher Alternativen handelt, wie sie angesichts der Globalisierung des Patriarchats und seiner fatalen Utopien weltweit thematisiert und immer mehr auch praktiziert werden.

Es wäre jedenfalls völlig unangemessen, solche sozialen Bewegungen in einen Topf mit Utopien zu werfen, ohne vorher eine patriarchatskritische Analyse vorgenommen und entsprechende Kriterien der Unterscheidung entwickelt zu haben. Nur so wäre es zu vermeiden, dass gesellschaftliche Alternativen, die noch dazu häufig – bewusst oder nicht – an matriarchale Verhältnisse anknüpfen, von mehr oder weniger patriarchal gebliebenen Utopien, die weitgehend dystopischen, also gerade alternativlosen Charakters sind, vereinnahmt und pervertiert werden können.

2.5 Europa und die Konkretisierung der Utopie des Patriarchats

Warum haben die Konkretisierung patriachaler Utopien bis hin zum faschistischen Futurismus, wie z. B. der intendierten „Neuschöpfung des deutschen Volkes"[259], und ein heute immer näher rückender Exterminismus[260] gerade in Westeuropa ihren Ausgang genommen?

Was hat es für Europa bedeutet, dass Indien und China die am meisten entwickelten Gesellschaften der frühneuzeitlichen Welt waren?[261] Was hieß es für Europa, dass es an Naturressourcen, Land und Menschen arm war? Wurden in Europa jahrhundertelang neben den Bauern vor allem die Frauen unterworfen, um in der Welt mitspielen zu können? Wurden sie deshalb von ihrer rest-matriarchalen Macht, über sich selbst zu verfügen, endgültig getrennt, um in Gebär- und Arbeitsmaschinen für Staat, internationale Arbeitsteilung qua Kolonialismus und Kapital verwandelt zu werden?[262] Hat deshalb Europa gleichzeitig seine Militär- und Kriegstechniken forciert weiterentwickelt, einerseits für den überseeischen Einsatz und andererseits, nämlich in Gestalt der neuen Maschinentechnik[263], um Mensch und Natur auf erweiterter Stufe „produzieren" bzw. technisch substituieren zu können? Sind deshalb gerade in Europa eine besondere Gewaltbereitschaft und ein bestimmter technischer „Fortschritt" die Folge gewesen?

In Konkurrenz mit Asien konnte Europa jedenfalls erst treten, als es Millionen Tonnen amerikanischen Goldes und Silbers zu rauben begonnen hatte und damit den Weltmarkt betreten konnte. Nun hatte es die Finanzen und daneben die Kolonien und die Arbeitskräfte – allerdings vor allem aus Afrika

259 vgl. Ruault 2006
260 Horstmann 1985
261 Frank, Gills 1999
262 Mies 1986; Federici a.a.O., Heinsohn, Knieper, Steiger 1979
263 Ullrich 1977

– sowie die Brutalität, um weltweit zu reüssieren [264], bis es um die tatsächliche Weltherrschaft, ein typisch utopisch-patriarchales Projekt, ging. An diesem Punkt sind wir mit der „Globalisierung" der neoliberalen „Neuen Weltordnung" des Westens heute angelangt.

Damit sind der militärische und politische Teil utopisch-patriarchaler Verwirklichung im globalen Rahmen ebenso auf dem Weg wie der ökonomische – die Globalisierung des Neoliberalismus – und der technologische.

Die typisch utopische Skrupellosigkeit ist also gerade auch das Merkmal der modernen ökonomischen Entwicklung, die auf unendlichem Wachstum angesichts einer endlichen Erde fußt, und das utopische Projekt in alle anderen Bereiche hineinträgt. Seitdem geschieht auch hier eine weltweite „Schöpfung" durch Enteignung, „schöpferische Zerstörung" [265] durch Warenproduktion und angebliche „Schöpfung" aus dem Nichts, z. B. dem Geld [266].

Aber diese Konkretisierungsformen neuzeitlicher Utopie weisen am Ende nicht den versprochenen Weg ins Paradies, sondern eröffnen von allen Seiten her gesehen nur die immer selben düsteren Perspektiven eines dystopischen „no future".

2.6 Statt Utopien: Alternativen

Eine Erklärung dafür, warum die moderne Utopie als verwirklichte systematisch in die Dystopie kippt [267], ist bisher eigentlich nicht vorhanden [268]. Sie ist aber aufgrund einer patriarchatskritischen Analyse möglich. Da diese jedoch generell nicht unternommen wird, tritt nicht ins Blickfeld, dass das Problem heute nicht in einem Mangel an „guten" Utopien besteht, sondern darin, dass man dauernd an ihrer Realisation arbeitet und dass sie fast alle in der patriarchalen Tradition der radikalen Abwendung vom Leben, wie es auf der Erde ist, stehen. Woher soll dann auch ein gutes oder gar besseres Leben kommen? Es kann also gerade nicht um weitere, neue Utopien gehen, sondern nur noch um Alternativen zu ihnen. Statt weiterer patriarchaler Utopien braucht es „topische" Alternativen zum Patriarchat.

Wenn die Utopie zu unser aller Problem anstatt zu dessen Lösung geworden ist, dann kann man es auch sehen wie Baudrillard: als Kultur des „Als-ob" [269], bei der Realität und Simulation austauschbar erscheinen und dauernd verwechselt werden. In meinen Begriffen: das Patriarchat ist als utopisches Projekt das über die Gesellschaft gestülpte „Als ob" eines angeblich mögli-

264 Mies 2003
265 Schumpeter 1962
266 Binswanger 1985
267 v. a. Orwell a.a.O., Huxley a.a.O.
268 Wallerstein 2002
269 Baudrillard in Chlada 2004, S. 179ff

chen Jenseits im Diesseits, das nur entfernt werden müsste, um darunter die Lebensrealität wiederzufinden. Diese entpuppte sich dann – umgekehrt – als konkret mögliche Topie, während die Utopie als falsche Konkretion erkennbar wäre. Aber genau davor liegt wieder das Tabu der Utopiedebatte. Solange die Utopie als Krieg gegen das Leben generell für realistischer, „edler" und „wahrer" gehalten wird als der bewusst friedliche, kluge, langfristig denkende und freundliche Umgang mit den irdischen Lebensbedingungen [270], kann ein derartiges Vom-Kopf-auf-die-Füße-Stellen nicht stattfinden.

Der Glaube an die Utopie des Patriarchats ist trotz ihrer inzwischen sichtbaren Gefährlichkeit und Maßlosigkeit weltweit verbreitet und kann als eigentliche Weltreligion, die auch alle übrigen patriarchalen Religionen umfasst, begriffen werden. Dieser Glaube hindert die Menschen daran, mit den Verwirklichungsversuchen des Patriarchats endlich aufzuhören. So wissen sie zwar durchaus, was sie tun, denn sie wollen es ja. Aber das patriarchale Dogma hält sie davon ab, die Folgen bzw. so genannten Nebenwirkungen ihres Tuns, die meist die Hauptwirkungen sind, ernst zu nehmen oder überhaupt zu untersuchen. So sind sie nicht imstande, von ihrem Projekt abzulassen, selbst wenn es sich nur unter größten Opfern oder überhaupt nicht realisieren lässt bzw. – wie es in der Diskussion um diverse neue Technologien befürchtet wird – am Ende auf der Erde nichts mehr ist außer „gray goo", grauem Schleim [271] bzw. dass sogar der Planet zerstört wird [272].

Vom Glauben an die Utopie abzufallen bedeutet daher, sich von der „Produktion kollektiver Unbewusstheit" [273], nämlich dem patriarchalen Denken und Wünschen zu befreien. Dies scheint zurzeit das größte aller Probleme zu sein. Aber ohne diesen Schritt werden wir den Weg aus dem Dilemma nicht finden.

Eine Alternative zum Patriarchat, das mit allen Mitteln seine Verwirklichung betreibt, ist anscheinend unvorstellbar. Währenddessen geht man weiter mit größter Verwegenheit an die Realisierung der wirklich unvorstellbarsten Projekte und imaginiert immer mehr ein „reales" Jenseits mit oder gar ohne Diesseits. Das Diesseits als ein Jenseits des Patriarchats bleibt dabei vorläufig auf der Strecke. Man tut so, als könnten wir Außerirdische werden.

Daher können die Utopisten, da sie sich bisher durchgesetzt haben, am Ende behaupten, dass die Menschen das Opfer ihres Lebens und das aller anderen Lebewesen sowie das der Erde selber im Namen des Fortschritts auf dem Weg zur Konkretisierung der Utopie letztlich freiwillig akzeptiert hätten.

270 vgl. Galtung 1997
271 Joy 2001, S. 52
272 vgl. den so genannten „Tesla-Effekt", in Specula 1978; sowie Tesla 1919
273 Erdheim 1994

Längst halten uns die selbst gemachten Katastrophen den Spiegel vor. Wenn wir diese Sprache verstünden, würden wir stattdessen überall und auf der Stelle mit der Organisation des Lebens im Hier, Jetzt und All, den „Topien", beginnen.

Utopie, nein danke!

3
Das Scheitern des Patriarchats als seine „Dystopie": die „Alchemie" einer „Schöpfung" aus Zerstörung[274]

Der allgemeine Muttermord – „Lösung" der Matriarchatsfrage im Patriarchat?

Der „Muttermord", mit dem das Patriarchat beginnt[275], mündet schließlich in den „Tod der Natur"[276], ja womöglich des gesamten Planeten Erde.

Patriarchat bedeutet Muttermord in vielen Formen und auf vielen Ebenen, in Mikro- wie in Makroverhältnissen, und wir sind heute mittendrin in einem Vorgang, der den Muttermord vollenden könnte.

Ich möchte das erst einmal kontrastieren mit den alten Tabus matriarchaler Gesellschaften. Wir könnten sie so formulieren: Alles Leben ist aus Frauen geboren, es soll gefeiert und gepflegt und ihm kein Schaden zugefügt werden (vgl. „die Gesetze der Mütter"[277]).

Das sind Regeln, die sicherlich für alle matriarchalen Gesellschaften gelten, und das größte Tabu in diesen Gesellschaften, die viel länger auf der Erde existiert haben als das Patriarchat bisher, war der Muttermord.

Deswegen ist das Tabu, das heute in einem neuen und noch viel grundsätzlicheren Sinne gebrochen wird, das größte, das es geben kann. Denn es wird eine Gesellschaft angestrebt, in der es Mütter und die Verbindung Mutter-Kind, die engste und wichtigste aller menschlichen Verbindungen überhaupt, letztlich nicht mehr geben soll, in der die Verbindung zwischen Frauen und Natur, Müttern und Mutter Erde möglichst gänzlich zerstört ist.

Dabei muss gesagt werden, dass es inzwischen sehr viele Frauen gibt, die dem Muttermord zustimmen. Ja, sie erleben ihn sogar als Befreiung oder

274 Artikel erschienen unter dem Titel „Das Patriarchat: Befreiung von Mutter (und) Natur? In: Projektgruppe „Zivilisationspolitik": Aufbruch aus dem Patriarchat – Wege in eine neue Zivilisation? Beiträge zur Dissidenz, Nr. 23, Frankfurt/M. 2009, S. 59–103, ergänzt und überarbeitet 2011.

275 Tazi-Preve 1992

276 Merchant 1987

277 Straube 2001, S. 180f

bilden sich ein, dass es durch den Muttermord zu einer Befreiung der Frauen kommen kann. Diese Frauen haben sich in „Verderbung" ihrer mimetischen Fähigkeiten (vgl. Kap. II.2) mit dem Patriarchat verbunden, sie haben es „internalisiert". Das heißt, sie haben ihre eigenen schöpferischen Kräfte der patriarchalen Aneignung und Zerstörung überlassen und sich dem Patriarchat innerlich und äußerlich „anverwandelt", wie es Renate Genth ausdrücken würde[278]. Das bedeutet, dass sie immer mehr ganz und gar patriarchal denken, handeln und sogar fühlen.

Auf der anderen Seite gibt es aber auch die gegenteilige Entwicklung. Viele Frauen haben angefangen, das Patriarchat zu durchschauen und ihre Enteignung als Frauen, Mütter und an Leib, Leben und Liebe orientierte Menschen nicht mehr weiter mitzumachen[279].

Auf der „Makro-Ebene" des Muttermords, der Zerstörung der Natur als „Großer Mutter", ist die gleiche Spaltung zu beobachten. Während viele Frauen inzwischen die Naturbeherrschung, ja angeblich mögliche -überwindung durch den technischen und ökonomischen „Fortschritt" für möglich, ja wünschenswert halten und als Frauen nicht mehr im Zusammenhang mit Natur gesehen werden wollen, sind vor allem in der ökofeministischen, aber auch der matriarchatsorientierten Bewegung diejenigen Frauen versammelt, die den Zusammenhang von Mutter- und Naturmord als typisch patriarchalen erkennen und entschlossen ablehnen[280].

Indem heute sogar der Mord am Planeten selber als Möglichkeit erkennbar wird (Bertell 2011), verschärfen sich die Widersprüche noch.

Dahinter steht die Tatsache, dass das, was mit den Frauen geschah und geschieht, auch mit der äußeren Natur geschah und geschieht, im Positiven wie im Negativen. In matriarchalen Gesellschaften wurden und werden immer noch Bäume, Steine und Quellen als Ausdruck der Anwesenheit der Mutter-Göttin verehrt[281]. In den Zeiten der Christianisierung hier und später während der Kolonisierung außereuropäischer Völker wurden sie überall zerstört, und dieser Prozess dauert seitdem an, heute zum Beispiel in Gestalt der Vernichtung der letzten Urwälder, des Abbaus sämtlicher „Bodenschätze", der Vergiftung der Böden durch Chemie oder der „Privatisierung" der Süßwasser-Vorkommen. „Erst gehen die Wälder, dann die Menschen", sagt ein indianisches Sprichwort.

Auch der Klimawandel, den wir zurzeit zu erleben beginnen, ist ein Ergebnis des besonderen Handelns einer – nun modernen – patriarchalen Gesellschaft. Der Klimawandel ist ein Spiegel unseres Tuns – viel zu viel Naturmaterie wird

278 Genth 2002, S. 25
279 u. a. Liedloff 1980, Daly 1981, Fischer-Homberger 1984, Mies 1988, Starhawk 1988, Rich 1989, Collard/Contrucci 1989, Mulack 1996, Federici 2004
280 Mies/Shiva 1995, Göttner-Abendroth 2006
281 Auer 2009, Derungs 2000, Somé 2004

gewaltsam in „Energie" verwandelt und verausgabt[282], also steigen z. B. die Temperaturen. Dabei spielt aber nicht nur die zivile Industrie eine Hauptrolle, wie generell angenommen wird, sondern gerade auch das Militär[283].

Was im Außen geschieht, hat eine Parallele im Inneren. Man spricht hier von Humanökologie[284]. Im Vergleich könnte man sagen, es verschwinden scheinbar die alles verbindende „Welt-Seele" und die ihr entsprechenden Empfindungen. Von der Aufklärung und der Verbreitung des „Rationalismus" bis zum derzeitigen Alltag im Neoliberalismus ist die subjektive Empfindungsfähigkeit, sofern sie auch ein kritisches oder alternatives Potential besitzt, eigentlich nicht mehr vorgesehen[285]. Dem immer noch Matriarchalen mitten im Patriarchat, dem „Matriarchat als zweite Kultur", soll also nun gewissermaßen der letzte Boden, es sollen ihm die letzten Quellen, die letzte Sichtbarkeit und das letzte Luftholen entzogen werden.

Der Widerstand dagegen bzw. das Sich-Abwenden von den patriarchalen Projekten und Ideologien wird also dadurch behindert, dass man uns in der Moderne die Empathie ab- und stattdessen angewöhnt hat, möglichst nicht mehr mitzuempfinden[286]. Das ist als „Programm" denjenigen Teilen der Aufklärung zu verdanken, die das Ergebnis der „inneren" Kolonisierung Europas wie der „äußeren" Kolonisierung Amerikas waren – vor allem der Ketzer-, Hexen- und Heiden- Verfolgungen – und dem darauf aufbauenden Herrschaftssystem des modernen Staates[287]. An der aufgeklärten „Vernunft" als Ratio, zu der es auch gehört, die Unterwerfung unter Staat und politisches System im Prinzip zu akzeptieren und sich nicht mehr dagegen aufzulehnen[288], hängen heute gerade auch Frauen[289]. Denn sie halten diese Vernunft, die moderne Rationalität, wie die Männer auch für einen Fortschritt gegenüber der „Irrationalität" der Verfolgungszeit und erkennen nicht, dass das eine nur die Kehrseite des anderen ist, aber nicht sein Gegenteil. So ist die moderne Ratio keineswegs angetreten, den Frauen eine geistige Wiedergutmachung für ihre Verfolgung anzubieten. Im Gegenteil, sie setzt die historische Unterwerfung der Frauen als Gattung voraus und attestiert ihnen mit der „Natur der Frau" einen neuen „Naturcharakter", nämlich den der „Hausfrau", die erst ein Ergebnis der Hexenverfolgung ist[290].

Diese Art, nach wie vor davon auszugehen, dass das Handeln, das heute in der Welt stattfindet, vernünftig und im Prinzip richtig ist, obwohl seine Gewalttätigkeit, seine Kontraproduktivität und seine Grenzen inzwischen

282 Gore a.a.O.
283 Bertell 2000
284 Bahro 1995
285 Gruen 1997, Greco 2000
286 Anders 1987/1995
287 Federici 2004, Opitz-Belakhal 2006
288 Kimmerle 1980, S. 127–136; Zimmermann 1952, Kern 1962
289 List/Studer 1989, Meier-Seethaler 1997, Werlhof 2003 (c) und 2008 (a)
290 Vgl. Kap. II.1

offenbar geworden sind, hat mit dem Patriarchat zu tun. Seit 5000–7000 Jahren bemüht man sich in vielen Teilen der Welt, nämlich dort, wo es die antiken Weltreiche und Despotien gegeben hat, in anderen Teilen der Welt erst seit den Jahrhunderten des Kolonialismus interner und externer Prägung, Menschen an patriarchale Zerstörung und Herrschaft als angebliche Normalität zu gewöhnen[291]. Es soll dazu keine Alternative mehr geben. Dennoch hat in vielen Gegenden und bei vielen Menschen diese Missionierungs- und „Überzeugungsarbeit" nicht oder nicht auf Dauer gegriffen, und dem patriarchalen Herrschafts- und Transformationsprojekt wurden und werden zunehmend Widerstand und Alternativen entgegengesetzt, zurzeit vor allem in den ehemaligen Kolonien des „Modernen Weltsystems"[292].

Der hier verwendete neue Patriarchatsbegriff soll vor allem klar machen, dass heute also nicht nur 500 Jahre Neuzeit, sondern 5000 Jahre Patriarchat zur Debatte stehen, wobei erst die moderne Form des Patriarchats, das kapitalistische (inklusive des „sozialistischen"), zu einem wirklichen „Weltsystem" geworden ist.

Die Utopie von einer männlichen Schöpfung als „alchemistische"

Die alchemistische Allegorie des Windes (Geist, Pneuma) in Gestalt eines muskulösen bärtigen Mannes hat auf Abbildungen eine schwangere Mitte mit darin liegendem Embryo[293], und der lachende Buddha ist im Gegensatz zu den meist schlanken und (noch) nicht lachenden Buddhas ebenfalls ein Mann mit dickem Bauch. Die weisen Männer des Orients halten auf unzähligen Abbildungen das „Philosophische Ei", eine Art Topf mit Deckel und Mörser in der Hand, was bedeutet, dass sie mit dem Geheimnis des Lebens, nämlich seiner Herstellung mittels einer Art Ersatz-Uterus beschäftigt sind[294].

Die Mutterlosigkeit im Sinne einer Bedeutungslosigkeit der Mutter ist also nicht eine späte Erfindung des Patriarchats, sondern eine ganz frühe. So ist der „Pharao" der Ptah, der Herr und Vater, ursprünglich der als Eroberer aus dem Kaukasus kommende „Schmied"[295]. Später heißt es in der Bibel etwa bei Moses über den „Vater": Er ist „Gott, der uns geschaffen hat". Und dieser Gott hat angeblich auch die Natur geschaffen, ist also selbst nicht (mehr) Natur. Von da an ist von der Natur als einer Großen Mutter-Göttin, aus der wir alle kommen und in die wir alle wieder zurückkehren, keine Rede mehr, und es beginnt die Systematisierung der Verachtung einer nun nicht mehr selbst als göttlich oder als sakral geltenden Natur.

291 Clastres 1976, Wittfogel 1977, vgl. Kap. I.1 und 2
292 Werlhof/Bennholdt-Thomsen/Mies 1983, Holloway 2006, Kumar 2007
293 Seligmann, a.a.O., S. 108
294 Schütt 2000,z. B. S. 49ff, 54
295 Wolf a.a.O., Eliade 1980

Es gibt in der Geschichte trotz der Behauptung Sigmund Freuds vom „Urpatriarchat"[296] keine eigenständige Gesellschaftsordnung des völlig matriarchatslosen „reinen" Patriarchats, obwohl sie offensichtlich angestrebt wird. Sie war und wäre nicht überlebensfähig, wie wir noch sehen werden. Daran erkennen wir, dass immer noch Reste des Matriarchats als „zweiter Kultur" unter uns (vorhanden) sind, die zudem wichtig sein müssen, weil auf sie bisher offenbar nicht verzichtet werden konnte, wenngleich das natürlich nicht zugegeben wird. Dieser für das Patriarchat unbefriedigende Zustand soll allerdings vor allem seit der Neuzeit und Moderne anders werden. Das „kapitalistische" Patriarchat setzt alles daran, durch „Natur"-Wissenschaft, technischen und ökonomischen „Fortschritt" und insbesondere die Erfindung der Maschine einen angeblichen, ja sogar besseren Ersatz für die Mutter, ja „den Menschen" sowie Mutter Natur überhaupt – und inzwischen den Planeten selbst – buchstäblich herzustellen[297].

Ein neues Paradies soll das Patriarchat werden, überhaupt die Alternative zu allem, was davor und daneben war, die beste, ja eigentliche „Zivilisation" schlechthin[298], das Höhere, das Vollkommene, das von Gott Gewollte[299]. Dabei sind im Gegensatz zur matriarchalen Zivilisation das Natur-, Geschlechter-, Generationen-, Politik- und Transzendenzverhältnis in ein Oben und Unten hierarchisiert, und die politischen Sinne sind nirgendwo mehr von gerechtigkeits-, gleichheits-, freiheits-, verantwortungs- und gemeinorientierten egalitären und allgemein lebensfreundlichen Impulsen geprägt. Es wird in Utopien und Spekulationen – Philosophien und Religionen – über die technologische und politisch-ökonomische Erreichbarkeit des Patriarchats als „höhere Zivilisation" nachgedacht und gelehrt[300], wobei ein dazugehöriger „gnostischer" Nihilismus vorausgesetzt wird, also die verachtende Verleugnung des Bestehenden der Welt[301]. Dieser Nihilismus besteht zuerst darin, die Errungenschaften der matriarchalen Zivilisation, also insbesondere ihre lebensfreundliche Kultur, radikal zu negieren. Das utopisch-spekulative Denken ist entsprechend ein Denken dessen, was es gerade nicht gab und gibt, aber im und als Patriarchat geben soll, ein Denken des alles neu-erfinden-Müssens und -Wollens und angeblich auch -Könnens: ein Denken des Idealismus und eines darauf aufbauenden „Materialismus" der Macht und der technischen Machbarkeit zur Verkehrung der Welt in eine transformierte „zweite", angeblich „bessere" und „höhere" Ersatz-Welt und Gegen-Natur[302].

296 vgl. Disk. bei Werlhof 1996 (c)
297 Bacon 2004, Genth 2002, Bruiger 2006, Collard/Contrucci a.a.O, Werlhof 2010 (b).
298 Gimbutas 1994 und 1996
299 Schütt a.a.O., S. 101ff
300 Platon 1973
301 Sloterdijk 1991
302 Bruiger a.a.O.

Denn wenn man vom Matriarchat nichts mehr wissen will, muss man im Prinzip alles neu machen, zu allererst den Tod als ein Töten: das Leben-Nehmen bzw. -Verschonen als ein dem Gegner das Leben-„Schenken". Dann ginge es um das Leben-„Machen" – am Ende auch ohne Mütter – und schließlich um beides, das Leben und den Tod „überwinden", indem versucht wird, sie als ein nicht mehr zyklisch miteinander verbundenes abstraktes „Nicht-Leben"[303] herzustellen.

Patriarchat ist insofern ein Prozess, der immer noch andauert und eine Utopie[304] darüber, dass dieser Prozess der Vollendung des Patriarchats ein Ende haben wird. Danach soll das Patriarchat von Ewigkeit sein. Dieses Ziel ist erreicht, wenn die matriarchale Gesellschaft erfolgreich und vollständig ersetzt worden ist, insbesondere die Mütter und ihre an der Natur orientierte Kultur bzw. deren letzte Überbleibsel. Nach Platons Rede vom „Denkbaren" als dem Maßstab für das zu Erreichende sagt heute der US-amerikanische Soziologe Daniel Bell im gleichen Sinne und als wäre das inzwischen selbstverständlich: „Die Gesellschaft ihrerseits wird zu … einer Art von Imagination, die wir als gesellschaftliche Konstruktion zu verwirklichen trachten … Die Menschen können neu geschaffen oder erlöst, ihr Verhalten konditioniert und ihr Bewusstsein verändert werden".[305]

Der Skandal des Patriarchats, dass selbst die Herren geboren werden, also aus dem Schoß einer Frau kriechen müssen, würde dann endlich dadurch beseitigt, dass das Leben stattdessen außerhalb des weiblichen Leibes bzw. ohne ihn hergestellt würde. Nichts Geringeres als die „conditio humana" der Natalität[306], also die Abhängigkeit des Lebens vom Geborenwerden soll damit überwunden werden. Der „neue Mensch" wäre letztlich ein „post-humaner" und „post-natürlicher" – also eine Maschine, ein Roboter oder ein bloß virtueller, nämlich ein Softwareprogramm[307].

Warum es scheinbar niemandem vor einer solchen Art der Abschaffung der Mütter und Menschen überhaupt graut, ist nur dadurch zu erklären, dass wir schon so lange an diesen Gedanken gewöhnt worden sind – nämlich durch die patriarchale Wissenschaft der Alchemie seit der Antike[308] – und vor allem dadurch, dass wir (deshalb) von Natur gar keine Ahnung mehr haben. Denn die Natur wird seitdem immer mehr unter der irrealen, idealistisch-utopischen Perspektive einer angeblich möglichen männlichen Schöpfung gesehen.

Die Logik des Patriarchats hat damit ihren geistigen Ausgangspunkt in einem Metaphysischen, einem Jenseits des Physischen (physein = gebären).

303 Collard/Contrucci a.a.O., Werlhof 2009 (a)
304 Werlhof 2007 (b), vgl. Kap. 2
305 Bell 2007
306 Arendt 1987
307 Fukuyama 2002, Irrgang 2005, Hasselmann u. a. 2004
308 z. B. Schütt a.a.O.

Sie denkt und operiert von einem angeblich existierenden und vor allem als „höher" definierten, nur in der Vorstellung existierenden Jenseits aus, von einem Darüber des physisch Gegebenen der Welt her. Da die Welt noch nicht (so) ist, wie sie sein soll, nämlich wie die angeblich existierende „höhere", metaphysische, muss sie erst noch dazu gebracht werden, so zu werden wie sie, nämlich das platonisch „Denkbare". Daher ist sie zunächst nur die Idee von einer angeblich „besseren Welt" oder Gesellschaft jenseits der bestehenden. Es muss also zuerst ihre ideelle Existenz, nämlich das Patriarchat-als-ob-es-schon-wirklich-wäre, beschworen werden. Dem hat dann allerdings unweigerlich die Tat zu folgen, also der Versuch der tatsächlichen Herstellung eines solchen pater arché. Neben dem „schöpferischen" Gottvater treten dann der „homo faber" und „homo creator" ins Rampenlicht des endlich faktisch, real und unbezweifelbar existieren wollenden Patriarchats.

Die Rechtfertigung des Patriarchats besteht immer wieder darin zu behaupten, Gott sei besser als die Göttin (sofern von ihr überhaupt noch gesprochen wird), oben besser als unten, ein Vater besser als die Mutter (solange es sie noch gibt), Tod/Leben im „Jenseits" besser als Leben im Diesseits, künstliches Leben besser als natürliches, Mann besser als Frau, „Geist" besser als Materie (als seien sie getrennt), der Krieger besser als der Friedliebende (oder gar „Pazifist"), und der Herrscher besser als das Volk.

Das so genannte Jenseits sei entsprechend besser als das Diesseits, weil das Letztere immer noch nach im wahrsten Sinne des Wortes matriarchalen Regeln spielt: das Leben kommt aus Müttern und nicht Vater-Herrschern oder ihren Apparaten und aus Wäldern und Feldern und nicht aus Labors, Fabriken oder gar von den Schlachtfeldern.

Trotz aller Teilungs-, Trennungs-, Entgegensetzungs- und Ersetzungsversuche sind die Mutter und Mutter Natur als lebendiger Leib bisher selbstverständlich nach wie vor nicht verzichtbar, denn sie entsprechen den irdischen Lebensbedingungen, die sich durch unirdische sicher nicht ersetzen lassen. Versuche dieser Art führten im Gegensatz zu der Propaganda, die sie begleiten, bisher immer in die Zerstörung und Beschädigung des Lebens und nicht in seine „Erhöhung" oder „Ersetzung"[309]. Dennoch werden Mutter und Mutter Natur heute immer mehr so behandelt, als ob sie demnächst verschwunden wären oder sein könnten, ohne dass dies ein Problem für das Leben darstellen würde.

Entsprechend wird nach wie vor allein der als männlich verstandene „Geist", der als getrennt von der Materie verstanden wird, als lebendig angesehen, und er steht im Gegensatz zu dem, was man sich im Patriarchat als „Materie" vorstellt, die nun als geist- und leblos und als bloßer, niedriger „Stoff" betrachtet wird, die Natur als die tote Mutter – Materie oder als bloßes Mutter-Material. Die Natur und die Mutter werden also schon als „tot"

309 Bergmann 2004, Schmölzer a.a.O., generell Wagner 1970

definiert, bevor man versucht, sie auch wirklich abzuschaffen. So sind Frauen bereits seit der Antike prophylaktisch definiert als potenzieller bloßer Mutter-Stoff zur Verwendung seitens des Mannes[310], der seinerseits angeblich allein über den Geist und/oder die Seele und damit angeblich das „Leben" verfügt. Nur männlicher Geist und Seele würden nämlich das Leben und seine Formen in sich tragen, nämlich das – einstmals die weibliche „Seele" bezeichnende und nun „vermännlichte" – „Pneuma"[311] oder der „logos spermatikos"[312]. So wird der Mann auf Kosten der Frau zum geistvollen und lebendig-aktiven, schöpferischen Vater und Herrn über die geistlose, passive, „mangelhafte" und „bloß nährende" Frau definiert, die nur mehr eine Art Hülle für den männlichen Schöpfungsakt darstellt[313]. Dieses Denken kennen wir also seit dem Beginn des Patriarchats, und es hat seitdem nichts von seiner offensichtlichen Priorität eingebüßt.

Das sind Grundlagen patriarchalen Denkens, die wir seit der Entstehung von Patriarchaten in der Welt beobachten können und die sich überall ähnlich zu sein scheinen. Aber sie beruhen lediglich auf Behauptungen und Vorstellungen darüber, wie die Welt eigentlich sei bzw. wie sie sein oder werden sollte, und nicht darüber, wie sie ist. Der Beweis, dass sie so ist, wie man behauptet, bzw. dass sie so werden kann, wie man sie sich als Utopie vorstellt[314], ist damit allerdings noch nicht erbracht. Das Patriarchat als ein „als Ob" muss also eine Strategie der Realisierung, also einer Art „Selffulfilling-Prophecy" entwickeln.

Wir können an dieser Logik jedenfalls sehen, wie auf der Basis nicht mehr egalitärer, sondern grundsätzlich herrschaftlich-hierarchischer Verhältnisse in der Politik eine katastrophale Geschlechterspaltung in Form eines Krieges gegen die Frauen stattfindet. Wir können sehen, wie sehr der Kampf um die Zugehörigkeit der nächsten Generation(en) zu ihren Vätern anstatt den Müttern und ihre Unterordnung unter die Ersteren begonnen hat. Wir können sehen, wie die matriarchale Spiritualität einer „immanenten Transzendenz der Göttin als Mutter Natur" oder kosmischer Mutter Erde heute zerstört wird, und wie abweisend und abstrakt das Verhältnis zur Natur und zur Erde als Planeten im All – als angeblichem Steinkoloss, der durchs leere Universum rast – insgesamt geworden ist. Denn der neue Vatergott als „Schöpfer" befindet sich außerhalb der Natur – des Kosmos, der Erde – und ist nicht sie selbst, wie die Göttin-Mutter-Erfahrung es stattdessen ausdrückt[315]. Daher ist der Vatergott der Gott einer ex-manenten Transzendenz, also einer Überschreitung, die über das irdisch Erfahrbare in ein angeblich existierendes „Jenseiti-

310 Treusch-Dieter 2001
311 Straube a.a.O., S. 30, Sloterdijk a.a.O., S. 28
312 Schütt a.a.O., z. B. S. 43–48
313 Aristoteles 1959, S. 178
314 Sitter-Liver 2007
315 Straube a.a.O., Mulack 1983

ges" davon hinausstrebt, während die Göttin alles irdisch Erfahrbare „immanent" miteinander verbindet, ja selbst ist, es also innerhalb einer Einheit von Erde und Kosmos „transzendiert".

Die Beweisnot des Patriarchats und die „Alchemie" als praktisch gewordene Gnosis

Der Begriff der Alchemie ist für die Analyse des Patriarchats von zentraler Bedeutung. Denn viele Erfahrungen und Erfindungen, auf denen die Alchemie ursprünglich aufbaut, stammen offenbar aus älteren matriarchalen Zivilisationen[316]. Die patriarchale Gesellschaft machte aus ihnen allerdings immer mehr eine verkehrte Welt. Es usurpierte, pervertierte, zerstörte, abstrahierte, transformierte und ersetzte die alten Erkenntnisse und Praktiken und bog sie in seinem Sinne um[317]. Man kann sagen, dass die Alchemie dadurch zur ersten – und zwar „interdisziplinären" – Wissenschaft des Patriarchats geworden ist.

Diese Wissenschaft hat das Ziel, die lebendige Materie, ja das Leben selbst schon in der Entstehung durch ein experimentelles „Standardverfahren" so zu beeinflussen, dass dabei eine Transformation zu einer „höheren" Materie und einem „höheren" Leben bzw. „Seinszustand" geschieht. Dabei wird angeblich das Beispiel der Natur nachgeahmt und darüber hinaus ihre Überwindung angestrebt[318]. Es handelt sich aber um die Theoretisierung und Praktizierung einer patriarchalen Vorstellung von der Materie und dem Leben sowie ihrer Entstehung, die mit der Realität programmatisch nichts mehr zu tun hat und außerdem grundlegend von Gewalt geprägt ist. Ich nenne die patriarchalisierte Alchemie daher den Versuch einer „Schöpfung aus Zerstörung".

Im Gegensatz zu anderen Analytikern der Alchemie[319] kann ich vom patriarchatskritischen Denken her beweisen, dass die Alchemie und ihr Scheitern nicht in der Vorgeschichte der Moderne zurückgeblieben sind, sondern dass sie ganz zentral gerade die Neuzeit und die Moderne geprägt haben und ihrerseits von ihnen geprägt wurden[320]. Das bedeutet, dass die Alchemie, so verstanden, nach wie vor hochaktuell ist, ja in der Moderne erst wirklich an die Macht kam und einen Schlüssel zur Erklärung heutiger Entwicklungen in fast allen Bereichen liefert[321], die mit dem patriarchalen Charakter gerade auch der Neuzeit zu tun haben.

Die patriarchale Gesellschaft ist nämlich nach wie vor in Beweisnot, denn das Leben – und um das geht es letztlich immer – kommt nach wie vor

316 Werlhof 2003 (b), 2010 (e); Schütt a.a.O., S. 11
317 Werlhof 2006 (a), 2008 (b)
318 Schütt ebenda
319 Schütt a.a.O., s. Gebelein 1996, Eliade a.a.O.
320 Werlhof 2009 (a)
321 vgl. Wagner a.a.O., Jung 1985

nicht aus den so genannten Vätern oder ihren immer neuen Gebärimitationsmaschinen. Ganz im Gegenteil, die „Väter" verbreiten nicht das Leben, sondern überall einen gewaltsamen Tod. Deswegen erdreisten sie sich ja auch zu behaupten, die Zerstörung sei Vorbedingung jeder Schöpfung (der Ökonom Josef Schumpeter spricht vom Kapitalismus als „schöpferischer Zerstörung"[322]), und der Krieg sei der „Vater aller Dinge" (Heraklit). Das ist seit der Antike die allgemeine Anschauung in den oberen Schichten, und sie wird heute unverändert von den Betreibern des größten physikalischen Experiments aller Zeiten, der Teilchenbeschleunigeranlage des Europäischen Kernforschungszentrums CERN in Genf übernommen. Die angeblich mögliche „Schöpfung" aus Zerstörung gilt als Rechtfertigung der dort stattfindenden äußerst bedrohlichen Versuche, nicht nur die „Natur", sondern sogar die außerirdische Natur, wenn nicht den angeblichen „Urknall" selbst im Experiment – also das Makrogeschehen des Universums im Kleinen, sozusagen im „Philosophischen Ei" bzw. der Retorte (selbst wenn sie im CERN einen 27 km langen Umfang hat) – „nachzuahmen". Das Ziel ist, die Materie – in Form von Blei, dem alchemistischen Grundmetall – so gründlich zu zerstören, bis Teilchen auftauchen, die man noch nicht kennt: Entdeckung als „Schöpfung" aus Zerstörung[323], die aus der Expedition zur Kolonisierung von Makro- wie Mikrowelten der Materie resultiert. Alchemistisch gesehen geht es „von Blei zu Gold" in Gestalt einer neuen, wenn nicht der letzten, „höchsten" Materie – und dies durch äußerste Gewaltanwendung im „Namen" der „Natur". Alchemistischer kann es gar nicht zugehen. Aber selbstverständlich sieht das keiner der Beteiligten aus diesem Blickwinkel.

In der Tat, dieser wie jeder andere Krieg ist weder noch hat er: eine Mutter. Er ist ein „Vater", der mit Gewalt Dinge als „Kinder" hervorbringt, mutterlose „Kinder" des Patriarchats, die allerdings mit lebendigen Kindern, wie sie Mütter zur Welt bringen, gar nichts zu tun haben. Im Gegenteil, diese „Kinder", etwa die Teilchen, die im CERN-Experiment auftauchen sollen und andere technische Erfindungen („It´s a boy!" begeisterter Ausruf von Mitgliedern des „Manhattan"-Projekts zur Erfindung der Atombombe nach ihrem gelungenen Abwurf über Hiroshima 1945 [324]) sind die Folgen der modernen alchemistischen Wissenschafts- und Kriegsmaschinerie und von Institutionen wie der Armee, die ein Scheinleben beanspruchen, indem sie mit ihrem Terror die Wirklichkeit und das Leben zu besetzen, zu transformieren und zu ersetzen versuchen[325].

Das Patriarchat ist tatsächlich aber unfruchtbar. Es bringt nichts Lebendiges hervor und muss gerade deswegen nach wie vor zu seiner Legimitation den Beweis des Gegenteils antreten – daher wird so viel von „Schöpfung",

322 Schumpeter 1962
323 Hartmann 2008, Rössler 2008a, allg. Caldicott 2002
324 Easlea 1986
325 Werlhof 2006 (b)

„Fruchtbarkeit", später von „Wachstum" oder „Vermehrung" und heute von „AI", Artificial Life, künstlichem Leben geredet – um endlich eine Art Unabhängigkeitserklärung gegenüber der matriarchalen, der mütterlichen und generell der Natur-Ordnung abgeben zu können.

Um wirklich die Kontrolle über die Welt zu erringen, müssen die Patriarchen es also erreichen, dass sie selbst von nichts mehr abhängig, aber alle anderen, umgekehrt, von ihnen abhängig sind.

Das Patriarchat „im Aufbau" hat verschiedentlich versucht, den Beweis anzutreten, dass seine Utopie sich verwirklichen lässt. Zentral sind dabei sowohl die Kontinuität des „gnostischen" Denkens wie sein neuzeitliches „praktisches" Werden. Dies geschieht dadurch, dass eine modernisierte Alchemie sich ganz konkret darum kümmert, die Vorstellungen der Gnosis von einer besseren Welt als der bestehenden in die Realität „umzusetzen". Denn war die Gnosis zunächst ein Zeichen für die Matriarchats- und Weltverneinung des Patriarchats und die Sehnsucht nach einer „besseren Welt" im „Jenseits", so ist die neueste Variante des Patriarchats, die Moderne, sichtlich bemüht, diese ideale Welt eines unirdischen Lebens auf der Erde selbst endlich zu verwirklichen[326].

Sie wird als das neue Paradies verstanden, eine „schöne neue Welt" (Huxley), die im Gegensatz zum Paradies der Eva nichts mehr mit Frauen, Bäumen, Tieren und Erkenntnissen des Lebens zu tun hat. „Gnosis" heißt Erkenntnis und bezeichnet ein Denken innerhalb der Entwicklung des Patriarchats und vor allem seinetwegen herausgebildet hat. In diesem etwa 3000 Jahre alten antiken Denken wird die Welt als schlecht angesehen. Das betrifft nicht nur die Frauen und die Natur, sondern die Gesellschaft und die Welt insgesamt. Denn in die Welt ist der Krieg als Dauerereignis gekommen und mit ihm Gewalt, Bösartigkeit und Herrschaft. Das gnostische Denken will sich, da die Welt ja nun schlecht ist, von ihr abwenden und eine gute Welt „jenseits" der bestehenden vorstellen. Aus einer derartigen „Ent-Weltlichungs-Perspektive" wird versucht, in diese andere Welt zu entkommen. Eine solche Flucht erscheint als der Ausweg aus dem „Leiden an der Welt" und ihrer Niedrigkeit als diesseitiger realer Welt, die nun als „Irrtum" verstanden wird[327]. Dass die Welt in dieser Form erst eine Erfindung des Patriarchats ist, bleibt dabei allerdings unberücksichtigt. Die neue Gesellschaftsordnung wird dann irgendwann als Normalität verstanden, und das ist bis heute so geblieben.

Das Interessante an dieser Grundströmung der Gnosis ist, dass sie die Probleme des Patriarchats erkennt[328], daraus aber im Allgemeinen nicht den Schluss zieht, dass man es wieder loszuwerden versuchen sollte. Sondern diese Probleme werden, nachdem sie ja bereits damals schon seit einigen tausend Jahren in der Welt sind, als allgemeiner Charakterzug des Weltgeschehens

326 Noble 1999
327 Sloterdijk a.a.O., vgl. Assmann 2003
328 vgl. Mulack 2007

überhaupt begriffen, also als universell böse Natur der Welt und „des Menschen", die inzwischen vorausgesetzt wird und gegen die man grundsätzlich angeblich nichts tun kann[329]. Also folgt daraus weniger der Aufstand gegen das real existierende Patriarchat als der gegen die Welt, die „Sezession vom Seienden" überhaupt, wie Sloterdijk sagt. Damit wird die Welt des Diesseits programmatisch weiterhin der patriarchalen Gewalt ausgeliefert, werden die Mütter und Mutter Erde im Stich gelassen und wird das typisch patriarchale Denken des metaphysisch orientierten Idealismus mitsamt seiner drastischen materiellen Konsequenzen weiter ausgebaut.

Vor diesem Hintergrund kommt die patriarchal gewendete „Alchemie" zum Zuge. Die Alchemie verspricht nämlich, tatsächlich eine Art neues Paradies auf Erden schaffen zu können, so dass man aus ihr nicht mehr zu fliehen braucht. Auf diese Weise käme der Himmel auf die Erde und das Jenseits würde schon im Diesseits verwirklicht. So könne man z. B. Gold aus Blei machen und den so genannten „Stein der Weisen" herstellen, was bedeutet, sich der angeblich existierenden Substanz oder Essenz der materiellen und immateriellen Lebenskräfte als solcher bemächtigen zu können, also des patriarchal verstandenen, von der Materie getrennt definierten Geistes, allerdings in Gestalt einer Übermaterie. Mit dem Stein sollen dann beliebig viel „höhere Materie", „höheres Leben" und „höhere Seins-Zustände" geschaffen werden können[330]. Die Alchemie wäre demnach die Lösung des Rätsels, wie das Patriarchat den auch ganz materiellen Beweis erbringen soll, dass es unabhängig von Frau und Natur selbst „schöpferisch" werden, die Welt in eine – in seinem Sinne – gute, ja göttliche verwandeln und nichts Geringeres als die gerecht(fertigt)e Weltherrschaft antreten können soll.

Die Alchemie kann aus meiner Sicht damit als die „Methode" zur Realisierung des Patriarchats angesehen werden, eine Politik, Naturwissenschaft, Technologie, Ökonomie, Philosophie, Theologie und Psychologie, also gewissermaßen eine „interdisziplinäre" Gesamtwissenschaft, Theorie und Praxis, die das Patriarchat von nun an – und zwar bis heute – in immer deutlicher zugespitzter Form auf seinem Weg in die Verkehrung aller Dinge begleitet[331].

Vorpatriarchal jedoch stammt die Alchemie merkbar aus den alten Traditionen des Matriarchats: aus seiner Naturbeobachtung, seinen Gärten, seiner „Küche", seinen „Säften", seinen Sexual-, Schwangerschafts- und Geburtserfahrungen, allgemein seiner Kultur des Umgangs mit dem Leben und der Verbundenheit alles Lebendigen[332]. Im Patriarchat ist man zunächst bemüht, sich

329 z. B. Ernst 2003
330 Schütt a.a.O., Gebelein a.a.O.
331 Werlhof 2003 (b)
332 Straube a.a.O., Chattopadhyaya 1959

möglichst viele dieser Traditionen anzueignen und sie umzuinterpretieren, z. B. im Schamanismus und Tantrismus[333]. Von nun an geht es aber auch immer deutlicher um das Gegenteil von dem, worum es im Matriarchat ging, bis der Bezug zu Letzterem, nämlich in der Neuzeit, völlig fallengelassen wird.

Allerdings haben eine ganze Reihe von Traditionen aus matriarchalen Gesellschaften noch lange überlebt, z. B. in Europa, vor allem im Norden und Osten, aber auch in den „Kolonien", und es gibt nach wie vor eine Reihe von Matriarchaten in aller Welt und Reste davon als „zweiter Kultur" eigentlich überall[334]. Ja, es kommt gerade jetzt sogar zu einer Art „Renaissance" matriarchalen Denkens, Fühlens und Handelns in vielen Teilen der Welt, nachdem die Notwendigkeit von Alternativen immer mehr erkannt wird[335].

Die angeblichen „Herren der Schöpfung" wollten also gleich von Anfang an diejenigen sein, die selber das Leben „machen". Dieser Fundamentalismus des Patriarchats ist ebenso alt wie es selbst, und er ist gleichzeitig auch sehr neu[336]. Denn die Vorstellung, das Leben unabhängig von Frauen und Natur „alchemistisch" herzustellen, hatte die schon angedeuteten Konsequenzen. Sie reichen von der Behauptung, dass das männliche Sperma und die angeblich in ihm enthaltene Geistseele für das Lebendige und seine Gestalt, seine „Form", verantwortlich und die Frau nur die dafür nötige nährende Schutzhülle sei[337], über den Versuch, Lebewesen ganz ohne den Leib der Frau im Sinne einer „Neuschöpfung" extra-korporal in der alchemistischen „Phiole", im Reagenzglas, Brutofen oder einer Maschine regelrecht zu produzieren, bis hin zur Schaffung eventuell „trans"- oder „posthumanen", letztlich überhaupt körperlosen „Lebens"[338]. Das ist ein durchwegs alchemistisches Programm, das keineswegs einfach eine neue Idee ist, sondern bis in die Anfänge des Patriarchats zurückreicht, wie zum Beispiel der Versuch, durch die Vermischung von Sperma und Blut den „Homunkulus" zu schaffen[339]. Was das für das Lebendige selber bedeutet, wird heute allerdings nicht reflektiert.

Wenn also die Abschaffung des Menschen als leiblichem und als Naturwesen überhaupt nun endlich gelänge, dann hätte sich die Mutter sowieso erübrigt, von einer Ästhetisierung des Leibes oder einer „Humanisierung" der Lebensbedingungen in einem positiven Sinne ganz zu schweigen.

Zunächst aber wurde und wird das vorhandene Lebendige erst einmal abgewertet, um es dann auch „legitimiert" aneignen, transformieren oder zerstören zu können. Dabei wird dieser Akt, der in der Alchemie als „Mortifika-

333 Eliade, 1980; Chattopadhyaya a.a.O.
334 z. B. Göttner-Abendroth 1991 und 2006
335 Göttner-Abendroth 2006 und 2009
336 Sloterdijk a.a.O., S. 53, Noble a.a.O., S.VII
337 Das gilt seit Aristoteles und in der Alchemie generell.
338 Rifkin 1986, Schirrmacher 2001, Ruault 2006, Schmölzer 2005
339 Schon in der Gnosis, zuletzt bei Paracelsus 1994

tion" – den Tod bringen – bezeichnet wird, als notwendig für eine Neuschöpfung hingestellt, die angeblich nur aus einer Zerstörung heraus das bessere, höhere, nun endlich vollkommene „Leben" schaffen würde. Dabei beruft man sich sogar auf die Natur, die angeblich auch eine Schöpferin aus Zerstörung ist, wobei der Tod – auch der alchemistisch gebrachte – nicht als absolut angesehen wird, da aus ihm das neue Leben entstehe[340]. Auf der Basis der alten Erfahrung einer Zyklizität des Naturgeschehens wird die alchemistische Tötung, die Mortifikation der lebendigen Materie, als gelungene Imitation eines Naturprozesses verstanden, auf dem die männliche Schöpfung aufbauen kann. Diese unzulässige Projektion des Naturgeschehens auf das eigene Gewalthandeln führt zu einem völlig abstrakten und nicht zuletzt dem Krieg entlehnten Naturbegriff. Es soll damit begründet werden, warum und wie das angeblich niedrige, schlechte und unperfekte Leben mittels dessen, was heute als technischer Fortschritt auftritt, mit Gewalt „vervollkommnet", ja ersetzt werden könne. Dies sei der Weg in ein neues Paradies auf Erden[341], während es eigentlich der Weg zur Verallgemeinerung des Krieges auf Erden ist.

Der Vorgang der „Mortifikation"[342] bedeutet, der lebendigen Materie, also der jeweiligen physischen Gestalt, durch Auflösung, Zersetzung, Zerstückelung oder Verbrennung den Tod zu bringen. Die Materie wird dabei verwandelt in den angeblichen Ur-Stoff, den modern so genannten Rohstoff, einen gestalt-, geist- und quasi leblosen Haufen, Brei, eine Brühe oder Partikel- und Teilchenansammlung, alchemistisch gesprochen eine „massa confusa" oder „prima materia" bzw. ein „Nigredo", ein – vom dabei oft verwendeten Feuer – „Geschwärztes". Diese künstlich geschaffene Materie, eine Art „Mutter-Material", soll der Urmaterie gleichen, aus der das Leben angeblich überhaupt entstanden ist oder entsteht – bzw. aus der das Leben, angeblich durch Zufügung des (männlichen) „Geistes" als „pneuma" bzw. „logos spermatikos", von außen zusammengesetzt (gedacht) ist[343].

Die patriarchale, eher mechanische Vorstellung über das Zustandekommen des Lebens steht also hier Pate für das bewusste „Leben-Machen"-Projekt patriarchaler Technik, die bis heute ihren alchemistischen Charakter nicht eingebüßt hat, sondern im Gegenteil eine Selffulfilling-Prophecy von der alten Alchemie bis zur neuesten in Gestalt der Life Sciences darstellt, die als modernste Variante alchemistischen Denkens und Handelns gelten können[344]. Dasjenige, dessen Existenz man sich nur vorgestellt hat, soll also mit aller Gewalt nun auch hergestellt werden: die angeblich funktionierende patriarchale Gebärma-

340 Schütt a.a.O., z. B. S. 125
341 Noble a.a.O., Wagner a.a.O.
342 etwa Schütt a.a.O., S. 43ff
343 Nur so ist zu erklären, wie man im CERN davon ausgehen kann, durch die dort stattfindenden Experimente zur Situation nach dem „Urknall" zurückkehren zu können
344 Werlhof 2010 (g)

schine – vom Athanor, dem alchemistischen Ofen, bis zum „Schnellen Brüter"-AKW, der Retorte, Petrischale und dem Teilchenbeschleuniger, Arten des „Steins der Weisen" und als ultimativ geltende „Beweise" für die Richtigkeit der Behauptung, dass auch sonst das Leben – oder was dafür jeweils ausgegeben wird – im Wesentlichen von Männern in die Welt gesetzt wird.

Solche Versuche sind über 2000 Jahre alt und sollen schon bei den Gnostikern vorgekommen sein. Sie haben aber nicht hervorgebracht, was sie sollten. Lebewesen sind auf diese Weise nicht entstanden. Auch die Idee, einen Stoff für die Herstellung des „ewigen" oder „höheren Lebens" und der „höheren Materie" zu finden oder eine entsprechende Tinktur oder Pille, ein Elixier oder Pulver, traditionellere – gleichwohl bis heute gebräuchliche – Formen des berühmten „Stein der Weisen", ist in der Praxis gescheitert[345].

Das Scheitern der Alchemie antiker bis moderner Prägung – bei Letzterer erleben wir dies gerade in immer deutlicherer Weise – ist vor allem auf den falschen Naturbegriff und das katastrophale Natur- sowie Transzendenz-, Generationen- und Geschlechterverhältnis aller Patriarchate, von ihrer politischen Verfasstheit ganz zu schweigen, zurückzuführen. Das gilt umso mehr für das kapitalistische Patriarchat heute. Hierarchisch organisierte Gesellschaften scheinen „notwendig" auch die Fähigkeit zu verlieren, nicht hierarchisch, also egalitär denken, fühlen und handeln zu können, von einer lebensfreundlichen und verantwortungsvollen Ausprägung der „politischen Sinne" ganz zu schweigen. So wird der Naturwissenschaft und ihren Financiers anlässlich der Nuklearexperimente im CERN vorgeworfen, der „Kindynagnosia" verfallen zu sein, der Unfähigkeit, eine Gefahr zu erkennen[346]. Nun, das kann man spätestens nach dem japanischen Erdbeben mit Reaktorkatastrophe vom März 2011 auch für die Atomlobby und alle AKW-Betreiber in Anspruch nehmen.

Die Neuzeit als Fortsetzung, Durchsetzung und Verallgemeinerung des patriarchal-alchemistischen Projekts sowie sein heutiges Scheitern

Idee und Methode der Alchemie bleiben also auch in der Neuzeit der leitende Gedanke für das praktische Handeln und seine „Denkgewalt"[347], was selbstverständlich nicht zugegeben wird, weil die Alchemie seit dem 19. Jahrhundert anerkanntermaßen als gescheitert gilt. Sie hat nämlich weder Gold noch Leben noch den Stein der Weisen herstellen können.

Nur aus patriarchatskritischer Perspektive aber ist eine modernisierte Alchemie überall sichtbar, und das nicht nur in der Chemie, sondern in allen Naturwissenschaften, vor allem der Physik, Biologie, Medizin und den Berei-

345 Schütt 2000
346 Rössler a.a.O.
347 Ernst 1991

chen der daraus resultierenden Technik, insbesondere der Maschinentechnik und dabei der „Nuklearalchemie"[348] sowie den Life Sciences. Aber darüber hinaus hat sich das entsprechende Denken und Handeln auch in anderen Disziplinen, wie etwa den Wirtschaftswissenschaften[349] mit ihrer Geld- (statt Gold-)Vermehrung durch den Zins, und in der Gewalt-Politik der „fortgesetzten ursprünglichen Akkumulation" mit anschließender Transformation in „Kapital"[350] generell, gerade durch die neoliberale Globalisierung, durchgesetzt. Dazu ist auch allgemein die im weitesten Sinne „politische" Methode des „Teile, Transformiere und Herrsche!" als alchemistische „Grundoperation" zu nennen, sowie in der Psychoanalyse etwa Freuds „Todestrieb", der an die „Normalität" der Mortifikationsakte in der Alchemie erinnert. Besonders die Vorgänge der Identitätsfindung und -bildung, der patriarchalen „Individuation", neuerdings gerade auch bei Frauen[351] („Gender"-Ansatz), knüpfen an alchemistische Verfahren an, ohne dass dies so wahrgenommen würde. Es ist sogar zu fragen, ob es überhaupt gesellschaftliche Bereiche gibt, die sich dem alchemistischen Denken, Fühlen und Handeln – einer Art Verallgemeinerung des alchemistischen „Standardverfahrens"[352] – haben entziehen können. Als Religion ist z. B. gerade das Christentum – im Gegensatz etwa zum Islam – von Anfang an durch alchemistisches und gnostisches Denken besonders geprägt gewesen[353].

Wenn die Alchemie die Methode des Patriarchats geworden ist, sich endlich ganz konkret zu realisieren zu versuchen, dann sieht man die Ähnlichkeit mit den Zielen und Methoden gerade der modernen (Natur-)Wissenschaft und ihren Prinzipien, nämlich denen des Zerlegens und Neu-Zusammensetzens zum Zwecke der Ersetzung bzw. der „Erfindung" des Lebens und einer „besseren" Materie, besonders deutlich[354].

Ausgerechnet die Neuzeit wäre damit die Zeit, in der angeblich der – ganz irdische – „Gottesbeweis" erfolgt, nämlich in Gestalt des gottgleichen naturwissenschaftlichen „Schöpfers", der unmittelbar hier auf Erden sein segensreiches „Großes Werk" ausführt, nämlich wirklich „aus Blei Gold" bzw. aus Lebendigem Geldkapital und aus Teilen oder einem Teilchen-Brei neues „Leben" oder neue Stoffe zu machen.

Dieser Gott wäre allerdings dann kein jenseitiger mehr, sondern einer des „Jenseits im Diesseits", nachdem das bisherige Diesseits dem irdisch

348 Wagner a.a.O., S. 36, Genth 2002, S. 229ff, Heidelberger/Thiessen1981, S. 84ff
349 Goethes Faust-Interpretation der modernen Wirtschaft in Binswanger 1985; Jaeger 2008
350 Werlhof 2007 (c)
351 Werlhof 2003 (c), vgl. Kap. II.1
352 Schütt, a.a O., S. 43ff, 61ff
353 Jung a.a.O.
354 Bacon a.a.O., Collard/Contrucci a.a.O.

gemachten Jenseits zu weichen begonnen hat: die Welt „verschwindet"[355]. Wissenschaft und Technik selber wären, ja gelten, ihren angeblich möglichen Dauererfolg in allen Bereichen vorwegnehmend, als neue Religion, ihre Maschinerie als neue Natur, ihre Produkte als höheres Leben, der kommende „Mensch" und Wissenschaftler oder Techniker als neuer Gott[356].

Die gnostische Weltflucht- und Jenseits-Phantasie einer besseren Welt im Anderswo soll von der (Science) Fiction zur Realität auf Erden werden. Sie wird inzwischen als künstliches Paradies, „Genesis zwei"[357] und konkrete Utopie für die ganze Welt propagiert[358].

An diesen Grundfesten des Patriarchats wird bisher keineswegs gerüttelt, vor allem nicht im Westen und im Osten. Ja, seine wirklichen Ziele sind eigentlich „unaussprechlich". Aber das neue Himmelreich aus dem Jenseits stellt sich immer mehr als selbst gemachte Hölle und eine Art neues Jenseits des Lebens heraus: als eine Dystopie oder Kakotopie, also eine Utopie, die in der Realität das Gegenteil von dem ist, was sie einst versprach[359]. Dass dieses Gegenteil aber nicht dem Zufall anzukreiden ist, sondern der Methode, mit der die Utopie „konkret" werden will, selbst entstammt, hat Ivan Illich schon früh nachzuweisen versucht: Es ist die „corruptio optimi pessimum", das wesentlichste Charakteristikum der Moderne als einer Zeit, in der das Beste verdorben wird, wodurch das Schlechteste entsteht[360]. In meiner Terminologie ist es die „alchemistische" Methode der Zerstörung, die logischerweise nicht zu einer neuen oder gar besseren „Schöpfung" führen kann.

Zusammen mit dem maschinentechnischen ist auch der ökonomische Fortschritt in Gestalt der industriellen Warenproduktion und Kapitalakkumulation zur patriarchalen „Neu-Schöpfung" aus Zerstörung zu zählen. Der Kapitalismus, in dem das Geld mutterlose „Kinder" und „Kindeskinder" hat in Form von Zins und Zinseszins, in dem alles immer mehr „wachsen" können soll, und zwar angeblich unendlich, ist die neue Form alchemistischer Gold-(Geld-)Macherei. Es findet dabei der Versuch einer Usurpation des natürlichen Wachstums statt, seine Perversion und Vereinnahmung, aber gleichzeitig auch seine angeblich mögliche Überwindung. Sollen doch die Bäume endlich in den Himmel wachsen, und wenn sie es nicht von selber tun mögen, „was spricht gegen Plastikbäume?"[361].

Natur und lebendiges Arbeitsvermögen werden in angeblich Besseres und Höheres verwandelt, nämlich „Arbeitskraft", Ware, Geld, Maschinerie,

355 Jaeger 2008
356 Noble a.a.O., Wagner a.a.O, .S. 80ff
357 Rifkin a.a.O.
358 Nordmann 2007
359 Werlhof 2007 (b), vgl. Kap. I.2
360 Illich 2006
361 Ullrich 1980

Hierarchie: „Kommando", Befehlsgewalt – und sollen sie als das „Fortgeschrittenere" jeweils ersetzen.

Das ist es, was konkret – und nicht nur im Kopf – vor allem in der späteren Neuzeit, der Moderne, also seit ca. 200 Jahren geschieht. Kein Wunder, dass die Natur daraufhin immer mehr verschwindet und ihre Umwandlung in ein unnatürlich Totes entsprechende ökologische Konsequenzen nach sich zieht. Denn dieser Tod ist ein künstlicher, nicht mehr in den Zyklus von Werden, Vergehen und Neuwerden eingebundener. Er entspricht dem alchemistischen Versuch, die Zyklizität der Natur überhaupt hinter sich zu lassen und in ein „Jenseits" dieser Zyklen zu gelangen. So entsteht gerade nicht ewiges Leben, sondern eine Art ewiger Tod: Dies zeigt besonders deutlich die Nuklearalchemie mit ihrer Produktion von lebenzerstörender Radioaktivität, aber auch der Müll als Sondermüll; das Kapital als vergangene, „tote" Arbeit; das Geld als abstrakter Reichtum, den man nicht essen kann; die „leichenhafte" Ware, die nicht in Natur zurückverwandelt werden kann; und der GMO, der genmodifizierte Organismus, der die nicht modifizierten Organismen zerstört und auf die Dauer zur Reproduktion zu schwach ist, oder ein „Terminator-Gen" hat, das ihn absichtlich an der Reproduktion hindert[362].

Es ist im Konkreten also alles paradox und umgekehrt zu den Versprechungen der modernen Alchemisten, obwohl und gerade weil sie das „Große Werk" der „Großen Transformation"[363] zunächst höchst erfolgreich und im Weltmaßstab durchgesetzt haben.

Es folgen die übrigen Wissenschaften nahezu ausnahmslos auf demselben Weg. Allen sowie der dazu gehörigen Politik geht es darum, den Beweis der Verwirklichung der Idee endlich anzutreten, nämlich der des „Idealismus", also des Patriarchats als „schöpferischem", und der entsprechenden Materialisierung, also der patriarchal pervertierten „Vermütterlichung" dieser Idee als des dazugehörigen „Materialismus". Und alle scheitern nach und nach auf diesem Weg der Gewalt ebenso wie ihr Vorbild, „Natur"-Wissenschaft und Technik, notwendigerweise. Denn es handelt sich – wie schon Goethe erkannte – um eine „Tragödie", die „Katastrophe der Natur wie der Zivilisation, ohne irdische Versöhnung"[364].

Das ist auf jeden Fall eine andere als die übliche Art, die Neuzeit im Rahmen der Geschichte des Patriarchats und als dessen Gipfel, nämlich als kapitalistisches Patriarchat, konkretisiert in einem „Alchemistischen Kriegs-System" zu definieren und zu periodisieren, und sie macht Sinn, indem sie uns neue Perspektiven und Interpretationsmöglichkeiten der Realität, ihrer ständigen, immer schnelleren und immer zerstörerischeren Transformation und unser Hineingezogensein in diese Vorgänge eröffnet.

362 Werlhof 2009 (a), Shiva 2004, S. 109–1121

363 Polanyi 1978

364 Jaeger a.a.O., S. 12, vgl. Illich 2006

Eine solche übergreifende Periodisierung patriarchaler Entwicklungen ermöglicht auch, den wirklichen Gegensatz zu dem, was alles – auf verschiedene Weise – patriarchal ist, zu erkennen und bei der Formulierung von Alternativen nicht wie bisher meist auf halbem Wege stecken zu bleiben[365].

So ist als ein frühes Beispiel für die neuzeitliche „Große Transformation" (Polanyi) der Gesellschaft und ihrer institutionellen Verfasstheit gerade auch die Inquisition anzusehen, die 600 Jahre lang in Europa gewütet hat. Denn als bereits moderne Institution – aus der hier entwickelten Perspektive – hat sie vom ausgehenden Mittelalter und insbesondere der frühen Neuzeit an die typisch alchemistische Schaffung eines „neuen Menschen", insbesondere auch einer „neuen Frau" geprobt und erzwungen[366]. So ist „der Mensch", vor allen Dingen „die Frau", aus patriarchal-alchemistischer Sicht immer irgendwie schlecht, niedrig, böse und geistlos dem Diesseits verfallen, denn sonst wäre eine Herrschaft über sie nicht begründbar. Insbesondere die „Hexe" wurde als ein perfides Stereotyp erfunden, um zu „belegen", wie „notwendig" für die Zivilisation eine Vernichtung der aus patriarchaler Perspektive bösen, weil nicht genügend unterworfenen Frau, und ihre „Verbesserung" zur „guten", nämlich unterworfenen und gehorsamen, „vernünftigen" Frau sei.

Das Ergebnis ist die moderne „Hausfrau", eine alchemistische Erfindung, die auf der Basis der „Mortifikation", also der Tötung der mittelalterlichen, zum Teil noch matriarchalen europäischen Frauen gemacht wurde. Diese kastrierte, gezähmte, enteignete und verstümmelte, isolierte und atomisierte, „reine" Frauengestalt wird als komplementär zum neuen „Mann" gesetzt und hat unter seiner Kontrolle innerhalb der modernen Kleinfamilie wie eine Sklavin und buchstäbliche Leibeigene mehr oder weniger umsonst für das Weitergehen des Lebens zu arbeiten, während der Mann seine neue Macht generell aus dem Lohn bezieht, den er für seine Arbeit erhält. Diese „Hausfrauisierung" der Arbeits- und Lebensbedingungen der Frauen in der Moderne[367] gilt dann logischerweise auch außerhalb des Hauses. Das bedeutet, dass sie schon bei der kleinsten Abweichung von ihrer Funktion im alchemistischen Prozess der kapitalistischen Produktion und Verwertung prompt wieder zur „Hexe" erklärt wird, also in eine gefährliche Lage geriet, die jede Gewalttat zu rechtfertigen scheint. Ungezählte Frauen haben durch den Terror dieser jahrhundertelangen Bedrohung und Quälung ihrer Leiber und Seelen ebenso, wie durch die bis heute andauernde religiöse, erzieherische und psychologische Seelenfolter ohnehin inzwischen die angebliche „Schuld" der angeblichen Hexe auch noch internalisiert – so als seien sie die „Terroristen" gewesen. Viele Frauen gerade in Europa scheinen – unbewusst – sich selbst und nicht

365 Werlhof 2006 (c)

366 Mies 1988, Federici 2004.

367 Werlhof/Bennholdt-Thomsen/Mies 1983, vgl. Kap. II.1

die Inquisition bzw. die ihr nachfolgenden und heutigen Institutionen für böse und schlecht zu halten, so als seien sie ganz zu Recht bei der „peinlichen Befragung" zerfetzt, in Kerkern vermodert und auf Scheiterhaufen lebendig verbrannt worden. Es scheint, als hätten sehr viele Frauen sich die Erziehung zur „guten", weil letztlich „toten", abgeschafften Frau und zu ihrer patriarchalen Neu-"Schöpfung" als „zweites", „schwaches", kulturloses, verhöhntes, armes und der Lächerlichkeit preisgegebenes Geschlecht[368] mimetisch angeeignet und auf sich und ihre Kinder genommen.

Erst von hier aus erklärt sich der verzweifelte Versuch der heutigen „Gender"-orientierten Frauen, dieser mörderischen Erfahrung durch Flucht – eine Art neue Gnosis – zu entkommen, allerdings meist nicht aus dem Patriarchat hinaus, sondern in es hinein und in ihm „hoch" – sozusagen ins Jenseits des Frauseins. Und das geht nur, wenn diese Frauen sich endgültig von ihrem noch verbliebenen leiblichen und kulturellen Frausein verabschieden, um sich mimetisch den patriarchalen Männern anzugleichen – unisex – wie paradox das auch sein mag und wie unrealistisch obendrein[369]. Denn die Männer stört es nicht, wenn die Frauen ihnen nacheifern. Sie wissen immer, wer der Herr ist.

Es gibt aber auch zunehmend Frauen, die das böse Spiel der Moderne mit dem Geschlecht auf andere Weise durchschauen und den Schuldkomplex nicht abwerfen, um zu Mit-Täterinnen aufzusteigen. Sondern sie erklären sich provokativ etwa zu „neuen Hexen" und halten Ausschau nach den Resten ihrer matriarchalen Kultur, um sie wieder zu rehabilitieren und vor allem neu zu erfinden[370]. In den letzten 25 Jahren war zu erfahren, dass im Untergrund, an der Basis unserer Gesellschaften, eine breite Bewegung von Frauen stattfindet, die bereits mit dem Aufbau einer neuen Alltagskultur begonnen hat – vor allem im Bereich alternativer Medizin, Ernährung, Kindererziehung, Leibeskultur und Erdspiritualität[371]. Das ist eine Art von Frauenbewegung, die im Anschluss an die erschreckende und ernüchternde Erfahrung mit dem Atomunglück in Tschernobyl 1986 entstand. Sie erscheint mir als Parallele zu derjenigen der Frauen im Süden des Weltsystems, die ebenfalls Alternativen im Alltags- und Arbeitsleben hervorbringen und an der Spitze der entsprechenden Bewegungen überall auf der Welt zu finden sind[372].

Währenddessen sind viele Männer noch dabei, den Idealen des Maschinenzeitalters nachzueifern und sich zu „schämen", aber nicht der patriarchalen Weltzerstörung wegen, sondern – der Philosoph Günther Anders nennt das die „prometheische Scham"[373] – weil sie immer noch von Frauen Geborene

368 Kimmerle a.a.O.
369 vgl. Kap.II.3
370 Starhawk a.a.O.
371 Gambaroff u. a. 1986, Kumar 2007
372 Werlhof/Bennholdt-Thomsen/Faraclas a.a.O., Mies 2001
373 Anders a.a.O.

sind, anstatt endlich auch „gemacht" worden zu sein. Die von ihnen bewunderten und bedienten Maschinen gelten ja, typisch alchemistisch, als die angeblich „bessere", „höhere", „Zweite Natur"[374]. Denn auch Männer sind dem patriarchalen Projekt zum Opfer gefallen, indem sie als Rebellen gebrochen und zu Mittätern und -läufern des Patriarchats, ja zu dessen eifrigsten Verfechtern und Verwirklichern korrumpiert wurden – selbst dort, wo sie davon kaum eigene Vorteile hatten[375].

Viele, gerade auch linke oder revolutionäre Männer und auch Frauen glauben also ans Patriarchat und sein alchemistisches Transformationsprojekt, das als solches allerdings kollektiv vollkommen unbewusst geblieben ist. Darauf baut die Systematisierung der Herrschaft auf, die wir seit der mutterlos-patriarchalen männlichen „Geburt" des neuzeitlichen Staates als „idealem Staatswesen"[376] erleben. Sie ist vor allem als Ausgeburt patriarchaler Vorstellungen männlichen Schöpfertums von Herrschaft und Gewalt, Staat und Krieg als System zu verstehen. Heute ist dabei der Ausbau einer Art Weltherrschaft des internationalen Konzernkapitals weltweit zu beobachten[377], die inzwischen in den globalen Krieg um die letzten Ressourcen, Märkte und Einflusszonen gekippt ist[378].

Aber die Risse im Gefüge sind ebenfalls immer deutlicher zu sehen: An den Rändern bröckelt es, ganze Regionen – etwa in Afrika – fallen aus der Beherrschbarkeit heraus, Staaten wie Somalia lösen sich auf, immer mehr Menschen entziehen sich der Kontrolle und fangen an, eigene Wege zu gehen[379]: Die Zapatisten und andere lateinamerikanische Bewegungen, sogar Regierungen wie die Boliviens sind zur Zeit Beispiele dafür. Seit Anfang 2011 beginnt sich auch die arabische Welt zu verändern. Es ist aber noch ungewiss, in welche Richtung diese Entwicklung geht.

Insgesamt ist das alchemistisch-patriarchale Projekt einer „Schöpfung" aus Zerstörung als Kern der patriarchalen Zivilisation heute als prinzipiell gescheitert zu erkennen:

Das Naturverhältnis des Patriarchats, insbesondere in Gestalt seiner Technik und Ökonomie, ist zur Bedrohung für den ganzen Globus geworden: eine „zweite" Natur, die die ursprüngliche „erste" Natur, die immer mehr dahinschwindet bzw. mit Katastrophen geplagt wird, ersetzen könnte, ist nicht in Sicht, ein anderer Planet, der die Erde ersetzen könnte, am allerwenigsten.

374 vgl. Bruiger a.a.O.
375 Federici 2004., Illich 2006
376 Opitz-Belakhal a.a.O, S. 96
377 Chossudovsky 2002, Werlhof 2007 (c)
378 Mies 2004
379 Kumar 2007, Vaughan 2007, Bennholdt-Thomsen/Mies 1997

Die politischen Grundverhältnisse des Patriarchats werden immer autoritärer, wenn nicht totalitär, und stehen einer Lösung der Probleme, bei der alle Menschen mitwirken können müssten, im Wege.

Das Geschlechterverhältnis des Patriarchats hat zu einer Reproduktionskrise der Gattung geführt, die außer Kontrolle geraten ist: „zu viele" Menschen auf der einen Seite und „zu wenige" – Gebärstreik – auf der anderen weisen darauf hin, dass die neuzeitliche Form der „Menschenproduktion" qua patriarchaler Kleinfamilie als Grundverhältnis der modernen Gesellschaft dort, wo sie existierte, in Auflösung begriffen ist. Und wo sie nicht existierte, wie in Teilen des Südens, haben anti-natalistische Politiken, wie Zwangssterilisationen, Zwangsabtreibungen (Indien), Kindstötungen, Verhütung und Ein-Kind-Politik (China) die Probleme nicht „in den Griff" bekommen. Mütter und Kinder verarmen und verwahrlosen immer mehr aufgrund moderner kapitalistisch-patriarchaler Lebensbedingungen, die ihnen keine Optionen lassen. Eine erfolgreiche Mutter-Ersatz-Technik, die von den Naturwissenschaften im Dienst des kapitalistischen Patriarchats angestrebt wird, ist währenddessen zum Leidwesen ihrer Betreiber auch nicht in Sicht. Die Reproduktionstechniken funktionieren nicht oder in viel zu geringem Maße, um als Alternative zur traditionellen Sexualität und Schwangerschaft zu reüssieren, und können bisher in keiner Weise das „Problem" der Abhängigkeit von Eizelle und Uterus der Frau lösen[380]. Und im ökonomischen Bereich trägt die „Feminisierung der Armut" dazu bei, dass das Geschlechterverhältnis so schlecht und vor allem gewalttätig wie nie zuvor zu werden droht[381].

Das Generationenverhältnis des modernen Patriarchats hat zur Krise des gesamtgesellschaftlichen Zusammenhalts in Gestalt eines rasant zunehmenden Zusammenbruchs der patriarchalen Kleinfamilie beigetragen: Die junge Generation wird nicht mehr genügend geliebt und gepflegt, weil die Kapitalorientierung und in immer mehr Gegenden der Welt der Krieg in allen Dimensionen des Lebens eine immer größere Rolle spielen und die noch oder wieder bestehenden Subsistenzverhältnisse überall immer wieder verunmöglichen oder verdrängen[382]. Die ältere Generation ist dadurch von „Entsorgung" bedroht, weil sie in diesem Zusammenhang nur mehr als Last erscheint, die mittlere ist gänzlich mit Arbeit, Kampf und Stress überfordert, und alle sind immer mehr voneinander innerlich und äußerlich getrennt.

Das Transzendenzverhältnis des Patriarchats schließlich hat auf allen Ebenen versagt: Die monotheistischen Religionen haben die patriarchale Zivilisation, der sie selbst entstammen, gestützt, ohne ihre Krise lindern zu können oder gar aufheben zu wollen. Im Gegenteil, sie kippen eine nach der anderen

380 Klein 1989 und 2003, Raymond 1995, Bergmann a.a.O.
381 Kreutzer/Milborn 2008
382 Bennholdt-Thomsen 2003, Federici 2003

in einen neuen Fundamentalismus, der selbst Ausdruck der Krise ist[383]. Die patriarchalen Formen der Spiritualität wenden sich also von der Krise der Erde erst recht ab, anstatt sich ihr endlich zuzuwenden, oder halten diese multiple Krise für die biblisch prophezeite Apokalypse mit anschließender Wiederkehr Gottes und sind daher grundsätzlich ungeeignet für eine Wiederannäherung an die Natur und den Planeten Erde als Ausdruck der Verbundenheit alles Seienden in Materie und Geist-Seele, die jetzt im Zentrum stehen müsste[384].

So ergänzen sich ein patriarchaler „Mater-ialismus" – als Kult um eine männliche „Schöpfung" und angeblich mögliche alchemistisch-patriarchale „Mutter"-Werdung bei gleichzeitiger Zerstörung der Mutterschaft – und ein ebensolcher Idealismus, der grundsätzlich an den Realitäten der Natur vorbeiagiert, zu einem ausweglosen „Circulus vitiosus", der dem Scheitern dieser Zivilisation nichts entgegenzusetzen vermag und dies auch gar nicht beabsichtigt. Denn das Scheitern der patriarchalen Verkehrung wird – typisch alchemistisch – generell immer noch als notwendige Vorstufe des erwarteten Triumphs interpretiert.

Dem entspricht eine Ausprägung der politischen Sinne, die so weit weg ist von einem matriarchalen Menschenbild wie nur möglich: Freiheits- und Gleichheitssinn gelten nur für ganz wenige, die gleichzeitig einen Gerechtigkeitssinn für andere und einen Verantwortungssinn für sich selbst ablehnen und jeden Gemeinsinn als ein lächerliches Relikt der Vergangenheit verhöhnen[385].

Die futuristische Extrapolation der „Zivilisation der Alchemisten": Ein System patriarchaler Ersatz-Mütter?

Es gibt inzwischen viele patriarchalisierte Frauen und Mütter – „Stoff" eines patriarchalen Materialismus –, die auch als „alchemistische Ersatz-Mütter" bezeichnet werden könnten. Zu solchen Ersatzmüttern zähle ich etwa alle möglichen Institutionen, zum Beispiel die Armee, Mutter Kirche, den Mutterkonzern, das Mutterland, den Psychotherapeuten, die Gewerkschaften, diverse Anstalten, Gefängnisse, Schulen und die Mutter-Partei sowie den Staat als „Versorger". Das sind alles keine leiblichen Mütter, sondern „Körperschaften", die sich aber wie Quasi-„Mütter" – allerdings patriarchale – aufführen, indem sie für ihre „Kinder", die sie natürlich auch nicht geboren haben, „sorgen": z. B. in Gestalt der „Logistik" für Ernährung, Unterbringung, Kleidung und „Unterhaltung". Darüber hinaus kontrollieren diese Ersatz-Mütter aber auch alles, halten ihre „Kinder" gefangen und trainieren sie für ihre nicht zuletzt zerstörerischen Aufgaben. Sie sind damit auch eine Art Karikatur dessen, was Müttern im Patriarchat so oft vorgeworfen wird.

383 Palaver 2008, Noble a.a.O., Werlhof 2010 (e)
384 Kumar a.a.O.
385 Werlhof 2007 (c)

Man könnte sagen, „totale Institutionen" als solche, die man für eine gewisse Zeit oder überhaupt nicht verlassen kann, wie das Krankenhaus, das Gefängnis, die Kaserne etc., sind die geradezu typischen Ersatz-Mütter des Patriarchats bisher. So weisen sie auch alle Merkmale auf, die Müttern sonst immer vorgeworfen werden, eben um sie bekämpfen zu können, nämlich z. B. Allmachtstreben, Herrschsucht, das abhängig-Machen, die Einengung und generell Geistlosigkeit sowie geistige Unfreiheit[386]. Die Ersatz-Mütter des Patriarchats sind sozusagen Formen der typisch patriarchalen Selffulfilling-Prophecy: alles, was im Patriarchat Frauen und Müttern angelastet wird, um zu begründen, warum sie unterworfen, unter Kontrolle gebracht oder gar abgeschafft gehören, wird überhaupt erst produziert – um dann allerdings bei den realen Müttern zur Konsequenz daraus zu schreiten. Das heißt, nicht die Mütter sind per se „schlecht", sondern das Patriarchat produziert selbst „schlechte Mütter".

Entsprechend patriarchal gesinnt sind oft die Einzelpersonen, die solche Institutionen leiten oder sonst in ihnen arbeiten: AufseherInnen, LehrerInnen, FunktionärInnen, Vorgesetzte, Amtspersonen, „Sach"-BearbeiterInnen, ManagerInnen …

Solche im Übrigen geschlechtsneutralen „Mütter" im Großen wie im Kleinen haben natürlich gerade nichts mit Geburten zu tun, sondern sind Institutionen bzw. „Gesellschaftsmaschinen"[387] und hierarchisch zusammengesetzte alchemistische Verfahren oder „Systeme", wie sie die gesamte patriarchale Organisation der Gesellschaft kennzeichnen, besonders in der Neuzeit[388]. Ja, die erst in der Moderne vor ca. 200 Jahren erfundene Maschine als sich immer mehr verselbständigendes System bzw. „technologische Formation"[389] soll überhaupt alles Mögliche ersetzen, was man nicht mehr persönlich tun will. Dazu gehören ein Teil der Gewalt, der Herrschaft und des Krieges ebenso wie Mütter als konkret gebärende Frauen, also alles, was mit den zwei Seiten des arché, dem „Archaischen", zu tun hat: die Tätigkeit der konkret gebärenden Mutter ebenso wie die Ausübung der Herrschaft und Gewalt seitens eines „Vaters" bzw. einer patriarchalen Ersatzmutter. So bliebe am Ende vom Matriarchat nichts mehr und vom Patriarchat nur mehr der „Pater" übrig, der die Produktion des Lebens und das darüber Herrschen sowie alle dazu nötige Gewalt dem Automatismus eines „Mutter"-Systems überlassen und somit davon wieder „frei" sein könnte. Damit wäre die Utopie des Patriarchats Wirklichkeit geworden: eine „ideale", scheinbar männerherrschafts- und gewaltfreie, auf ewig eingerichtete Gesellschaft der „Väter" – ohne wirkliche Mütter und ohne Mutter Natur, aber auf der Grundlage des „Mutter-Ersatz"-Systems einer institutionellen Maschinerie, das die (noch) „notwendige" Gewalt ausübt. Auf diese Weise der Selffulfilling-

386 Tazi-Preve 2004
387 Mumford a.a.O.
388 Opitz-Belakhal a.a.O., Illich 2006
389 Bammé u. a. 1983

Prophecy würde auch noch im Nachhinein das alte patriarchale Vorurteil bestätigt, dass in Wahrheit Frauen Gewalt ausüben und nicht Männer.

Man würde neben dem Matriarchat also auch das noch „unvollkommene" Patriarchat ersetzen wollen, nämlich seinen nach wie vor der unmittelbaren Gewalt durch Menschen bedürftigen Charakter. Patriarchat soll stattdessen ein automatisch funktionierendes „Schöpfungs-System" werden: Gesellschafts-Maschine, ja „Weltmaschine", „alchemistisches System", „Kriegs-System"[390].

Maschinen sind dabei idealerweise Tötungs-, Unterwerfungs-, Disziplinierungs- und Organisationsmaschinen, Arbeits-, Gebär- und Sexmaschinen, allgemeiner Frauen-, Mütter-, ja überhaupt Mensch- sowie Natur-Ersatz. Das bedeutet, dass es am Ende letztlich auch keine Kinder bzw. Generationen mehr geben soll. Man redet heute schon nicht nur von „Geschlechts"-, sondern auch von „Generationen-Neutralität", als könne von Kindern und Alten das gleiche verlangt werden wie von der mittleren Generation. Das ginge allerdings nur, wenn der „neue Mensch" keine Kindheit und keine Alter mehr hätte, weil er eine Art Maschine geworden ist.

Dass sich eine solche Zukunft herstellen ließe, ist zwar „denkbar", aber wohl kaum machbar. Ihr stehen alle möglichen Gegenentwicklungen im Wege und vor allem der Grundirrtum des Patriarchats, der innerhalb dieser Gesellschaftsordnung unüberwindlich ist: der Irrtum über den Charakter der Natur[391], der unhintergehbaren Zyklizität ihrer Ordnung und insbesondere der Lebensentstehung. Denn auf der Erde ist keine männliche „Schöpfung" und schon gar keine aus Zerstörung vorgesehen, und eine solche kann erst recht nicht auf die Dauer oder überhaupt als eine Art von Mutter-Ersatz und Gegen-Natur durchgesetzt werden.

Ersatz-„Leben"?

Wann ist es so weit, dass Mann die Mütter und vielleicht auch überhaupt die Frauen, ja sich selbst gar nicht mehr braucht? In der Tat gibt es inzwischen eine breite Debatte über den so genannten „Trans"- bzw. gar „Posthumanismus"[392], in dem die Notwendigkeit der Existenz des Fleisches, des physischen Körpers überhaupt infrage gestellt wird. Dies beweist zunächst, dass damit der Versuch, Leben im Sinne des menschlichen Lebens mutterlos herzustellen, zum Teil tatsächlich aufgegeben worden ist. Nun soll auch etwas ganz anderes als „bloßes" Leben an dessen Stelle treten[393]. Es ist wie zu allen Zeiten der Alchemie: man will nicht nur Leben, sondern „höheres" Leben machen bzw. bezeichnet das als „höher", was man selbst herstellt, so niedrig es auch sein mag.

390 Werlhof 2006 (a)
391 Chargaff 1988
392 Schirrmacher a.a.o.
393 Duden 2002

In diesem Zusammenhang gibt es eine Reihe von Männern, die sich für große, gottgleiche Schöpfer halten. Auch die Erfinder im Bereich der „Nuklear-Alchemie" zählten sich dazu[394], zum Beispiel die „Schöpfer" der ersten Atombomben, die über Nagasaki und Hiroshima abgeworfen wurden. Sie glaubten, mit und durch die Nuklear-Alchemie der Kernspaltung überhaupt ein neues, „kosmisches", im wahrsten Sinne höheres Leben erfunden zu haben. Hier wird der Satz von der „Schöpfung aus Zerstörung" auf die Spitze getrieben: für die Physiker und andere Naturwissenschaftler besteht das neue Leben nun direkt – und nicht nur mehr indirekt – in der Zerstörung des bestehenden. Die Mortifikation ist unmittelbar zum Stein der Weisen geworden, anstatt nur der Ausgangspunkt auf dem Weg dorthin zu sein. Die atomare Explosion erscheint ihren Produzenten identisch mit der Herstellung des „höheren Lebens": sie ist für sie ein regelrechter Geburtsvorgang[395]. Im schon erwähnten Experiment im Kernforschungszentrum CERN bei Genf wird dies auf groteske Weise klar. Die Mortifikation in Gestalt der Zerstörung von Blei durch Beschuss mit Atomen bzw. Protonen und seine Zersplitterung in atomare, subatomare und noch darunter vermutete Teilchen durch Kollisionen von bis zur Lichtgeschwindigkeit beschleunigten Partikeln soll theoretisch zu nichts Geringerem als der „Geburt" des Universums selbst zurückführen. Das entspricht aber nur der alchemistischen Vorstellung von der Urmaterie, zu der man angeblich durch die Mortifikation der existierenden Materie zurückkehren kann. Die totale Zerstörung der Materie werde außerdem angeblich – eben wie beim angenommenen Urknall – eine neue Schöpfung hervorbringen, nämlich Teilchen, die bisher unbekannt waren, und auf diese Weise nun gewissermaßen „das Licht der Welt erblicken" könnten. Dazu gehört das noch nicht gefundene, aber vom schottischen Physiker Higgs prognostizierte „Higgs-Partikel", welches die Tatsache erklären soll, dass die Materie zumeist eine Masse hat, aufgrund derer angeblich auch die – naturwissenschaftlich immer noch nicht verstandene, weil bisher nicht materiell begründbare – Gravitation, die Schwerkraft, also der Zusammenhalt der Materie und ihre Formgebung, wirkt[396]. Fände man das Higgs-Partikel aber auch auf diese Weise immer noch nicht, dann hieße das, dass nicht alles auf Materie zurückgeführt werden könnte und deshalb die gesamte Physik neu erforscht werden müsse, nämlich jenseits des auch für die Alchemie zentralen „Materialismus" und insbesondere des mechanistischen Theoriegebäudes der modernen Naturwissenschaften überhaupt.

Ja, man will angeblich sogar die so genannte Anti-Materie herstellen bzw. für den Bau von „Antimaterie-Bomben" benutzen[397], um am Ende die Materie per Krieg überhaupt zerstören zu können.

394 Wagner a.a.O, Caldicott a.a.O., Noble a.a.O.

395 Caldicott a.a.O.

396 dpa 2008, Müller 2008, Rössler 2008a und 2008b, Hartmann 2008, Schrader 2008

397 Aubauer 2008

Welch ein apokalyptischer Hass auf die Materie, das Leben und die, die es hervorbringen, kündigt sich hier wieder einmal an: Unter dem Vorwand, „wie Faust" herausfinden zu wollen, was denn „die Welt im Innersten zusammenhält"[398], wird das Gegenteil, nämlich ihre vollständige „Zerlegung" inszeniert, zu der die größte Gewalt nötig ist, die es im Universum gibt, nämlich die Kernspaltung bzw. die Kernfusion. Am Ende soll dabei wahrscheinlich die theoretisch wirklich letzte und damit – alchemistisch gesprochen – „höchste" Form der Materie real hergestellt werden, das so genannte Schwarze Loch, das aus unendlich verdichteter, „dunkler" Materie besteht und den Extremfall der Gravitation darstellt. Welch ein Bild der alchemistischen „Schwärzung", des „Nigredo", durch die vollkommene Mortifikation der Materie, die gleichzeitig ihre höchste Form in Gestalt ihrer totalen Formlosigkeit und „puren", geballten Existenz darstellt – die massa confusa oder Prima materia schlechthin! Am Ende des Geheimnisses der Materie angelangt, ist sie dann plötzlich ihrem Gegenteil gleich – der Anti-Materie. Und es hätte sich der alchemistische Ouroburos, die Weltschlange, tatsächlich in den eigenen Schwanz gebissen: mehr an Materialismus/Anti-Materialismus kann es nicht geben. Es wäre das Ende als eine Art „Vollkommenheit", der in sich paradoxe, letztmögliche oder -denkbare „Stein der Weisen" und mit ihm die All-Herrschaft erreicht. Allerdings würde das für die Erdenbewohner eher den Untergang als ein höheres Leben bedeuten.

Stehen wir damit vor dem Versuch einer Vollendung des Muttermordes an der Natur? Und wie verhält sich dieser auf der Mikroebene der Welt angesiedelte Muttermord zu dem auf der Makroebene, dem Planeten Erde angesiedelte, den wir an der Militär-Alchemie von „Wetterkriegen, Plasmawaffen und Geo-Engineering" erkennen?[399]

Die Naturwissenschaftler sind hingegen davon überzeugt, durch diese mit nicht mehr zu überbietender Gewalt betriebene Zerstörung im Experiment die „wahre" Natur – Gott gleich – überhaupt erst zu erzeugen. Schon 1998 hatte der US-Physiker Richard Seed im Radio verkündet: „Wir werden Eins mit Gott sein. Wir werden fast soviel Wissen und fast soviel Macht haben wie Gott".[400]

Die ultimative Alchemie, die von ihren Betreibern, den Naturwissenschaftlern, Kapitalgebern und Militärs natürlich nicht als solche wahrgenommen wird, weil sie sonst ihr Scheitern mitdenken müssten, ist also wieder mit Krieg und Religion liiert, so wie es seit Beginn des Patriarchats der Fall gewesen ist. Allerdings ist der Krieg inzwischen zur Anwendung von im wahrsten Sinne überirdischen Kräften gegen die Erde und ihre Bewohner geworden und die Religion zu einem Fundamentalismus, der die Apokalypse predigt[401].

398 Heuer 2008
399 Bertell 2011, Werlhof 2011 (b)
400 Seed 1998, zit. in Noble ebenda.
401 Noble a.a.O., S.3, s.a. Werlhof 2010 (q)

Im Vergleich dazu wirken Schöpfungsversuche wie der „schnelle Brüter" als Plutonium produzierendes Atomkraftwerk oder die der KI- (Künstliche Intelligenz) Szene harmlos, auch wenn sie es keineswegs sind. Joseph Weizenbaum, Erfinder und Kritiker der KI-Forschung, also der Computertechnologie [402], hat herausgefunden, dass seine Mitstreiter in diesem Felde allesamt unter einem Gebärneid leiden. Sie wollen die besseren Lebewesen schaffen, nämlich solche mit künstlicher, d. h. angeblich höherer Intelligenz und überhaupt künstlichem, „höherem" Leben. Im MIT (Massachusetts Institute of Technology) gilt inzwischen das Computerprogramm von den Gehirnströmen eines Menschen als Ersatz für den Lebenden. „Mind Children" [403] sind dann so etwas wie post-humane Kinder aus Roboterphantasien.

In der Gen- und Reproduktionstechnik wird konkret daran gearbeitet, Mütter nach und nach durch experimentelle Anordnungen und Apparaturen, also Maschinen, möglichst weitgehend zu ersetzen [404]. Das nimmt auch die Form an, die einzelne Mutter durch die Beteiligung mehrerer Frauen an der „industrialisierten Produktion" eines Embryos zu ersetzen. Dazu gehört die Verwendung der Eizellen einer Frau für andere Frauen, die Ex- und Implantation von Ungeborenen von einem in den anderen Uterus. Die Frauen sind dabei nur die Bestandteile der Ketten eines „reproduktiven Supermarktes" und „Rohmaterial für den neuen industriellen Prozess" [405] alchemistischen Menschen-Machens. Hier geht es allerdings noch um „das Fleisch", also um Menschen als besondere Gestalten [406].

Das Klonen gilt ebenfalls als ein „Fortschritt" auf diesem Weg, obwohl das geklonte Leben – jedenfalls das, das wir bei Tieren inzwischen als ein solches vorgeführt bekamen – schwächer, krankheits- und alterungsanfälliger ist als das mit einer größeren „Bio-Diversität" ausgestattete, auf normalem Wege zustande gekommene Leben. Klonschaf Dolly wurde nur halb so alt wie normale Schafe.

„Leben" wird aber gerade in der Gentechnik generell nicht mehr definiert als je verschiedene vollständige Gestalten und lebendige Erscheinungen, sondern als deren kleinste Bestandteile. Als solche gelten die Gene, die man dann beliebig miteinander vermischen zu dürfen glaubt, also auch über die Artgrenzen hinweg. Die Vorstellung ist, aus einer Art Gen- oder Lebendbrei eine neue, beliebig zu bestimmende „Schöpfung" hervorbringen zu können. Es ist die neue, gestalt- aber nicht leblose „massa confusa" oder „materia prima" der Alchemie, der angebliche Urstoff, den man durch diese neue Form der

402 Weizenbaum 1978
403 Moravec 1990
404 Schmölzer 2005
405 Corea 1989
406 Wolf 2008

„Mortifikation" in der „Algenie" [407] erneut gefunden zu haben glaubt (vgl. die Entkernung einer Zelle und ihre Neuanfüllung mit einem anderen „Kernmaterial", ein geradezu klassisch alchemistisch zu nennendes Verfahren) [408].

Ähnliches geschieht in der Nano-Technik auf sogar subatomarer Ebene [409]. Hier finden Physiker, Chemiker, Biologen, Ingenieure u. a. zu einer neuen interdisziplinären Zusammenarbeit. Dabei entsprechen die Gefahren denen der Nuklearalchemie. Denn niemand weiß, was geschieht, wenn subatomare Teilchen die vorhandene Lebendmaterie wegen ihrer Winzigkeit durchdringen, ein Prozess, der dann weder aufgehalten noch kontrolliert oder gar rückgängig gemacht werden kann. Befürchtungen gehen dahin, dass am Ende die Erde nicht mehr von je besonderen Lebewesen bewohnt, sondern nur noch mit „gray goo" bedeckt sein wird, mit grauem Schleim [410]. Dieser könnte dann endgültig nicht mehr als „Urstoff allen Lebens" bezeichnet werden. Im Gegenteil, er wäre der konkret hergestellte, erzwungene Reststoff eines ewigen Todes.

Damit sind jedwede Ästhetisierungs- und Humanisierungsbewegungen, die in der Moderne noch überleben konnten, endgültig in ihr Gegenteil gewendet: in eine buchstäbliche Ent-Humanisierung und in den Verlust der Wahrnehmungsfähigkeit, eine Art An-Ästhesie, insbesondere in Gestalt der bereits erwähnten „Kindynagnosia" [411].

Also sind auch die Grenzen dieser Unternehmungen inzwischen sichtbar, obwohl sie deshalb nicht angehalten werden. Im Gegenteil, die modernen Alchemisten sind entschlossen, alle Risiken einzugehen – die allerdings vor allem andere zu tragen haben, wie das durch die Nuklearalchemie inzwischen deutlich genug geworden ist.

Das Erreichen von Grenzen gilt aber auch für andere Methoden der Schaffung eines „Ersatz-Lebens":

So sind Organe ohne dazugehörigen Leib als „funktionstüchtige" auch gentechnologisch nicht herstellbar, sondern nur ein tatsächlich nicht lebendes „Material", das dem entsprechenden organischen Körpermaterial lediglich ähnlich ist. Die typisch alchemistische Methode der Organtransplantation kann daher nicht anders als mit dem noch lebenden Leib und seinen Organen insgesamt, also nur per Vivisektion vorgenommen werden, die allerdings hinter der These vom Tod als „Gehirntod" verborgen wird [412]. In diesem Fall operiert die Medizin als eine Art medizinische Alchemie also mit einer noch lebenden Materia prima, um sie einem anderen Leben buchstäblich einzuverleiben, das damit zu

407 Rifkin a.a.O.
408 vgl. a Werlhof 2010 (g)
409 Schirrmacher a.a.O., Edwards 2006
410 Joy 2001, S. 52
411 Rössler 2008b, S. 4
412 Baureithel/Bergmann 1999

einem besseren Leben gemacht werden soll. Allerdings ist dieses Verfahren dann gleichzeitig als Kannibalismus zu bezeichnen, da es sich auf beiden Seiten der „Operation" um Menschen handelt[413]. Dies gilt allerdings auch für die entsprechenden Methoden der schon erwähnten Reproduktionstechnologien.

Diese Art von Gewalt kann nach wie vor nicht allein Maschinen überlassen werden. Sie bleibt im Bereich menschlichen Handelns, das dabei offensichtlich auch die letzten Tabus menschlicher Existenz und Kultur zu brechen bereit ist, obwohl dies – gleich dem Muttermord – selbstverständlich auf keinen Fall eingestanden wird.

Die Schöpfung aus Zerstörung oder gar aus dem Nichts ist nach wie vor eine Illusion, wenn es um die lebendige Erscheinung als integrale und unversehrte gehen soll, ja, sie wird immer mehr zum Verbrechen, je mehr sie auf bewusster Vernichtung und dem kalkulierten Bruch mit den ältesten Tabus menschlicher Kultur basiert.

Müssen wir uns das gefallen lassen? Eine unerhörte Beliebigkeit, undurchschaute Macht- und Profitinteressen sowie bisher unbenannte Formen von Gewalt im Umgang mit dem Lebendigen und mit uns selbst sind immer näher gerückt und überall durchgesetzt worden. Bisher hat es im Allgemeinen kein Begreifen dieser Vorgänge insgesamt gegeben. Der Begriff der Alchemie, wie er hier vorgestellt wird, würde diese Lücke füllen. Denn er zeigt auf, welche Projekte schon seit Beginn des Patriarchats „denkbar" waren, und wie sie dann seit der Neuzeit in die Realität „umgesetzt" werden. Am Beginn aller dieser Projekte steht ein Naturbegriff, der mit Natur gerade – und in voller Absicht – nichts zu tun hat. Deshalb kann es in einer Praxis, die von diesem falschen Naturbegriff ausgeht, nur ein grauenhaftes Pfuschen im Leben geben und lediglich dessen Beschädigung und Ent-Tabuisierung, aber nicht „Ersetzung", weder durch Gleiches, noch durch Anderes oder gar „Höheres"[414].

Der Muttermord nimmt dabei noch immer neue konkrete Formen an. Die von Müttern hervorgebrachten Gestalten gelten jedenfalls nicht mehr als das „eigentliche" Leben. Das zeigt sich auch an der „Eugenisierung der Mutterschaft"[415]: eu-gen heißt schöne Hervorbringung. Es wird den Müttern heute immer öfter gesagt, ihre Kinder seien schöner und gesünder, wenn sie durch medizinische Eingriffe entstehen, möglichst überhaupt ohne Geschlechtsverkehr, der gar nicht mehr stattzufinden braucht. Und schon vor der Geburt würde durch pränatale Eingriffe das Leben verbessert. Hier geht es nur noch um eine den Frauen immer mehr entzogene, typisch alchemistische und angeblich zum „Höheren" führende, dabei aber unsäglich gewalttätige

413 Bergmann 2004, S. 311, vgl. auch Werlhof 2009 (b)
414 Chargaff a.a.O., Dahl 1989
415 M. Wolf 2008

„Menschenproduktion", bei der die Frauen das Material für Menschenexperimente sind, die am Ende zu ihrer Abschaffung als Mütter führen sollen.

Dazu gehört schließlich auch der Gedanke, dass die Frauen dem auch noch zustimmen sollen[416], als wären sie quasi die Gehilfin („soror mystica") des Medizin-Alchemisten, die mit ihm zusammen allerdings nicht einen fremden, sondern den eigenen Leib bearbeitet. Es geht ja um die angebliche „Veredelung" der Schöpfung. Wenn die Frauen nämlich nicht mitmachen, etwa Eizellen liefern und auch sonst bei den Gewaltmaßnahmen gegen sich selbst nicht „kooperieren", können diese Projekte nicht durchgeführt werden. Die neuzeitliche patriarchale Vernunft in Gestalt der „maschinenlogischen Rationalität"[417] wird den Frauen und Müttern jetzt jedenfalls auch zugetraut, bzw. zugemutet, nachdem sie ja immer – und trotz erfolgter „Hexen"-Vernichtung – weiterhin als unvernünftig gegolten haben. Nun dürfen sie vernünftig werden, aber natürlich nur so, wie die Mediziner-Alchemisten das definieren bzw. wie es ihnen nützt[418]. Dabei ist das Ziel aber eben nicht frauen- oder gar mütterfreundlich, sondern – wie zu sehen war – nichts Geringeres als die tendenzielle Abschaffung der Mutterschaft. Nur so ist erklärbar, warum an Techniken in diesem Bereich festgehalten wird, und warum – auf Kosten der Frauen – alle Risiken in Kauf genommen werden, gerade auch dort, wo keine oder nur minimale „Erfolge" eintreten[419]. Es geht eben nicht um das Wohl der Frauen und Mütter, sondern um das Wohl derer, die sie ersetzen wollen. Der Menschenversuch am Frauenleib ist daher ein Opfer, das den Frauen in neuer Weise abverlangt wird, wie es in der Alchemie aber auch früher schon üblich war[420].

Es sei weiter erinnert an das Beispiel des Nationalsozialismus, bei dem versucht wurde, den „Arier" in typisch alchemistischer Manier als „neuen Menschen" herzustellen, eine neue „Rasse" zu züchten, die die Qualitäten des angeblich Besseren, Edleren und Höheren verkörpern und der entsprechend die „niedrige", „schlechte" und „kriminelle" jüdische „Rasse" weichen sollte[421]. In dieser Zeit wurde bereits viel von dem vorweggenommen, was heute als normal gilt, ohne dass – merkwürdiger-, bzw. aus der hier vorgestellten Sicht erklärlicherweise – dies heute die Menschen an den Nationalsozialismus erinnern würde. Man hat den Nationalsozialismus eben bisher gerade nicht als futuristischen und alchemistischen Patriarchats-Schöpfungs-Vollendungsversuch angesehen bzw. hält Letzteren ohnehin für „normal".

Aber wenn wir die Utopie des Patriarchats samt seiner Realisierungsversuche zu erkennen beginnen, brauchen wir uns nicht mehr über das zu wun-

416 Fleischer 1993
417 Genth 2002, S.161ff
418 Kimmerle a.a.O.
419 Klein a.a.O.
420 Eliade 1980, S.69ff
421 Ruault 2006

dern, was wirklich geschieht. Der gemeinsame Nenner aller dabei unternommenen Verkehrung ist die Alchemie, die das gesamte Patriarchat wie ein roter Faden durchzieht.

Am Ende geht es neben der Ersetzung des Lebens durch Maschinen um die Frage der tatsächlichen Herstellung des Lebens als eingeschlechtliches, die auch als „Geschlechtsneutralität" verstanden werden kann. Als ein „als Ob" ist sie ja längst der Fall. Das weibliche Geschlecht soll demnach gar nicht mehr notwendig sein, es kann ruhig fehlen – zumindest als mütterliches. Indem aber schon jetzt so getan wird, als ob es keine Geschlechter mehr bräuchte oder gar gäbe, oder als ob das schöpferische Geschlecht nun nicht mehr die Frauen, sondern tatsächlich die Männer wären, werden der Mutter-Mord und seine Zukunft bereits heute unsichtbar gemacht.

Das Leben der Erde aufs Spiel setzen – lassen?

Eine „Schöpfung nach Maß" [422] würde dazu führen, alchemistische Verkörperungen metaphysischer Fiktionen auf Erden zustande zu bringen. Viele freuen sich darauf. Dabei bedeutet dies nichts anderes als die Bereitschaft, Mutter Erde und ihre Lebewesen aufs Spiel zu setzen – wie es neben den Naturwissenschaftlern des CERN und denen des militärisch-industriellen Komplexes im Bereich der neuen, von der UNO bereits vor 35 Jahren verbotenen Katastrophentechnologien [423] die „global Player" durch Kriege und Plünderungen in allen Teilen der Welt bereits tun.

Wer dagegen protestiert, wird als Feigling und ewig Gestrige(r) verhöhnt, oder als „Verschwörungstheoretiker" verdächtigt, Einsprüche gegen das CERN-Experiment wurden u. a. vom Europäischen Gerichtshof abgewiesen und hinderliche Gesetze werden etwa durch die Welthandelsorganisation WTO und ihre Abkommen wie MAI, GATS, TRIPS, AoA und NAMA beseitigt [424]. Der Vertrag zur neuen EU-Verfassung sieht im Prinzip nur mehr Konzernrechte und Militarismus vor [425].

In einem Wort: Das Patriarchat will mit all diesem Aufwand die Mutter (und) Natur los sein und durch illusionäre Kunstschöpfungen ersetzen, weil es sonst eigentlich gar nicht „real" existieren würde. Im Gegenteil, es „drohte" sonst immer noch eine „mütterliche Ordnung", die Wiederkehr von Matriarchaten, wie man es schon in den Zeiten nach dem Zusammenbruch aufgrund des Ersten Weltkrieges befürchtete [426] und in der heutigen globalen Zivilisationskrise erst recht „fürchten" müsste.

422 Rifkin a.a.O.
423 UNO 1977
424 Werlhof 2007 (c)
425 Oberansmayr 2004
426 Sombart 1991

Es ist wirklich an der Zeit, dass die Spaltung unter den Frauen die mitmachen und denen, die das nicht tun, beendet wird, und zwar in Richtung Letzterer. Wie abwegig, peinlich und lächerlich wirkt diese Spaltung doch angesichts dessen, was wirklich geschieht und gewollt wird. Wenn die Frauen sich einig wären, könnte es ohnehin auf die Dauer kein Patriarchat geben:

- Sie würden Verantwortung übernehmen für das Leben auf der Erde, und das heißt:
- sie würden vielen Männern (und manchen Frauen) ihre „Spielsachen" aus der Hand nehmen und die Gewalt beenden,
- sie würden sich vom Naturgott Pan, der Panik, treffen lassen,
- sie würden vielen Männern (und manchen Frauen) die Hybris nehmen, Götter oder/und Herren der Welt sein zu wollen,
- sie würden das Denken und Handeln vom Kopf auf die Füße zurückstellen,
- sie würden keine „Identität" im Patriarchat mehr suchen,
- sie würden Leib und Leben endlich wieder feiern – und dem Freudenlied von Mutter Erde lauschen …

Und bald schon würden sie sich wundern, wie es möglich war, dass sie so lange ohne ihre Eigenmacht, ihre Eigenmächtigkeit, gelebt haben.

Gegen eine solche geistige Befreiung, gegen den ansteckenden Ausbruch einer derartigen Geisteshaltung, die in der Tat zur begeiste(r)ten, lebendigen Mater-ie gehört und ihr entspricht, wäre letztlich kein noch so patriarchales Kraut gewachsen.

Klar ist jedenfalls, dass die Grundverhältnisse der patriarchalen „Zivilisation" dringend in ihrem alchemistischen Charakter erkannt und überwunden werden müssen, wenn ein Weiterleben auf der Erde möglich sein soll. Die Erdbeben- und Reaktorkatastrophe von Japan, die gerade erst begonnen hat, wird uns das lehren [427]. Es muss gelingen, das gerade jetzt massive Verschwinden der letzten Reste der Lebensfreundlichkeit und Lebensfreude des matriarchalen Gemein-, Freiheits-, Gleichheits-, Gerechtigkeits- und Verantwortungssinnes, das unter dem Motto optimistischer Modernisierungsgläubigkeit vonstatten geht, aufzuhalten und sie in neuen mimetischen Sphären wieder entstehen zu lassen. „Wo aber Gefahr ist, wächst das Rettende auch", sagte einst Friedrich Hölderlin. Dies ist in der Tat neben all dem Negativen und der Geschwindigkeit seiner Ausbreitung auch zu beobachten: So lasst uns das Rettende aufspüren, willkommen heißen und dokumentieren, wo immer wir es auftauchen sehen. Wie wäre es, wenn wir endlich sagen könnten: Adieu, Patriarchat?

427 Werlhof 2011 (a)

II
Das Gender-Dilemma in der verkehrten Welt des Patriarchats

I.
(Haus-)Frauen versus „Gender" – Die neue alte Utopie von einer frauenlosen und geschlechtsneutralen Welt[428]

Zur Methode der Analyse

Eine gute Theorie ist immer auch praktisch. Es geht also darum, sich das, was ist, nicht nur quantitativ, sondern auch unter bestimmten, nämlich qualitativen Perspektiven anzuschauen, und zwar solchen, die nicht der herrschenden Sicht, der Sicht der Herrschenden entsprechen. Denn diese wird von den meisten Menschen bewusst oder unbewusst geteilt. So lassen wir uns oft irreführen durch eine „Theorie", die lediglich Herrschaftswissen (re)produziert. Diese Theorie kann/will meist nicht erklären, was ist und was es bedeutet. Denn das, was ist, wird unter der utopisch-alchemistischen Perspektive seines Vergehens zugunsten der angeblichen Ankunft eines „Höheren" oder „Besseren" gesehen, die angeblich demnächst stattfinden wird[429]. Übliche Theorie ist daher spekulativ. Sie geht von Zuständen aus, die sein sollen, und tut so, als ob sie auch eintreten würden. Deswegen gibt es einen systematischen Bruch zwischen Theorie und Praxis, wie wir sie kennen. Eine gute Theorie hätte also an der Praxis, so wie sie ist, anzusetzen und sie als solche und unabhängig von Utopien über ihre angebliche Weiterentwicklung zu erklären. Sie hätte also von realen Erfahrungen auszugehen, anstatt bestimmte Zustände als eigentliche oder kommende Realitäten zu propagieren.

Um zu vermeiden, dass die Theorie an der Realität gemessen wird, anstatt umgekehrt die Realität der Theorie zu unterwerfen, ist es üblich, Theorie und Praxis so weit wie möglich zu trennen. Daher ist das Nicht-Theoretische meist rein deskriptiv gehalten, und sein eventuelles Auseinanderklaffen mit der Theorie wird als ein „noch nicht" behandelt. Es müssten also die Beispiele aus der Realität nicht nur beschrieben, sondern als solche auch ernst genommen werden, und unter einer anderen als der üblichen „utopischen" Perspektive interpretiert werden.

428 Grundlage für: (Haus-)Frauen, „Gender" und die Scheinmacht des Patriarchats, in „Widerspruch", Nr. 44, 23. Jg./1. Hj., Zürich, S. 173–189, ergänzt und überarbeitet 2011.
429 vgl. Jaeger 2008

Was also ist die Perspektive? Beim Thema Geschlecht und Arbeit ist es eben ein Unterschied, ob etwa die Hausarbeit lediglich beschrieben oder ob sie auch unter einer anderen Perspektive als der üblichen, nämlich derjenigen ihres angeblichen Verschwindens in der nahen Zukunft interpretiert wird. So wäre die Hausarbeit unter der Perspektive ihres gegenwärtigen Zusammenhangs mit anderen Arbeitsverhältnissen, insbesondere dem Lohnarbeitsregime sowie dem Akkumulationsprozess insgesamt zu untersuchen und es wäre nach ihrer Genese, also ihrer historischen Entstehung zu fragen. Und schließlich kann, was die Zukunft der Hausarbeit angeht, nicht einfach ihr Verschwinden im Sinne ihrer Angleichung an die Lohnarbeit vorausgesetzt werden. Sondern es müsste unterschieden werden zwischen der Hausarbeit als derzeitiger und bleibender Zuarbeit zu Lohnarbeit und Kapitalakkumulation sowie als deren Basis einerseits, und ihrer möglichen Umorientierung, z. B. in Richtung Subsistenz [430], andererseits. Denn Subsistenz bedeutet ein Unabhängigwerden von den Mechanismen und Zwängen der Warenproduktion und Akkumulation.

Hausfrauen, „Gender"-Forschung und Naturbegriff

„Wenn wir die Hausarbeit verstanden haben, haben wir die Ökonomie verstanden". [431] Da diese Frage nach 30 Jahren von noch viel größerer Aktualität ist als damals, knüpfe ich hier an und werde das Problem aus einer historisch erweiterten Perspektive aufgreifen. Denn die westeuropäische Gesellschaft ist nicht nur eine kapitalistische, sondern auch eine patriarchale. Denn es gab das Patriarchat schon vor dem Kapitalismus, es kommt erst mit ihm in die Nähe seiner Verwirklichung, und wenn wir nicht aufpassen, wird es auch nach dem Kapitalismus noch ein Patriarchat geben.

Mein Thema ist also nach wie vor die Frage der Schaffung und Existenz von Frauen als Hausfrauen, und zwar auch jenseits des Kapitalismus. Es geht also um Ziel und Methode des Patriarchats – nicht allein des Kapitalismus – selbst. Denn die Hausfrauen-Frage geht in einer bestimmten Weise über den Kapitalismus hinaus.

Meine These ist, dass wir im Patriarchat aus dem Problem des hausfraulich-definiert-Seins nicht hinausgelangen. Innerhalb des patriarchalen Systems gibt es keine Perspektive, die Definition als Hausfrau hinter sich zu lassen – es sei denn, mit den Hausfrauen werden auch die Frauen selbst abgeschafft. Aber das kann sich eigentlich niemand von uns wünschen!

Bisher haben wir analysiert: Hausfrauen werden gemacht, sie sind weltweit arm, und sie haben keine Macht. Das lässt sich nicht dadurch ändern, dass wir versuchen, „Frauenpower" zu bekommen, indem wir vermehrt zur

430 Bennholdt-Thomsen/Mies, 1998

431 vgl. Werlhof 1981, 1991 (a), 1992; s.a. Mies u. a. 1983; 1992

Lohnarbeit greifen, indem wir Frauenpolitik machen oder indem wir so tun, als ob wir gar keine Frauen wären. Das ist ja der neue Ansatz aus den Gender Studies, der „Gender-Foschung"[432]. Dieser Ansatz abstrahiert von der Tatsache, dass Frauen in unserer Gesellschaft als Hausfrauen definiert sind, und zwar auch dann, wenn sie Lohnarbeiterinnen sind („hausfrauisierte Lohnarbeit"). Es wird neuerdings auch wieder „vergessen", dass die Hausfrau der unsichtbare Mittelpunkt kapitalistisch-patriarchaler Ökonomie, Politik und Technologie ist, und zwar in vorausgesetzter und gleichzeitig geleugneter Weise. Es wird außerdem von der Tatsache abgesehen, dass eine unabhängig machende Lohnarbeit gerade heute sogar für den „weißen Mann" von der Weltbühne verschwindet – also für die meisten Frauen mit Sicherheit keine Perspektive für ein unabhängiges Leben darstellt. Angesichts von Projekten wie dem GATS, also der Konzernprivatisierung auch aller Reproduktionsbereiche per Gesetz, wird diese Tendenz ins Extreme gesteigert.

Als einzige Arbeit nimmt zurzeit die „reguläre" Lohnarbeit ab, also das angeblich weltweit gültige „Normallohnarbeitsverhältnis". Das zeigt, dass diese Lohnarbeit im Kapitalismus nicht so zentral ist wie prekäre Formen der Lohnarbeit bzw. die Nichtlohnarbeit, insbesondere die Hausarbeit. Das heißt, dass keine Paradiese in Sicht sind, weil die erzwungene Lohnarbeit zusammenbricht, sondern uns umgekehrt vermehrt erzwungene Arbeitsverhältnisse ohne Lohn ins Haus stehen.

Ich finde aber, dass die neuere angebliche Frauenforschung, die sich als Gender-Forschung bezeichnet, dieses ganze Problem verdrängt hat. Die Politik der „Hausfrauisierung" kommt ebenso wie die Aushöhlung der Lohnarbeit, also ihre allgemeine Hausfrauisierung, sowie die dabei angewandte Gewalt gar nicht mehr vor[433]. Es wird darüber hinaus so getan, als sei unsere Verwurzelung im Leib und in der übrigen Natur bzw. überhaupt eine Anbindung menschlicher Existenz an Natur längst überwunden, oder als könne es eine „Frauenforschung" geben, die zu einer solchen Überwindung unserer Leib- und Naturbindung beiträgt. Mir kommt das so vor, als solle das Problem der Leibeigenschaft durch Abschaffung des Leibes gelöst werden.

Der Gender-Ansatz, den ich meine, geht ganz und gar „postmodern" davon aus, dass das Geschlecht eine „rein" gesellschaftlich definierte und konstruierte Kategorie sei: Es muss „die Tatsache immer wieder betont werden … dass es sich bei der Kategorie ‚Geschlecht' um eine symbolische, kulturelle Zuordnung handelt"[434]. Also habe das Geschlecht überhaupt keinen Grund in irgendetwas Natürlichem, und wer das weiter so sieht, wird als „biologistisch", „essenzialistisch" oder „substantialistisch" aufs Schärfste kritisiert[435].

432 z. B. J. Butler 1991; von Braun/Stephan 2000
433 vgl. Bell/Klein 1996; Hüster 2003
434 von Braun 2000, S. 17
435 vgl. Bell/Klein, a.a.O.

Nach Denise Thompson ist der „Essenzialismus" der Hauptbegriff des postmodernen Feminismus und wurde zuerst in den 1980er Jahren zunächst von sozialistischen Feministinnen verwendet, um sich von anderen Tendenzen in der Frauenbewegung abzuheben[436]. Dabei sind „Essenz", „Substanz", ja „Biologie" eigentlich metaphysische Begriffe, die keineswegs zur Natur oder zur Subsistenz gehören, von der wir, die wir diese Vorwürfe zu hören bekommen, reden. Den Vertreterinnen aus der angeblich postmodernen Gender-Forschung erscheint aber paradoxerweise ausgerechnet der ökofeministische und subsistenzorientierte Ansatz der Berücksichtigung des Zusammenhangs von geistig-seelisch-materieller Naturausstattung und gesellschaftlich je verschiedenem Umgang damit als metaphysisch, also als „jenseits" der Physis, des Körperlichen, wenn nicht des Gebärens[437].

Denn aus der hier gemeinten Gender-Perspektive wird Natur nicht (mehr) zugrundegelegt. Es gibt nur (mehr) „System" bzw. Maschine und entsprechend ist auch der Mensch bzw. dessen „gender" soziale bzw. technologische Konstruktion[438]. Geschlecht gilt lediglich „als ein Zeichen frei vom Körper"[439]. Solche „Systeme" und Konstrukte sind anscheinend inzwischen – wie übrigens schon bei Hegel[440] – an die Stelle der Natur getreten bzw. hatten angeblich nie irgendetwas Naturgegebenes an sich.

Was also nicht im „System" aufgehen will, erscheint daher als an einem „Jenseits" dieses Systems orientiert, das nicht (mehr) existiert. Natur gilt daher hier nicht mehr nur als beherrschbar, ja beherrscht, sondern bereits als überwunden – und das in Zeiten zunehmender ökologischer Krisen. Auf diese Weise ist der Rückgriff auf Natur scheinbar „metaphysisch" und wirkt überholt und konservativ. An Stelle der Natur gibt es angeblich eine neue, zweite oder andere „Physis": das System bzw. die Maschine, oder auch den Körper anstelle des Leibes. Ein Rückgriff auf Vorsystemisches, Vormaschinelles oder gar von selbst Gewordenes (Geborenes) gilt daher als – verbotenes – metaphysisches Unterfangen[441].

So erklärt sich die Verwendung metaphysischer Begriffe für das Ansinnen, weiterhin bei Natur anzusetzen. Die Unterschlagung der Tatsache, dass wir alle nach wie vor aus Naturzusammenhängen kommen und auch wieder in sie zurückgehen, entspricht also dem Versuch, eine rein sozialwissenschaftliche und d. h. naturunabhängige Kategorie für das Geschlecht zu finden bzw. Geschlecht letztlich aufzuheben[442]. Nach Julia Kristeva ist die Behauptung, „Frau existiert", essenzialistisch, denn Frau sei allein „eine Einstellung, nicht ein … Subjekt"[443].

436 Thompson, 19966, S. 334
437 physein = gebären
438 vgl. z. B. Haraway 1995; allgemein Diskussion bei Nagl-Docekal 2000
439 Krondorfer 1998, S. 201
440 vgl. Schütz-Buenaventura 1996
441 vgl. Anders 1989; Weizenbaum 1978; Genth 2002; Unseld 1992
442 vgl. Brodribb 1996
443 vgl. Brodribb 1996 S. 303f

Soll auf diese Weise erneut eine Art Geschlechtsneutralität behauptet werden, nachdem die Frauenforschung ursprünglich gerade mit der Kritik an eben dieser angeblichen Geschlechtsneutralität der Gesellschaft begann? Neu ist, dass die Geschlechtsneutralität der Gesellschaft heute als nicht nur sozial, sondern auch technologisch herstellbar, ja als bereits hergestellt gilt[444]: „Der Weg vom sexuellen Subjekt zum geschlechtsneutralen Selbst ... ist als Weg der Moderne zur Postmoderne bis hin zur endgültigen Entdifferenzierung der Geschlechterdifferenz unter der Bedingung der Technologisierung von Fortpflanzung und Sex zurückgelegt"[445].

Wenn es also von Natur aus gar kein Geschlecht gibt, dann könnte ja die „Dekonstruktion" des gesellschaftlich produzierten Geschlechts geradezu zur Natur zurückführen, ja die „wahre Natur" endlich demonstrieren. Denn aus Gender-Sicht müsste es „natürlicher" sein, erst einmal bzw. überhaupt kein Geschlecht zu haben. Verwunderlich ist aber, welch technologischer Aufwand betrieben werden muss, um dieses Ziel zu erreichen: In letzter Instanz muss ja nichts Geringeres als die Aufhebung der weiblichen Gebärfähigkeit nebst ihrer Ersetzung durch eine patriarchal männliche bzw. institutionelle oder technologische erreicht werden, um jeden Rest von Naturbindung und geschlechtsspezifischer Leiblichkeit loszuwerden[446]. Das heißt, es müsste die von Geburt an gegebene leibliche Geschlechtsverschiedenheit im Nachhinein künstlich – also gewalttätig – beseitigt und gewissermaßen eingeebnet werden, um von hier aus zu einem neuen, gesellschaftsfreien „Naturzustand" zu gelangen, von dem aus eine geschlechtsneutrale Gesellschaft möglich sein soll. Dies entspricht der alchemistischen Vorstellung von einer bewussten „Rückkehr" zu einem angeblich existierenden „Urstoff" – materia prima – durch „Mortifikation", also Tötung bzw. Auflösung der bestehenden Materie oder Lebensformen, um von da aus das „Große Werk" der Neuschöpfung zu angeblich Besserem und Höherem zu unternehmen. Die „Natur", die sich durch eine tatsächliche Dekonstruktion des Geschlechts zeigen soll, wäre also erneut eine – mit äußerstem Gewaltaufwand – hergestellte.

Es handelt sich also um eine inzwischen „konkrete" Utopie.

In der Tat wird die Fiktion der Mutterlosigkeit als bereits erreicht dargestellt: „Dient in den traditionellen Gesellschaften die Kontrolle der Sexualität der Regulierung der Fortpflanzung, so hat sich in den Industrieländern die Kontrolle über die Fortpflanzung zunehmend in die Gentechnologie verlagert ..."[447] Hier wird eine Realität vorweggenommen, deren Möglichkeit ganz und gar umstritten ist und bisher lediglich postuliert wird, von ihrer Gewalttätigkeit ganz zu schweigen.

444 vgl. Firestone 1975
445 Treusch-Dieter zit. n. B. Krondorfer 1998, S. 198
446 vgl. Trallori 1996; Werlhof 1997 (b)
447 von Braun 2000, S. 16

Die nach wie vor (radikal-)feministische und vor allem auch ökofeministische Frauenforschung, Patriarchatskritik und – vor allem auch die – Matriarchatsforschung werden auf diese Weise radikal abgewiesen, ja geleugnet[448]. Dem Feminismus wird damit jetzt ein keineswegs natürliches, sondern utopisches Modell entgegengehalten, in dem es überhaupt kein bzw. ein beliebig herstell- oder wandelbares Geschlecht gibt.

Eine geschlechtsbeliebige oder -lose Gesellschaft ist das Ideal des postmodernen Gender-Ansatzes, aber auch des Patriarchats. „In seiner extremsten Form lässt der Postmodernismus Frauen verschwinden".[449] So wird der Verlust des Geschlechts als unabhängige Analysekategorie festgestellt[450]. Damit gibt es weder einen theoretischen Grund für Frauen mehr, sich miteinander zu solidarisieren, noch können politische Konsequenzen aufgrund des gesellschaftlichen Umgangs mit Frauen gefordert werden. Schließlich ist das Interesse des Patriarchats an Frauen heute erkennbar als eine bloße Zwischenstufe, die nur so lange notwendig ist, wie Frauen noch gebraucht werden – letztlich nur ihrer Gebärfähigkeit wegen. Und das wird neuerdings von Frauen selber begrüßt.

Es ist im Übrigen besonders christlich, sich gegen den Frauenkörper und den Körper bzw. Leib allgemein zu wenden[451]. Gender-Forschung ist also auch eine religiöse Angelegenheit, und zwar selbst eine geradezu „fundamentalistische". Vor allen Dingen aber ist sie „biologistisch" im exakten Sinne des Wortes, also genau umgekehrt zum Vorwurf des „Biologismus", wie er sonst von dieser Seite erhoben wird. Der Vorwurf gegenüber Ökofeminismus, Matriarchatsforschung und dem (Radikal-)Feminismus der ersten Stunde[452] entpuppt sich als Projektion. Denn Biologie meint nicht Natur, sondern – übersetzt – Logik des Lebens. Eine solche Logik ist gerade in den neuen Biotechnologien, die sich ja so um den Frauenleib bzw. seine Ersetzung bemühen, den Reproduktionstechnologien und der Gentechnik der Fall. Sie versuchen nämlich, das Lebendige in eine in ihrem Sinne „logische", also gesellschaftliche Ordnung „des Lebens" zu pressen und damit gerade aus der Natur herauszunehmen. Genau dies ist biologistisch, nämlich die gesellschaftliche und/oder technologische Manipulation des Lebendigen und deren Propagierung, wie sie z. B. der postmoderne Gender-Ansatz betreibt. Stattdessen wird als biologistisch beschimpft, wer sagt, dass wir als Menschen auch zur Natur gehören, indem wir einen Leib haben und ohne diesen nicht leben können (und auch nicht wollen). Letzteres wird aber inzwischen als Notwendigkeit nicht

448 vgl. Bell/Klein 1996, Section 2
449 Klein 1996, S. 350
450 Hoff 1996, S. 407
451 vgl. Deschner 1992
452 vgl. Bell/Klein 1996: Section 2

nur theoretisch, sondern auch praktisch bestritten. Daher sagt Renate Klein: „Trotz des postmodernen Nihilismus existieren Frauen tatsächlich".[453]

An diesen Verkehrungen ist zu sehen, dass die Gender-Forschung den Naturbegriff des Patriarchats und v. a. den der Neuzeit unkritisch übernommen hat. Denn klar ist zwar, dass die Naturphobie der Gender-Forschung aus dem Umgang des Patriarchats mit dem Zusammenhang „Frau und Natur" als weiblichem Geschlechtsspezifikum resultiert. Mit Natur aber will die Gender-Frau nichts mehr zu tun haben, ist sie doch angeblich im Namen dieser „Natur" unterdrückt, entmachtet und ausgebeutet worden – wie Natur selbst. „Weiblichkeit und Leiblichkeit werden vermaledeit" (statt gebenedeit) und „das körperlich Unterschiedliche In-der-Welt-Sein" abgelehnt, „weil ja dieser Unterschied immer ein Hierarchieverhältnis begründete"[454] – allerdings nur im Patriarchat.

In diesem Sinne ist „kultureller" Feminismus – verstanden als Gegensatz zu dem Feminismus, der an Natur anknüpft – „die Idee, dass die Kategorie ‚Frau' eine Fiktion ist, und dass der Feminismus diese Fiktion entlarven soll".[455] Entsprechend gilt die Beschäftigung z. B. mit der Gewalt gegen Frauen als „niedrige Theorie" (wenn überhaupt), die Theorie über Männertheorien, wie z. B. die von Foucault, dagegen als „hohe Theorie"[456]. Die Devise lautet also: Je weiter weg wir von Natur sind, desto weniger kann man uns anhaben, und je weiter weg wir vom Frausein sind, desto weniger kann uns das Naturverhältnis erreichen.

Es liegt also ein Irrtum bzw. eine Verkehrung vor: weil natürliche Unterschiede im Patriarchat dazu benutzt werden, soziale Unterschiede (Diskriminierungen, Gewalt etc.) zu legitimieren, hat der postmoderne Feminismus auch die natürlichen Unterschiede geleugnet, anstatt die sozialen anzugreifen. Das erinnert an gnostische Weltfluchtversuche. Dazu gehört, dass nicht darüber gesprochen wird, dass in dieser Gesellschaft soziale Unterschiede auch ohne natürliche gemacht werden – z. B. zwischen Männern trotz ihres gleichen Geschlechts. Warum also blieben die postmodernen Gender-Vertreterinnen nicht dabei zu sagen, dass die natürlichen Unterschiede die sozialen einfach nicht rechtfertigen können?

So, wie sie die Dinge darstellen, würde bedeuten, dass die Natur und nicht das Patriarchat Ursache unserer Misere ist. Dabei war es immer ein patriarchaler Traum, ins „Jenseits des Körpers" zu gelangen[457]. Wieso flüchten die Gender-Frauen umgekehrt nicht vor dem Patriarchat – z. B. in die Natur?

453 Klein 1996, S. 358
454 Krondorfer 1998, S.198
455 Alcoff 1988, zit. b. Thompson 1996, S. 336
456 Douglas 1996, S. 417
457 Spretnak 1996, S. 321

Der Fehlschluss hat zu tun mit dem Naturbegriff der Gender-Forschung: Natur gilt wie im Patriarchat auch als eine zu beherrschende, technisch anzueignende und „alchemistisch" zu transformierende, also restlos in „zweite" Natur bzw. Kultur zu überführende und auf diese Weise letztlich gänzlich zu überwindende und zu ersetzende. Natur wird also als bloß rohstofflich-„materielle", d. h. mehr oder weniger leib- und seelen-, aber vor allem „geistlose" Gegebenheit [458], eben „Biologie" im wahrsten Sinne [459] angesehen. Diese Biologie aber ist eine gesellschaftliche, genauer eine naturwissenschaftliche Erfindung. Damit folgt die Gender-Forschung dem frauenfeindlichsten Projekt der gesamten Geschichte. Denn in dieser kam es immer zur Gleichsetzung von Frauen und gerade auch Müttern – Mater-ie – mit eben dieser so verstandenen angeblichen, „bio-logischen". Wenn also die angebliche Feindseligkeit und „Primitivität" der Natur durch ihre Beherrschung nun überwunden und in ein Natur-System überführt ist, in dem Natur Maschine ist [460], dann gilt aus patriarchaler Sicht genau dies auch für das weibliche Geschlecht: Die „primitiven" und feindseligen Frauen – etwa „Hexen", matriarchale und sonstige „wilde" Frauen – werden domestiziert und in Hausfrauen verwandelt, die anschließend „fortschrittlicherweise" durch Gebär-, Sex- und Arbeitsmaschinen ersetzt werden (können oder sollen).

Dann ist ja die Gewalt gegen Frauen und z. B. auch die Hexenverfolgung „gut" für sie gewesen! Denn sie war ein wesentlicher Schritt in der Befreiung der Frauen von ihrem Geschlecht. Das Ergebnis der Hexenverfolgung, die Hausfrau, würde dann dem nachfolgenden sozial konstruierten Geschlecht entsprechen, aus dem wir nun, im nächsten Schritt, ganz postmodern, aussteigen. Hieraus entsteht der frauenfreundliche Schein des Gender-Ansatzes, denn er redet von Befreiung – aber wovon und wozu?

Was dabei nicht zufällig fehlt, ist die Vorgeschichte der „Hexe": Ausgerechnet die gesellschaftlichen Verhältnisse, unter denen es Frauen gut oder mindestens besser ging und immer noch geht [461], sind völlig ausgeblendet, ja werden am allermeisten als „essenzialistisch" diskriminiert [462]. Die „Hexe" oder die starke, von männlicher Definition unabhängige und gesellschaftlich nicht „diskriminierte" matriarchale Frau kann es aus dieser Sicht nicht gegeben haben, denn sie verweist auf eine Geschlechterordnung, die nicht zu ungunsten der Frauen wirkte, gleichzeitig aber eng an lebendige Leib- und Naturzusammenhänge geknüpft war. Dieser Fall kann nach dem Gender-Ansatz nicht existiert haben bzw. nicht „positiv" für Frauen gewesen sein. Denn es gab dabei auf jeden Fall zwei (eventuell auch drei) Geschlechter und eine deutliche

458 Röder u. a. 1996, S. 380
459 vgl. z. B. auch Feuerstein 1995
460 Merchant 1987
461 z. B. Göttner-Abendroth 1989; 1991; Göttner-Abendroth/Derungs 1997
462 vgl. Röder u. a. 1996

Naturbejahung, eben das, was aus Gender-Sicht gerade zurückgewiesen werden muss. Kurz: „Der Post-Modernismus ist kein Freund der Geschichte".[463] Also fehlt im Gender-Ansatz auch die Möglichkeit, die gesellschaftlich konstruierte Hausfrau in Richtung matriarchaler Frau zu „dekonstruieren". Stattdessen wird die weitere Konstruktion, die biologische „Durch-Konstruktion" vorgezogen, die Flucht mit dem technischen Fortschritt „nach vorn" angetreten. Daher behält die Gender-Forschung nicht nur den patriarchalen Naturbegriff, sondern auch den patriarchalen Geschlechterbegriff bei. Denn das Patriarchat setzt zwar am Frauen- und Naturzusammenhang an, aber nur, um sowohl Frauen als auch Natur am Ende technologisch aufzuheben[464].

Der postmoderne Gender-Ansatz setzt also die bestehende kapitalistisch-patriarchale Gesellschaft voraus und hat internalisiert, bzw. nimmt für bare Münze, was das Patriarchat Reduziertes über Frauen zu sagen hat: „Eine Frau zu ‚sein', ist sicherlich nicht alles, was man ist".[465] Deshalb hat dieser Ansatz nicht nur keinen Matriarchats-, sondern auch alles eher als einen geeigneten Patriarchatsbegriff. Da die Große Theorie der Männer versagt hat, darf es keine alternative Große Theorie der Frauen geben. Auf Erklärung der Realität soll verzichtet werden. Welch eine Freude für die Patriarchen!

Es ist sicher kein Zufall, dass dies genau in dem Moment geschieht, wo Frauen zum ersten Mal wirklich angefangen haben zu erklären, wie es zu ihrer misslichen Lage gekommen ist.

Hieran ist zu sehen, in wessen Interesse diese Art der Gender-Forschung – bewusst oder nicht – stattfindet. So ist sie auch ganz im Sinne der neuen frauenfeindlichen Biotechniken, denn es wird in der Gender-Forschung so getan, als wolle, ja als habe der technische Fortschritt die Frauen zu ihren eigenen Gunsten bereits erfolgreich z. B. vom „Gebärzwang" befreit – so wie überhaupt die Technik aus dieser Sicht in der Lage zu sein scheint, soziale Probleme für immer zu lösen[466]. Da haben die Gender-Frauen den Fortschrittsglauben gerade auch der linken Männer übernommen.

Wenn das der Ausweg aus der Geschlechterfrage sein soll, dann wird sogar der letzte logische Schritt in der Verkehrung noch mitvollzogen (werden), nämlich der, dass nun „Maschine/System" selbst gewissermaßen als „Natur", und zwar als die „bessere" Natur gilt, letztlich aber damit nur auf „Biologie" reduziert bzw. in solche transformiert wird[467]. So etwas wie „Frau" würde dann tatsächlich nicht (mehr) existieren. Welch eine Selffulfilling-Prophecy[468].

463 Hoff 1996, S. 395

464 Das gilt besonders für den Nationalsozialismus, der deswegen gerade nicht mütter- und naturfreundlich war, obwohl er, jedenfalls in Bezug auf „arische" Frauen und Mütter, sich so darstellte, vgl. Ruault 2006.

465 Butler 1991, S. 18

466 Haraway 1995

467 vgl. Genth 2002

468 vgl. Kap. II.1, 2

Dieser Biologismus wird aber auf jene projiziert, die „noch" von einer Macht des Lebendigen im prä-systemischen, -maschinellen oder gar -patriarchalen Sinne reden: den Matriarchats-ForscherInnen und den Ökofeministinnen als den Hauptgegnerinnen des technischen und ökonomischen „Fortschritts" um jeden Preis.

Aber im Gegensatz zur Gender-Forschung, die also nicht zufällig den patriarchal-kapitalistischen Naturbegriff in seiner neuesten technologischen Variante vertritt, hat der Ökofeminismus einen ganz anderen Naturbegriff, nämlich einen nicht-patriarchalen und nicht-kapitalistischen, letztlich matriarchal-animistischen oder „mimetischen" [469], in dem die Natur niemals als feindseliges, zu beherrschendes und technologisch zu transformierendes oder gar zu ersetzendes „Objekt" gesellschaftlicher Tätigkeit vorkommt. Sondern da es geht um die Eigenständigkeit, Eigenmächtigkeit und Verbundenheit der Lebensvorgänge in ihren verschiedenen Dimensionen und Kreisläufen sowie die Beziehungen zwischen den verschiedenen Naturerscheinungen, inklusive den menschlichen samt ihrer „Kultürlichkeit" [470].

Aus dieser Sicht ist die Vorstellung einer tatsächlichen Unabhängigkeit, Beherrschung, Überwindung und Ersetzbarkeit von Natur eine groteske Illusion, wenn nicht ein Wahn, den der „alchemistische" Glaube an den technischen Fortschritt und die Machbarkeit einer so genannten Evolution zum angeblich „Höheren" hervorgebracht haben. Die technische Manipulation, also die gewalttätige Überwindung von Natur als Projekt, ist aber nur zu rechtfertigen, wenn der Natur ihr lebendiger Charakter und die Notwendigkeit ihrer Existenz für unser Leben abgesprochen worden sind. Der eigene Essenzialismus, also eine idealistische Naturverleugnung, und der eigene Biologismus, also die angeblich notwendige technologische, gegen alles Lebendige gerichtete Naturmanipulation, werden dann denjenigen unterstellt, die an naturlebendiger Realität, permanenter Notwendigkeit und zusammenhängend wirkender Macht von Natur festhalten. Damit wird so getan, als seien ausgerechnet die Verfechter lebendiger, „beseelter" Naturzusammenhänge das Problem, vor dem wir heute stehen. Eine solche Ansicht vertreten bisher nur Naturwissenschaftler und Konzerne [471].

Eine solche Position ist abhängig von der Leugnung der Realität – nicht nur der Natur, sondern gerade auch ihrer (Zer-)Störung eben durch den modernen technologischen Essenzialismus und Biologismus. Das ist des Pudels Kern: Es soll nicht bemerkt werden, wie katastrophal das patriarchale und moderne Naturverständnis und -verhältnis sich inzwischen auf das Leben, ja den gesamten Planeten auswirken. Dabei machen nun auch Frauen mit, was be-

469 Genth 2002
470 vgl. Mies/Shiva 1995; Saleh 1997; allg. zum Naturbegriff, Sheldrake 1984; Pogacnik 1997
471 Mies/Werlhof 1999

deutet, dass inzwischen die historischen Hauptopfer des Patriarchats den Tätern auch noch applaudieren. Wahrscheinlich soll deswegen von „Opfern" im Gender-Ansatz nicht mehr geredet werden – wie auch nicht von Gewalt gegen Frauen. Das scheint die „political correctness" des „Gender-Mainstreamings" zu erfordern – alles, was relevant wäre, wird von vornherein ausgeklammert.

Kommen wir zum Ausgangspunkt zurück. Die Gender-Forschung, die sich inzwischen vor allem im akademischen Bereich und in politischen Institutionen auch im internationalen Raum [472] breitgemacht hat, sieht also die Kategorie „Hausfrau" deshalb nicht mehr vor [473], weil sie entsprechend der Kategorie „Natur" ebenfalls als überwunden und technologisch ersetzbar, ja bereits als ersetzt gilt. Im Grunde wiederholt diese Gender-Forschung damit die alten linken Ansätze, für die das Reden über hausfrauliche und z. B. bäuerliche Arbeit auch „strukturkonservativ" war. Denn man ging davon aus, dass alle diese Tätigkeiten industrialisiert und „proletarisiert", also abgeschafft bzw. in reguläre Lohnarbeit überführt werden würden und damit in ihrer bisherigen Form nicht mehr vorhanden wären [474].

Auf diese Weise kann gar nicht mehr gesehen werden, dass es nach wie vor und auch in Zukunft Hausfrauen gibt, wofür gerade die neoliberale Globalisierungspolitik zur Zeit überall zu sorgen versucht. Denn die „Privatisierung" von Dienstleistungen und der Handel damit führen dazu, dass immer mehr Frauen sich solche Dienstleistungen nicht mehr leisten können und daher gezwungen sind, sie selbst – umsonst – zu erbringen, da inzwischen die öffentliche Versorgung mit entsprechenden Leistungen aufgegeben worden ist [475]. In der Gender-Forschung aber kann z. B. die „sexual division of labour" nicht als „gender division of labour" gelesen werden – gerade in dem Moment, wo ein neuer Schub extremer „Hausfrauisierung" vor sich geht [476]. Schon in der Sprache der Gender-Forschung ist also die Realitätsverleugnung angelegt.

Nun haben wir in der Tat in der Hausfrau ein künstliches Produkt der Gesellschaft vor uns, aber eines, das nicht frei von Natur ist. Das nicht anerkennen zu wollen, ist das Dilemma des Gender-Ansatzes. Insofern handelt es sich also nicht nur um einen Ansatz, der Ausdruck verschiedener Positionen innerhalb der Frauen- und Geschlechter-Forschung ist, sondern auch um einen, der der Frauenforschung der ersten Stunde diametral gegenübersteht. Denn der Begriff des Geschlechts als „soziales" wurde in der deutschsprachigen Forschung ursprünglich im Zusammenhang mit der Hausarbeitsfrage Anfang der

472 Lenz 2001

473 vgl. Kroll 2002

474 Bennholdt-Thomsen 1992

475 vgl. GATS, Allgemeines Abkommen über den Handel mit Dienstleistungen der WTO, vgl. Werlhof 2007

476 vgl. Medosch 2010

1980er Jahre zum ersten Mal definiert[477]. Das „soziale Geschlecht" meinte damals aber die patriarchale Deformierung unserer Existenz als Frauen, und die Kritik daran beinhaltete den Versuch, unsere Eigenmächtigkeit als Frauen (und Männer) wieder zu gewinnen. Es ging aber nie darum zu leugnen, dass es überhaupt Geschlechter bzw. deren Naturbindung gibt. Die protestantisch-technokratische Leibverleugnung war damals gerade nicht gemeint und schon gar nicht der Versuch, durch Geschlechtsumwandlung, Operation, Mode oder Sprache („Am Anfang war das Wort"?) das Geschlecht als beliebig her- oder abstellbares zu behandeln[478].

Die heutige Genderforschung kam aus den USA nach Europa[479] und hatte einen gänzlich konträren Hintergrund, nämlich den frauenfeindlich-patriarchalen der Verleugnung realer Frauenexistenz, wie wir ihn hier behandeln. Sie ist damit als bewusster Angriff auf den Feminismus und seine Weiterentwicklung in den 1980er Jahren zu verstehen[480]. War die Rede von einem „sozialen Geschlecht" noch eine Fortsetzung des feministischen Diskurses, so ist der Gender-Ansatz die patriarchale („postmoderne") Gegenantwort[481]. Nur dadurch, dass diese Gegnerschaft zum Feminismus von Frauen formuliert und weitergetragen wird, ist sie bis heute in ihrem patriarchalen und systemunkritischen Charakter von vielen nicht erkannt worden. In den Worten von Somer Brodribb: „Frauen werden zu Technikerinnen männlicher Theorie, die sie von einer Kriegsmaschine gegen Frauen in eine freundliche Kriegsmaschine gegen Frauen umprogrammieren müssen".[482]

Wenn es demnach (Haus-)Frauen oder gar Mütter eigentlich gar nicht (mehr) geben soll, ist dies ganz im Sinne einer Gesellschaft, in der Hausfrauen und Mütter in bestimmter Hinsicht geradezu der (negative) Inbegriff von Politik und Ökonomie sind – wenngleich dies selbstverständlich geleugnet wird. Und zwar sind sie es deswegen, weil sie als Frauen nach wie vor, gewissermaßen im Kleinformat, alles an sich haben, was zum Leben, zur Gesellschaft, zum Wirtschaften und zum Umgang mit Natur/Leib mindestens und gleichzeitig notwendig ist: Sie können mit ihrem Leib neues Leben geben und mit demselben sowie ihrer sonstigen körperlichen und geistigen Arbeit für dessen Ernährung, Behausung, Kleidung und Pflege sorgen, gleich welche verschiedenen kulturellen Formen diese Tätigkeiten annehmen mögen.

Die Tatsache, dass gerade in unseren Breiten viele Frauen einiges davon nicht mehr tun wollen, beweist nicht das Gegenteil. Ob sie wollen oder nicht, Frauen haben diese Möglichkeit: zu gebären und zu denken, und es gibt keinen

477 James 1985
478 vgl. Diskussion bei Benhabib 1995
479 vgl. Anfänge bei Müller 1979
480 Bell/Klein 1996
481 vgl. Klein 1996; Hawthorne 1996
482 Brodribb 1996, S. 310

Grund, das eine wegen des anderen zu lassen[483]. Denn Männer, selbst wenn sie es wollten, könnten das so nicht, jedenfalls nicht alles gleichzeitig.

Das bedeutet auch, dass die Gesellschaft in ihrer Grundform zunächst einmal eine Mutter-Kind-Gesellschaft ist[484]. Was als „Mensch" bezeichnet wird, ist also ursprünglich nicht eine einzelne Gestalt, sondern der Zusammenhang von Mutter und Kind, die Herkunft aller Menschen aus Frauen. Diese Tatsache gilt bis heute, auch wenn noch so viele ideologische und technologische Anstrengungen gemacht werden, sie zu verdrängen. Form und Erfahrung des Menschseins sind zunächst an den Mutter-Kind-Zusammenhang geknüpft. Das ist der bleibende Skandal im Patriarchat und diesen zu beklagen, daran schließen sich Gender-Frauen an. Aber auch wenn die Kinder später unabhängig sind von ihren Müttern, so ist es doch illusorisch, die Tatsache ihrer Herkunft aus ihnen zu verleugnen, zu vergessen und zugunsten eines angeblich möglichen „Ersatzes" aufzugeben. Ja, es ist eine Ungeheuerlichkeit, die Erinnerung daran als „reaktionär" zu verunglimpfen. Sind denn heute auch Frauen als Muttermörderinnen unterwegs und darauf auch noch stolz?

So hat z. B. auch die Gentechnologie ein Interesse an Herkunftslosigkeit bzw. der Auflösung der bisherigen Genealogie[485]. Denn es geht um nichts weniger als eine möglichst umfassende Technisierung und Kommerzialisierung der menschlichen Reproduktion und Herkunft, also um die Ersetzung von Müttern und Naturzusammenhängen in diesem Bereich[486]. Dies wird gewollt, damit von Herkunft („Geschlechtern") und Geschlechtlichkeit im bisherigen Sinne keine „Abhängigkeit" mehr besteht, damit Geburt und Tod, Werden und Vergehen – wie in der außermenschlichen Natur auch – unter gesellschaftliche Kontrolle gebracht und die „Monopol"-Macht der Frauen als Gebärende gebrochen werden kann[487].

Gerade weil die größte technisch-soziale Revolution aller Zeiten angestrebt wird, wird über ihre Negativität, Gewalttätigkeit, Ungeheuerlichkeit und Wahnsinnigkeit nicht gesprochen. Es wird im Gegenteil alles aufgeboten, um diese Revolution als mögliche, fortschrittlichste, beste, einzig wahre darzustellen.

Der Weg in eine mutterlose Zukunft wird also inzwischen selbst von Frauen vertreten, und zwar mit Vehemenz. Das angeblich befreiende Gender-Motto: Wir sind gleich, und wir haben eine Wahl, welches Geschlecht wir haben wollen oder welches wir erfinden – ist daher nur denkbar unter der Voraussetzung, dass dieser „technische Fortschritt" stattfindet, wenn nicht angeblich bereits

483 vgl. Debatte in Nagl-Docekal/Pauer-Studer 1993

484 vgl. von Bachofen, Ausgabe von 1978, über Bloch 1991 bis zu Göttner-Abendroth 1989

485 vgl. Raymond 1995; Trallori u. a. 1996; Nixa u. a. 1996; Olympe, feministische Arbeitshefte zur Politik 1996

486 Rifkin 1986

487 Bergmann 1998

stattgefunden hat. Eine solche Beliebigkeit im Geschlechtlichen anzustreben, bedeutet also, naturüberwindend und die immer noch geltenden Grundtatsachen menschlicher Existenz aus der Welt schaffend tätig zu werden, und das ist das moderne technologische Projekt des Patriarchats, seine „Alchemie".

Frau überlässt der Gentechnik die Reproduktion der menschlichen Gattung. Wie sehr viele Männer vor ihnen sind also nun auch bestimmte Frauen dabei, ihre Hoffnungen auf Befreiung irrigerweise in Technik zu setzen[488]. Deshalb sind sie so wütend auf die Frauen, die dabei nicht mitmachen. So prägte Alice Schwarzer den Begriff „tschernobyles Muttertier" als Diffamierung von Frauen, die anlässlich der Atomkatastrophe von Tschernobyl als Mütter in Sorge um ihre Kinder auf die Straße gingen[489].

Auf diese Weise wird Frauenpolitik zu Technologiepolitik. Die Devise ist: Wir werden an die Macht kommen, indem wir Macht in diesem technologischen Projekt haben, und die anderen Frauen dazu bewegen, sich ihm zur Verfügung zu stellen – paradoxerweise zu ihrer Selbstabschaffung. Im Gegensatz zur feministischen Forschung wird Gender-Forschung übrigens reichlich finanziert und ausgebaut. Von wem eigentlich?

Frauen werden im Patriarchat wegen und mittels ihres Leibes unterdrückt und ausgebeutet. Findet das dann nicht mehr statt, wenn wir diesen Leib verleugnen oder/und uns vormachen, ihn abschaffen oder ersetzen zu können? Vielmehr: Ist dann nicht eben der Versuch, den Leib abzuschaffen/zu ersetzen, genau jene Unterdrückung des Leibes, die Frauen los sein wollten, nun aber in neuem Gewande selbst vornehmen in der Einbildung, sich damit von Unterdrückung gerade zu befreien? Sicher ist jedenfalls, dass die Gender-Forschung durch ihre Natur-/Leibverdrängung dazu beiträgt, die Akzeptanz für globale medizinische Menschenversuche zu erhöhen, die sämtlich auf der Zerstörung der Einheit des schöpferischen weiblichen Leibes beruhen[490]. Ein solcher Ansatz ist das genaue Gegenteil von all dem, was feministische Forschung seit 30 Jahren intendiert[491].

Der Versuch, Leben in ein gesellschaftlich und geschlechtsneutral herstellbares und gar frauen- und mutterloses zu verwandeln, fällt für mich unter die Kategorie „Alchemie". Der alchemistische Wunderglaube der Transformation von Blei zu Gold bzw. von unbelebten Stoffen in lebendiges Sein entspringt den konkurrierenden Gebärphantasien von Patriarchen seit ältesten Zeiten. Aus dieser Perspektive gedeutet ist die Hausfrau die alchemistisch-pervertierte patriarchale Erscheinungsform der Frau und des Mutter-Kind-Verhältnisses. Das gesellschaftliche Kunstprodukt „Hausfrau" wird als eine Art „Stein

488 Ullrich 1977
489 Gambaroff u. a. 1986
490 Bergmann 2004
491 vgl. z. B. Mies 1988

der Weisen" der patriarchalen Alchemie eingesetzt. Die „Gender"-Frau allerdings versucht, sich selbst alchemistisch hervorzubringen.

1. Die Hausfrau soll das Leben hervorbringen, und zwar durch die mehr oder weniger erzwungene (Hetero-)Sexualität und Verheiratung. Dass dies tatsächlich gelingt, ist aber nur deswegen der Fall, weil die Frauen tatsächlich selbst als gesellschaftlich „gesetzte" und „erfundene" Frauen immer noch eine Anbindung an Natur und an die wirklichen, eben weiblichen Schöpfungskräfte haben. Wären sie bloß reines Kunstprodukt, also nur Maschine, Roboter oder irgendein „Gender", ginge das nicht mehr. Das patriarchale Projekt besteht also darin, diese tatsächliche (und zwar naturgegebene) Schöpferkraft der Frauen so umzumodeln und zu verwandeln, dass das Patriarchat und seine Männerwelt selbst als schöpferisch und „fruchtbar" erscheinen können. Die tatsächliche weibliche Schöpferkraft muss daher unsichtbar gemacht, also geleugnet werden, zumal dann, wenn sie – wie bis heute – unersetzbar ist. Wenn die Gender-Frauen glauben, „Frauen" hätten mit Natur nichts zu tun oder die Natur spiele in unserer Gesellschaft keine Rolle mehr, dann sind sie nur den Zielen und der Scheinmacht des Patriarchats und seinem die Natur verleugnenden Naturbegriff auf den Leim gegangen.

2. Die Arbeit der Hausfrau muss insgesamt unbezahlt, unbewertet oder abgewertet bleiben, damit die Produktivität dieser Arbeit, also das tatsächliche „Herstellen" und Hervorkommen neuen Lebens und die Erhaltung des bestehenden auch als patriarchale Errungenschaft erscheinen. Männer im Patriarchat denken immer, sie seien produktiv und sie seien die „Ernährer". Dabei wird die eigentliche Produktivität, die der Frauen, ohne die überhaupt keine Gesellschaft existieren würde, lediglich usurpiert und gewaltsam angeeignet sowie unsichtbar gemacht. Auch an diesem Unterfangen beteiligt sich die Gender-Forschung durch das Unterschlagen der Themen des „Kampfs um die Fruchtbarkeit"[492].

3. Der Gewaltcharakter dieser Verhältnisse bleibt bestehen, weil die Logik des patriarchalen Systems die Frauen generell in diese Produktionsverhältnisse zwingt und ihrer Produkte anschließend beraubt. Aber von Gewalt ist im Gender-Ansatz nichts mehr zu hören, ja das Sprechen darüber ein Tabubruch.

4. Die reale Situation der Frauen gilt als nicht so schlimm, weil das Geschlechterverhältnis als ein Übergangsphänomen, als ein Problem der „Evolution" dargestellt wird, bei dem es darum geht, dass am Ende, in einem „reinen" Patriarchat, Frauen und Natur überhaupt nicht mehr gebraucht werden, weil sie nicht nur scheinbar, sondern tatsächlich durch etwas anderes, eben „pater arché", also den „Ursprung aus dem Vater" ersetzt worden sind. Die Realisierung die-

492 Turner/Brownhill 2001

ser Utopie ist jedoch trotz aller Technologie bei Weitem nicht in Sicht. Bisher blieb es bei der Simulation: Man tut so, als ob das Leben außer durch (Haus-) Frauen z. B. auch durch Biotechnologien im Reproduktionsbereich oder durch maschinelle Simulation geschaffen werden könnte. Letzteres ist das Projekt der „Künstlichen Intelligenz", das sich zum Ziel gesetzt hat, die Maschine zu „beleben" [493]. Im Vergleich zu diesen „intelligenten" oder gar „beseelten" Maschinen, die wie Lebewesen dargestellt werden, gilt der Mensch nur noch als die weniger „entwickelte" – da immer noch von (Haus-)Frauen gemachte bzw. geborene – Existenzform, nämlich als das „schlechtere" und unperfektere Leben und bestenfalls als „System" oder Maschine in ihrer noch „unentwickelten", nicht „beseelten" Form [494]. Es ist also zu einer völligen Umkehrung von dem, was als lebendig bzw. „besser" und was als nichtlebendig bzw. „schlechter" gilt, gekommen. All dies übernimmt die Gender-Forschung völlig kritiklos.

Die perverse Verdrehung, die speziell in den neuen Technologien deutlich wird, zeigt eine Fortentwicklung des alchemistisch-patriarchalen Umgangs mit dem Lebendigen auf. Man versucht, nicht nur die Frauen, sondern auch die patriarchale Hausfrau durch wirkliche Maschinen zu ersetzen und behauptet, dass dies nicht nur möglich, sondern auch viel besser, gar lebendiger und/oder überhaupt schon heute der Fall sei. Wenn die Gender-Frauen auf eine „Befreiung" von Naturbindung, Gebären, Mutterschaft und Hausarbeit durch Technik warten, dann warten sie gewissermaßen auf die „Endlösung" der Frauenfrage. Bis dahin ist die Haus-Frau zum Subjekt der (leibhaftigen) Beteiligung am öffentlichen technischen Fortschritt und zur verantwortungsvollen „Mitarbeiterin" der zukunftsweisendsten Projekte der modernen Medizin aufgestiegen [495], zur bewussten Kollaborateurin bzw. zum „aktiven Objekt" ihrer eigenen Unterwerfung [496].

Betrachten wir den Begriff der Gynergie von Mary Daly [497]. Die Lebenskraft der Frauen hat sie als Gynergie, also als eine besondere Ausstattung der Frauen mit Lebenskraft und Lebensenergie bezeichnet. Um diese Lebensenergie, die von den Gender-Frauen auch nicht benannt wird, geht es in allen Gesellschaften. Im Patriarchat will man sich diese Lebenskraft aneignen und zum Motor der patriarchalen Gesellschaft ummodeln. Es handelt sich dabei um eine doppelte Perversion. Denn diese Kraft soll nicht nur benutzt werden. Dem könnten Frauen ja noch zustimmen, wenn es denn zu ihrem und der Gesellschaft Nutzen wäre. Aber erstens trifft dies nicht zu, und zweitens soll diese

493 Kidder 1982
494 vgl. Weizenbaum 1978
495 Fleischer 1993
496 Genth 2002
497 Daly 1981

Kraft hinterher auch noch ersetzt werden. Die Lebenskraft der Frauen soll also nicht nur verwendet, sondern auch zerstört werden. Deswegen haben Frauen überhaupt keinen Grund, nicht den geringsten, von der Alchemie der Gen(der) technologie eine „Befreiung" zu erwarten. Anstatt vor dem Frausein zu fliehen, sollten wir stattdessen die Gebärtechnologien ins Leere laufen lassen und uns wieder mit unserer praktischen Naturbindung und Leiblichkeit auseinandersetzen. Denn nicht durch die Technik, sondern nur durch uns selber können wir in eine neue Richtung gehen, um unsere Kräfte, solange wir sie noch haben, für ein anderes gesellschaftliches Projekt als das Patriarchat einzusetzen.

Das Patriarchat vernichtet ständig, was es braucht, und zwar absichtlich. Denn man sitzt in dieser Gesellschaftsordnung dem Wahn auf, es müsste etwas anderes an die Stelle der Dinge und Lebewesen gesetzt, ein Ersatz geschaffen werden, der dann sogar noch besser sein soll als das, was ursprünglich vorhanden war. Es wird ja geradezu als Beglückung der Natur aufgefasst, dass sie zerstört wird, weil angeblich der Mensch dazu aufgerufen ist, die Natur zu dem zu führen, was sie angeblich eigentlich ist oder zu sein hat [498]. Zu ihrer eigenen Verbesserung, Vervollkommnung und Ersetzung will der Mensch der Natur die „Augen öffnen".

Die dann angeblich mögliche „zweite", alchemistisch geschaffene Natur ist gedacht als gemachte, beliebig herstellbare und gesellschaftlich durchwegs verfügbare Natur. An diesen „Fortschritt" glauben sehr viele, wenn nicht die meisten Menschen im Patriarchat, vor allem im Kapitalismus. Sie finden nichts bei der Zerstörung vorhandener natürlicher Schöpferkraft, auch der der Frauen, weil es ihre Religion ist, an die „männliche" Schöpfungskraft des Patriarchats zu glauben. Weil diese sich aber nicht in der gewünschten Weise realisiert, gibt es eine Knappheit an patriarchaler Realisation [499]. Das patriarchale Projekt kippt entweder ins Kontraproduktive um [500] oder es gibt nach wie vor zu viel Nicht-Patriarchales, also nicht „männlich" Erschaffenes. Die Knappheit im und am Patriarchat ist also eine doppelte: Einmal zerstört das Patriarchat, was es braucht, und schafft dadurch Knappheit. Zum anderen hat es sich immer noch nicht seine Utopie realisiert. Gleichzeitig kann es sich aber auch nicht realisieren, denn es kann ohne Nicht-Patriarchales nicht sein, nämlich ohne Frauen und Natur als Lebendiges. Gerade im Patriarchat gibt es daher immer eine Knappheit an tatsächlich männlich-geschöpften Dingen oder Verhältnissen, die von weiblich Geschöpftem abhängen bzw. überhaupt zum Leben geeignet sind. Eine Aufhebung dieser Knappheit ist bisher nicht der Fall und auch nicht in Sicht. Im Gegenteil, die Verwirklichung des Patriarchats – wie des Kapitalismus aus dem gleichen Grunde – wäre gar das Ende der menschlichen Gesellschaft, ihr Selbstmord [501].

498 vgl. Jung 2001
499 vgl. Gronemeyer 1988
500 Illich 1981
501 vgl. Unseld 1992

Tatsächlich muss das Patriarchat womöglich nicht-patriarchale Verhältnisse neu erfinden, um sich selbst zu überleben. Daher besteht die Gefahr des Fortexistierens des Patriarchats unter der Hülle seines Gegenteils.

Neue Formen der „Hausfrauisierung" und ihre Verallgemeinerung in Zeiten der Globalisierung

Es ist in der heutigen Gesellschaft immer noch kein anderes Modell als das der Hausfrauisierung vorhanden, um sich das Leben und seine Re-Produktion patriarchal anzueignen. Dabei ist die Hausfrau letztlich die Umkehrung des freien Lohnarbeiters bzw. „Proletariers". Sie ist ganz real unfrei. Darüber hinaus ist sie nicht gleich. So gibt es formal zwar eine Gleichberechtigung, aber selbst da, wo sie funktioniert, wirkt sie sich meist auch noch schädlich für die Frauen aus, einfach deshalb, weil sie faktisch ungleich sind, solange sie als Hausfrauen gebraucht werden. Gleichberechtigung ist nur der Schein der angeblichen Geschlechtsneutralität im Kapitalismus. Die Ungleichheit ist darüber hinaus vor allem eine soziale bzw. ökonomische. Sie ist begründet in der Tatsache, dass der Mann als freier Lohnarbeiter das Geld in der Tasche hat, die Frau indessen für ihre Leistungen als Hausfrau keine Vergütung erhält. Der Mann muss ihr nur Kost und Logis geben, wie er es auch bei einem Sklaven tun müsste. Auch Arbeitszeit und -bedingungen, Urlaub und Freizeit sind bei der Hausfrau nicht geregelt. Es gibt kein Streikrecht und keine brüderliche oder schwesterliche Organisation der Hausfrauen. Sie sind individualisiert und atomisiert. Sie sind vor Willkür und Gewalt gesetzlich kaum geschützt und im Alter aufgrund ihrer Hausfrauenarbeit nicht ausreichend sozial gesichert. Im Haus wacht niemand über die Einhaltung der Menschenrechte. Die Frau soll dem Mann dienen und vor allem gehorchen. Er kann das einklagen. Kurz, die Hausfrau ist eine rund um die Uhr zur Disposition stehende, unbezahlte Arbeitskraft für den Mann, mehr noch, sie steht ihm als ganze Person, mit Haut und Haar, einschließlich ihrer Sexualität und Gebärfähigkeit, ihrer Psyche, Gefühle und Gedanken zur Verfügung, Sklavin und Leibeigene zugleich. Daher ist nur von hier aus, nämlich von unten, der Hausarbeit her, alle übrige Arbeit zu verstehen, nicht aber umgekehrt von der Lohnarbeit her. Denn im Grunde ist Hausarbeit, nicht Lohnarbeit, das „Modell" von Arbeit im Kapitalismus überhaupt. So sind zwar alle Menschen in dieser Ökonomie potenziell Lohnarbeiter, real aber eher – mehr oder weniger – „Hausfrauen".

Die Hausfrau ist der „Phänotyp" oder auch die Dimension, an der das patriarchale Projekt ihrer Erschaffung, Ausnutzung und versuchten Ersetzung manifest wird. Von hier aus wird dieses Projekt ausgeweitet auf andere Produzenten, z. B. Bauern oder marginalisierte und jetzt auch in den Industrieländern zunehmend „informalisierte" ProduzentInnen, also nicht mehr im „formellen Sektor" Beschäftigte. Diese werden nämlich aus der Perspektive ihrer besonderen Ausbeutbarkeit als Lebewesen heute so weit wie möglich umdefiniert zu Quasi-Hausfrauen bzw. „Familienangehörige", z. B. wenn es sich um „neue Selbständige" und informelle „Unternehmen" handelt[502]. Sie sollen so sein, als wären sie Hausfrauen und oder „Familien"-Angehörige. Sie werden behandelt wie die ideale Arbeitskraft des heutigen Patriarchats, die eben nicht der Lohnarbeiter, sondern die unentlohnte und noch dazu lebensspendende Hausfrau ist. Dass die heutigen Lohnarbeiter genau das am wenigsten verstehen, nachdem die Hausarbeit unsichtbar gemacht worden ist und als das „Allerletzte" gilt, ist deutlich zu sehen.

Nehmen wir die Lohnverhandlungen der letzten Jahre. Dabei geht es in den Betrieben darum, dass die Lohnabhängigen endlich einsehen sollen, dass sie schon für ein Drittel oder ein Zehntel des Lohns „schöpferisch" zu sein haben, und das alles ohne ihre bisherigen Privilegien, also als „hausfrauisierte", letztlich „unfreie" Arbeitskräfte[503]. Ohne die Hausfrauisierung auch der männlichen Arbeitskräfte wird der Betrieb ein „Standortproblem" geltend machen. Aber wenn sich die Männer als hausfrauisierte Lohnarbeitskräfte verstehen, dann können sie Lohnarbeiter bleiben bzw. der Betrieb ist dann bereit, im Inland zu bleiben. Natürlich spricht das niemand so aus. Denn man kann nicht plötzlich den Männern das Modell der Hausfrau propagieren, nachdem die Hausfrau selbst bei Frauen inzwischen das Letzte ist, was sie sein möchten. Tatsächlich aber wird das Modell Hausfrau wieder überallhin exportiert und auf möglichst viele Produzenten-, Menschen- und Naturzusammenhänge ausgeweitet. Denn: der „Faktor Arbeit" müsse verbilligt werden, um wieder Wachstum zu ermöglichen[504]. Es kommt dabei tendenziell zu einer totalen Plünderung aller Menschen nicht nur als Arbeitskräfte, sondern auch als Quasi-Rohstoffe, nebst der übrigen Rohstoffe selbst[505]. Auch hier ist wieder die Gentechnologie zu erwähnen, die zu dieser ökonomischen Entwicklung eine entsprechende technologische Form bereitstellt.

Es wird dabei immer deutlicher, dass anstatt einer weiteren Vergesellschaftung im Sinne der allgemeinen, universellen „Proletarisierung" des „Normallohnarbeiters" umgekehrt die Re-Naturalisierung von Arbeitskraft – das Programm ihrer totalen Ausplünderung – sich vollzieht. Der Rohstoff-Charakter, wie ihn das Patriarchat – insbesondere der Neuzeit – der Natur, dem Lebendigen und den Menschen selbst sowie ihrer Arbeitskraft überstülpt, setzt sich weltweit durch. Es ist dabei nichts wirklich geschaffen, sondern nur weggenommen worden. „Globalisierung" findet in diesem Sinne einmal weltweit, zum anderen auch intim statt. Miniaturisierung und Molekularisierung der Verfahren, Atomisierung von Bestandteilen und Genetik: Die Welt und der Mensch werden als Zer-

502 vgl. Medosch 2010
503 vgl. die Ergebnisse der Hartz-Kommission in Deutschland
504 Gerhard Schröder bei seiner Regierungserklärung am 11.3.2003 in Berlin
505 Anders 1989; Mies/Werlhof 1999

splitterte, zu Zersplitternde wahrgenommen, vom Individuum zum „Dividuum" gemacht[506], von ihren kleinsten Bestandteilen her definiert: zur Zelle reduziert.

Auch die Hausfrau, die Frau als lebendiges „System" oder „beseelte" Maschine wird noch weiter zertrümmert in Teile, die anderswo oder in ihr selbst neu zusammengesetzt werden. Es ist der Versuch, aus der (Haus-)Frau als „Humanressource" bis zum Geht-nicht-mehr Kapital und Profit zu schlagen oder sie „bis auf den letzten Blutstropfen auszusaugen", wie Rosa Luxemburg es nennen würde[507].

Die technologische Zertrümmerung der Hausfrau wird als moderne, wenn nicht gar emanzipierte Form der Frauenexistenz ausgegeben, da die Identifizierung mit ihr gefragt ist[508].

Dabei muss diese modernisierte Hausfrau nicht unbedingt erhalten werden in Form ihrer Existenz in der Kleinfamilie. Nach einem anderen „Produktionsstandort" der neuen Alchemie mit dem Frauenleib wird gesucht. Es wird nach neuen gesellschaftlichen Modellen geforscht, wie, wo und mit wem zusammen das Leben der Hausfrau in Zukunft gestaltet werden soll. Da bekommen wir z. B. Leihmütter als „Vertragsproduzentinnen" des Kapitals[509], kombiniert mit Genossenschaften oder Gemeinden, Dörfern und Kommunen, in denen diese Leihmütter wie in einer Art „Großfamilie" oder „Unternehmen" mit patriarchaler Kontrolle vor Ort leben werden (sollen)[510].

Und die Männer? Was sagen sie, wenn sie keine unmittelbaren Familienväter mehr sind? Was werden sie tun, wenn sie zwar keine Verantwortung mehr tragen müssen für das neue Leben, dafür aber auch keine Rechte als Väter mehr einklagen können? Wahrscheinlich reagieren die Männer bis heute wenig auf diese Tendenzen, weil sie immer noch Väter im Sinne des Patriarchats sind. Denn „pater" heißt ja nicht, konkreter, liebender Vater zu sein, sondern bedeutet Institution, Herrschaft und die Macht, über diese Vorgänge eine Kontrolle auszuüben, bedeutet, Repräsentant, Staatsdiener herrschender Institutionen zu sein.

Die Aufrechterhaltung des kapitalistisch-patriarchalen Projekts mit seiner Bedingung der Hausfrauisierung wird heute nur mit zunehmender Gewalt möglich sein, da es sich einerseits erweitert, andererseits immer weniger an die „proletarische" Lohnarbeit gekoppelt bleibt, weshalb es gleichzeitig vermehrt zerfällt. Die Ausplünderung der verbliebenen Restnatur und der menschlichen Natur wird inzwischen höhnisch als „Liberalisierung", „Privatisierung" und „Deregulierung" ausgegeben[511].

506 Mies 1992
507 Luxemburg 1923; Ausgabe 1970, S. 360
508 vgl. Fleischer 1993
509 vgl. Bennholdt-Thomsen 1980
510 vgl. Disk. b. Smith/Wallerstein/Evers 1984
511 vgl. z. B. Widerspruch 1996

„Liberalisierung" bedeutet dabei, dass nur noch dem Kapital jede Freiheit gewährt wird. Für die meisten Menschen heißt Liberalisierung deswegen das Gegenteil, nämlich Unfreiheit, Entdemokratisierung, Zwangsapparat, ja Despotisierung des Staates und der Politik. Im Gegensatz zur Narrenfreiheit des Kapitals tritt der Staat immer mehr in Form einer Diktatur auf. Denn er muss die Leute zwingen, bei dem Projekt noch weiter mitzumachen, weil es noch nicht einmal ausreichende Vergütungen gibt. Die „Deregulierung" begleitet diesen Prozess in dem Sinne, dass sie alte Regeln und Gesetze, selbst Grundgesetze und ganze Verfassungen außer Kraft setzt, die derartige Verhältnisse sonst verhindert hätten.

„Privatisierung" schließlich bedeutet, dass alles Verwertbare den Privaten, und zwar den Großen überlassen wird, also der öffentliche Bereich und alles Staatskapital aufgelöst und die kleineren privaten Kapitale von Konzernen geschluckt werden[512].

So verliert Vater Staat seine „mütterliche", reproduktive und soziale Seite. Der Sozialstaat wird abgebaut, wobei Standortdiskussion und Sparpakete eine große Rolle spielen. Vom Staat bleibt dann die patriarchale Seite des Zwangs und der Militarisierung. Er wird im Zweifel zur „Bananenrepublik", also zum „peripheren Staat", der nach außen abhängig ist. Dabei entsteht eine neue „innere" Kolonisierung, die Spaltung in „Entwicklung" und „Unterentwicklung" wird vertieft und auch in den Industrieländern selbst durchgesetzt[513]. Wir haben das vor 30 Jahren die „Drittweltisierung" der so genannten ersten Welt genannt.

Dazu gehört, dass die Geltung der Menschenrechte für die meisten Menschen praktisch aufgehoben – anstatt für alle, auch die Frauen, endlich durchgesetzt – wird. Solche Rechte sollen in Zukunft nur noch Konzerne haben. Das neuzeitliche Individuum wird nicht mehr allgemein gelten und seine Verwendung ebenso wie seine Vernichtung als Rohstoff des zur Verfügungstehens in Arbeit und Krieg in den Mittelpunkt der Politik geraten – im Unterschied zur NS-Zeit nun in aller Welt.

Insgesamt könnte man sagen, dass heute auch die alten Grundlagen des Patriarchats, nicht nur die seiner kapitalistischen Variante, wieder auftauchen: sein despotischer Charakter und Vaterreligionen, die Krieg und Eroberung propagieren und dafür neue Menschenopfer von Frauen und Männern fordern.

Es ist bezeichnend, dass in allen Debatten um Globalisierung, neue Kriege, Gewalt und Verelendung der Mehrheit kritische Stimmen aus der Gender-Forschung bis heute kaum zu hören sind. Denn: „Was könnte … im Namen von Frauen gefordert werden, wenn sie gar nicht existieren?"[514]

D. h. der postmoderne Feminismus, von dem hier die Rede ist, bietet wahrlich keine gute Theorie an, denn er erforscht nicht die Realität, um sie zu

512 Mies/Werlhof 1999
513 vgl. Altvater u. a. 2001
514 Alcoff 1988, S. 420

erklären, ja leugnet sie sogar, und setzt stattdessen in altgewohnter Manier die patriarchale Utopie der bereits gelungenen bzw. zur Zeit angeblich gelingenden technologischen Ersetzung dieser Realität voraus. Es wird deshalb von dieser Seite auch nicht bemerkt, dass inzwischen sogar Transformation, Zerstörung und angeblich mögliche „Neuschöpfung" des ganzen Planeten begonnen haben [515].

Abfall vom Glauben an den Welt-Ersatz

Es geht darum, dass kaum wahrgenommen wird, dass die Krise gesellschaftlich produziert ist und keine Naturkatastrophe darstellt. Es geht darum, dass niemand merkt, dass diejenigen, die angeblich die Krise bekämpfen, in Wahrheit deren Produzenten sind. Es soll auch nicht bemerkt werden, schon gar nicht von Frauen, dass es im Patriarchat nicht um Problemlösungen des Lebens geht. Sondern es geht darum, auf der Grundlage des allgemeinen Pflanzen-, Tier-, Menschen- und insbesondere Frauenopfers eine Transformation des Lebens zu betreiben, die einer Minderheit eine unvorstellbare Macht und Verfügungsgewalt über Leben und Tod gibt. Daher müssen wir aufhören zu glauben, dass unsere Beteiligung, unser Opfer und die Zerstörung der Natur irgendeinen Sinn haben können. Stattdessen können wir gerade als Frauen sehen, dass wir über eine Energie verfügen, die man uns im Patriarchat ständig abnehmen möchte, nämlich die Natur-, Lebens- und Eigenmacht der Gynergie. Es geht darum, zu erkennen, dass Frauenmacht nicht darin besteht, im patriarchalen Projekt parvenuehaft „aufzusteigen", sondern sich dieser Gynergie wieder bewusst zu werden, sich wieder ihr zu-, anstatt von ihr abzuwenden. Es kann nicht darum gehen, der Scheinmacht des Patriarchats nachzulaufen, sondern darum, dass Frauen sich selbst wieder annehmen, leiblich, seelisch und geistig. Es geht darum, zu akzeptieren, dass wir auf dieser Erde sind und dass das bedeutet, hier und jetzt erneut eine Frauenkultur, eine nicht-patriarchale, nicht-kapitalistische, „matriarchale" Kultur des kooperativen, begeiste(r)ten und liebevollen Umgangs mit uns und allen Lebewesen dieser Erde sowie ihr selbst zu erfinden.

Das nenne ich Dissidenz, nämlich den Abfall vom Glauben an das Patriarchat, an sein Denken, Handeln, Fühlen und seine Methode, die in der alchimistischen Manipulation des Lebendigen zum Nachteil der ganzen Welt, ja des Planeten selbst besteht.

Der praktische Weg in eine dissidente Kultur verläuft über die Subsistenz, den Ausstieg aus der Waren- und „Fortschritts"-Perspektive [516]. Dies gilt gerade auch für die Hausarbeit, und zwar nicht wegen ihres „System"-

515 vgl. Bertell 2000

516 Bennholdt-Thomsen u. a. 1992; Bennholdt-Thomsen/Mies 1997; Bennholdt-Thomsen u. a. 1999

Charakters, sondern wegen ihrer Natur- und Lebensnähe – um die es uneingestandenerweise die ganze Zeit gegangen ist. Denn der „System"-Charakter der Hausarbeit ist ja nur – wie anderswo der Markt – die Form gewesen, um ihre Ergebnisse anzueignen.

Subsistenz-Kultur ist statt der Plünderung durch die Warengesellschaft praktische Kooperation zwischen uns, untereinander und mit der uns umgebenden Natur auf allen Ebenen. Eine solche neue Kultur kann sich nicht mehr orientieren an den Institutionen und Utopien des Patriarchats, insbesondere der Neuzeit, sondern schert auf dem alchemistischen Weg zu einer angeblich möglichen Höherentwicklung aus. Dazu gehört es, dass die patriarchale Gehirn- und Gefühlswäsche überhaupt erst einmal bemerkt werden, bevor die Phantasie wieder auf Verhältnisse schwenkt, die nicht durch Parteien, Bürokratien, Märkte und andere Institutionen bzw. Geld und Kapital oder Maschinerie vorgegeben sind[517]. Erst dann werden wir uns des vollen Ausmaßes unserer Kräfte wieder bewusst, können unsere Eigenmacht, unsere schöpferische Potenz, Souveränität und Würde wieder in Anspruch nehmen und uns erfolgreich weigern, sie noch länger für ein absurdes Wahn- und Gewalt-Projekt zur Verfügung zu stellen, das inzwischen sogar den ganzen Planeten bedroht.

2.
Natur, Maschine, Mimesis. Zur Kritik patriarchaler Naturkonzepte[518]

Die Frage nach dem Naturverhältnis im „postmodernen" und „Gender"-Diskurs

Die Frage nach der Natur erwies sich als der Dreh- und Angelpunkt der gesamten Frauenforschung. Vielleicht bin ich gerade dadurch nach wie vor nicht „postmodern", sondern finde, dass wir immer noch in der Moderne leben, denn alle Probleme, die die Moderne hervorgebracht hat, sind immer noch da. Sie sind auch keineswegs „de-konstruiert", vor allem nicht die Ursachen und die Folgen. Ich verweigere mich also dem Ausweichen vor den Problemen, die die Moderne geschaffen hat und die allesamt nicht gelöst, ja nicht einmal erkannt, geschweige denn erklärt sind. Im Gegenteil, gerade was „Natur" betrifft, laufen diese Probleme auf eine Katastrophe hinaus. Wenn ich also höre, es gebe ein „Scheitern der Erkenntnis", dann führt das für mich nicht dazu, dass man den Versuch,

517 vgl. Genth 2002; Bennholdt-Thomsen u. a. 2001

518 Grundlage für „Natur, Maschine, Mimesis" in „Widerspruch", Nr. 47, 24. Jg/2. Hj. 2004. Zürich, S. 155–171, ergänzt und überarbeitet 2011.

etwas zu erkennen, jetzt am besten sein lässt. Sondern das heißt für mich, dass man sich offenbar geirrt hat. Das Scheitern der „großen Theorie" aller Couleur kann ja auch nicht bedeuten, dass es keine große und auch sonst keine Theorie mehr geben könne und alles nur noch beliebig, eklektisch, zu behandeln sei. Gerade angesichts des Problems mit „Natur" wäre das vollkommen unangemessen, zumal inzwischen sogar der gesamte Planet in Gefahr ist. Wir müssen uns also den Problemen stellen. Eine Alternative dazu gibt es nicht.

Mit der Geschlechterfrage ist es genauso. Es ist auch kein Zufall, dass die Fragen des „Geschlechts" und der „Natur" auch sonst einiges miteinander zu tun haben. Wir haben mit der Frauenforschung angefangen, um gerade dieses unsägliche Problem des Geschlechts – mit und ohne Naturbezug – endlich einmal zu verstehen. Und, siehe da, jetzt finden wir uns erneut in der angeblichen Geschlechtsneutralität oder Geschlechtslosigkeit wieder, gegen die wir ja ursprünglich angetreten sind, nur, dass sie sich heute, eben postmodern, „Gender" nennt. Es gibt elitäre Zirkel, in denen mit dem Begriff „Gender" suggeriert werden soll, dass es ein Geschlechterproblem angeblich nicht mehr gibt. Aber die Masse der Frauen auf der Welt kümmert sich sicherlich sehr wenig darum. Auch die Masse der Männer übrigens nicht. Aber ich nehme zur Kenntnis, dass inzwischen von Männern Texte von Frauen zitiert werden, was früher nicht üblich war. Ich vermute, dass das damit zusammenhängt, dass diese Texte sich zwar irgendwie mit dem „Geschlecht" befassen, aber in dieser Hinsicht nicht mehr brisant sind, weil sie „Gender"-orientiert sind.

Der „postmoderne" Umgang mit den modernen Problemen ist eigentlich nur erklärbar aufgrund des Fortdauerns der alten Spaltung von Materie und Geist in der Vorstellung, die – übrigens ganz traditionell – immer noch vorherrscht. Dabei würde es umgekehrt endlich darum gehen, sich der Materie als seelen- und geistvoller wieder zuzuwenden – z. B. der mater –, anstatt sich mittels eines davon getrennt gedachten so genannten Geistes von ihr erneut abzuwenden. Das ja schon altpatriarchale idealistische Projekt ist hier weiter wirksam. Und nicht zufällig kommt die Postmoderne auch als Gender-Diskussion gerade dann in Gang – sie wurde übrigens in den USA finanziell im Gegensatz zur früheren Frauenforschung stark gefördert – als die Gen- und Reproduktionstechnologien immer mehr Platz griffen. Diese „Biotechnologien" sind ja praktisch Frauen- bzw. Gebärersatztechnologien. Und während dabei gewissermaßen „die Natur der Frau" zerstückelt auf dem Labortisch liegt, wird gleichzeitig die Erde als äußere Natur immer schamloser durch eine globalisierte neoliberale Politik verwüstet, und – wie wir inzwischen wissen – auch durch das Militär aufs Extremste gefährdet[519]. Dass all dies gleichzeitig geschieht und von vielen Menschen, auch Frauen, zumindest des Nordens, entweder begrüßt oder gar nicht zur Kenntnis genommen wird, geschieht sicher nicht ohne Grund.

519 vgl. Bertell 2000; Werlhof 2010 (b)

Wenn es also um Natur und Geschlecht geht, warum wird dann heute Judith Butler zitiert und nicht z. B. Carolyn Merchant? Dabei kommt dann heraus, dass Natur angeblich „durch kulturelle Prozesse" erst geschaffen würde. Demnach gibt es sie nicht von selbst als so genannte erste, ursprüngliche Natur. Solche Aussagen wirken auf mich als eine peinliche und hybride Überschätzung dessen, was Menschen innerhalb der Natur sind. Es ist ja eher so, dass die Zerstörung von Natur kulturellen Prozessen anzulasten ist. Wenn es darum aber gerade nicht gehen soll, sondern um die angebliche Möglichkeit, Natur zu „schaffen", dann kann das heute nur heißen, dass es um ein Herrschaftswissen gehen soll, das sich den selbstproduzierten Problemen wahnhaft entzieht, anstatt sie ernst zu nehmen. Oder aber man betrachtet die Zerstörung von Natur als nicht so wichtig, weil man sie angeblich neu und womöglich sogar als „bessere" erschaffen kann. Das nenne ich „Alchemie".

Auch dass nur Realität sei, was „gegen unseren Willen" auftrete, ist nicht nur idealistisch, sondern ebenso eine Kampfansage an Realität, also z. B. menschliche und außermenschliche Natur. Dem entspricht die Aussage, Herrschaft über Natur – es ist mehr der Wunsch und der Versuch, sie zu beherrschen – entstehe nur, weil sie so mächtig und irgendwie schrecklich sei. Da ist jemand, ganz wenig postmodern, bei Darwin im 19. Jahrhundert oder sogar bei der Begründung des modernen Bergbaus im 16. Jahrhundert steckengeblieben[520]. Jedenfalls sind beide Richtungen – entweder ist Natur zu mächtig oder sie ist sowieso unser Produkt – dazu angetan, dass für die Natur nichts Gutes zu erwarten ist. Denn beides legitimiert das Herrschaftsprojekt über Natur. Das erinnert wiederum, auch ganz und gar nicht postmodern, an das Duo von „Hexe" und „Hausfrau" mit der Letzteren als buchstäblich aus der Ersteren „geschaffenen Natur". Das allerdings bedeutete den Tod der Hexe. Was heißt das für den Charakter der „neuen Natur", die von nun an der (Haus-)Frau übergestülpt wird? Heute geht es außerdem sogar noch um die angenommene Neuschaffung der Erde nach ihrer Zerstörung.

Damit ist dieses Naturbeherrschungs- und Neuschöpfungsprojekt weder legitimiert noch gelungen. So stehen wir vor der Frage, warum denn in der Postmoderne fast alles de-konstruiert wird, vor allem der weibliche Leib, nicht aber auch die Herrschaft?

Und schließlich ist es auch nicht mehr als die mechanistische Auffassung von der Welt, die seit der Antike existiert und mit dem 17. Jahrhundert in Europa durchgesetzt wurde, dass gesagt wird, Natur sei „wie ein Baukasten durchkonstruiert" vorstellbar und so auch der zukünftige Mensch bzw. der ganze Planet. Was ist eigentlich postmodern an diesem Machbarkeitsdenken und der Behauptung, alles sei Maschine oder solle wie sie sein, sogar die Erde selbst? Schließlich kommt all das aus den neuzeitlichen Naturwissenschaften und der

520 Böhme 1988

Philosophie seit Descartes. Aber selbst wenn es um eine Art „Post-Humanismus" ginge, dann wäre auch dies nicht postmodern. Denn schon bei Descartes ist der Mensch posthuman, nämlich angeblich „Maschine". Wie sehr dieses Denken zum Allgemeinplatz geworden ist, zeigt die Werbung für eine Kulturveranstaltung in Stams, Tirol, im Oktober 2000, in der es heißt, es werde auch eine Podiumsdiskussion zum Thema „Nach dem Menschen" geben. Dachten die Veranstalter, das sei postmodern, dann lagen sie offensichtlich falsch.

Einführung: Ein Weltraumbild von der Erde

Ich habe eine Zeitung, in der ein Weltraumbild von der Erde abgedruckt ist. Sie wird von verschiedenen Seiten per Satellitenfoto abgebildet. Das gehört zur Reklame von Degussa, einer Chemiefirma. Als ich dieses Bild gesehen habe, konnte ich die ganze Nacht nicht schlafen, weil ich verfolgt wurde vom Bild der Wüsten auf der Erde. Es gibt inzwischen immer größere Wüsten. Über die Hälfte von Afrika, der ganze Vordere und Mittlere Osten sowie Sibirien und Teile von Nord- und Südamerika sind praktisch Wüsten. Es ist nur noch ein bisschen Platz in Europa, West-, Süd- und Südostasien, Teilen von West-, Ost- und Südafrika, Teilen von Nord- und Südamerika. Nur sie erscheinen überhaupt noch bewohnbar. Ich hatte dann den Alptraum, dass speziell Afrika nur noch Wüste ist, dass alles nur noch so rosa-braun ist wie auf diesem Bild. Ich dachte an den indianischen Satz: „Erst gehen die Wälder, dann die Menschen." Überall auf der Welt brennen heute Wälder. Der größte Wald der Erde, der Amazonas, der gewissermaßen unser Klima „macht", wird systematisch abgeholzt.

Ich will damit sagen, dass ich nicht zu denen gehöre, die eine „prometheische Scham" darüber empfinden, dass sie geboren und nicht gemacht worden sind, wie Günther Anders es beschrieben hat [521]. Mein Geborensein aus einer Frau ist mir kein Problem, sondern ich nehme es voll Freude an, und ich sehe auch nicht, was wir anderes tun sollten und vor allem warum. Die Geschichte des Umgangs mit unserem Frauenleib ist eine immens gewalttätige, ebenso wie die des Umgangs mit der Erde. Aber gerade deswegen ist der Sprung in die Negation der Probleme mit dem Leib und der Erde für mich nicht nachvollziehbar. Im Gegenteil, wir haben uns unseres Selbst und der Erde liebevoll anzunehmen. Eine andere Lösung gibt es nicht.

These I: Wir wissen heute nicht, was „Natur" ist

Ich bestreite, dass wir, die wir über „Natur" reden, wissen, worüber wir reden. Wir haben auch keine Methode mehr, Natur zu erkennen, zu verstehen oder gar zu empfinden. Entsprechend wissen die meisten von uns sicher auch nicht,

521 Anders 1980, Bd. 1, S. 21 ff

was „Leib" als unser Anteil an irdischer Natur bedeutet. Daher wird auch das Geschlecht inzwischen abgelehnt. Man soll und will es gar nicht erkennen, was ja ursprünglich „magan", mögen oder gar lieben bedeutet[522]. Wenn eine Gesellschaft ein Ausbeutungs-, Herrschafts- und Machbarkeitsverhältnis zur Natur und zum Leib hat, und zwar ein solches, das schrankenlose Verwüstung dessen, was lebendig ist, was elementare Lebensbedingungen sind, mit beinhaltet, dann kann sie einfach nicht verstehen wollen, was sie wirklich tut. Deswegen wird auch nicht verstanden, was die laufende Störung und Zerstörung der Natur durch gesellschaftliches Handeln für die innere, menschliche wie für die äußere, nicht menschliche Natur bedeutet. Dann könnte das nämlich nicht geschehen. Es ist genau so, wie Günther Anders sagte: Wir haben inzwischen so viele Möglichkeiten zur Zerstörung geschaffen, dass wir gerade auch gefühlsmäßig gar nicht mehr mitkommen. Das ist die „Antiquiertheit" des Menschen. Das Gefühl kann zwanzig Tote vielleicht noch verstehen, aber nicht Millionen Tote[523]. Wir richten also ununterbrochen Schäden an, die wir uns gar nicht mehr vorstellen können. Ich gehe nur den Schritt weiter, dass ich sage, wir wollen es auch nicht, weil das der Vorstellung von Naturbeherrschung bzw. der angeblichen Machbarkeit von Natur widerspricht.

These 2: Unser heutiger Naturbegriff und unser Naturverhältnis sind mit der poltitischen Herrschaftsform entstanden

Jeder Begriff, jedes gesellschaftliche Verhältnis und jedes gesellschaftliche Problem hat eine Geschichte, und zwar meistens ein ältere als wir normalerweise meinen. Es muss also geklärt werden, wo die Dinge herkommen, sonst tappt man im Finsteren und findet keinen Ausweg. Es ist meine These, dass unser heutiges Naturverhältnis im Prinzip ein paar 1000 Jahre alt ist, also nicht (nur) aus der unmittelbaren Vergangenheit stammt. Die für uns heute typische „Entzweiung von Mensch und Welt"[524] entsteht jedenfalls bereits in der alexandrinischen Gnosis noch vor unserer Zeitrechnung, in der antiken Alchemie und in den patriarchalen Großreligionen[525].

Diese prinzipielle Entzweiung von Mensch bzw. zunächst Mann und Welt steht im Zusammenhang mit der Erfindung von Herrschaftssystemen, zunächst in Gestalt der orientalischen Despotie[526]. Im gnostischen Denken werden zum ersten Mal systematisch das Kriegführen, die Herrschaft und der Konflikt mit den Beherrschten – nicht zufällig den alten Frauenkulturen – geistig „aufgehoben" im Sinne von gerechtfertigt durch eine Abwendung von dieser Welt. Die

522 vgl. Fox-Keller 1986
523 Anders 1980
524 Jonas 1984, S. 353
525 Sloterdijk/Macho 1991; Werlhof 2010 (c); Assmann 2003; Genth 2002, S. 219
526 Wittfogel 1977

Welt, die Natur, das Materielle, der Leib und insbesondere die Frauen gelten seitdem als niedrig, böse, schlecht, sündig und zu Überwindendes.

Das gilt in besonderer Weise gerade auch für das Christentum. Man könnte sagen, es handelt sich um praktisch den ersten theoretischen Gedanken des Patriarchats, also einer Gesellschaftsordnung, die zunächst die Herrschaft über Frauen und Eroberte, Gesellschaft, Welt und Natur voraussetzt und damit deren Entzweiung systematisch herbeiführt [527].

Die Herrschaftsform ist historisch im Prinzip neu und jedenfalls nicht weiblich geprägt. Dadurch entsteht eine gewisse Kontinuität in der Entwicklung des Naturverständnisses und eines neuen Geschlechterverhältnisses.

Neben einer Unterbrechung durch das Mittelalter kommt seit der Renaissance, also der beginnenden Neuzeit, dieses Erbe als griechisch-römisches nicht zufällig wieder vermehrt zum Tragen. Der Bruch mit der Möglichkeit, in diesen Fragen auch andere Wege zu beschreiten, macht gerade die Neuzeit aus [528]. Es kommt dabei zu einer radikalen Reduzierung und Zuspitzung des Naturbegriffs und der bisher endgültigen Verkehrung aller älteren Naturbegriffe.

Es ist eine eindeutige Brutalisierung im Umgang mit Natur zu beobachten sowie eine zunehmende Selbstverständlichkeit des Naturbeherrschungsgedankens [529]. Der Naturbegriff hat seitdem immer weniger mit Natur selbst zu tun, sondern er wendet sich prinzipiell gegen sie. Man kann sagen, es gibt seitdem einen regelrechten Naturhass [530].

Und wieder ist genau parallel dazu das Gleiche im Verhältnis zu den Frauen zu sehen. Im selben Moment, wo das Naturverhältnis eindeutig und einseitig ins Negative kippt, geschieht das auch mit dem Verhältnis zu den Frauen (bzw. vice versa). Parallel kommt es zu den berüchtigten Hexenverfolgungen am Beginn der Neuzeit [531]. Auch vom weiblichen Geschlecht will man nun endgültig nichts mehr wirklich – Positives – wissen, genauso wie von Natur. Denn ein Verständnis, ein Erkennen, ein Gerechtwerden, ist – zumindest in der vormodernen Wissenschaftsauffassung – nur bei Sympathie, Empathie oder gar Liebesverhältnissen möglich [532].

In der Neuzeit wird allgemein ein Wissenschaftsverständnis durchgesetzt, das auf Unterwerfung, Überwindung, Distanz und Beherrschung von Mensch und Natur fußt. Francis Bacon, ein Alchemist, der als Begründer der modernen Wissenschaft gilt, sagt dazu, die Untersuchung gelte „der gebundenen und bezwungenen Natur, d. h. wenn sie durch die Kunst und die Tätigkeit des Menschen aus ihrem Zustand gedrängt, gepresst und ge-

527 Eisler 1993; Göttner-Abendroth 1989; Gimbutas 1994; Wolf 1994
528 Merchant 1987; Böhme 1988
529 vgl. Delumeau 1989
530 vgl. Böhme a.a.O.
531 Kimmerle 1980
532 Fox-Keller a.a.O.

formt wird, denn die Natur der Dinge offenbart sich mehr, wenn sie von der Kunst bedrängt wird (d. h. von der Wissenschaft, C.W.), als wenn sie sich frei überlassen bleibt"[533]. Und zur Methode heißt es: „Wird dort ein Gegner durch Disputieren besiegt, so soll hier die Natur durch die Tat unterworfen werden".[534] Diese Tat besteht zunächst im Inquisitionsverfahren gegen die angebliche Hexe, auf das sich Bacon explizit bezieht, dann im experimentellen Verfahren der Induktion: „Die Wissenschaften aber brauchen eine solche Form der Induktion, welche die Erfahrung auflöst und zergliedert und notwendig durch Ausschließung und Zurückweisung zu einer richtigen Schlussfolgerung gelangt".[535] Das heißt, die wissenschaftliche Handlung beginnt mit dem, was in der Alchemie „Mortifikation" heißt, nämlich der Abtötung des Materials bzw. Lebewesens, das dem Wissenschaftler vorliegt. Damit sollen die äußere, aber auch die menschliche Natur, von der der Hexe bis zu der des Forschers, abgewehrt, zerstört und unterworfen und die gegebenen Sinnesvermögen, gerade auch das mimetische als das sich verbindende, ausgeschaltet werden[536]. Auf diese Weise wird die Gewalt des Vorgehens gegen Natur am Ende gar nicht mehr gespürt und kann ungestört stattfinden.

Heute begreifen wir dieses Verhältnis als „objektiv" und wissenschaftlich „neutral". Die Gewalt, die wir jeweils davor uns und anderen sowie äußerer Natur angetan haben müssen, damit ein solches Verhältnis etabliert werden kann, haben wir verdrängt. Das experimentelle Vorgehen, das inzwischen von den Naturwissenschaften aus – man müsste sagen den Antinaturwissenschaften – auch auf alle anderen Wissenschaften übergegangen ist, hatte zum Ziel, „mit konzentrierter Anstrengung das Wissen nicht bloß aus den Tiefen des Geistes, sondern aus den Eingeweiden der Natur" herauszuziehen[537]. Daran wird auch deutlich, dass Geist und Natur immer stärker als Gegensätze begriffen worden sind und die alt-patriarchale Trennung von Geist und mater-Materie gerade durch die Neuzeit auch enorme, ja umwälzende praktische Konsequenzen hat. Sie sind das Ergebnis einer „metaphysischen ‚Vergeistigung' der Materie ohne Annahme der Weltseele"[538]. Das heißt, die Materie verliert in der Anschauung der Naturwissenschaft neben ihrem konkreten „Geist" auch ihre fühlende „Seele" und wird zum bloßen leblosen „Stoff", zur „Biologie" definiert, die weder denkt noch fühlt. Also wird die Gewalt der Natur gegenüber als nicht vorhanden legitimiert.

Allerdings war die Natur für Bacon „noch göttlich, ja eine Göttin. Sie war voller Geheimnisse und schöpferisch und verfügte über unerkannte Fä-

533 Bacon 1990, S. 56 f
534 a.a.O., S. 41
535 a.a.O., S. 45
536 vgl. Genth 2002, S. 230
537 Bacon, S. 45
538 Genth 2002, S. 223

higkeiten, die in ihrem Heiligtum verschlossen waren. Aber dieses Heiligtum durfte nicht unantastbar bleiben. Es war an der Zeit, in ihr Heiligtum einzutreten"[539]. „Ihre schöpferischen Fähigkeiten stellten zurückgehaltenes Wissen dar, und dessen musste man habhaft werden. Die Menschen sollten sich dessen bemächtigen. Die Göttin musste bezwungen werden.[540]

Wissenschaft soll in diesem Sinne „Raub" sein, und die Menschen sollen zu diesem Zweck „Diener und Dolmetscher der Natur" sein, denn „die Natur wird nur besiegt, indem man ihr gehorcht"[541]. Dieses „Dienen" ist also nur Mittel zum Zweck. Doch die Natur und das Wissen werden zu Beginn der Neuzeit noch als ursprünglich weiblich gedacht. Unter Anwendung von List, Tücke und Gewalt kann ihr, der Frau/Natur/Göttin aber beigekommen werden. Der patriarchale Mann – vgl. auch die Figur des Odysseus – kann die mächtige Frau-Natur nur bändigen, indem er zum Schein auf sie eingeht, also kein „mimetisches Verhältnis" zu ihr mehr einnimmt, sondern nun ein „simulierendes", um sie wie einen Feind im Krieg zu überlisten. Das ist im Übrigen eine typisch alchemistische Argumentationsweise. Nicht umsonst ist dabei das „auf-die-Folter-Spannen der Natur" der Folter der Hexen entlehnt, mit denen Bacon seine eigenen Erfahrungen gemacht hatte[542].

Das angezielte Ergebnis sind die Erfinder. Sie sollen die Natur nachbauen und in deren angeblich eigenem Interesse verbessern[543]. Die durch Unterwerfung erniedrigte, des Geistes beraubte, entseelte, um ihr Leben gebrachte Natur (Frau) soll dann anschließend wieder „erhöht" werden. Die Gewalt wird gerechtfertigt mit dem angeblichen Eigeninteresse der Natur, die von da an auch noch „die Augen aufschlagen", also sich ihrer selbst bewusst werden könne. Erst durch die männlich-patriarchale Gewalttat soll es ihr möglich sein, sich ihres höheren Zwecks zu besinnen und dem „Zivilisationsprojekt" zuzustimmen. Ihre wahre Natur findet Natur (Frau) also angeblich erst nach ihrer Erniedrigung, von der aus sie sich gewissermaßen freudig an ihrer angeblich eigentlichen Entfaltung beteiligt. Diese Prozedur gilt in der Alchemie als das „Große Werk", ich nenne es Schöpfung aus Zerstörung bzw. Zerstörung durch Schöpfung[544].

Hier wird Natur aber nur scheinbar als „Subjekt" begriffen[545]. Denn zum Agieren kommt sie erst wieder unter der Prämisse ihrer künstlichen Neuschöpfung im Anschluss an ihre Mortifikation. Also ist sie weiter Objekt, allerdings nun „aktives Objekt", eines, das dabei „mitmacht". Solange sie unterworfen werden muss, ist sie im Gegensatz dazu lediglich passives Objekt, am Ende toter – weil getöteter – Stoff. Somit kann Naturbeherrschung angeb-

539 Bacon 1990, S. 77
540 Genth, 1999, S. 47
541 Bacon 1990, S. 65
542 vgl. Genth 2002, S. 230
543 Bacon 1990, S. 51 f
544 Werlhof 2010 (e)
545 vgl. Böhme 1988

lich gelingen und ihre Zerstörung nie in Naturkatastrophen münden, sondern lediglich „gute", „zweite" Natur hervorbringen. Dass Natur dazu „Nein" sagen könnte, weil sie dabei umkommt, ist nicht vorgesehen.

Es ist wie mit Erziehung. Nicht nur „schwarze" Pädagogik argumentiert genauso[546]. Auch die Ausbildung beim Militär läuft nach ähnlichen Mustern. Gerechtfertigt wird mit dem „höheren Zweck" bzw. der „Entwicklung" oder gar „Evolution".

These 3: Wenn wir von Natur nichts mehr wissen, so können wir sie doch erfahren

Wenn wir von Natur schon nichts wissen, weil die Wissenschaft, die Erziehung und die gängigen Ideologien sie uns auszutreiben oder zu negieren bemüht sind, so bringt doch die Kunst und die Poesie sie – ja, bringt sie sich selbst zur Kenntnis.

Ich zitiere daher jetzt aus einer Kurzgeschichte, die auf einer autobiographischen Erfahrung beruht. Die Erfahrung hat damit zu tun, dass Natur offenbar tatsächlich vor allem in Liebesverhältnissen oder gar als Liebesverhältnis erkannt werden kann – so wie es auch die älteren Natur- und Wissenschaftsauffassungen nahelegen. Jedenfalls zeigt sich hier eine Möglichkeit, eine zu unserem Naturbegriff radikal andere Natur zu erfahren.

In der Geschichte geht es um eine Frau namens Tila, die während einer Zugfahrt einen Mann kennenlernt, wobei sich zwischen beiden etwas anbahnt. Am Ende der Zugfahrt haben sie sich getrennt. Zwei Tage später geschieht mit Tila Folgendes:

„Sie hat es sich nicht ausgesucht. Aber Tila ist von nun an in diesem besonderen Zustand. Eigentlich hat es gar nicht viel dazu gebraucht. Und Tila hat auch gar nichts dafür getan. Aber es ist ihr auf einmal, als würde sie an eine Art Kraftwerk angeschlossen. Riesige Energien beginnen durch sie hindurchzuströmen. Mit der ganzen Welt steht sie plötzlich in Verbindung. Sie hat von nun an nicht nur mit allen, wirklich allen Menschen, sondern irgendwie auch allen Nicht-Menschen zu tun. Tila findet sich plötzlich in einer umfassenden Gegenwart von Zeiträumen oder Raumzeiten vor. Sie kann auch alles das wahrnehmen, ja sie vernimmt und versteht auf irgendeine Art sogar Tiere und Pflanzen. Mit anderen Worten: Sie ist überhaupt nicht mehr getrennt oder weit weg von dem, was sonst noch alles da ist, ja war. Tila weiß auf einmal, was Welt ist und wie sie ist, dass sie immerfort in Bewegung ist und dass alles zusammengehört wie bei einem einzigen Lebewesen, das sich fühlt, ja sich kennt.

Diese Kraft und diese Präsenz erlebt Tila als Liebe. Sie findet einfach kein anderes Wort dafür. Das ist sie. Nicht abgedroschen, nicht peinlich, nicht

546 vgl. z. B. Locke 1970

kitschig und nicht verlogen. Es gibt sie, und sie ist mächtig, sie ist strotzend, sie ist heiter, sie hält dich fest und schaut dich an. Sie lacht. Sie freut sich ungeheuer über dich, und sie ist überall. Du kannst ihr gar nicht entkommen. Sie ist in allem, was (gewesen) ist, und sie hat all das miteinander verwoben zu einem riesigen, elastisch schwingenden Kontinuum. Und sie selbst, Tila, gehört dazu, ist mitten drin, wird mitgeliebt und liebt zurück, als sei das der Normalzustand der Welt. Es fällt ihr wie Schuppen von den Augen. Es ist der Normalzustand der Welt. Es ist der Zustand der Liebe. Ohne diesen Zustand ist die Welt gar nicht da. Die Welt ist dieser Zustand.

Tila ist plötzlich alles klar. Aber wieso war das nicht vorher schon der Fall, und wieso, fragt sich Tila, ist das auf einmal anders geworden? Tila fängt an, sich Notizen zu machen:

Der Zustand der Liebe ist der Zustand der Kraft. In diesem Zustand gibt es keinen Mangel, keine Knappheit und keine Grenzen.

Der Zustand der Liebe ist der Zustand der Potenz. Alles ist möglich, nur nicht Hass und Gewalt.

Der Zustand der Liebe ist ein Strahlen. Es ist in allen Dingen ebenso wie zwischen ihnen.

Der Zustand der Liebe ist Jubel. Er ist eine große Heiterkeit. Er ist die Freude an der bloßen Existenz.

Der Zustand der Liebe ist Offenheit, ein paradoxes Außer-Sich-In-Sich-Sein. Andere nenne es Ekstase. Es ist die Auflösung der Grenze zwischen Mensch und Welt.

Der Zustand der Liebe ist der des Ver-Mögens, des Mächtig-, Magisch- und Magnetisch-Seins aller Dinge.

Der Zustand der Liebe ist der des Staunens und Sehens, des Da-Seins.

Der Zustand der Liebe ist der des Könnens und Erkennens, des Sinns. Er ist ein Weltwissen, eine Art Sechster Sinn.

Der Zustand der Liebe ist der wirkliche Naturzustand und gleichzeitig der bestmögliche Kulturzustand.

Der Zustand der Liebe ist der des Göttlichen. Er ist der Zustand der ewigen Unverletzlichkeit und Heilheit (oder Heiligkeit).

Der Zustand der Liebe ist der des erotischen Lebensgefühls. Eine Art von Energie durchflutet den Leib. Und dieser Leib ist mit dem der Welt, ihrem Empfinden, ihrem Gedächtnis, ihren Rhythmen und Räumen, dem Weltraum, verbunden.

Der Zustand der Liebe ist der einer anderen Ordnung." [547]

Hier zeigt sich eine völlig andere Natur. Und es ist etwas geschehen, das man bezeichnen könnte als ein Geschlagen-Werden auf ihre Seite. Die Natur hat sich dabei als „Ja" – aber nicht zu ihrer Unterwerfung! – sagendes, also ei-

547 Werlhof 2000 (a), S. 36 f

genmächtiges „Subjekt" gezeigt. Dadurch wird erfahrbar, dass die Menschen nicht die einzigen sind, die auf irgendeine Art „denken", „fühlen", „lieben", „handeln" und „sind".

Die geschilderte Naturerkenntnis war gar nicht gewollt, sondern sie hat sich von selbst ereignet. Das Geschehen zeigt das Ausmaß, in dem unser Naturbegriff völlig unangemessen, in absurder Weise reduktionistisch, verkehrt und kontraproduktiv ist. Wir sind dadurch normalerweise mit den Möglichkeiten, die Natur bietet, überhaupt nicht verbunden und ihrer nicht gewahr.

Es kann aber die erfahrene Natur auf diese Weise zum Maßstab der so dringend notwendigen Reversion und Öffnung des Naturbegriffs werden. Die Folgen für unseren Wissenschaftsbegriff und unsere Kultur, also die gesellschaftliche Praxis im Umgang mit Natur, der äußeren wie der inneren, wären unübersehbar.

These 4: Die Entwicklung und Dramatik unseres Naturverständnisses zeigt sich insbesondere im Begriff der Natur als „Mutter", als „Mimesis" und als „Maschine"

„Mutter" Natur

Dass Natur nicht nur als Frau, sondern vor allem als Mutter bzw. Göttin aufgefasst wurde, ist sehr alt, viel älter und verbreiteter als alles andere, was wir kennen[548]. Mutter Natur, Mutter Erde sind Vorstellungen, die in allen Sprachen auf der Erde vorkommen. Naturbegriffe sind zunächst überall weibliche. Die Natur hat von je her ein weibliches Geschlecht, und die Frauen werden mit ihr aufgrund ihrer regenerativen Potenz, ihrer lebensschaffenden Kräfte in engerer Verbindung gesehen als das männliche Geschlecht. Bei der Natur geht es immer um ihre schöpferische Potenz, die in den Frauen wiederkehrt. Die Natur/die Frauen sind selbstschöpferisch, „natura naturans"[549], und bringen die konkreten Schöpfungen zustande, „natura naturata"[550], das Geschöpfte. Die Geschöpfe sind die konkreten Lebewesen wie auch der Mensch und speziell der Mann. Das Geschlechterverhältnis ist also nicht eines der Gleichheit oder Vergleichbarkeit, sondern die Frauen haben Anteil an der natura naturans, der Natur als dem Allgemeinen, der Naturpotenz. Das Männliche gehört demgegenüber mehr zum Besonderen, ist von Frauen/Natur geschaffen, ist eher natura naturata.

Solche Naturbegriffe sind allesamt vor- bzw. post-patriarchal[551].

In der Diskussion über die Entstehung des neuzeitlichen Naturbegriffs hat auch Carolyn Merchant dieses Bild der Natur als Frau und Mutter noch einmal vorgestellt:

548 z. B. Laotse 1993; Arrow-Smith/Korth 1995; Bookchin 1984
549 Böhme 1988, S. 27, 33
550 a.a.O., S. 50 f
551 vgl. Bachofen 1975; Bloch 1991; Mulack 1996; Voss 1988; Werlhof 1991b, 1997 (a), 2010 (s)

„Durch die alte Gleichsetzung der Natur mit einer nahrungsspendenden Mutter berührt sich die Geschichte der Frauen mit der Geschichte der Umwelt und des ökologischen Wandels. Die weibliche Erde bildet den Mittelpunkt jener organischen Kosmologie, die im frühneuzeitlichen Europa der wissenschaftlichen Revolution und dem Aufstieg einer marktorientierten Kultur zum Opfer gefallen ist. Die Ökologiebewegung hat wieder das Interesse an jenen Wertvorstellungen und Begriffen geweckt, die historisch mit der vormodernen organischen Welt verknüpft sind".[552] „Das Wort Natur hat (noch, C. W.) in der Antike und in der frühmodernen Zeit eine ganze Reihe von miteinander zusammenhängenden Bedeutungen. Auf Einzelwesen bezogen meinte es die Eigenschaften, inneren Merkmale und vitalen Kräfte von Personen, Tieren oder Dingen, oder allgemeiner überhaupt die menschliche Natur. Es bedeutete auch den inneren Anstoß zum sich Regen und Wirken. Umgekehrt bedeutete gegen die Natur Handeln, diesen angebotenen Antrieb zu missachten. Auf die materielle Welt bezogen meinte Natur ein dynamisches, schöpferisches und regulatives Prinzip als Ursache der Erscheinungen, ihres Wandels und ihrer Fortentwicklung".[553]

Interessant ist in diesem Zusammenhang z. B. auch der Philosoph Schelling, der im Gegensatz zu seinem Ruf als Idealist sehr viel mehr an der Natur als an der Gesellschaft orientiert war. Er sagt: „Die Natur soll der sichtbare Geist, der Geist aber die unsichtbare Natur sein".[554] Er hebt damit die patriarchale Trennung von Natur und Geist bzw. Materie und Geist wieder auf und hat auch einen entsprechenden Begriff z. B. von menschlicher Freiheit. Solange man die Natur zu überwinden versuche, solange könne er, der Mensch, in ihr nur sich selbst begegnen. Der Mensch müsse daher „ein von ihm unabhängiges freies Wesen in der Natur erkennen, bevor er seine wahre Freiheit gewinnen kann"[555]. Nach Schelling ist also die Freiheit nur innerhalb der Natur zu finden und nicht außerhalb von ihr oder gegen sie. Um diese an der Natur orientierte Freiheit darzustellen, hat er den Begriff der „ekstatischen Offenheit"[556] geprägt, der es ermöglicht, in ihr frei zu sein und nicht jenseits von ihr. Mitten in der Neuzeit ist Schelling damit ganz anderer Meinung als die meisten seiner Zeitgenossen.

Der Begriff der Natur als Mutter ist ein grundsätzlich positiver Begriff, der das Positive an der Natur und das Positive an den Müttern/Frauen miteinander verbindet. Das heißt aber nicht, dass Mutter Natur nicht auch gefährlich, ja lebensgefährlich sein kann und ist. Die Naturgewalten werden jedoch anders wahrgenommen, haben andere „Gründe" als die menschlichen

552 Merchant 1987, S. 12
553 a.a.O., S. 15 f
554 zit. n. Lawrence 1989, S. 57, 59
555 a.a.O., S. 204
556 a.a.O., S. 205

Gewalttaten. Und wenn Natur „verwüstet", ist das außerhalb des Patriarchats nie eine Legitimation für menschengemachte Verwüstungen gewesen.

Zum Mutter Natur-Begriff gehören auch Begriffe von „Denken" und „Seele" bzw. „Pneuma", also Geist, die allesamt nicht von Natur und vom Mater-iellen getrennt sind und außerdem als weiblich gelten. So meint der ältere Seelenbegriff auch nicht die Einzel-Psyche, sondern die „Weltseele" als das, was die Welt als lebendige zusammenhält. Die Chinesen haben dafür den Begriff „Chi", die Kraft, die allen Lebewesen innewohnt. Auch im alten Mutterrecht, dem ersten Naturrecht[557], sind solche positiven Bezüge definiert. So ist die Freiheit und Gleichheit der Menschen von Natur aus und nicht ein gesellschaftliches Geschenk bzw. „Recht", das ihnen „gegeben", aber auch aberkannt werden kann.

Ebenso gehören alle „animistischen" Naturbegriffe, die die Beseeltheit[558] und damit Belebtheit aller Lebewesen und der Natur betonen, auch der heute so genannten anorganischen Natur, hierher. Natur wird also nicht als das schlechthin Andere zum Menschen und zur Kultur gesehen, sondern als Ort des Lebens, an dem alle aufgehoben sind[559]. Der Übergang zum Kulturbegriff ist fließend. Natur wird aus Kultur weder verbannt noch ihr unterworfen.

Der Versuch der Nationalsozialisten, einen positiven Mutter- und Naturbegriff für Propagandazwecke einzusetzen, ist daher sehr geschickt, allerdings wegen der real absolut entgegengesetzten natur- und frauen- bzw. mütterfeindlichen Politik des Regimes leicht als Trick zu erkennen[560]. Merkwürdigerweise wirkt er aber heute noch[561]. Das heißt, gerade denen, die wirklich – nicht zum Schein – ein „positives" Verhältnis zur Natur und zu den Müttern wollen, wird oft genug „Faschismus" vorgeworfen[562]. Würde das entsprechend dann auch für die indigenen Bewegungen der Welt gelten, die ebenfalls, und zwar immer noch, in aller Selbstverständlichkeit von der Erde als ihrer Mutter reden? Die „Pachamama" der Indios in Lateinamerika und die 2010 in Bolivien gegründete, globale „Bewegung für Mutter Erde" sowie eine nationale Gesetzgebung zum Schutz ihrer Rechte – was hätten die mit Faschismus zu tun? Das genaue Gegenteil ist der Fall und gilt auch für uns, die wir zufälligerweise praktisch gleichzeitig die „Planetare Bewegung für Mutter Erde" ausgerufen haben[563]. Denn gerade heute werden mit den neuesten zivilen, aber auch militärischen Technologien inzwischen nicht nur die Menschenmütter und „Mutter Natur"[564], sondern sogar der ganze Planet,

557 vgl. Bloch 1991
558 anima = die Seele
559 vgl. Derungs 2011
560 vgl. Bergmann 1998; Ruault 2006
561 Gugenberger/Schweidlenka 1987
562 AutorInnengemeinschaft 2003
563 Werlhof 2010 (b)
564 Merchant 1987

unsere „Mutter Erde" als kosmisches Wesen unseres Sonnensystems insgesamt bedroht[565].

Natur als „Mimesis"

Dieser Begriff ist sowohl sehr alt wie auch neuerdings wieder in Verwendung. Wie komme ich dazu, den Mimesis-Begriff im Rahmen einer Diskussion des Naturbegriffs zu verwenden? Ich tue dies in Anlehnung und Würdigung der Arbeit von Renate Genth[566]. Da heißt es: „Mimesis ist wesentlich eine Kategorie der Ästhetik. Sie wird in der Regel dem Mythos, einer längst überholten, ja archaischen Weltbetrachtung zugeschlagen oder als Erscheinung in Kunst und Literatur verhandelt. Dort wird sie unter der Perspektive der erzeugten Produkte, der Kunstwerke betrachtet. Gebauer/Wulf gehen in ihrer ... theoretischen Untersuchung darüber hinaus und spüren die verschiedenen Erscheinungen des Mimesisbegriffs in Kultur, Kunst und Gesellschaft auf. Danach ist Mimesis in vielen Vorgängen wirksam. Mir geht es ... bei der Mimesis nicht um ihre Bedeutung als entstandenes Werk oder als besondere Ausdrucksform. In diesem Kontext ist sie als Naturbegabungwichtig, die (alle, CW) Menschen betrifft. Grundsätzlich gilt, dass sie allen Lebewesen zu eigen, und womöglich weit darüber hinaus zu finden ist. Sie ist eine allgemeine Naturbegabung; vielleicht ist sie gar ein inneres wie äußeres Vermögen, durch das viele Erscheinungen in der Natur entstehen ... Jedenfalls ist Mimesis etwas höchst Lebendiges. Es ist Leben in Aktion. Vermutlich wären Menschen ohne ihre mimetische Begabung gar nicht lebensfähig, jedenfalls wären sie nicht fähig, Gesellschaft ausbilden. ‚Ohne Mimesis kann keine Verbindung mit der Außenwelt gelingen'[567]. Mimesis ist die Grundlage für den Wirklichkeitssinn, ohne den keine sinnvolle Orientierung in der Erscheinungswelt möglich ist ... Dabei ist Mimesis zunächst nachahmendes Geschehen im weitesten Sinn ... Einbildungskraft und Ausbildungskraft, also Gestaltungskraft, Imagination und Vorstellung spielen ... mit. Sie ist Empfänglichkeit und nachahmendes Handeln oder auch nachahmendes Denken und Vorstellen ... Die mimetische Begabung macht Menschen zutiefst bildsam im empfänglich-aktiven Sinn. Sie lässt sie aufnahmefähig, verwandlungsfähig und schöpferisch sein. Indem sie aufnehmen, gestalten sie, und das auch sich selber. Sie ist Wahrnehmung, Aneignung und dabei selbst Veränderung zugleich ... Es kommt zu einem ‚Anschmiegen an einen Anderen'[568]. ... ‚Der Andere wird an die Welt desjenigen angeglichen, der sich ihm anschmiegt. Diese Metapher drückt auch das in ihm enthaltene Affektive aus'[569] ... ‚Die Mimesis eines Verhaltens beinhaltet die

565 Bertell 2000, 2010; Werlhof 2010 (h)
566 Genth 2002
567 Benjamin in Gebauer/Wulf 1992, S. 429
568 Gebauer/Wulf 1992, S. 13
569 Gebauer/Wulf 1992, S.13f

Veränderung des Nachahmenden mit der Absicht, einem Vorbild nachzueifern und sich die Fähigkeiten des Vorbilds anzueignen'."[570]

Genth nennt die Verwandlung durch Mimesis, denn „durch die Anverwandlung gibt man sich dem Anderen anheim"[571]. So kommt z. B. Ähnlichkeit zustande. „Ähnlichkeit ist eine Folge von mimetischer Bezugnahme".[572] Neben der „Anverwandlung" erfolgt nach Genth in der Mimesis eine „Einverleibung", aber im Sinne der Ähnlichkeit mit dem „schöpferischen Geschehen von Schwangerschaft und Geburtsvorgang"[573]. Dadurch sei Mimesis von „Simulation" zu unterscheiden, bei der nur eine „einfache Spiegelung" stattfinde. Die mimetische Nachahmung sei auch keine identische Reproduktion, sondern ein kreativer Akt, bei dem alle Beteiligten sich verändern. „Mimesis gehört zum Lebendigen".[574] „Mimesis widersetzt sich der harten Subjekt-Objekt-Spaltung ... In mimetischen Prozessen ‚gleicht' sich der Mensch die Welt an, Mimesis ermöglicht es dem Menschen, aus sich herauszutreten, die Außenwelt in die Innenwelt hineinzuholen und die Innenwelt auszudrücken. Sie stellt eine sonst nicht erreichbare Nähe zu den Objekten her".[575] Im mimetischen Verhältnis seien, entsprechend Adorno, „Gedanke, Vorstellung und Realität noch nicht vollends geschieden"[576].

Das, so Genth, unterscheidet Mimesis von Rationalität: „Mimesis hat als Vermögen zunächst nichts mit der maschinenlogischen, also konstruktiven Rationalität zu tun. Im mimetischen Geschehen wird nichts konstruiert".[577] Konstruktionen gehören dem technischen Bereich an bzw. der Sphäre des homo faber und stellen eine „Verstandesleistung" dar[578].

Vielmehr erinnert Mimesis an die Mutter-Kind-Beziehung. Das mimetische Spiel wird von jedem Menschen vom Beginn des Lebens an mindestens und grundsätzlich im Verhältnis zur Mutter erfahren. So gesehen wäre Mimesis eine Naturbegabung, die alle von ihren Müttern „erben" und dann auch in allen anderen Lebensprozessen weitergeben und weiterentwickeln können. Das mimetische Vermögen zur Anverwandlung und schöpferischen Auseinandersetzung mit der Welt würde aus der Mutter-Kind-Beziehung hinübergezogen in alle übrigen Beziehungen. Die kulturstiftende Kraft, die aus dem mimetischen Naturvermögen stammt, das vor allem die Mütter kulturell weiterentwickelt haben, würde somit zu einer naturfreundlichen und nicht-feindlichen Kultur und Gesellschaft führen. Natur ginge zunächst über die Mütter in

570 Gebauer/Wulf a.a.O. S. 56
571 Genth 2002, S. 25
572 Gebauer/Wulf 1992, S. 432
573 Genth a.a.O., S. 30
574 a.a.O., S. 27
575 Gebauer/Wulf 1992, S. 11
576 Gebauer/Wulf 1992, S. 392
577 a.a.O., S. 30
578 ebenda

Kultur über und Kultur verstünde sich nicht als Gegensatz zur Natur, wie es heute der Fall ist. Insofern ist der Mimesisbegriff besonders gut geeignet, den Übergang von Natur zu allgemein menschlicher Kultur als Zusammenhang und Kontinuum anstatt immer nur als Distanz und Abstraktion zu verstehen.

Die Weiterentwicklung des Mimesisbegriffs durch Genth weist aber nicht nur auf die dadurch mögliche Erklärung für die Vielfältigkeit von Lebensformen und -entwürfen der je Einzelnen hin, sondern gerade auch auf seine soziale Bedeutung. Es entstünden „mimetische Sphären", wenn Menschen mit verwandten Erfahrungen und Wahrnehmungen ähnliche mimetische Aneignungen vollziehen. Mimetische Sphären sind besonders dort zu erfahren, „wo Menschen mit ähnlicher Gesinnung zusammenkommen"[579].

Zur „Irrationalität" im Sinne einer negativ verstandenen Naturausstattung der Menschen wird Mimesis unter Umständen in einer Gesellschaft, die das gegenteilige Prinzip, nämlich das der „instrumentellen Rationalität" und des „Konstruktivismus" zu ihrem Prinzip gemacht hat. Genth zitiert dazu Adorno und Horkheimer: „Die Ratio, welche die Mimesis verdrängt, ist nicht bloß deren Gegenteil. Sie ist selbst Mimesis: die ans Tote".[580] Ich würde allerdings ergänzen: die ans Getötete. Es ist die Mimesis an ein mörderisches Verhalten, an Gewalt. Die Frage, die sich stellt, ist, was geschieht, wenn Mimesis vom Mutter-Natur-Begriff „hinübergezogen" wird in den Begriff der „Natur als Maschine" (bzw. gar der „Maschine als Natur") als dessen bisher größtem Gegensatz. Und in der Tat, die Vereinnahmung des Mimesisbegriffs für eine Kultur der Gewalt, als „Mimesis an die Gewalt", ist ein Problem, auf das Genth und Gebauer/Wulf sehr verschiedene Antworten haben. Denn bei Genth ist die Usurpation der Mimesis für das Maschinelle ein Bruch, für Gebauer/Wulf eine (begrüßenswerte?) Weiterentwicklung.

Zusammenfassend ist zu betonen, dass der Natur-als-Mimesis-Begriff den Zusammenhang, die Kontinuität und die Gegenseitigkeit im Gegensatz zur Zusammensetzung, Konstruktion, Abstraktion, Trennung und Distanz betont.

In eine ähnliche Richtung wie bei Genth gehen z. B. die Arbeiten von Rupert Sheldrake über „morphogenetische Felder", die er auch das „Gedächtnis der Natur" nennt[581]. Ähnlich wie in den „mimetischen Sphären" bei Genth haben die Dinge innerhalb der „Felder" von Sheldrake Gemeinsames, z. B. die Vielfalt bei der Gestaltung, aber auch Wiederholung der Formen. Begriffe wie „Symbiose" und „Empathie", „Milieu" und „Magie" gehen in dieselbe Richtung. Das meist missverstandene und falsch definierte Phänomen der Magie hat eben nichts mit Zauberei zu tun, sondern kommt vom Wort „magan", dem „Mögen" und „Vermögen". Es handelt sich um den alten Machtbegriff, der kein „politischer" ist, sondern einer der „Natur", der die Lebensmacht

579 a.a.O., S. 34; vgl. die tunesische und ägyptische „Revolution" vom Jan/Feb. 2011.

580 Adorno/Horkheimer 1947, S. 43f

581 Sheldrake 1990

der Dinge bezeichnet, also nicht das Macht-Haben über, sondern die Eigen-Macht, die Macht, zu sein – zusammen mit allen/m anderen.

Natur als „Maschine"

Der dritte Begriff, der meiner Ansicht nach von besonderer Bedeutung für die Entstehung und Ausprägung unseres heutigen Naturverständnisses ist, ist der Bergriff der Natur als Maschine. Während die beiden vorigen Naturbegriffe, Mutter-Natur und Natur als mimetische Begabung von Natur als „erster", ursprünglicher, als positiver ausgehen und menschliche Kultur gewissermaßen als Verlängerung oder Pflege (cultura) von Natur verstehen, ist bei unserem dritten Naturbegriff, Natur als Maschine, ein Bruch zu konstatieren. Zwar ist Natur, als „Maschine" begriffen, ebenfalls positiv bewertet und scheint eine ebensolche Entsprechung mit Kultur bzw. Gesellschaft als Abbild der Natur (aber als Maschine) zu existieren. Jedoch handelt es sich hier bereits nicht mehr um „erste", ursprüngliche Natur, sondern um „zweite", gesellschaftlich beherrschte bzw. hervorgebrachte „Natur", die die „erste" verdrängt, umgewandelt, ja „ersetzt" zu haben scheint [582].

Bevor Natur als Maschine begriffen wird, muss das Bild der Maschine aber überhaupt erst einmal entstanden und im Bewusstsein und in der Vorstellung Platz gegriffen haben. Maschine ist immer erst das Ergebnis von Naturbeherrschung. Der Mutter-Natur und Mimesis als Begabung des Lebendigen liegt zwar auch Kultur als Umgang mit Natur zugrunde, aber nicht ein solcher, der durch Beherrschung zu charakterisieren wäre. Es fällt also bei den verschiedenen Naturbegriffen auf, dass sie nicht nur von der jeweiligen Kultur/Gesellschaft/Zivilisation abhängen, die sie prägen, sondern dass diese Prägung plötzlich eine völlig andere ist: Das ursprünglich freundliche und liebevolle Naturverhältnis hat sich gewandelt in ein feindliches. Fülle, Zusammenhang und Vielfalt von Natur und ihren Möglichkeiten, das Spielen mit ihnen, hat sich gewandelt in ein distanziertes, starres und grundsätzlich negatives Verhältnis zu ihr. Natur wird nicht mehr von ihr selbst her gesehen, sondern von einem Gegenteil aus, zu dem Gesellschaft/Kultur sich nun entwickeln will. Man schaut nicht mehr von innen heraus, sondern von außen, aus einer Distanz, aus/mit einer Perspektive . Das Leuchten („lumen naturale") weicht der Beleuchtung.

Zwischen Natur als dem Lebendigen und dem „zivilisierten und kultivierten Menschen" steht nun die (Maschinen-)Technik, aber nicht nur als Ding, sondern auch als „Verhältnis". Ernst Bloch bezeichnet dieses Verhältnis so: „Unsere bisherige Technik steht in der Natur wie eine Besatzungsarmee im Feindesland und vom Landesinneren weiß sie nichts …". [583]

Bis Descartes und de La Mettrie, die im 17. Jahrhundert die Metapher von der Natur als Maschine aufstellten und damit den bisher endgültigen Bruch

582 vgl. Werlhof 1997 (a)

583 Bloch 1967, S. 114

mit den bis dahin meist gebräuchlichen „organischen" Naturbegriffen[584] vollzogen, sind 300 Jahre modernes Naturbeherrschungsdenken schon vorausgegangen. Dieses beginnt mit der Pest, der „kleinen Eiszeit", Kriegen und Hungersnöten im 14. Jahrhundert[585]. Und nicht zufällig wird in dieser „Übergangszeit" zur Neuzeit oft genug von der Natur als „böser Stiefmutter", die den Menschen plötzlich mit Hass und Geiz gegenübertrete, gesprochen[586]. „Die Feindlichkeit, die in der säkularisierten Technik wirkt, gilt nicht ‚toten Objekten', sondern dem Leib der Mutter Natur".[587] Er soll durch die neue Technik, die Maschine ersetzt werden.[588] Der „Muttermord" als „Tod der Natur" sei „Bedingung des Überlebens des Menschen ... Das ist das heroische Gesetz der Männer. Die Natur ist de-animiert, entmythologisiert, ent-sakralisiert. Der Gewinn an technikvermittelter Autonomie entspricht dabei dem Verlust an Bedeutsamkeit der Natur. Die Kosten der Vernunft sind ablesbar an all jenen kleinen Toden, die die Natur außer uns und in uns stirbt"[589]. Und außer der Natur sterben die Frauen. Die Zeiten, wo „alles spricht"[590], sind vorüber. Jetzt spricht nur noch „der Mensch" bzw. der (meist auch noch „weiße") Mann.

Das ältere patriarchale Projekt des „Teile und Herrsche", das Herrschaftsprojekt gegenüber der Welt, das schon mit den Despotien des Orients durchgesetzt wird, erfährt mit der Neuzeit eine Erneuerung, Steigerung und Materialisierung in Form einer vor allen Dingen technologischen „Umsetzung". Sie ermöglicht die äußere Kolonisierung: die Unterwerfung fremder Völker. Das neue und handgreifliche Naturbeherrschungsprojekt geht aber auch einher mit dem Frauenbeherrschungsprojekt der Hexenverfolgung, wie wir bereits gesehen haben: der inneren Kolonisierung[591]. Denn mit Natur ist auch immer die menschliche Natur gemeint, insbesondere die weibliche im Sinne ihres Leibes und dessen Fähigkeiten.

Dem neuen Natur = Maschine-Begriff geht also ein soziales Drama voraus, das historisch einmalig ist – und ein ebensolches folgt ihm nach.

Wenn Natur entsprechend bloßer Stoff, totes Material, Ersatzteillager, so genannte Ressource und lediglich Objekt menschlich-männlicher Tätigkeit sein soll, dann ist der Mord an der „bösen Stiefmutter" vorausgesetzt[592]. Von Natur ist nun nichts mehr zu befürchten. Sie ist unterworfen, dienstbar und transformierbar, nämlich „gut" gemacht und soll womöglich ihrer vollständigen Ersetzung entgegen gehen. Dieses Denken – ich nenne

584 vgl. Merchant 1987
585 vgl. z. B. Delumeau a.a.O.
586 vgl. Böhme 1988, S. 7
587 vgl. a.a.O., S. 78
588 Werlhof 1997 (a)
589 Merchant, S. 76, 78
590 a.a.O., S. 39
591 vgl. Mies 1988
592 Böhme ebda.

es „alchemistisch“[593] – ist uns inzwischen so selbstverständlich, dass wir auf alles Lebendige, alles Positive und alles Entwicklungsfähige der Technik zuschlagen, wo es sich eigentlich um Naturvorgänge handelt. Erste, ursprüngliche Natur scheint nicht mehr zu existieren bzw. nicht mehr nötig oder voll im Gesellschaftsmechanismus aufgegangen zu sein. Enteignung, Entwertung, Entseelung, „Entzauberung“ der Natur in uns und außerhalb von uns werden als selbstverständlich und als Sieg über Natur vorausgesetzt. Nach der Devise „die beste Natur ist die tote Natur“, die ebenso für Indios wie für Frauen Anwendung fand, geht der „guten Natur“ also ein Mord an der „bösen“ oder „schlechten“ voraus. Alchemistisch gesprochen handelt es sich um die „Mortifikation“, die alchemistische Tötung/Auflösung der Materie bzw. Lebewesen als Vorstufe zum Großen Werk ihrer Transformation in angeblich „Höheres“.

Das Denken in derartigen Kriterien „maschinenlogischer Rationalität“[594] wird in größerem Umfang erst seit den 1980er Jahren im Zusammenhang mit der Entstehung eines sozialwissenschaftlichen Maschinenbegriffs diskutiert[595]. Maschinenkriterien, die von nun an Allgemeingültigkeit beanspruchen und zum Handlungs-, Denk- und Empfindungs-Paradigma von Mensch und Gesellschaft geworden sind, sind demnach: „Berechenbarkeit, Quantifizierung/Reduktion von Komplexität, identische Reproduktion/Homogenität, Austauschbarkeit, Kontrolle und Durchschaubarkeit des Funktionszusammenhangs, geschlossenes Regelsystem/Perfektionierung, Steuermann bzw. zentrale Steuerung/Außensteuerung, Operationalisierbarkeit, Determiniertheit, Sachzwang als moralisches Gesetz, Kritikfestigkeit und Entsinnlichung“.[596]

Das Maschinenbild entspricht damit einer Utopie, der Utopie aus der Natur, ja der gesamten Erde und den Menschen tatsächlich machen[597]. „Die Maschine geriet zum Konzept, aus der Erde einen Nirgend-Ort zu machen“.[598] Und wir sollen so tun, als ob dies nicht nur möglich, sondern auch erstrebenswert, ja bereits geschehen sei. Vergessen wird dabei inzwischen die Herkunft des Maschinenbildes und der Maschinentechnik aus Gewalt, nämlich konkreter Naturunterwerfung. Deshalb ist „ein struktureller Affekt der Maschinisierung die Aggression … Die Maschinisierung geht mit einem allgemeinen Gewalt- und Aggressionskult einher … ohne jedes hemmende Unrechtsbewusstsein …“[599]

Es scheint sich fast zu erübrigen hinzuzufügen, dass der Begriff der „Natur als Maschine“ selbstverständlich ein patriarchal-männlicher Naturbegriff ist, bei dem ein eigenständig Weibliches wie in der Mutter-Metapher und ein eigenständig und allgemein menschlich Lebendiges wie in der Mimesis-Me-

593 Werlhof 1997 (a), 2003, 2010 (e)
594 vgl. Genth 2002, S. 161–164
595 vgl. Bammé u. a. 1983
596 vgl. Genth/ Werlhof 1990; Rezeption bei Werlhof 1991 (e), S. 58 f; Genth 2002, S. 110-128
597 vgl. Werlhof 1997 (a), 2010 (b)
598 Genth 1999, S. 229, wobei utopos ortslos, kein Ort bedeutet
599 Genth 2002, S. 245

tapher nicht mehr vorgesehen sind. Logischerweise tendieren gerade auch die neuesten Technologien daher dazu, gerade das Gebären durch eine maschinelle Produktion von Menschen zu ersetzen, ja den Menschen durch künstliche Mensch-Maschinen (Cyborgs) ablösen zu wollen [600].

Dass Natur selbstverständlich gerade keine Maschine ist, ist allein schon daran zu erkennen, dass sie immer ein Kontinuum bildet – weil sie lebendig ist. In der Natur gibt es gewissermaßen keine Lücke, keine Unterbrechung. Das ist bei Maschinen grundsätzlich anders. Das Problem aller maschinellen Technik besteht in ihren „Schnittstellen", darin, dass sie „Enklave" bleibt, Fremdkörper in einer lebendigen Welt, selbst tot. Daher gehen die Anstrengungen dahin, Maschinen so zu „vernetzen" – das ist die Kybernetik, die zum Computer geführt hat –, damit ein scheinbares Kontinuum zwischen den Maschinen –, ein künstliches „Leben" hergestellt werden kann. Auf diese Weise soll nicht nur maschinelles bzw. maschinell produziertes Leben (Gentechnik), sondern auch die lebendige Maschine (z. B. Künstliche Intelligenz-Forschung) erfunden werden.

Das Natur = Maschine-Bild ist daher ein gesellschaftliches Projekt, aber keine Realität. Nach wie vor ist Natur kein „Baukasten", sondern ein lebendiger, zyklischer Zusammenhang, nach wie vor gibt es nur in ihr eine von sich aus bestehende lebendige Kraft, einen „Geist" und eine „Seele", die überall wirken und die immer noch nicht „männlich" bzw. „patriarchalisierbar" sind oder wirklich beherrscht werden können, ohne sie zu zerstören. Immer noch sind die Bruch- bzw. Schnittstellen zwischen den Maschinen letztlich unaufhebbar und will es einfach nicht gelingen, den Maschinen ein Leben einzuhauchen oder die Menschen ohne „Restrisiko" wie Maschinen zu verplanen für die große „Megamaschine", die „Gesellschaftsmaschine" [601].

Schließlich ist nach all dem auch klar, warum spätestens seit dem 19. Jahrhundert der Naturbegriff als „männlicher" immer mit Kampf und Krieg, Gewalt und Vernichtung verbunden ist. Nietzsches „blonde Bestie" und Darwins „Überleben des Stärkeren" suggerieren, dass Natur eine Art Kampfmaschine ist, nämlich so, wie inzwischen die Gesellschaft erscheint: ein Kriegssystem. Der Begriff Natur = Maschine ist also auch eine Projektion des Gesellschaftszustands „zurück" auf Natur zur Rechtfertigung des Gesellschaftszustandes als „natürlichem" [602].

Die erweiterte Anwendung dieses Denkens und Handelns auf die Erde als Planeten des Sonnensystems und Makrokosmos (für uns Menschen) ist demnach nicht unlogisch. Dass es aber dann tatsächlich in Gestalt der militärischen Verwandlung der Erde in eine Riesenwaffe gegen das Leben auf, in und über ihr sowie sich selbst auftritt [603], hatte bisher niemand vorhergesehen.

600 Rifkin 1986; Chargaff 1988, Unseld 1992
601 vgl. bereits Mumford 1977
602 vgl. Hobbes Begriff des Kampfes von jedem gegen jeden; vgl. Hobbes 1984
603 Bertell 2000, 2010

These 5: Von der Natur als „Maschine" zur Maschine als „Natur" – oder: „Alles ist Natur"

Mit dem Naturbegriff ist immer auch ein Begriff vom Menschen verbunden. Wer sind wir als Menschen, wer wollen und wer können wir sein? Wenn Natur Maschine ist, dann sind wir als Menschen ihre Erfinder, Betreiber, Anwender und Bediener. Ist es das, was wir wollen? Erst wollte man sich der Natur nicht unterwerfen, jetzt unterwirft man sich umso mehr der Maschine. Bevor wir also diskutieren, was die unterschiedlichen Naturbegriffe mit uns machen, mit uns als schöpferischen, zur Mimesis fähigen Lebewesen, müssen wir die ungeheuerliche Vorstellung, Natur sei Maschine, zu Ende gedacht bzw. beobachtet haben. Denn: „Die heutige Gleichung, die neueste Version im Verhältnis von Maschine und Natur lautet: Maschine ist Natur. Sie drückt sich in der Erklärung aus, dass der neueste Maschinentypus schon fast identisch mit Natur sei".[604] Die Behauptung, das utopische Projekt, Natur sei Maschine, kippt also um in die Behauptung und Vorstellung, die Maschine sei selbst Natur. Es ist dies die logische Konsequenz aus der imaginierten Ausschaltung „erster", ursprünglicher Natur aus dem modernen Denken. Wenn es, wie die Maschinen-Kriterien besagen, kein „Draußen" gibt, dann ist Maschine letztlich „wie Natur", „veredelte" Natur, gar. Der funktionierende „Automatismus" suggeriert das Gelingen des „alchemistischen" Natur-Ersetzungs-Wahns des Patriarchats. Genth nennt dies „den Weg zur eigenen von Menschen hergestellten Welt ohne Natur"[605]. In dieser Welt kommen selbst die Menschen aus Maschinen, nicht mehr Maschinen-Müttern, sondern Mutter-Maschinen[606]. Wenn die Maschine übernommen hat, was sonst nur von, aus, mit Natur möglich war, dann ist sie selbst zur neuen Natur geworden. Naturunterwerfung und -beherrschung sind dann übergegangen in ihre vollständige Aufhebung. Wenn selbst das Leben aus Maschinen kommt – oder das als Leben gilt, was aus Maschinen kommt – realisiert sich der Uralttraum des Patriarchats, dass nämlich die Schöpfung eine männliche und nicht eine weibliche/natürliche sei[607]. „Die Maschinisierung ist die Operationalisierung einer neuen, gegen die Natur gerichteten Genealogie".[608]

Postmodernismus und Gender-Ansatz beruhen im Grunde darauf, dass geglaubt wird, die Ersetzung von Natur durch Maschine, also Maschine als Natur sei nicht nur demnächst, sondern bereits jetzt möglich bzw. schon der Fall. Nur aus dieser Perspektive nämlich ergibt sich, dass dem Reden über

604 Genth 1999 b, S.234
605 ebenda
606 vgl. Corea 1986
607 vgl. Werlhof 2000
608 Genth 2002, S. 241

Natur als Nicht-Maschinelles bzw. „erste" Natur der Vorwurf des „Essentialismus" gemacht wird. Der aus der Metaphysik stammende Begriff des Essentialismus würde in diesem Zusammenhang also bedeuten, dass das Reden von Natur im nicht-maschinellen Sinne für Metaphysik gehalten wird, also für etwas jenseits (meta) des Physischen. Bisher stand aber gerade „erste" Natur für das Physische. Das Physische soll/wird aber nun angeblich durch den Maschinenkörper ersetzt.Demnach ist alles, was nicht Maschinenkörper ist, jenseits des Maschinenkörpers, also metaphysisch.

Wenn „instrumentelle Vernunft" auf diese Weise zur „maschinenlogischen Rationalität" verkürzt ist [609], dann ist sie gleichzeitig tautologisch, zu einer Art „Selbstreferenz" des Maschinensystems geworden, in dem „die Menschheit ... nur noch sich selbst gegenüber" steht [610].

Das heißt, Menschliches ist dann nur noch gültig, wesentlich, erlaubt oder schützenswert, wenn es der Maschine entspricht. So gälte dann als „Denken" nur mehr noch das Wählen zwischen 0 und 1 bzw. das (schnelle!) Rechnen. Als „Handeln" käme nur mehr infrage, allen Befehlen zu gehorchen. Das „Sein" wäre gerade noch ein Computerprogramm. Und das Empfinden wäre überhaupt verschwunden bzw. zur Mimesis an die Maschine „verdorben" [611]. Da inzwischen der Computer zur „Leitmaschine", zur Maschine der Maschinen geworden ist, erscheint es sogar so, als könne die (materielle) Realität, (selbst die des Maschinenkörpers, der „Hardware") auch noch durch (immaterielle) virtuelle Realität („Software") ersetzt werden, so dass nicht nur Überwindung, sondern völlige Ersetzung von Materie überhaupt zur Debatte zu stehen scheint.

Auf diese Weise wird die Entfremdung der Menschen von sich und der Welt noch verdoppelt. Es tritt neben die Welt- oder Seins-Vergessenheit auch noch der Verlust Welt. Welt erscheint nur noch in Trugbildern, wird wirklich zum „Schein". Dadurch kommt es zum Bruch mit allen Tabus und ethischen Vorstellungen, ja mit der „Conditio Humana" selbst. Es wird von „posthumanen" Zeiten, von solchen „nach dem Menschen" gesprochen.

Diese Konsequenz des Maschinenzeitalters führt also zu einer weiteren Brutalisierung der Verhältnisse nicht nur deshalb, weil Maschine, sei sie Hardware, sei sie Software, immer ein gewalttätiges Vorhaben und ein gewalttätiger Prozess der Zerreißung und Neuzusammensetzung von Natur als „Teilen" (siehe der „Baukasten") ist [612]. Sondern indem die Maschine an die Stelle der Natur – also auch der Göttin, Gottes, der Mutter, des mimetischen Vermögens – tritt, wird alles ihr Entgegengesetzte mindestens in „Prä-Maschinelles" transformiert und damit der Zerstörung preisgegeben [613].

609 vgl. Genth 2002, S. 161ff
610 a.a.O., S. 249
611 Genth 2002, S. 38ff
612 vgl. Genth/Werlhof 1990
613 Genth 2002, S. 106–110

Der wahrhaft wahnhaften nihilistischen Verachtung, Verhöhnung und Auslöschung alles Nichtmaschinellen ist dann keine Grenze mehr gesetzt. Dies wäre gewissermaßen die Vorbedingung für eine „Endlösung" Ökologie- und der Frauenfrage! Ja, selbst die „planetare Frage" wäre dann gleich schon mit beantwortet, bevor sie überhaupt gestellt wurde: Wenn nämlich die „Endlösung" für den Planeten, unsere „Mutter Erde", in seiner/ihrer Zerstörung bestünde, also im größten denkbaren Muttermord aller Zeiten, der eine Folge der laufenden Versuche ihrer Verwandlung in eine Riesenmaschine sein könnte. Diese Möglichkeit wird jedenfalls theoretisch schon seit dem 20. Jahrhundert für real gehalten[614]. Inzwischen ist die Erde bereits „zu einem Forschungsopfer des Militarismus geworden"[615]. „Was jetzt geplant ist, sind Klima- und Wetterkriege, Kriege, in denen Erdbeben und Vulkane, Überflutungen und Dürreperioden, Wirbelstürme und Monsunregen eine Rolle spielen. Man sollte sich keine Illusionen darüber machen, dass die Kriegsbefürworter heutzutage in der Lage sind, die Energien im geschmolzenen Kern der Erde zu beeinflussen und die Rückkoppelungsmechanismen zwischen Erde und Sonne, Erde und Mond und dem Mond und der Sonne zu beeinflussen".[616]

Wenn also inzwischen nicht nur die Natur als Maschine, sondern nun auch längst die Maschine als Natur gilt, dann heißt das, dass „alles Natur ist", am Ende auch die militärische Endlösung für den Planeten. Wir hätten ihr schließlich nichts entgegenzusetzen gehabt.

These 6: Die kommende Reversion des Naturbegriffs durch die Befreiung der Mimesis von ihrer Orientierung an die Maschine

Ebenso wie der Naturbegriff auch immer ein Kulturbegriff ist, so ist die Maschine nicht bloß ein Ding, sondern ein gesellschaftliches Verhältnis, das uns inzwischen sozial wie individuell, im Inneren wie nach außen weitgehend prägt. Auch die Frauen, die durch ihren anderen Leib und andere kulturelle Erfahrungen weniger im Banne des Maschinenverhältnisses als eines zu ihnen „gehörigen" standen, haben inzwischen „aufgeholt". Der Gender-Ansatz ist hierfür ein Beleg. Dass Frauen einen anderen Leib haben als Männer – darum drehte sich die Geschichte bisher – soll nun auf einmal bedeutungslos sein. Leib-Natur wird technisch umgemodelt (gedacht) zur Körper-Maschine[617]. Es ist deswegen besonders wichtig, dass wir uns darüber klar werden, dass wir tatsächlich den „maschinellen" – und das heißt historisch gesehen einen „alchemistischen" – Naturbegriff haben, sei es noch in der Form Natur = Maschine, oder bereits in der Form Maschine = Natur. Erst wenn wir diese

614 Bertell 2011
615 Bertell 2010, S. 9
616 Bertell 2011, S. 4
617 z. B. Butler 1991; Haraway 1995; Kritik bei Bell/Klein u. a. 1996

Selbstverständlichkeit nicht mehr selbstverständlich finden, können wir bemerken, wie sehr die Welt durch den maschinellen Naturbegriff auf den Kopf gestellt worden und wie reduziert die Welt auf diese Weise für uns geworden ist, wie viel Gewalt ihr und uns angetan wird, wie sehr sie inzwischen eher zer- als ersetzt wird und wie sehr wir dem gefährlichen Aberglauben an den technischen Fortschritt aufgesessen sind, vom Hass auf unseren Leib oder der „prometheischen Scham", geboren und nicht gemacht worden zu sein, ganz zu schweigen. Und anstatt angesichts der Einzigartigkeit unseres Planeten, der „Mutter Erde", stolz auf diesen Leib als dem Anteil, den wir an ihr haben, zu sein, gehen manche auch hier den umgekehrten Weg: den der versuchten Verwandlung nun auch des Leibes von Mutter Erde in eine an- und abschaltbare Maschine, egal welche mörderischen Risiken damit auch einhergehen mögen. Eine solche „planetare Alchemie", die der Militäralchemisten in Ost und West, zeigt uns die letzte Konsequenz der modernen Mimesis an die Maschine auf. Diesen Weg müssen wir schleunigst hinter uns lassen, wollen wir außer uns selber nicht auch noch die Erde insgesamt aufs Spiel setzen (lassen).

Schon lange ist die Konkurrenz ums Empfinden, um das Engagement, um die Orientierung, um die schöpferischen Kräfte und Möglichkeiten, in einem Wort, um unser mimetisches Vermögen entbrannt. Das ist im Grunde die Hauptfrage, die der ganzen neueren Diskussion über die bisher wissenschaftlich vernachlässigte Frage der Mimesis als nicht nur ästhetische Kategorie, sondern als allgemein gesellschaftsbildende und verbindende Fähigkeit zugrunde liegt. Wie weit ist es gelungen, die Mimesis an die Maschine zu binden, an die Gewalt, ans Starre und Getötete? Inwieweit wird es begrüßt, dass die Mimesis immer weniger als Liebe zum Leben denn als Liebe zur Maschine, zum „Animismus der Maschinen" [618] geworden ist? Inwieweit gelingt es, das mimetische Vermögen von seinen ursprünglichen Gegenständen zu abstrahieren, es zu „usurpieren", zu kolonisieren und für gegenteilige, verkehrte Zwecke abzuzweigen? In den Reproduktionstechnologien wird den Frauen, die mit technischer Hilfe Mütter werden wollen, z. B. eine solche Mimesis gegenüber sich selbst als einer Art Produktionsapparat oder „MutterMaschine" [619] abverlangt. Um Usurpation und pervertierte Verfügbarmachung der mimetischen Naturfähigkeit – gewissermaßen gegen sich selbst – um ihre Verwendung für die maschinenlogische Rationalität, der sie grundsätzlich widerspricht, darum wird heute gerungen. Dies ist gerade auch denen gegenüber der Fall, die, wie die Frauen, vom Fortschrittswahn bisher nicht so leicht zu überzeugen waren, richtet er sich doch gegen sie. Demgegenüber sind Männer schon lange von Maschinen fasziniert und unterliegen dem „imaginativen Automatismus" [620]

618 Genth 2002, S. 68–72
619 Corea 1986
620 Genth 1999, S. 134

als der Auffassung, dass Maschinen autonom seien und sie mithilfe von Maschinen gegenüber Frauen und Natur autonom wären oder würden.

Der Umgang mit Mimesis ist auf jeden Fall eine sehr alte weibliche und mütterliche Tradition. Das muss mit Sicherheit wieder in Erinnerung gerufen werden, wenn die Verwechslung von Natur und Maschine an ihr Ende kommt. Denn da in der Tat Maschine und Natur nicht ident sind, sondern in unversöhnlichem Gegensatz zueinander stehen, werden die Folgen immer spürbarer.

Die maschinelle Zersetzung globaler wie individueller Lebensgrundlagen zwingt uns im Grunde schon seit geraumer Zeit, unseren Naturbegriff so schnell wie möglich zu revidieren. Die ökologischen Daten über den Zustand der Erde sind so verheerend, dass längst eine Panik ausgebrochen wäre, wenn wir nicht immer noch an den Fortschritt als Ersetzung von Natur durch maschinell Hergestelltes, also Natur als Maschine geschweige denn Maschine als Natur glauben würden. Es steht also gar nicht in unserer Wahl, ob wir den Naturbegriff zu revidieren haben werden oder nicht. Die Verhältnisse, die wir selbst geschaffen haben, werden uns dazu zwingen. Und dann wird es wieder um die Mimesis gehen. Renate Genth sagt, es bräuchte eine neue „Zivilisationspolitik"[621], in der es um die Entstehung von „mimetischen Sphären" gehen müsste, die vor allem durch ihre „Lebensfreundlichkeit" gekennzeichnet wären[622]. Um eine solche kümmert sich inzwischen in der Tat unsere Projektgruppe „Zivilisationspolitik" an der Universität Innsbruck[623].

Erst derart sich ausbreitende Geisteshaltungen, die sich als „dissident" zum gegenwärtigen maschinellen Naturverständnis sehen, ja einen quasi geistig-seelischen „Maschinensturm" bewirken können, ermöglichen eventuell eine neuerliche „Umpolung" mimetischer Kräfte in die Richtung einer Wiedergutmachung von Schäden und der liebevollen Zuwendung zu Natur als einer Politik der Kooperation mit ihr, ja mit ihr als Planet „Mutter Erde" – und damit auch mit den Frauen. Die Entzweiung von Mann und Welt würde wieder aufgehoben, der neueren Entzweiung von Frau und Welt, von Müttern und Mutter Erde würde ein Ende bereitet.

Erfahrungen aus anderen Gegenden der Welt, die der Maschine nicht so verfallen sind wie viele hier, zeigen, wie sehr es sich „lohnt", die Natur zu „lieben". Denn sie liebt zurück, die Maschine nicht. Durch Kooperation gibt es auf diese Weise plötzlich eine „positive Energiebilanz", einen wachsenden „Surplus" durch gegenseitig sich fördernde „Synergien", anstatt dass die Zerstörung weitergeht.

Aber bevor eine solche Resonanz mit lebendiger Natur und die daraus resultierenden „synergetischen" Effekte wieder eintreten können, müssen wir unser ästhetisches Vermögen, unsere Empfindungsfähigkeit und Empathie, unser

621 Genth 2002, S. 253ff
622 a.a.O., S. 255
623 Projektgruppe 2009

„Fühlen" im Sinne von Günther Anders[624] überhaupt erst wieder als Möglichkeit wahrnehmen und pflegen, wenn nicht zur Kultur weiterentwickeln. Erst dann würden wir das Ausmaß dessen, was wir in der Welt bewirken, erkennen und empfinden können. Die „prometheische Scham" gegenüber der Maschine würde dann umkippen in eine Scham gegenüber dem maschinellen Nihilismus, der sogar die Annihilation der Erde selber bedeuten kann, und es würde bemerkt, dass mit dem Projekt der Maschine auch das sowohl religiöse wie säkulare Projekt der Herrschaft über Natur, Frauen und Kolonien sowie den ganzen Planeten ein Ende haben kann. Nur wenn wirklich geglaubt würde, dass Mutter Erde Natur aus besser eine Militär-Maschine sein oder werden sollte, müssten wir alle Hoffnung fahren lassen. Dann wäre uns wirklich nicht mehr zu helfen.

3.
Frauen, Wissenschaft und Naturverhältnis: Vier Thesen wider den Emanzipationsansatz[625]

Meine These zum Thema „Frauen – Wissenschaft – Natur" ist nicht, wie man erwarten könnte, dass die Wissenschaft Frauen ausgeschlossen hätte von ihrem Projekt der angeblich möglichen Naturbeherrschung, des Fortschritts und der anschließenden Menschheitsbeglückung, als die sich heutige Wissenschaft definiert. Denn dann ginge es nun lediglich darum, die Frauen möglichst schnell und umfassend in den herrschenden Wissenschaftsbetrieb zu integrieren, um sie am besagten zivilisatorischen Projekt möglichst gründlich teilhaben zu lassen. Dabei hätten die Frauen dann unter anderem die Gelegenheit, baldmöglichst nachzuweisen, dass es ihnen keineswegs an einer Eignung für die Wissenschaft fehlt. Auch könnten die Frauen in ihrer wissenschaftlichen Arbeit zeigen, dass sie außerdem ein gehöriges Interesse, also auch eine echte Neigung am wissenschaftlichen Projekt der so genannten Naturbeherrschung haben, und dass es ein pures Vorurteil der Männer der Wissenschaft sei, ihnen auch diese nicht zuzutrauen.

Der Emanzipationsansatz zum Thema Frauen und Wissenschaft wäre demnach ein Vorhaben, in dem es um Emanzipation der Frauen von Natur und zur Wissenschaft geht:

Behauptung 1: Nach dem Emanzipationsansatz hätten Frauen mit Natur ebenso wenig zu tun wie Männer, insbesondere die der Wissenschaft, und

624 Anders 1980, Weber 2008

625 Artikel erschienen in: Widerspruch, Sozialdemokratie oder ökosozialer Umbau?, 17.Jg./Heft 34, Dezember 1997, Zürich, S. 147–170, ergänzt und überarbeitet 2011.

ebenso viel mit dem Wunsch oder der Neigung nach Naturbeherrschung, also nach Wissenschaft.

Behauptung 2: Der Emanzipationsansatz nimmt an, Männer, insbesondere die der Wissenschaft, hätten sich bezüglich der Frauen und ihrer Eignung für die Wissenschaft einfach bloß geirrt.

Behauptung 3: Der Emanzipationsansatz geht davon aus, dass die Wissenschaft ein Verhältnis zu Frauen hätte, das lediglich in ihrem Ausschluss von der Wissenschaft bestünde, also gewissermaßen in einem Ausschluss-Verhältnis Frauen/Wissenschaft.

Behauptung 4: Stillschweigende Voraussetzung dieser drei Behauptungen ist eine vierte, nämlich die einer angeblichen notwendigen so genannten Naturbeherrschung überhaupt, die ja nur dann wirklich notwendig wäre, wenn Natur tatsächlich den Menschen, der Kultur und der Gesellschaft irgendwie feindlich, gefährlich und/oder generell entgegengesetzt wäre. Ohne diese Voraussetzung wäre Wissenschaft als Naturbeherrschung nämlich überflüssig.

Dieses gängige und immer noch vorherrschende Verständnis des Zusammenhangs von Frauen, Wissenschaft und Natur teile ich in gar keiner Hinsicht. Im Gegenteil, es hat ja die bisherige feministische Frauenforschung die Emanzipationsthese von Natur auch immer schon zurückgewiesen, eine Kritik, der ich mich angeschlossen habe [626]. Allerdings fehlt aus meiner heutigen Sicht die Klärung einiger weiterreichender Zusammenhänge im Theoretischen wie Praktischen, der ich mich hier widmen möchte. Ich tue dies, indem ich der Emanzipationsthese mit ihren vier Behauptungen meine Thesen begründet und belegt entgegenhalte, um das ganze Ausmaß der herrschenden Verwirrung und scheinbaren Alternativlosigkeit zum bestehenden Wissenschaftsbetrieb auch unter Frauen, und gerade auch in der derzeitigen Frauen- bzw. „Gender"-Forschung, offenzulegen, aber auch, um zu einer Entscheidung für eine völlig und nicht nur teilweise andere Sicht von Frauen, Wissenschaft und Natur aufzufordern. Ich halte dies inzwischen für geradezu lebensnotwendig, weil wir uns heute in einer Situation befinden, in der grundsätzliche Irrtümer bzw. Folgen, wie die der Emanzipationsthese, uns alle nicht mehr ungestraft lassen. Ja, ich würde sogar behaupten, dass die Emanzipationsthese das Trojanische Pferd ist, mit dem gerade ein Zweig der neuesten Wissenschaft – die Gen-, Nano- und „Lebens"- oder Biotechnologien [627] – imstande ist, ungehindert in unser Innerstes vorzudringen, um uns auch noch auf der Ebene unserer Zellen auf die Folter zu spannen, uns von innen her zu kolonisieren [628]. Ja, es geht dabei sogar darum, an unserer Abschaffung als potenzielle Mütter zu arbeiten [629]. Was die Eman-

626 vgl. Werlhof 1991 (d), 1996
627 vgl. z. B. Schirrmacher 2001; Mooney 2010
628 Bennholdt-Thomsen/Mies/Werlhof 1992
629 vgl. Schmölzer 2005

zipationsthese auf der anderen Seite für den Umgang mit neuen Großtechnologien, etwa in zivilen und militärischen Bereichen eines so genannten Geo-Engineering[630] bedeutet, die den ganzen Planeten in eine Waffe bzw. Maschine zu verwandeln versucht, wage ich mir dagegen noch gar nicht vorzustellen[631].

Ich beginne meine These von hinten in umgekehrter Reihenfolge.

These I: Zur Notwendigkeit der Naturbeherrschung mittels Wissenschaft

Unsere Wissenschaft, neuzeitlich als Naturbeherrschungsprojekt definiert[632], ist weder notwendig noch für die Entwicklung von Kultur und Gesellschaft förderlich. Im Gegenteil, die Wissenschaft hat nicht zur Naturbeherrschung geführt, sondern zur Naturvernichtung, zum so genannten „Tod der Natur"[633], und sie bedroht Kultur, Mensch und Gesellschaft, Tier- und Pflanzenwelt, ja inzwischen den Planeten insgesamt darüber hinaus mit Auflösung und Zerfall[634], mit so etwas wie einem „Mega-Muttermord"[635].

Umgekehrt zur allgemeinen These von der Höherentwicklung durch „Fortschritt" sind also Unter- oder Rückentwicklung bzw. eine Art „sekundäre Primitivisierung"[636] des Lebens, ja Beschädigungen mit völlig unbekannten und bisher unvorhersehbaren Folgen und in enormen Dimensionen zu erwarten. Es muss mit zunehmender Verelendung von menschlicher und nicht-menschlicher Existenz und der des Planeten in allen Bereichen und weltweit gerechnet werden, ja diese hat längst begonnen einzutreten[637]. Denn die – moderne – Wissenschaft hat immer mehr zur Ausrottung von Tier- und Pflanzenarten, zur rücksichtslosen Plünderung von Bodenschätzen und weiteren, zu so genannten Natur-Ressourcen erklärten Lebensbereichen sowie zu von Menschen gemachten, immer häufigeren und riesigeren Naturkatastrophen geführt und kann heute längst als gänzlich kontraproduktive, lebensgefährliche Unternehmung erkannt werden[638].

Gemessen an ihrer eigenen Selbstdefinition ist diese Wissenschaft also gescheitert. Sie hat nicht zur Naturbeherrschung, sondern -zerstörung und zu Gefahrenzuständen jenseits jeder noch möglichen Kontrolle geführt[639].

Wie die entsprechenden Zahlen im Einzelnen auch immer gerade lauten mögen, es ist davon auszugehen, dass in 50 oder 100 Jahren, in mancher Hin-

630 vgl. Hamilton 2010, Bertell 2000
631 vgl. Werlhof 2010 (b)
632 vgl. Bacon 1990, Merchant 1987; Böhme 1988
633 Merchant 1987
634 Bertell 2011
635 vgl. Werlhof 2011a
636 Reiterer 1988
637 Ziegler 2002, Bertell 2011
638 Werlhof 2011 (c)
639 vgl. allg. Werlhof 2010 (j); Bertell 87; jüngst Japan, Werlhof 2011 (a)

sicht sogar jetzt schon, kein breit gefächertes und mannigfaltiges Leben auf dieser Erde mehr möglich sein wird, vielleicht sogar gar keines, wenn Wissenschaft, Technik, Politik und Gesellschaft weiter so verfahren wie in den letzten 200 Jahren, ja diese Verfahren durch die Weiterentwicklung der Maschinisierung sich noch um ein Vielfaches steigern[640].

Der aktive Rückzug des Lebens hat auf der Erde also längst begonnen[641], und der Hinweis auf Erfolge des Industriesystems und des technischen Fortschritts nimmt sich vor diesem Hintergrund inzwischen als pure Schamlosigkeit, Verhöhnung, ja geradezu als Negation des Lebens aus. Dabei kommen die so genannten Erfolge und Errungenschaften dieses Systems nicht immer mehr, sondern immer weniger Menschen auf diesem Globus auf eine Weise zugute, die sie als positiv wahrnehmen – allerdings auf Kosten der Mehrheit und der Erde als Planet. Eine solche Situation ist aktuell durch die Politik des Neoliberalismus, die zur Globalisierung der inzwischen laufenden ökonomischen, sozialen, politischen und Naturkrise führt, überall – auch im Norden des Weltsystems – zu erwarten und hat längst begonnen einzutreten[642]. Dazu kommen immer neue Kriege um „Ressourcen", Märkte und Einflusszonen in aller Welt[643] sowie eine immer stärker hervortretende Krise des Erdklimas und der allgemeinen Lebensbedingungen auf dem Planeten, die durch die Interessen des militärisch-industriellen Komplexes und seine inzwischen ganz offensichtlich in Anwendung befindlichen Methoden für „Wetterkriege, Plasma-Waffen und Geo-Engineering" noch um ganz neue, unerhörte Dimensionen erweitert werden[644].

Die moderne Wissenschaft ist dadurch zu einem Fluch von biblisch-apokalyptischen Ausmaßen, jedoch ohne Perspektive auf das geläuterte „Reich Gottes", nämlich ohne wirklichen, allgemeinen oder dauerhaften, „nachhaltigen" Segen geworden. Dieses heute nicht mehr anzweifelbare Ergebnis insbesondere technisch-naturwissenschaftlicher Tätigkeit ist allerdings kein Zufall oder auf eine Verkettung unglücklicher Umstände, geschweige denn einen Irrtum zurückzuführen. Sondern es ist die vollkommen logische Folge dieser Tätigkeit und entspricht sowohl ihrem Denkansatz als auch ihrem allgemeinen „Programm".

Wie komme ich zu dieser apodiktischen These? Untersuchen wir, was in diesem Prozess, der sich Wissenschaft und Forschung nennt, vor sich geht. Es war bereits die Rede davon, dass die Wissenschaft neben dem Segen, den sie angeblich bringt, durchaus auch einen Fluch bedeuten kann, indem beispielsweise

640 Genth 2002, Anders 1981
641 Colburn et al. 1996
642 Staatspleiten in Nord- und Südeuropa, vgl. Chossudovsky 2000, 2010; Werlhof 2007, 2010 (d)
643 Mies 2004
644 Bertell 2010; Behmann 2009; Caldicott 2002

dem Fortschritt der „Menschheit" auch „Opfer gebracht" werden müssten oder dass sie für den allgemeinen Wohlstand einen „Preis" zu zahlen hätte [645].

Ich nenne dieses Denken, Handeln und Wollen „alchemistisch" [646]. Das bedeutet, dass der Natur von wissenschaftlicher Seite nicht freundlich, anerkennend und kooperativ begegnet wird, sondern feindlich, sie negierend und zerstörend sowie mit dem Ziel, sie zu beherrschen, zu überwinden, zu ersetzen.

Ein so definierter Fortschritt ist damit gebunden an Methoden der Vernichtung und Zersetzung der vorgefundenen lebendigen Erscheinungen, alchemistisch „Mortifikation", Tötung, genannt. Diesem Vorgang folgt das „Große Werk", also die Neuzusammensetzung des Zersetzten mit anderen Materialien, Substanzen oder Zersetzungsprodukten, die am Ende zu einer „besseren" und „höheren", „veredelten" Materie oder Lebensform führen soll. Letztlich wird dabei am Ende der „Stein der Weisen" angestrebt, eine Art Weltformel für die Methode einer endgültigen Machtergreifung über die Natur. Es geht in der Wissenschaft demnach nicht um den menschlichen Geist und seine Neugier oder Erfindungsgabe überhaupt, sondern nur um denjenigen Geist, diejenige Neugier und diejenige Erfindungsgabe, die sich der alchemistischen Programmatik verschrieben haben [647]. Alles, was machbar ist, muss auch gemacht werden – dieser häufig zu hörende Satz ist daher gar nicht wahr. Es muss bzw. darf nur gedacht und gemacht werden, was dem alchemistischen Vorhaben einer Zerstörung und angeblich möglichen Ersetzung der Natur entspricht. Alles andere wird unsichtbar, undenkbar und unrealisierbar gemacht. Ein Blick in die Patentämter würde genügen.

Die technischen Errungenschaften, die uns die Wissenschaft beschert hat und auf die sie peinlicherweise bis heute ungeheuer stolz ist, haben sich daher längst als Bumerang erwiesen [648]. Aber immer noch erhält sich der Glaube, dass wissenschaftlicher und technischer Fortschritt mittels einer so genannten Rationalität, die letztlich jene des Alchemisten ist, eine besonders sinnvolle und in jedem Fall geeignete bzw. gar geistreiche Art sei, mit dem Leben und dieser Welt umzugehen. Dabei wirkt sich diese Art zu denken allerdings profitabel für eine Minderheit aus und dient der Kontrolle über die Verwendung der Ressourcen. Das ist – vom Ergebnis her gesehen – offenbar der einzige Grund, warum die moderne, am Ende nur noch „maschinenlogische" [649] Rationalität überall auch gegen Widerstand durchgesetzt wird. Die angeblich damit einhergehende Naturbeherrschung und -ersetzung darf demnach nicht hinterfragt werden und dient der Legitimation nach außen [650].

645 vgl. Tschernobyl-Debatte bei Gambaroff et al. 1986
646 Werlhof 2010 (c), Kap. 3
647 vgl. Bacon 1990
648 z. B. bereits Illich 1987
649 Genth 2002
650 vgl. Fox Keller 1986

In Folge der Natur-Beherrschungspraktiken breiten sich inzwischen sogar so genannte tote Zonen überall aus, in denen überhaupt nichts Lebendiges mehr aufzufinden ist, auf dem Lande ebenso wie in den Meeren, ein völlig neues Phänomen auf der Erde. Hier ist ganz im Gegenteil alles außer Kontrolle geraten und der Beherrschung durch eine Art von „Tod" entflohen, der keine Rückkehr ins Leben mehr ermöglicht. Hier ist nicht ein ewiges Leben, von dem so oft in typisch alchemistischer Manier geschwärmt wird, sondern umgekehrt ein ewiger Tod erfunden worden [651].

So systematisch, wie solche Folgen eintreten, handelt es sich also nicht um einen Zufall oder Irrtum. Die moderne Wissenschaft muss das wirklich betrieben haben: die „göttliche Apokalypse" Wirklichkeit auf Erden werden zu lassen – allerdings mit dem Glauben an die folgende Enthüllung einer danach angeblich eintretenden „schönen neuen Welt" [652]. Dass der propagierte Himmel auf Erden am Ende eher einer Hölle gleichen würde, ja gleichen wird müssen, war aus dieser alchemistisch eingeschränkten, ideologischen Perspektive allerdings nicht vorherzusehen, und natürlich erst recht nicht vorgesehen.

Ideologisch bzw. religiös – im alchemistischen Wunderglauben – befangen, hat man dann offenbar den eigenen Messinstrumenten nicht geglaubt. Man hat die eigene und gewollte Effizienz der Vernichtung unterschätzt. Man hat geglaubt, „Mutter Natur" würde das alles verkraften. Man hat nicht damit gerechnet, dass alles „synergetisch" aufeinander zurückwirken würde. Man hat gedacht, es würden immer gerade rechtzeitig neue Erfindungen gemacht, die dem logischerweise eintretenden Mangel Abhilfe verschaffen würden – und das bis in alle Ewigkeit. Oder man hat es schließlich aus Gier und wegen des „Wettbewerbs" absichtlich versäumt, die Ergebnisse des eigenen Handelns rechtzeitig, umfassend und längerfristig zu untersuchen [653].

Jede andere als die moderne Wissenschaft und Technik auf der Welt ist außerdem von der heutigen Wissenschaft nach und nach systematisch und weltweit ausgerottet worden: so zum Beispiel das Hexenwissen, die Hexen selber, die bäuerliche, handwerkliche und künstlerische Subsistenz-Kultur aller Epochen und die Reste einer ehemals blühenden, weltweiten Frauenkultur, deren Überlieferung als Erkenntnismethode und Fertigkeit, als Erfahrung, Sehnsucht und Hoffnung sowie als sinnlich wahrnehmbarer Zusammenhang von Leib, Seele und Geist sowie dem Umgang damit, immer noch zum Teil in unserer Erinnerung, ja manchmal sogar Praxis fortbesteht oder neu entsteht [654]. Segen

651 Werlhof 2009 (a) und 2011 (a)
652 Projektgruppe 2011
653 vgl. Bertell 1987, Jaeger 2008
654 Ganser 1996, Göttner-Abendroth 2006, 2009; Derungs 2000, Auer 2009, generell Zeitschrift MatriaVal

und Erfolge dieser im Wesentlichen vor- bzw. postpatriarchalen Wissenschaft und Technik bestanden und bestehen in den wenigen davon übriggebliebenen oder neu entstandenen Bereichen, Beziehungen oder Situationen in der Kunst, mit den vorhandenen Mitteln und Fähigkeiten am Ort auszukommen [655], Gemeinschaften zu erhalten, die innerlich gefestigt sind und sich Vertrauen, Halt und Perspektive geben: Dort geht es gerade nicht um „alchemistische" Naturbeherrschung und -ersetzung sowie Herrschaft über Menschen, sondern um eine multidimensionale Kooperation miteinander und mit übriger Natur [656].

Es soll(te) keine grundsätzliche Alternative zum modernen Wahn(sinn) mehr geben. Und das, was von Alternativen heute noch übrig ist, wird z. B. durch die Welthandelsorganisation WTO (World Trade Organisation) und vor allem ihr Abkommen über Patentrechte, so genannte TRIPS (Trade Related Intellectual Property Rights), angeeignet, wobei etwa die letzten noch vorhandenen einheimischen Saatgutsorten und uralten Kenntnisse über den Anbau durch Enteignung buchstäblich gestohlen werden [657].

Dazu kommt zunehmend der Zwang zum Konsum der alchemistisch „höher" entwickelten, industriellen Inputs (seit der „grünen Revolution") und zum angeblich Besseren veränderten Organismen aus der Gen-, Nano- und Biotechnologie [658]. Gleichzeitig wird immer mehr auch in die menschliche Reproduktion eingegriffen, so dass man inzwischen schon von einer „Menschen-Produktion" im industriellen Sinne reden muss [659]. Wer davon betroffen war, redet meist nicht mehr von einer Technologie für Frauen und ihre Kinder, sondern findet sich in einem riesigen weltweiten alchemistischen Mensch-Maschine-Experiment wieder, das letztlich ihrer Abschaffung dient [660].

Im Ergebnis bleibt festzustellen:

- Moderne Wissenschaft ist eine universelle Anti-Natur- und Anti-Lebens-Wissenschaft.
- Sie handelt selbstherrlich, verantwortungslos und auf der Grundlage eines das Leben verhöhnenden und negierenden Handelns und Denkens.
- Ein riesiger Propaganda-Apparat mit typisch alchemistischen Heils- und Erlösungsversprechen wird in die Welt gesetzt, damit wir dieses technopolitische Programm wie eine neue, geradezu fundamentalistische Religion akzeptieren.
- Es geht dabei real um das Ende der selbstschöpferischen Qualität so genannter erster Natur, „natura naturans", und der Frauen als Hervor-

655 Esteva 1995, Vaughan 2007

656 vgl. Göttner-Abendroth 1988; Wolf 1994; Meier-Seethaler 1992; Fukuoka 1990; Clastres 1976, Weber 2007, Somé 2004, Werlhof/Schweighofer/Ernst 1996

657 Shiva 1995, Furtschegger 2011

658 vgl. Mooney 2010, Furtschegger 2011

659 Robert 1993; Corea 1986, Werlhof 2009 (b), Werlhof 2010 (j)

660 Bergmann 1992b, Werlhof 2009 (b)

bringerinnen neuen Lebens. Diese Qualität soll zerstört werden durch die irreversible und nicht wieder gutzumachende Unterbrechung und Auflösung der Kettenzusammenhänge, Gewebe, Symbiosen und Kreisläufe der Natur, und zwar sowohl im materiellen wie auch im „geistig-seelischen" Bereich [661].

- So wird die „Verbundenheit alles Seienden" [662], die aus mechanistisch-alchemistischer Perspektive ohnehin immer geleugnet wurde, nun auch wirklich zerstört. Es ist wie mit einer Selffulfilling-Prophecy. Das bedeutet, dass wir uns fortan nicht mehr grundsätzlich auf die Natur verlassen und ihr nicht mehr uneingeschränkt vertrauen können [663].
- Wir werden also abhängig von Naturbeherrschung, obwohl gerade diese uns bedroht.
- Wir werden sie nie wieder los, wenn sich die von ihr verursachten Beschädigungen irgendwie und vor allem überall unkontrollierbar weitervererben und weiterverbreiten, wie dies z. B. durch Radioaktivität und Gentechnik geschieht.
- Auf die Dauer wird dadurch unvermeidlich potenziell allem Leben auf dieser Erde Schaden zugefügt [664].
- Weder der Grund noch die Verantwortlichkeit für die Schäden noch ihr wahres Ausmaß werden dann noch – außer im Nachhinein – erkennbar sein.
- Am Schlimmsten neben dem atomaren bedroht uns inzwischen der Bereich der Anwendung nicht-atomarer Massenvernichtungsmittel [665].
- So sind Geningenieure übersetzt „Gebär-Kriegskünstler", wie Geo- und sonstige Ingenieure Tötungsexperten [666], die den „Muttermord" an der Natur [667], ja der Erde betreiben.
- Es soll keine eigenständige Geburt, kein eigenständiges Leben und kein eigenständiges Sterben mehr geben, sondern alles nur noch in gesellschaftlich produzierter bzw. alchemistisch kontrollierter, nie endender und nie beginnender Form(losigkeit) stattfinden.
- Die Lebewesen befinden sich damit im Fadenkreuz einer Kriegstechnologie [668], die die ganze Welt zum Feindesland, Manöverplatz, Schlachtfeld, Feldexperiment oder Freilandversuch bzw. als allgemeines Labor haben will und inzwischen hat [669].

661 Sheldrake 1990
662 Werlhof 2010 (f)
663 Gambaroff et al. 1986; darin Werlhof 1986/erneut 2010c
664 vgl. Bertell 1987; Werlhof 2011 (a)
665 Bertell 2000, 2011, Werlhof 2010 (b)
666 Bergmann 1997
667 Tazi-Preve 1992; Weiler 1991
668 Ullrich 1977
669 Bertell 2000

- „Der lebendige Leib wird zu einem bearbeitbaren Weltstück" [670], das man dann in Einzelteilen „patentieren" kann [671]. Eine solche Aneignung des Lebendigen bedeutet den Verlust der Souveränität der einzelnen Lebewesen und die „legale" Verfügung über ihr Leben durch Dritte [672].
- Die „praktische Ethik" von Peter Singer formuliert es am deutlichsten: Was nicht Vernunftfähigkeit im Sinne von „Rationalität" hat bzw. nicht „bewusst erlebt", also ohne „Selbstbewusstsein" ist, so die Annahme, und außerdem keine „Autonomie" hat, ist kein menschliches Lebewesen, folglich muss es auch nicht vor der Vernichtung geschützt werden [673].
- Insbesondere die Computertechnik, die Gentechnik und andere „Life"-Sciences mystifizieren und fetischisieren die neuen, von ihnen geschaffenen Realitäten, indem sie sie in ihr Gegenteil verkehren. Das Leben wird dabei angeblich zum System und die Maschine lebendig.
- Dadurch wird Töten zu einem „Recht", das ethisch begründbar sein soll – und zwar auch außerhalb des staatlichen Gewaltmonopols [674].
- In der Tat entwickelt sich eine „Humanindustrie", aber als Denaturierung von Menschen im Sinne der Nicht-Anerkennung ihres Naturcharakters als eigenmächtige Lebewesen und ihrer folglich möglichen Entwertung oder Ent-Menschlichung. Es wird nun davon ausgegangen, dass Leben „mortifiziert", also aufgelöst, primitivisiert, erniedrigt, de-evolutioniert werden kann, ja muss. Dies geschieht noch nicht einmal als Rückkehr zum Affen, sondern als Rückgang zur Amöbe (Zelle, Gen, Molekül, Nanopartikel).
- „Der Rest ist bloß Gelee", formulierte entsprechend der Milliarden Forschungsgelder verantwortende Computerexperte Marvin Minsky vom „Massachusetts Institute of Technology", MIT, in den USA [675], der für den „lebenden" Roboter schwärmt und das aus unserer bisherigen Sicht normale menschliche Leben für „dinosaurierhaft" und damit für hoffnungslos überholt hält [676].
- Die Gen-, allgemein Bio- und Computertechnik markieren auf diese Weise einerseits eine Kontinuität neuzeitlicher Wissenschaft, was den Raubbau an der Natur angeht, ja den Hass auf sie [677], sowie das Vordringen in immer weitere und tiefere Bereiche des Lebens. Andererseits stellen die neuen Technologien in diesem Bereich aber auch einen Bruch dar. Diese Technik bricht mit all den „Schranken der Natur", ihren Formen, Lebenszusam-

670 Anders 1989
671 Mies 1996
672 Singer 1994
673 Singer 1994; 131, 233, 245
674 Singer 1994
675 zit. bei Weizenbaum 1990
676 Minsky 1988
677 Böhme 1988

menhängen, Kontinuitäten, Geweben, Rhythmen, Zyklen und Schwingungen[678], die bisher noch anerkannt wurden oder werden mussten.

- Schließlich brechen diese Technologien mit der Naturgeschichte, anstatt sie fortzuführen, und sie brechen mit dem Schein, dass es der Wissenschaft je um einen Segen der Menschheit gegangen wäre. Nur eine so genannte Elite, nämlich etwa die der Gentechniker und ihr Milieu in Industrie, Konzernwelt und Forschung, darf womöglich fortan Vernunftfähigkeit und bewusstes Erleben, nämlich den Status des Menschen, den Anthropozentrismus, für sich reklamieren[679].

Es zeigt sich anhand dieser „Extrapolation" heutiger Tendenzen: Wir haben noch nicht begriffen, was Techno-Faschismus ist. Hier wird er allgemein und global: die Verhöhnung des Lebens, ein Hauptmerkmal des Faschismus[680], geschieht seit der Moderne nicht nur ideologisch und praktisch, sondern sie wird verallgemeinert in und durch die alchemistische Reduktion menschlichen Lebens auf Zelle und Rohstoff, die „biologische" Zukunft inbegriffen, nämlich die Vererbung. „Es wird uns nie gegeben haben".[681] Ja, wir werden uns selbst abgeschafft haben, zumindest als „höhere" Gattung Mensch, und zwar ohne dass die geplante „Erhöhung" unserer Gattung wahr geworden wäre.

Dass alles zeigt, wie unterentwickelt die Technikkritik in unseren Gesellschaften geblieben ist, denn alle – rechts wie links – arbeiten am „Fortschritt"[682].

Die Resultate im Allgemeinen und für Frauen im Besonderen sind:

Es gibt nur noch „Gen"-der (Gender). Das Geschlecht wird „dekonstruiert", und zwar zur „Biologie"[683], die sich entpuppt als alchemistische Methode zur Auflösung und beliebigen, also an der Maschine orientierten Neuzusammensetzung der Formen, nicht aber zu ihrer Wahrung als von Natur aus gegebene.

So wie etwa die Gentechnologie den Zusammenhang von Form und Inhalt und damit Eigen-Sinn und Eigen-Macht der Lebewesen angreift, so will der Gender-Ansatz dazu beitragen, das angeborene Geschlecht als angeblich „rein" gesellschaftliches „Konstrukt" analytisch-alchemistisch aufzulösen, wobei inzwischen auch alles, was nicht gesellschaftlich bedingt ist, also gerade auch die geschlechtlich verschiedene Ausstattung des Leibes, mitgemeint ist.

Dabei wird dieses Faktum der leiblichen Geschlechterunterschiede jedoch von vornherein nicht mehr erwähnt, also typisch naturwissenschaftlich-

678 Sheldrake 1990
679 Werlhof 1991
680 Fraenkel 1984; Müller 1987
681 Anders 1981
682 vgl. Werlhof 2010 (m)
683 Butler 1991

modern geleugnet. Denn jeder Verweis auf eine womöglich von Natur aus bestehende Verschiedenheit der Geschlechter, insbesondere aufgrund der weiblichen Gebärfähigkeit, die bis zu einem gewissen Grade unabhängig vom gesellschaftlichen Umgang damit ist, wird systematisch als „Essentialismus", „Fundamentalismus", oder „Substantialismus" verhöhnt [684].

Damit wird ausgerechnet die Gebärfähigkeit dem patriarchal-alchemistischen – gerade diese Fähigkeit anpeilenden – Wissenschaftsverständnis sowie der entsprechenden Praxis programmatisch und den erwarteten „Erfolg" vorwegnehmend geopfert.

Auch auf der nächsten Ebene entspricht der Gender-Ansatz der neuen Technologie, wenn es um die anschließende – „alchemistische" – Neukonstruktion von „Körpern" [685] „jenseits" des Leibes kommen soll, dem alten patriarchal-alchemistischen Ideal der „Verbesserung des Menschen" und insbesondere „der Frau" [686].

Gender soll auf diese Weise nicht nur zu einer neuen, künstlichen und mutwillig inszenierten „Differenz" vor allem auch innerhalb der Geschlechter [687] führen, die die Frauen letztlich nur spaltet, entpolitisiert, die Geschlechterfrage entschärft [688] und zu einer neuen „Unsichtbarkeit" der real bestehenden Geschlechter-Probleme führt [689], ja zur „De-Feminisierung" des Feminismus [690]. Es wird die subjektive Beliebigkeit einer technologischen Bearbeitung des Geschlechts sogar noch als eine Art neue (gerade auch von Frauen zu unternehmende) Schöpfungstätigkeit dargestellt, die sich am patriarchalen Modell der Metaphysik orientiert [691], also einer Physik [692] jenseits des Leibes.

Wenn also die Metaphysik, das Jenseits der Physik und des Leibes, also das Diesseits der „Körper", als patriarchale Utopie heute tatsächlich machbar erscheint, dann ist der Gender-Ansatz der Beitrag von Frauen zum Gelingen dieses Projekts. Denn nur dadurch, dass die Neukonstruktion des aufgelösten, „mortifizierten" Leibes als Körper zur neuen „Wahrheit" wird und damit als zur neuen „Natur/Physik" gewordene „Realität" gilt, erscheint ein Festhalten an bisheriger „erster" Natur als im „Jenseits" der neuen („zweiten") Natur angesiedelt und als konservative Verwirrung, die zu bekämpfen ist, weil sie die angeblich mögliche Realisierung dieser Techno-Utopie behindert. Denn schließlich wird von dieser „konkreten" Utopie erwartet, dass sie das Geschlechter-Dilemma beseitigt, indem sie das Geschlecht technisch abschafft

684 Duden 1993
685 Corpus = der Leichnam
686 Spretnak 1996; vgl. auch These 2
687 Thürmer-Rohr 1995
688 Robinson/Richardson 1996
689 Mies 1994
690 Barry 1996
691 Brodripp 1996
692 physein = gebären

bzw. beliebig „machbar" macht. Bei diesem Teil des Gender-Ansatzes handelt es sich also um eine Glaubensfrage. Diese Frauen möchten gerne glauben, dass es ihnen ausgerechnet mit Hilfe der neuesten Technologie, der modernen Alchemie des Patriarchats, gelingen möge, sowohl ihren angeblich verbesserungsbedürftigen (gar „sündigen"?) Leib und – wie unlogisch – dessen patriarchale Diskriminierung gleichzeitig hinter sich zu lassen. Wer sonst könnte sich das wünschen außer diejenigen Frauen, die im Patriarchat aufsteigen und Karriere machen wollen – vielleicht besonders die Wissenschaftlerinnen? [693] Aber auch für den Arbeitsmarkt allgemein wäre es ja nützlich, nicht mehr als das potenziell gebärende Geschlecht erkannt zu werden. So haben sich nach der „Wende" in Ost-Deutschland Tausende von Frauen sterilisieren lassen, um bessere Chancen auf dem Arbeitsmarkt zu haben.

Solcher Idealismus, Nihilismus und Fundamentalismus in der „Postmoderne" und eine derartige „wissenschaftlich" begründete Gewaltbereitschaft von Frauen – sei sie bewusst oder nicht – wollen dennoch weiterhin zur Frauenforschung, jedenfalls zu ihrem emanzipatorischen Zweig gerechnet werden. Auf diese Weise sind „Gender-Studies" angetreten, nämlich die Notwendigkeit von Naturbeherrschung, ja Naturauslöschung und angeblich mögliche -ersetzung durch Wissenschaft von Seiten der Opfer zu begründen [694]. Das gilt auch dann, wenn ihnen diese Zusammenhänge gar nicht klar sein sollten. Und in der Tat, sie sind es auch nicht. Die groteske Devise ist: Ohne Leib keine Leibeigenschaft!

These 2: Zum Ausschluss der Frauen aus der Wissenschaft

Nichts und niemand war je so in heutige Wissenschaft integriert wie gerade die Frauen, nämlich mit Haut und Haar, als allgemeines lebendiges Material und Objekt. Immer schon sind Frauen im Patriarchat als der „Rohstoff" – und das heißt als die mortifizierte alchemistische „massa confusa" und „materia prima" – definiert, mit dem bzw. gegen den patriarchale Wissenschaft arbeitet. Aber es ist ein Tabu, dies auszusprechen. Frauen als Einzelne, als Gattung und als Frauenkultur sind damit von Anfang an das Objekt patriarchaler Wissenschaft gewesen [695] – und sind es heute umso mehr –, und zwar als spezifisch menschliche Natur, die als Potenz, Kraft, Energie und Materie neben der außermenschlichen Natur der Beherrschung, ja Um-Schöpfung unterworfen werden sollte [696]. Dem „Tod der Natur" (Merchant) entspricht die „Endlösung der Frauenfrage" [697]. Das gilt also – zumindest in programmatischer

693 Robinson/Richardson 1996
694 Bell/Klein 1996; Fraser 1994; Benhabib 1995
695 Bergmann 1992a
696 Inquisition, moderner Staat, vgl. Federici 2006, Opitz-Belakhal 2008
697 vgl. Weizenbaums „Endlösung der Menschenfrage", 1990, Werlhof 2010 (i)

Hinsicht – auch schon für das Altpatriarchat der Antike: für die patriarchale Gesamtwissenschaft der „Alchemie"[698]. Auch damals schon ging es darum, den schöpferischen Kräften der Frauen, Mütter und allgemein der „Göttin", „Großen Mutter" und Mutter Erde, eine Kunstschöpfung der Männer entgegenzuhalten, die sich als grundsätzlich höher, edler, besser und gar noch als göttlich bezeichnete[699]. Nur waren die Mittel und Errungenschaften damals noch nicht vorhanden, diese Pläne in die Realität umzusetzen bzw. gar allgemein zu etablieren. Das änderte sich, wie zu sehen war, in der Neuzeit, die zu nichts Geringerem angetreten ist, als den alchemistischen Traum endlich Wahrheit werden zu lassen.[700]

Es geht also zunächst nicht um das Problem, warum Frauen von der Wissenschaft als Subjekt ausgeschlossen waren, sondern darum, dass Frauen immer schon deren intimstes, erstes und letztes Objekt waren und sind – als Desiderat und ganz allgemein in der Vorstellung oder ganz konkret unter dem Messer. Patriarchale und insbesondere moderne Wissenschaft war und ist daher ein einziger Fluch für Frauen, sie ist das, was Frauen am meisten verfluchen sollten.

Wenn der neuzeitliche Wissenschaftsgründer Francis Bacon gesagt hat: man sollte die Natur wie die Hexe auf die Folter spannen, um ihr ihre Geheimnisse zu entreißen[701], dann ist diese Metapher nicht als schlechter Witz ohne besondere Bedeutung zu verstehen, sondern im Gegenteil, man kann sagen, unsere europäische Wissenschaft etabliert sich nicht nur als Folter für Frauen, sondern sie dehnt die Folter von den Frauen aus auf alles und alle, die gesamte Natur und alle ihre Lebewesen sowie alle Fächer und Disziplinen dieser Wissenschaft, von der Gynäkologie[702] über die Medizin allgemein[703], bis zur Erziehungswissenschaft[704], von der Physik[705] bis zur Soziologie[706], der Biologie[707] bis zur Wirtschaftswissenschaft[708]. In der Computer-, Bio- , Nano- und Gentechnologie ist heute der beste Beweis dafür zu sehen. Hier ist Wissenschaft systematisierter, prinzipieller und rational inszenierter Tötungsvorgang, ein kalt geplantes Verbrechen, das sich rechtfertigt durch eine angeblich mögliche „Schöpfung" aus Zerstörung, die sowohl älteste wie auch neueste Theorie der Praxis des „Teile – Transformiere / Setze neu zusammen – und Herrsche!"

698 Kap. l, Werlhof 2009 (b), 2010 (g)
699 Schütt 2000
700 Werlhof a.a.O., Kap.3
701 vgl. Fox Keller 1986; Schäfer 1993, Kap.5
702 Bergmann 1992a
703 Illich 1987
704 Miller 1988
705 Chargaff 1988
706 Modelmog 1990
707 Collard/Contrucci 1988
708 Chomsky 1995

Geständnisse durch Folter, Menschen- und Tierversuche und sonstige Experimente und Neuschöpfungen im Labor oder anderswo können aber keine Wahrheit und keine Erkenntnis, kein besseres und höheres Leben, keine Lebendigkeit oder gar Liebe hervorbringen, sondern nur Entsetzen, Abwehr, Kränkung und Tod. Eine Wissenschaft, die als Henker auftritt, will überhaupt keine Erkenntnis [709] – und schon gar keine Liebe [710]. Es herrscht eine institutionalisierte Ignoranz über die Natur, die sich in einem rational-abstrakten eiskalten „Denken" über sie zeigt, denn es geht nur darum, welches „Wissen" als Wissen zur Macht über sie aufgebaut werden kann, ein Wissen darüber, wie man Natur bezwingen und „überwinden" kann.

Die heutige wissenschaftliche Methode ist Abstraktion und Analyse, d. h. das Herauslösen des Lebens aus seinem Zusammenhang (abstrahere) und seine anschließende Zerlegung in Bausteine sowie deren Neuzusammensetzung mit weiteren Stoffen, die dann die bessere Materie sowie Herrschaft über Natur ergeben sollen. Es ist das typische „Baumeistermodell" [711], das Maschinenmodell [712], die Alchemie aus Tausenden von Jahren, an der sich unsere Wissenschaft orientiert. Das ist es, was wir unter Natur verstehen sollen, weil wir sie damit beherrschen wollen sollen – auch als Frauen. Paradoxer kann es nicht zugehen.

Die Frage ist daher: Warum hat sich dieses mörderische Wissenschaftsmodell durchgesetzt und woher kommt der Hass auf das Leben, die Frauen und die Natur, der sich darin äußert und den die Frauen am Ende ebenfalls hegen sollen?

Meine These dazu ist: Es geht dieser Wissenschaft in letzter Instanz immer, bewusst oder nicht, um die endliche und unendliche praktische Realisierung des „Patriarchats". Das ist die Perspektive, die Haltung, mit der die Wissenschaft an ihre „Objekte" herangeht. Das „Patriarchat" ist in meiner Sicht aber nicht einfach eine allgemein abstrakte, formelhaft-tautologische „Erklärung" für alle Übel der Welt, sondern ein ganz konkreter, historisch zu periodisierender Begriff, der die Zusammenhänge zwischen den jeweiligen „patriarchalen" Politiken, Techniken und Denkweisen in ganz neuer Weise aufzeigt [713].

Wenn nämlich das Leben angeblich aus so genannten Vätern (pater) anstatt Müttern kommt, der Ursprung (arché) also ein anderer ist als von Natur aus der Fall, dann soll das Leben vor allem durch „väterliche" Institutionen, Herrschaft, Göttlichkeit und Technik, letztlich ohne leiblich-weibliche Herkunft, ohne mütterlichen Ort, utopisch [714], ohne Ursprung, ohne Geburt als tatsächliche „zwei-

709 Bergmann 1997
710 Fox Keller 1986
711 Neusüß 1985
712 Genth 1989, 2002; Unseld 1992
713 vgl. Kap. I
714 ohne Ort, u-topos

te" Natur, als Ersatz-Natur, als Mutter-Ersatz geschaffen werden. Patriarchat ist also die Utopie von der Möglichkeit, dass das Leben nicht nur nicht aus Frauen und auch nicht unbedingt aus konkreten Vätern, sondern vor allem aus abstrakten, „väterlichen" Institutionen kommt, letztlich vom Staat, aus Fabriken, Retorten, künstlichen Gebär-Mütter-Vätern. Und dieses Leben soll als künstlich gemachtes besser, perfekter, vollendeter, gesünder und gewünschter sein als das jetzige. Für diese Techno-Utopie muss also etwas getan werden, damit sie verwirklicht, nämlich materiell oder gar konkret werden kann.

Nun heißt konkret aber concrescere: zusammenwachsen, während die Biotechnologie – also die Bio-Logi(e)k – ihre Objekte im alchemistischen „Großen Werk" zusammenzwingt. Was bedeutet dies für das daraus konstruierte „Leben"? Der göttliche Kriegs-Baumeister und „Gebär"-Kriegs-Künstler, der Gen-Ingenieur sitzt am „Großen Werk" des Lebens. Als Arzt, Architekt und Techniker will er, genau wie ein Alchemist, als männlicher Schöpfer und „Vater" oder gar gottähnlicher Mensch erscheinen.

Die neue praktisch gewordene, buchstäblich patriarchale Technologie, bisher vor allem die Gen-, Bio- und Reproduktions-, aber auch die Nanotechnologie, ist als Kulminationspunkt der bisherigen Entwicklung des Patriarchats anzusehen jedenfalls, was die Frauen und ihre geplante Ersetzung als Mütter angeht. Sie führt wirklich zur „keuschen Zeugung" zwischen Natur und Wissenschaft, wie auch Francis Bacon sie schon wollte, also zur eros-unabhängigen, lieblosen „Zeugung" als mechanischer Vergewaltigung, zur Zwangs-"Hetero"-Sexualität, zur buchstäblich „unheiligen" und darüber hinaus geschlechtslosen „Hochzeit" von Lebens-Bestand-Teilen. Das ist, so scheint es, die endliche Erfüllung des so genannten Menschheitstraums, nämlich die Überwindung der Naturmacht der Frauen, die aus patriarchaler Sicht im Monopol über die Gebärfähigkeit begründet liegt. Es ist der Versuch, die Mutterschaft technologisch auszulöschen, um zu einer „mutterlosen", also wirklich geschlechts- und herkunftslosen Gesellschaft ohne Genealogie, im weitesten Sinne ohne „Geschlechter" zu kommen, und damit die Frauen- und Müttermacht endgültig zu brechen, ja auch als Erfahrung auszulöschen. Es ist, als ob sich damit der „mythische" Muttermord in säkularisierter und verallgemeinerter Form jetzt endlich realisieren ließe[715].

Darüber hinaus werden die Frauen noch verhöhnt. Da man sie noch nicht gänzlich abschaffen kann, werden sie im Wortsinn erniedrigt. Man macht sie zu dem, was man meint, dass ein Huhn sei, das Eier legt, die dann „extogenetisch" ausgebrütet werden. Sie erscheinen wie das, was man sich unter einem „Muttertier" vorstellt, einer Junge werfenden Sau, wie die Frau, der man acht lebende Embryonen implantiert hat. Hier zeigt sich, wie fatal sich unser christlich-patriarchaler Anthropozentrismus auch der innerhalb der Frauenbewegung, nämlich

715 Weiler 1991; Tazi-Preve 1992

der Glaube an die „Niedrigkeit" des Tieres und die „Höherwertigkeit" „des" Menschen, also die Rechtfertigung der menschlichen Naturbeherrschung inzwischen auswirkt. Die erste Gender-Frau, Simone de Beauvoir, sagt dazu affirmativ: das tötende Geschlecht ist wichtiger als das gebärende[716].

Insgesamt verfährt die Wissenschaft mit den Frauen/der Natur so:

- erst die theologisch-religiöse und philosophische[717] Erniedrigung, „Entzauberung", Entheiligung und die sie begleitende Dämonisierung, die neben der praktisch-politischen Vergewaltigung, der Plünderung, dem Verbrauch und der Vernichtung von Frauenleben und Frauenkultur geschieht;
- dann die technologische Erniedrigung zum „mortifizierten" toten Material bzw. zur Erzwingung des Lebens mit den zugefügten Beschädigungen, die irreversibel sind bzw. weiter vererbt werden,
- und schließlich die angeblich mögliche Ersetzung durch angeblich Besseres und Höheres, das durch mehr oder weniger beliebige Neu-Zusammensetzungen von Mater-ialien – nach dem Maschinen-Modell – zustande kommt.

Seit es möglich ist, eine vorgeburtliche Geschlechtsbestimmung vorzunehmen, beginnen aber auch jetzt schon zum ersten Mal in der Geschichte die Männer die Mehrheit der Menschen dieses Globus auszumachen, weil weibliche Föten systematisch abgetrieben oder im Anschluss an die Geburt getötet werden[718].

All dies zeigt, dass mit pater arché tatsächlich Ernst gemacht wird. Die neuen Techniken sollen es ermöglichen, dass wirklich patriarchale Zustände Platz greifen, nämlich zum ersten Mal in der Geschichte: Es wird ein „Leben" geben, das patriarchal „geschaffen" wurde – aber es ist Leben auf einer neu hergestellten, künstlichen, niedrigen Stufe, derjenigen der Amöbe bzw. der zusammengesetzten Amöben, ein Leben vom Typ Frankenstein. Ein im Vergleich dazu wirklich „höheres" Leben, also das von Mutter Natur, können eben nach wie vor nur Frauen und Natur hervorbringen, und der patriarchal-alchemistische Zugriff darauf kann es lediglich „mindern": denaturieren und desorientieren, invalidisieren und insgesamt schwächen, zersetzen oder vernichten.

Die patriarchale Idee der „praktischen Gnosis",[719] einer real konstruierten Weltüberwindung bedeutet, dass Frauen von der Wissenschaft gerade nicht ausgeschlossen sind. Diese – alchemistische – Vorstellung von der Welt-Überwindung und sogar -ersetzung kommt in der Tat auch in der christlichen

716 de Beauvoir 1951
717 Behmann 2009
718 Raymond 1995, Kumar 2007
719 vgl. Sloterdijk/Macho 1991

Tradition vor, in welcher der Mensch, vor allem aber die Frau in dieser Welt als sündig gilt und daher zu bekehren, also zu „verbessern" ist. Unsere Gesellschaft und die genderorientierten Frauen sind also im Grunde immer noch gnostisch und christlich in der Ansicht, dass alles Natürliche und konkret Weibliche „negativ" zu werten sei, daher „beherrscht", geleugnet und letztlich von etwas angeblich „Besserem" ersetzt werden solle.

Den Versuch, den Gegenbeweis von der Güte und Vollkommenheit einer anderen, erst zu schaffenden, gesellschaftlich herzustellenden Welt, Menschlichkeit, Schöpferkraft und „Natur" zu erbringen, nenne ich also die Alchemie des Patriarchats, jene Praxis, die, theoretisch durch Philosophie, Ethik und Religion untermauert, zum Patriarchat gehört und seine ganze Geschichte bis heute durchzieht, was das womöglich größte Tabu unserer modernen Welt- und Wissenschaftsauffassung[720] sowie Kollektivpsyche[721] darstellt. Selbstverständlich wird unsere religiös begründete Technik bis heute nicht unter diesem Gesichtspunkt analysiert. Und daher wird allgemein von einem Scheitern der vormodernen Alchemie ausgegangen, was es erspart, die neuzeitliche Wissenschaft unter einer patriarchatskritischen Perspektive als Fortsetzung dieses gescheiterten Projekts, ja seine weltweite Ausbreitung und Verallgemeinerung zu sehen – und damit ebenso, nun aber global, ein vom Scheitern erfasstes …

Es ist verblüffend, wie ähnlich die Vorgangsweise der historischen Alchemie – einschließlich ihrer religiösen Begründung – im Vergleich mit unserer heutigen (Maschinen-)Technik ist – wobei gerade dies am allerwenigsten zugegeben werden kann: die Alchemie gilt als das genaue Gegenteil heutiger Naturwissenschaft und Technik. Aus meiner Sicht aber könnte uns gerade die Alchemie einen Begriff davon vermitteln, warum es heute so selbstverständlich erscheint, dass zum Beispiel die Ungeheuerlichkeiten der Gen- und Nanotechnik oder gar der Nuklear- und Militär-Alchemie überhaupt unternommen werden können; warum die Gewalt, die dort verallgemeinert wird, uns so gewöhnlich vorkommt, so normal, dass man sie schon akzeptiert zu haben scheint, bevor man sie kennengelernt hat; und wieso es möglich ist, ohne Kenntnis der Folgen die ganze Erde zu einem Experimentierfeld werden zu lassen; ja, dass all dies als unaufhaltsames und geradezu gottgewolltes Schicksal angesehen wird. Das muss ja mehr als nur neuzeitliche Gründe haben.

Kein Wunder also, dass auch Frauen dieser Ideologie auf den Leim gehen.

Eine Patriarchatsdefinition, in der die Technik und Weltanschauung der Alchemie eine Schlüsselrolle spielen, nämlich als der männliche Versuch, das

720 Eliade 1980; Jung 1985; Roob 1996; Gebelein 1996
721 Erdheim 1982

Leben und die Lebewesen frauen- und naturlos herzustellen, ist als einzige geeignet, solche Verfahren „biologistisch", „essentialistisch", „substantialistisch", „fundamentalistisch" und „ontologistisch" im wahrsten – lebensfeindlichen – Sinne der Worte zu bezeichnen. Aber für die patriarchale und die Gender-Sicht gilt das Umgekehrte. Denn sie wollen die „Freisetzung" von Frauen und Natur, um mit ihnen „alchemistisch" verfahren zu können. Dabei stören diejenigen, die eine solche Befreiung zur Vernichtung nicht hinnehmen wollen. Daher werden gerade Letztere als „biologistisch", „essentialistisch" und „fundamentalistisch" beschimpft. Solche Projektionen kennen wir mindestens seit den Hexenprozessen[722].

Das Problem ist also, dass auch Frauen inzwischen diesem Wahn- und Gewaltprojekt des Patriarchats glauben. Dies versucht nun die dritte These zu erklären.

These 3: Über den Irrtum der Männer hinsichtlich der Eignung der Frauen für die Wissenschaft

Wie sollten die Männer dieser Wissenschaft eigentlich meinen, dass sich die Objekte ihrer Wissenschaft gleichzeitig als deren Subjekte bewähren könnten bzw. dazu auch nur die geringste Neigung haben würden? Wie denn, wenn es doch um deren Beherrschung, Erniedrigung und Überwindung geht? Wer wollte sich wohl an seiner eigenen Unterwerfung aktiv beteiligen wollen, ja an seiner eigenen Vernichtung? So haben sich die Männer der Wissenschaft in ihrer Einschätzung der Frauen keineswegs geirrt, denn immer noch streben die meisten Frauen überhaupt nicht in die Wissenschaft, und wenn, dann nicht in die „harten" Fächer, in denen die Gewalt des Patriarchats offensichtlicher ist als in den „weichen". Aber die Männer der Wissenschaft scheinen sich doch insofern geirrt zu haben, als sie nämlich die Frauen womöglich für würdevoller und aufsässiger gehalten haben als sie es oft sind. Denn viele Frauen wollen sich heute tatsächlich und sehenden Auges an der Unterwerfung von Frauen und Natur „beteiligen" und tun dies längst, besonders intensiv in der Medizin, genauso wie ihre männlichen Artgenossen, von den „Gender-Studies" ganz zu schweigen[723].

Im Gegensatz zu den Männern bedeutet die Arbeit als Wissenschaftlerin für Frauen im Prinzip etwas anderes, und das zeigt, dass die Männer der Wissenschaft sich am Ende doch nicht geirrt haben, wenn auch auf eine von ihnen vielleicht unerwartete Weise. Denn selbst für die Frauen, die wie Männer in der Wissenschaft arbeiten wollen, gilt: Sie sind nicht wie Männer zur Wissenschaft gekommen, weil sie als Frauen dazu ihr weibliches Natur- und Ge-

722 Schennach 1997
723 Bell/Klein 1996; Mies 1994; Werlhof 1996, Kap.4

sellschaftsverhältnis erst einmal überwinden, ja verleugnen mussten. Diese Frauen können nicht wie die Männer einfach „Subjekte" der Wissenschaft werden und sich von ihrem gesellschaftlich oktroyierten Objektstatus befreien. Sondern sie ändern den Status des passiven Objekts in den des „aktiven Objekts" [724] um. Das heißt sie wirken am Objektstatus der Frauen in der Wissenschaft aktiv mit und werden dabei vermittelndes Objekt der Wissenschaft zwischen dieser und den Frauen allgemein. Solche Wissenschaftlerinnen führen die Frauen als passive Objekte aktiv der Wissenschaft zu und dienen sich ihr damit quasi-zuhälterisch an. Diese Wissenschaftlerinnen sind Frauen, die den Wissenschaftlern ihre Dienste bezüglich des Zugangs zum Objekt Frau anbieten – z. B. in der Reproduktionsmedizin – und damit ihrerseits letztlich Objekte der Wissenschaft bleiben. Gleichzeitig bedeutet die Existenz solcher Wissenschaftlerinnen aber auch die Spaltung der Frauen in aktive und passive Objekte der Wissenschaft. Der Objektstatus der Frauen in der Wissenschaft wird hierdurch nicht abgelegt, sondern nur um eine zweite Form erweitert, nämlich die der Mittäterschaft [725]. All dies bedeutet, dass eine tiefgehende Wissenschaftskritik von Frauen in der Wissenschaft zunächst gar nicht zu erwarten gewesen ist, und dann, als feministische Kritik aufgrund der Frauenbewegung auch die Universitäten erreichte, dort sofort zu einer ebenso tiefgehenden Spaltung unter Frauen geführt hat [726].

Im Gegensatz zu den Männern in der Wissenschaft müssen die Frauen der (heutigen) Wissenschaft nämlich immer so tun als ob: Sie müssen sich selbst belügen, als wären sie gleich mit den Männern respektive wie sie. Dazu müssen sie ihr Geschlecht verleugnen und das männliche als einzige Normalität voraussetzen, der auch sie sich anzunähern bestrebt sind. Sie müssen eine vorweggenommene Selbstbeherrschung betreiben, mit der sie den wissenschaftlichen Prozess zunächst an sich selbst vollziehen, um sich in die Form bereits beherrschter, subjekt- und leb- sowie empfindungsloser Natur zu bringen [727]. Dies alles ist nötig, bevor sie Wissenschaftlerinnen auch nach außen, also „öffentlich" werden können. Sie müssen das Frau-, Leib- und Lebendigsein an sich selbst zerstört haben und bereit sein, immer wieder zu zerstören, sich also in „Mann-Geborenes" verwandelt haben, in mutterlose Vatertöchter. Das bedeutet die perverse weibliche Selbstgeburt als quasi-männliche, die „Parthenogenese" im Patriarchat, Selbst-Alchemisierung über den Kopf, weibliche Kopf- statt Bauchgeburt, männliche (Selbst-)Imitation durch Frauen, Mimesis an ein patriarchales Mann-Sein. Dadurch werden Frauen sogar in einer besonderen Form doppelt „verwissenschaftlicht", und Wissenschaft wird für sie die ernsteste Sache der Welt. Da ist das Lachen vergangen.

724 Genth/Werlhof 1990
725 Thürmer-Rohr 1989
726 Werlhof 1996, 2010 (c)
727 Kutschmann 1986

Zu dieser Selbst-, Gattungs- und Geschlechtsverleugnung gehören:

- Die Selbstverleugnung:
  a) als Verleugnung des eigenen Leibes nach der Devise: es gibt mich nicht als Leib einer Frau (Gender)
  b) Leugnung der eigenen Kultur nach der Devise: es hat nie eine Frauenkultur gegeben (Leugnung des Matriarchats)
- Leugnung der Behandlung als „Frau" durch die Wissenschaft:
  a) in der Wissenschaft gibt es angeblich keinen besonderen Umgang mit Frauen nach der Devise: die angebliche Geschlechtsneutralität der Wissenschaft kommt den Frauen zugute (Leugnung der Schädlichkeit der Wissenschaft für die Wissenschaftlerin, Leugnung der Geschichte des Umgangs der Wissenschaft mit Frauen, z. B. die Hexenverfolgung und ihre Bedeutung bis heute)
  b) Aktive Übernahme der wissenschaftlichen Methode der Behandlung von Frauen und Natur durch die Wissenschaftlerin selbst nach der Devise: Naturgesetze haben nichts mit dem Geschlecht zu tun (Leugnung der Schädlichkeit der Wissenschaft für Frauen und Natur allgemein)

Ist es nicht das, was Männer nicht zu hoffen gewagt haben? Aus all dem resultiert der Normaltyp der Wissenschaftlerin als Immer-schon-Gender-Frau: Gewalttätig gegen die Natur, sich und andere Frauen, ohne echtes Erkenntnisinteresse, karriereorientiert, machtbesessen, ängstlich, da im Irrtum, an den sie nicht erinnert werden will; eifrige Verfechterin der patriarchalen Wissenschaft und sich selbst hassend.

Es gibt aber noch eine andere Möglichkeit der Leugnung der Wissenschaft und ihrer Behandlung von Frauen und Natur:

Die Leugnung der (heutigen) Wissenschaft als angeblich einzig möglicher. Diese Leugnung bedeutet Entzug: Die Frauen entziehen sich der Wissenschaft aktiv und passiv, sowohl als Wissenschaftlerinnen wie auch allgemein. Der Entzug ist Protest und gleichzeitig Aufbruch zu Alternativen zur Wissenschaft. Das nenne ich genuine Frauenforschung und Frauenbewegung in der Wissenschaft und außerhalb von ihr, und nur hier finden Wissenschaftlerinnen und Nichtwissenschaftlerinnen überhaupt in einer Weise zusammen, wie das die feministische Forschung ursprünglich praktiziert und gemeint hat[728].

Es ist die Leugnung der patriarchalen Wissenschaft in Form der Nichtakzeptanz einer frauen- und naturzerstörenden Wissenschaft. Ist es nicht das, was Männder von Frauen in der Wissenschaft eigentlich immer schon befürchtet haben (müssen)?

Die Frauen müssen sich also entscheiden, ob sie ihrer Zuordnung zur Natur „nach oben" entfliehen wollen, um vom passiven zum aktiven Objekt oder

728 Mies 1978; Werlhof 1991 (d), 1996, 2010 (p), 2010 (q)

gar Subjekt der Wissenschaft und Naturbeherrschung aufzusteigen zu versuchen – was am Ende doch nicht gelingen kann. Wollen sie demnach eine Art Geschlechtsumwandlung betreiben oder sich „nach unten" bzw. nach draußen auf die Seite der Natur schlagen und für sie und aus ihr heraus gegen die patriarchale Wissenschaft streiten mit dem Ziel, eine frauen- und naturorientierte nicht-patriarchale Wissenschaft zu entfalten? [729]

Erst im letzteren Falle würde sich die alchemistische Behandlung der Frauen durch die patriarchale Wissenschaft in ihrer ganzen Monstrosität, Feindseligkeit und Schamlosigkeit zeigen und die Notwendigkeit einer gänzlich neuen Wissenschaft finge an, inhaltlich und formal in Umrissen erkennbar zu werden.

These 4: Zur Ähnlichkeit des Verhältnisses, das Frauen und Männer zur Natur haben, und zu der daraus resultierenden normalen Neigung auch der Frauen zu wissenschaftlicher Naturbeherrschung, oder: Wissenschaft als Glaubensfrage.

Diese These würde nur gelten, wenn Frauen wie Männer im Patriarchat

a) Natur als negativ bewerten, als feindlich und gefährlich wahrnehmen, Naturbeherrschung daher als erstrebenswert erachten;
b) Natur als äußerlich ansehen und
c) Naturbeherrschung daher für notwendig halten, folglich an Fortschritt durch Naturbeherrschung glauben würden.

Ein solches Syndrom – Gläubigkeit im Gegensatz zum angeblichen „Wissen" der Wissenschaft – artikuliert aber nur, dass manche Frauen unlogischerweise Männern zu glauben begonnen haben. Sie glauben ihnen inzwischen tatsächlich, dass Frauen und Natur auf ähnliche Weise „negativ" seien. Sie müssen sich – im Gegensatz zu den Männern – also selbst verachten, ja zu hassen gelernt haben, um sich als Frau und damit (angeblich oder tatsächlich) der Natur Nähere selbst abschaffen zu wollen.

Frauen, die das Natur- und Geschlechterverhältnis so sehen, haben aus ihrer schlechten Behandlung durch die Männer und die Wissenschaft also geschlossen, dass diese damit durchaus Recht gehabt haben. Daher erscheint es so, als ob es nur darum gehen müsse, dass die Frauen selbst das Werk der patriarchalen Wissenschaft zu Ende führten, um die Welt von sich (und der Natur) in einer Weise zu befreien, die den zivilisierten und beherrschten Umgang mit ihnen als Frauen und der äußeren Natur für immer gewährleistet. Damit aber sind sie der absurden Natur-Sicht des Patriarchats voll aufgesessen. Peinli-

729 vgl. Daly 1980; D'Eaubonne 1980; beiträge zur feministischen Theorie und Praxis 11/1984, 12/1984; Fox Keller 1986; Mies 1988, 1994; Keller 1989; Mulack 1990; Muraro 1993; Metzner 1994; Wolf 1994; Shiva/Mies 1995; Bell/Klein 1996; Beiträge zur Dissidenz ab 1996

cherweise glauben sie selbst an das Patriarchat und seine Alchemie: Die Opfer haben sich die Sicht der Täter zu eigen gemacht und glauben, ohne es zu „wissen" oder wissen zu wollen, an ihre eigene Abschaffung als Konfliktlösung.

Stattdessen wäre zu fragen, welche seltsame und letztlich feindliche Sicht auf Frauen und Natur denn vorliegt und wie die Objektivierung und Vernichtung von Frauen(-kultur) und Natur endlich beendet werden könnte.

Daraus, dass Frauen eben nicht gleich sind wie Männer, weder von ihrem Leib noch von ihrer Behandlung in der Gesellschaft noch von ihrer Geschichte und Kulturerfahrung her, müssen eben nicht affirmative, die Gewalt der Wissenschaft legitimierende, sondern genau gegenteilige Konsequenzen gezogen werden: Indem ich mich als Frau umso ernster nehme und das Gleiche mit übriger Natur tue, desto mehr verbinde ich mich mit mir und übriger Natur (und sie sich mit mir).

Also nicht Beteiligung an der „emanzipativen" (Selbst-)Abschaffung von Frau und Natur, sondern Abschaffung einer Wissenschaft, die dies will und tut, und Aufbau einer frauen-, natur- und allgemein menschenfreundlichen Wissenschaft ist angesagt.

Wenn viele Frauen selbst im Patriarchat immer noch nicht das gleiche Naturverhältnis wie Männer haben, etwa deshalb, weil sie nach wie vor die Erfahrung machen, neue Lebewesen hervorzubringen, und aus eben diesem Grunde die „Negativität" von Leib und Natur auch nicht im selben Maße einsehen, so ist dennoch der aktive Abfall vom Glauben an diese Gesellschaftsordnung und ihre alchemistische Wissenschaft bisher eher selten. Und ebenso selten ist die praktische Dissidenz zu dieser Wissenschaft artikuliert, nämlich der konkrete Aufbruch in eine so dringend benötigte wirklich andere, nicht mehr patriarchale Wissenschaft[730].

Wenn es die patriarchalen „Menschheits-Träume" bzw. Männerträume und der patriarchale Selbsthass der Frauen sind, die einer derartigen Umwandlung der Wissenschaft von der per- zur re-vertierten im Wege stehen, so lässt sich daraus nur schlussfolgern, dass es einmal der Charakter unserer Wissenschaft als Religion ist, der einer Alternative im Wege steht. So säkular und aufgeklärt sich heutige moderne Wissenschaft auch immer gebärdet, es ist vor allem der – patriarchal offenbar „notwendige" – Glaube an die Negativität (Gefährlichkeit, Sündigkeit, Mangelhaftigkeit etc.) von Leib und Natur und der Glaube an die Positivität der Möglichkeit ihrer Ersetzung (durch angebliche „Verbesserungen" per Alchemie), die – auch von Frauen geteilt – einer Alternative zur herrschenden Wissenschaft im Wege stehen. Und wo es nicht der Glaube ist, da geht es um die Rechtfertigung der Macht und des

730 vgl. „Beiträge zur Dissidenz" ab 1996, insb. Projektgruppe 2009

Geschäfts, das mit dieser Wissenschaft zu machen ist, ja, immer mehr nur noch auf diese Weise zu machen ist[731].

Es braucht in einer neuen Wissenschaft daher zunächst einen neuen Natur- und Geschlechterbegriff im Sinne einer Anerkennung der Möglichkeit einer allgemeinen Frauenkultur und der Anerkennung der selbstschöpferischen Qualität von Frauen und Natur. Nur auf der Ebene einer Kultur, die sich nicht als Gegensatz von Natur, sondern als deren „Verlängerung" oder „Anwendung" versteht, können Wege aus dem patriarchalen Pseudo-Dilemma, aber auch den wirklichen, gar nicht öffentlich benannten Problemen unserer Gesellschaftsordnung aufgezeigt und kann über sie hinaus gegangen werden. Teilung, Zersetzung und Zusammensetzung, Vernetzung und Kybernetik, künstliche Intelligenz und künstliches Leben sind selbstverständlich alles andere als ein Ersatz für die Welt als sich selbst hervorbringendes Gewebe und Kontinuum und für die Anmut der daraus hervorgehenden Lebewesen. Sondern sie dienen der Fiktion von der Möglichkeit einer gänzlich patriarchalen Welt ohne Mütter. Die wird es als lebendige jedoch nicht geben.

Schlussfolgerung aus der Widerlegung der Emanzipationsthese

Ausdrücklich als Frau und feministische Wissenschaftlerin habe ich also die einzig logischen und der Lage angemessenen Schlussfolgerungen aus dem Verhältnis Frauen-Wissenschaft-Natur und der patriarchalen Utopie von der alchemistisch betriebenen Ersetzung der Natur/der Frauen zu ziehen:

Sind wir am Ende eines Wahns angelangt oder am Anfang seiner finalen Realisierung? Es wird an den Frauen liegen, ob es zur tatsächlichen „Patriarchalisierung" allen Lebens kommt, und das heißt: zu seiner weiteren Erniedrigung und Zerstörung. Denn ohne den „Rohstoff" Frau – geistig wie leiblich – lässt sich das nicht machen. Es ist daher von zentraler Bedeutung, dass gerade die Frauen mit ihrer Analyse des Geschehens ausgestattet werden und sich entsprechend auch bewusst richtig entscheiden können.

Für mich steht außer Frage, dass diese Entscheidung eine für eine allgemeine neue Wissenschaft der Natur im Gegensatz zur neuen Totalwissenschaft der paradoxerweise „Lebens-Wissenschaften" genannten und der patriarchalen Anti-Natur-Wissenschaft generell sowie der neuesten Militär-Alchemie sein muss. Dem steht am Ende vor allem unsere durchgängige Ignoranz hinsichtlich der Natur, unserer Mutter Erde und der Frauen im Wege. Eine Alternative zur patriarchalen Sicht und Praxis kann daher überhaupt nur erkannt und dann auch praktiziert werden, wenn bei Frauen und Männern ein grundlegend anderes Verständnis von Natur und ein anderes Verhältnis zu ihr und zu den Frauen Raum gewinnen. So ist der alte Anthropozentrismus

731 Werlhof 2010 (r)

genauso abzulehnen wie die neue Annahme des „vernetzten" Denkens, wir seien alle „Teil"(-Teilchen) der Natur, verstanden als kybernetisch-biotechnisch vernetzte Maschine, als „männliche Natur"[732].

Stattdessen ist auszuarbeiten, wie wir zur Natur gehören, wie wir selbst Natur, ja Erde[733] sind, und zwar weder im Gegensatz zur Kuh, zum Huhn und zum Pantoffeltierchen noch im Aufgehen im Rohstoffpool der Gene, „die wir alle gemeinsam haben". Es sind gerade auch die erinnerungsfähigen und erinnerten geistigen und „seelischen" Vorgänge in der Natur und im Leib, von denen alle unsere patriarchalen Naturbegriffe nichts wissen wollen und die von uns wieder verstanden werden müssen[734]. Wie sollten wir sonst in Zukunft imstande sein, mit dem Waldsterben, der Verwüstung, dem Gewässertod, den neuen Epidemien, den Hungerkatastrophen, den Verdichtungen ebenso wie den Auflösungen der Formen (Krebs, Aids), den Zyklen und Rhythmen in uns und außerhalb von uns, der laufenden Zerstörung von Mutter Erde und das heißt mit der Geschlechterfrage in all ihren Dimensionen anders umgehen zu lernen?

732 Werlhof 1997 (a)
733 Boff 2010
734 Sheldrake 1990; Lehrs 1987

III
Erinnern? Was dann?

I.
Frau und Wildnis – das uralte Verhältnis[735]

Es gibt ein uraltes, inniges Verhältnis von Frau und Wildnis, das einen großen Block von heute unbenannten, verdrängten, vernichteten, transformierten und dennoch – in widersprüchlichen, ja drängenden Formen – erneut auftauchenden Realitäten und Entwicklungen menschlicher Zivilisation umfasst .

Das ist mein Thema hier am „Likus", wie die Römer sagten, am Lech. Der Lech jubiliert. Er ist der letzte wilde Fluss in der Gegend. Er freut sich seines Lebens, das ist deutlich zu bemerken. Der Lech ist ganz offensichtlich ein Lebewesen. Wenn man das so mitkriegt, dann wird einem klar, was es bedeutet, wenn ein solches Lebewesen eingeschränkt wird: eingezäunt, eingebettet, zugebaut. Die Überschwemmungen, die in diesem Jahr stattgefunden haben, sind ein Zeichen dafür, dass das nicht gut ist. Die Wildnis braucht ihren Raum, auch mitten in dieser Zivilisation, die so wenig mit Wildnis zu tun haben will.

Annäherungen an die Wildnis

Es ist eine ziemliche Verantwortung, über Wildnis zu sprechen. Vor allem, weil wir modernen Menschen ihr so viel angetan haben, und zwar Furchtbares. Wir befinden uns in der Zeit der Globalisierung, dem Ende eines bestimmten, weltweiten Experiments moderner Ökonomie, Technik und Politik, in der eine heillose Verwüstung und mutwillige Zerstörung auf diesem Planeten angestellt wird. In einer Nummer der Zeitschrift „The Ecologist" aus dem Jahr 2002, wo es um Ökologiefragen geht, heißt es auf der Titelseite: „Why have you forsaken me?", „Warum habt Ihr mich verlassen?", „Warum habt Ihr mich verraten?" oder auch „Warum habt Ihr mich im Stich gelassen?" Das sagt die Erde zu uns. Sie spricht. Was bedeutet das?

Es ist darüber hinaus ziemlich riskant, sich mit diesem Thema zu befassen, auch deswegen, weil wir ja alle beteiligt sind an dem Wahnsinn der Zerstörung der Wildnis.

Und ferner: Über Wildnis zu sprechen würde eigentlich bedeuten, dass man selber wild ist oder zumindest etwas weiß von der Wildnis. Das ist das Problem. Wir sind ja auf eine Art „zivilisiert", dass wir von Wildnis nichts

735 Vollständig überarbeitete und ergänzte Version des Vortrags vom 17.09.2002 in Weißenbach am Lech/Außerfern, „Alpenweiber" Likus-Projekt.

mehr wissen (wollen). Generell wird Wildnis verleugnet, geplündert, zerstört und zubetoniert. Man denkt, man kommt ohne Wildnis aus. Aber es stellt sich heraus, dass wir ohne Wildnis überhaupt nicht leben können und dass die Wildnis rehabilitiert gehört, ja, dass wir selber wieder wild werden müssen.

Susan Griffin hat vor Jahren ein Buch über „Frau und Natur" geschrieben, dessen Untertitel lautet: „Das Brüllen in ihr"[736]. Damit meint sie das Brüllen in uns Frauen, die ihre Stimme erheben gegen die Zustände des Lebens hier auf der Erde.

Ansonsten hat man beim Thema „Frau und Wildnis" immer eher Frauen in mehr oder weniger wilden Gärten vor Augen, gerade in der Malerei. Frauen sind zwischen Pflanzen und Tieren zu sehen. Der Tiger liegt brav und aufmerksam neben der Frau. Die Frau ist zwischen Pflanzen platziert, manchmal auch auf einer Art Sofa, die Nackte im Draußen. Das sind Visionen vom Paradies. Die Paradiesvorstellung knüpft auch generell an der Frau in der Wildnis oder der Frau in einem Garten an. So kommt das Wort Paradies aus dem Persischen und bedeutet tatsächlich „Garten".

Dieser Garten ist aber nicht nur ganz nah bei der Wildnis, sondern auch sehr schön. Zur Wildnis und der Nähe zu ihr gehört immer die Schönheit, nämlich gerade die der Frauen und die der Natur. Das Motiv des Gartens zeigt daher, dass Wildnis gepflegt sein kann, ohne zu verschwinden. Das deutet auf eine Kultur, die in Harmonie mit der Wildnis lebt und nicht naturfeindlich oder zerstörerisch für die Wildnis ist. Die hat es in der Tat gegeben, und einige davon gibt es noch: die matriarchalen Kulturen[737].

Die Hauptfrage beim Thema Wildnis ist: Was heißt es, dass alles lebendig ist? Wildnis heißt lebendig sein, und wenn die Erde ein lebendiges Wesen ist und alles, was auf ihr kreucht und fleucht und auch, was nicht kreucht und fleucht, lebendig ist, was bedeutet das? Das herauszufinden ist die Herausforderung.

Wildnis ist Leben. Sie hat Eigensinn und Eigenmacht. Lebewesen haben ihren eigenen Sinn und ihre ihnen eigene Macht. Sie haben ihre eigene Weisheit, ihre eigene Güte, ihre eigene Form zu lieben und zu leben. Und was wir heute erfahren ist, dass sie das nicht mehr so umfangreich und vielfältig tun können wie sie es offenbar wollen. Denn die Wildnis, in der das möglich ist, wird immer mehr verdrängt und zerstört. Und sie zieht sich inzwischen auch von selbst zurück. Sie stirbt (aus).

Einige von uns spüren, da muss etwas geschehen. Wir ahnen, wir brauchen die Wildnis zum Leben. Wir müssen umdenken, umhandeln und umfühlen. Beunruhigt bemerken wir, unsere ganze Zivilisation ist auf dem falschen Weg. Alles, was geschieht, geht in die falsche Richtung. Warum? Und was können wir tun?

736 Griffin 1987
737 Göttner-Abendroth 2006, dies. 2009

Andere aber denken, dass es nichts macht, wenn die Wildnis geht. Sie glauben an das „Androzän", das menschen- bzw. buchstäblich „Mann"-gemachte Zeitalter. Das braucht angeblich keine Wildnis, ja, ist froh, sie endlich überwunden zu haben. Wozu brauchen wir Eisbären? Wozu „Unkraut"? Wozu Flussauen? Sie denken, wir brauchen sie nicht, denn sie nehmen nur Platz ein und stören …

Andererseits ist da die „Krise". Ja, es zeigt sich, es sind eigentlich viele Krisen auf einmal. Wo ist eigentlich keine Krise? Die Politik ist in der Krise, die Geschlechter sind in der Krise, die Generationen untereinander sind in der Krise. Die Familie, die Ehe, Beziehungen, die Schule, die Lohnarbeit, die Hausarbeit, der Staat, die Finanzen, die Wirtschaft, der Verkehr, die Energieversorgung, die Bildung, die Wissenschaft, die Religion – alle haben ihre Krisen und die größte aller Krisen ist die der Natur. Die Krise der Natur kommt aber nicht von ihr selbst. Denn unser wilder Planet Erde bewegt sich seit unvordenklich langer Zeit ganz gut im Gleichgewicht. Seine Krise muss also unsere eigene sein: die des Verhältnisses zu ihm. Dieses Verhältnis ist zumindest gestört, wenn nicht buchstäblich fatal, nämlich todbringend, und zwar für alle Beteiligten.

Aktuell können wir es sehen an der Atomkatastrophe in Japan[738]. Denn wieso verwenden wir Technologien, die mit der Zerstörung der letzten Zusammenhänge des irdischen Lebens arbeiten, nämlich der Spaltung der Atome, bloß um an „Energie" zu kommen? Und wieso haben wir diese Mordtat am Lebendigen überhaupt zugelassen? Warum wundern wir uns über die vollkommen logischen Konsequenzen? Radioaktive Strahlung und radioaktiver Fallout sind nicht von sich aus da. Wir haben sie mit einem ungeheuren Aufwand an Gewalt selbst produziert und nun fängt das Lebendige, wir auch, immer mehr an, daran zugrunde zu gehen. Genau: das war ja unser Ziel. Die Verbundenheit alles Seienden, das, was die Welt im Innersten zusammenhält, wird von uns absichtlich zerteilt und zerrissen. Also zerteilt und zerreißt es uns. Was sonst sollte das Ergebnis sein? Warum soll die „schöne neue Welt" durch eine durch und durch hässliche Tat entstehen können?

In der Krise taucht die Wildnis als Gespenst auf. Das bleibt von ihr übrig, die verwüstete Wildnis, die Natur, die wir zerstört haben. Vor ihr beginnt man sich jetzt zu fürchten. Denn sie ist nun nicht mehr freundlich und kooperativ, wachsam und neugierig. Wir sind es ja auch schon lange nicht mehr. Das ist nur logisch. Die Verwüstung und die neue Wüste sind unser eigenes Produkt. Und nun wird wieder nach „Naturbeherrschung" und Maßnahmen gegen die „Wildheit" einer „bösen Natur" geschrien – und ist doch nur mit den eigenen „Maßnahmen" und ihren Folgen konfrontiert. Und dies ist auf gleich zweierlei Weise der Fall: einmal auf zivile und ein andermal auf militärische Weise. Denn

738 Werlhof 2011 (a)

unbemerkt von der Öffentlichkeit ist die zivile bzw. „zivilisierte" Zerstörung der Erde inzwischen ergänzt worden durch eine solche, die weit darüber hinausgehende Ziele hat. Es sind die, den ganzen Planeten in eine einzige große Waffe zu verwandeln, die für einen Krieg mit der Erde gegen sie selbst und alles Leben auf ihr, uns alle eingeschlossen, verwendet werden kann, ja bereits wird.[739]

Bevor wir also voreilige Schlüsse ziehen, was wir meinen, dass auf und mit der Erde los sei, müssen wir offenbar erst einmal die weiteren Akteure und Interessen zur Kenntnis nehmen. Wir haben sie nicht gewollt oder gar erfunden, aber sie sind da:

Sie werden zum ersten Mal öffentlich erwähnt in der Environmental Modification Convention, ENMOD, der UNO bereits im Jahre 1976/77, also vor nicht weniger als 35 Jahren. Da heißt es, dass jede militärische oder feindselige Anwendung von Technologien, die die Umwelt verändern, verboten sein solle, nämlich insbesondere Technologien, die „Erdbeben, Tsunamis, eine Störung des ökologischen Gleichgewichts einer Region, Veränderungen des Wetters (inklusive Wolkenbildung, Zyklone, Tornados), Veränderungen des Klimas, Änderungen von Ozeanströmungen, Änderungen der Ozonschicht und Änderungen im Zustand der Ionosphäre" bewirken können[740].

Also gibt es schon seit Jahrzehnten Technologien, die eine nicht-atomare Vernichtung des Lebens bewirken können, und sie müssen auch damals schon länger im Einsatz und mit entsprechenden Wirkungen ausgestattet gewesen sein, sonst hätte man sie ja nicht verboten.

Demnach ist angesichts der rasanten Zunahme von so genannten Naturkatastrophen davon auszugehen, dass wir uns inzwischen im Krieg befinden, und zwar einem ganz neuen, der ein geheimer ist, nicht mehr aufhört, überall gleichzeitig stattfinden kann und noch nicht einmal mehr erklärt wird: der Krieg mittels der Geheimwaffe Naturkatastrophe. Das Problem ist dabei aber immer: man kann ihn normalerweise nicht nachweisen. Wir können nur eins sagen: es gibt diese Technologien, und sie werden mit Sicherheit immer mehr angewandt, viel mehr noch als vor 35 Jahren, sei es in Experimenten – und das heißt, nicht im Labor, sondern im Freilandversuch –, sei es als direkter Angriff[741].

Dies zeigt, dass uns bisher etwas Wesentliches entgangen ist, nämlich die Kenntnis der seit Jahrzehnten anerkannten Existenz von nicht- bzw. postatomaren Vernichtungsmitteln, die mit den Energien der Erde arbeiten und dabei die Lebensbedingungen auf der Welt und die Erde selbst massiv beeinträchtigen – ja, beeinträchtigen, und nicht nur beeinträchtigen können, denn

739 Bertell 2000

740 UN Environmental Modification (ENMOD) Convention. Convention on the Prohibition of Military or Any Other Hostile Use of Environmental Modification Techniques, signed 18 May 1977, Genf

741 vgl. www.pbme-online.org

sonst hätte ja nicht ihr Verbot ausgesprochen werden müssen. Bertell, die die Entwicklung solcher Waffen und Waffensysteme seit dem Zweiten Weltkrieg dokumentiert hat, fasst sie zusammen unter der Bezeichnung „Plasmawaffen, Wetterkriege und Geoengineering". Und das bedeutet, dass wir nie mehr wissen können, welche Naturkatastrophe eine natürliche, also sozusagen eine „wilde", und welche eine nicht natürliche, also eine „zivilisierte" ist – und das spätestens seit den 1970er, wenn nicht (sogar) den 1950er oder 1960er Jahren. Also sind viele der heutigen, „wilden" Naturerscheinungen experimentelle oder militärische und das heißt menschlich inszenierte Zerstörungsakte.

Inzwischen hat man – daher? – vielerorts das Gefühl, die Zivilisation gehe zu Ende. Andere denken, umgekehrt, es komme nun zu einem Bewusstseinssprung in eine „höhere" Welt. Sie verstehen das Geschehen gewissermaßen „alchemistisch": der Apokalypse folgt die „schöne neue Welt", christlich gesprochen das „neue Jerusalem"[742].

Wenn wir Pech haben, kann es in dem jetzt offenbar anlaufenden planetaren Krieg dazu kommen, dass die Bedingungen für ein Weiterleben auf der Erde so verletzt werden, dass es eine andere, friedlichere und klügere Zivilisation nicht oder nur in sehr beschränktem Ausmaß wird geben können. Es wird aber auf jeden Fall jetzt schon eine neue Orientierung gebraucht, die bereits von einer solchen anderen Zivilisation ausgeht, ob es sie jemals geben wird oder nicht. Diese Orientierung hätte jedenfalls eine zu sein, die nicht gegen die alten und auch die neuen, durch Zerstörung geschaffenen Wildnisse antritt, sondern sich ihrer annimmt wie eines Lebewesens; eine, die der Wildnis wieder näher oder überhaupt nahe ist oder zu kommen versucht.

Wenn wir uns der laufenden Krise und dem beginnenden Kriegsgeschehen auf diese Weise nähern, kommt dabei heraus, dass wir ohne die alte, ursprüngliche Wildnis auf der Erde eigentlich nicht sein, nicht leben, ja nicht einmal denken und fühlen können. Das steht ganz im Gegensatz zu Descartes´ Behauptung „Ich denke, also bin ich", denn für die kartesianische Art des Denkens würde man noch nicht einmal einen Leib, geschweige denn die Wildnis brauchen. Auch das angeblich postmoderne Reden von einer Gesellschaft „nach der Natur"[743], also gerade auch nach der Wildnis, zeigt immer noch jene kokette und gleichzeitig feindselige Haltung ihr gegenüber auf – ganz so, übrigens, als sei sie eine Frau[744].

Es geht umgekehrt in Wirklichkeit um eine Rehabilitierung der Wildnis und zwar in der Tat in ihrer Eigenschaft als lebendige. Nehmen wir z. B. den Instinkt. Wir sollen ja angeblich froh sein, nicht mehr vom Instinkt abzuhängen. Der Instinkt stellt sich aber heraus als das Resultat einer Ordnung der Wildnis, die aufgrund der Erinnerung der Lebewesen – Sheldrake würde sa-

742 Werlhof 2010
743 Bohrer 1988
744 Vgl. Kap. II.2

gen, „der morphogenetischen Felder“[745] – von Generation zu Generation weitergegeben wurde, also etwas abbildet, das ein Gesetz der Wildnis bei Tieren und Pflanzen und eigentlich auch bei Menschen darstellt, nämlich eine „richtige“, angemessene Verhaltensweise in bestimmten Situationen und im Leben generell. Wenn wir diesen Instinkt verloren haben, werden wir uns sicher irren und oft genau das Falsche tun.

Wie der Instinkt, so muss aber auch etwa die Spiritualität rehabilitiert werden. Sie bedeutet, von der Natur, letztlich von der Wildnis als der ursprünglichen Natur her zu sehen, zu erfahren, zu erkennen und zu wissen, z. B.: Wie fühlen (sich) Bäume, Berge, Flüsse und Landschaften, wie Tiere und Elemente? Wie verhalten sie sich? Wie „denken“ sie über sich und die Welt? Wie ist also auch für uns aus der Wildnis heraus zu fühlen, zu denken und zu handeln? Ja, wie kommen wir wieder auf ihre Seite, um das zu bewerkstelligen?

So etwas wäre eine ungeheure Herausforderung für uns, weil wir daran gewöhnt sind, dass wir nur im gesellschaftlichen Rahmen denken, fühlen und handeln und nicht darüber hinaus.

Dabei merken wir aber, dass Wildnis gerade bei den Frauen ständig präsent ist, nämlich in Form innerer Wildnisse, wie z. B. in Bezug auf das Erotische, in der Schwangerschaft, beim Gebären, beim Stillen und in der Menstruation[746]. Da sind Gesetze der Wildnis am Werke, die wir spüren, wenn diese Dinge mit und in unserem Leib geschehen[747].

Eins ist jedenfalls klar, wild ist nicht wüst. Wüst ist etwas ganz anderes, denn es ist die Antwort der Wildnis auf ihre Zerstörung. Was man daher auch sieht, wenn man sich mit Wildnis beschäftigt: es gibt dort keine „bösen“ Geister. In der Wildnis gibt es Vielfalt, viele Möglichkeiten. Die bösen, „wüsten“ Geister kommen erst im Patriarchat hoch, wo man immer systematischer versucht, Wildnis unter Kontrolle zu bringen, zu beherrschen, abzuschaffen oder zu leugnen. Das „Wüste“ ist die Antwort der Wildnis auf die gegen sie gerichteten Kontroll- und Zerstörungsversuche.

Aber wildfremd muss uns Wildnis auch heute nicht bleiben. Denn sie enthält die Momente der – jeweiligen – Wahrheit. Im Moment der Wahrheit ist man in der Wildnis angekommen – z. B. bei der Geburt.

Ich werde mich nun orientieren an der „neuen Hexe“ Starhawk aus den USA, die berühmt ist für ihre „politische Spiritualität“. Sie hat das Pentagramm zur Grundlage genommen, dieses sehr alte fünfzackige Stern-Symbol, um zu beschreiben, was sie unter Spiritualität versteht[748]. Ich nehme nun ihr Pentagramm der Spiritualität für die Wildnis: An der Spitze steht die Liebe. Die

745 Sheldrake 1990
746 Margotsdotter-Fricke 2004
747 Andreas-Salomé 1990
748 Starhawk 1999

Liebe ist das Zentrum und vom Bild her der Kopf der Wildnis. Dann kommt der rechte Arm, die Kraft, der linke, die Weisheit. Der linke Fuß ist die Erkenntnis und der rechte das Gesetz der Wildnis.

Die Wildnis wäre damit erst einmal ein Ausdruck von Liebe, wobei Liebe das alles Durchfließende und Verbindende ist, eigentlich die Welt-Seele[749]. Darüber hinaus wäre Wildnis Kraft, Tatkraft, und sie hätte mit Erkennen und Weisheit zu tun, die alle miteinander verbunden sind als ihre verschiedenen Seiten oder Aspekte. Das wäre auch eine gute Erklärung für „Magie" – von magan, mögen, können, vermögen. Wildnis ist „magisch", ein mögendes, liebendes Fühlen, erkennendes Denken und kraftvolles Handeln aus der Weisheit der „Verbundenheit alles Seienden" heraus und in sie hinein, und auf eben diese magische Weise können wir ihr begegnen[750] – ganz im Gegensatz übrigens zur allgemein üblichen Diffamierung der Magie als Allmachtsphantasie der Naturbeherrschung[751]. Das ist es ja, was moderne Wissenschaft selbst will, aber der Magie unterstellt, um sich für ihre Zerstörung ebenso wie für die der Wildnis zu rechtfertigen.

Was mich am meisten gerüttelt und geschüttelt hat, ist jedoch „das Gesetz", angewandt auf die Wildnis, also ihr Gesetz. Ich habe diese Sicht lange auf mich wirken lassen, bis ich angefangen habe, sie zu verstehen. Die Wildnis ist demnach gerade kein Chaos in dem Sinne, wie wir den Begriff meistens verwenden, und keine irgendwie beliebige wirre Anhäufung von Dingen und Lebewesen, sondern sie hat eine Ordnung, ja ein Gesetz, also eine strenge, im Sinne von unhintergehbare Ordnung.

Ein solches Gesetz der Wildnis ist das, was wir als Faktum zunächst am allermeisten anzuerkennen hätten, bevor wir uns daran machen, es auch zu verstehen zu versuchen.

Was dabei klar wird, ist, dass unser Leben auf der Erde heute eine neue Art von Liebe, Kraft, Erkenntnis, Weisheit und Gesetz im Sinne einer Ordnung braucht, die aber allesamt keineswegs aus dem „Geist" der jetzigen Zivilisation kommen dürfen, sondern aus dem der Wildnis stammen müssen. Nur so werden wir eine neue Zivilisation aufbauen können. Das wird bald notwendig sein, ja, es ist längst der Fall. Denn wir selber befinden uns eigentlich selbst in dem Chaos, das wir etwa auf die Wildnis projizieren. Von dessen Lieblosigkeit, Zerstörungswut, Beliebigkeit, Ignoranz und Grenzenlosigkeit kommen wir jedenfalls weder in eine neue Zivilisation, noch einfach wieder in die Wildnis, sondern nur in die Verwüstung, die selbstgemachte Einöde, die „tote Zone".

Das Thema Wildnis bedeutet für mich also Folgendes: Ich habe bisher auf mehreren Ebenen – physisch, geistig, seelisch – versucht, an den Rand der ka-

749 Sheldrake/Fox 1999
750 Mies 1984
751 Seligmann 1948

pitalistischen Gesellschaft zu reisen. Als das gelungen war, kam die Frage des Patriarchats als der weiteren historischen Schicht einer Art Tiefenstruktur des Heute in Sicht. Wenn man dann an den Rand des Patriarchats gelangt ist, das sich seit ungefähr 5000–7000 Jahren entwickelt, erkennen wir, was das Matriarchat bedeutet (hat). Und am Rande des Matriarchats geraten wir in die Natur, ja in die Wildnis als die ursprüngliche Natur. Wenn wir in der Wildnis sind, befinden wir uns aber nicht nur im ursprünglichen Leben, sondern außerdem auch immer nah am Tod. Der Tod gehört genauso wie das Leben immer deutlich sichtbar, unabänderlich, unmittelbar und ununterbrochen zur Wildnis dazu. Das ist es, was viele von uns erschreckt, weil der Tod bei uns verdrängt und bekämpft wird als Teil eines Unverfügbaren[752], eben Wilden, und weil er sehr oft mit dem Töten verbunden ist, im Patriarchat jedenfalls, und deswegen eine große Angst vor dem Tod – und daher im Übrigen auch vor dem Leben – entstanden ist. Leben und Tod als Phänomen der Wildnis und des Irdischen überhaupt gehören also beide untrennbar, nämlich zyklisch, zusammen. Das wird aber nicht gerne zugegeben, ja es wird versucht, Leben und Tod voneinander zu trennen, so dass es so aussieht, als gäbe es nur das Leben, während der Tod versteckt, Spezialisten überlassen oder negiert wird. Die typisch patriarchale Rede vom angeblichen Wunsch „des" Menschen nach etwas Ewigem, wie etwa einem „ewigen Leben" jenseits des Leben-Tod-Zyklus, ist dafür nur ein sehr altes, aber immer wieder verwendetes Motiv.[753] Es zeigt, dass wir seit langer Zeit daran gewöhnt worden sind, dass Menschen angeblich über die Verbundenheit des Seienden „hinaus" dieses überwinden, abschaffen, transformieren und durch angeblich Besseres und Höheres ersetzen wollen. Dieser Wunsch, die Wildnis in allen ihren Aspekten endgültig hinter sich zu lassen, ist allerdings nur ein patriarchaler Wunsch. Das Problem ist jedoch, dass er beinahe verwirklicht ist, allerdings nicht, was ein ewiges Leben, sondern was den stattdessen drohenden ewigen Tod angeht.[754]

Wie kommen wir also hinter die Wand, die uns von der Wildnis trennt? Wie können wir sie erinnern?

Lesung: Über wilde Frauen

Ich lese aus Martin Auer und Linda Wolfsgruber „Von den wilden Frauen", ein Sagenbuch.[755] „In Braz, in Vorarlberg, da hat bei einem Wirt amol ein

752 Bergmann 2004

753 Es ist ein Grundgedanke bei der Rechtfertigung der Alchemie seit der Antike, vgl. Schütt 2000

754 Vgl. insb. Kap.I.3

755 Martin Auer und Linda Wolfsgruber: Von den wilden Frauen. Ein Sagenbuch, Weitra, o.D.

Wildfräulein als Magd gedient. Eine Fenggin, eine Salige. Sie war eine gute Arbeiterin, und guet getanzt hat sie auch, und alle Burschen im Dorf warn verrückt nach ihr. Einmal ischt ein Fuhrmann aus Tirol übern Arlberg gekommen. Der ischt in dem Wirtshaus eingekehrt, und hat erzählt, oben auf dem Pass hat ihm von weither eine Stimme zugerufen: ‚Jochfahrer, Jochfahrer, sag, wennsch nach Braz kommst, die Rohinda soll hoamkemmen, der alte Hans ischt gstorben!' Da schreit die Wirtsmagd auf und fangt an zflennen und sagt: ‚Das geht mi an!' Und sofort ischt sie davonglaufen, dem Arlberg zue, und nie mehr hat man eine Salige gesehen."

Das ist nur eine von den vielen Sagen, die sich die Leute erzählen darüber, wie die Saligen fortgegangen sind. Die Alpen sind voll solcher Geschichten über ein Volk, das Abschied nimmt und verschwindet.

In der Brixner Gegend erzählt man sich die Geschichte so: „Im Meierhof zu Lüsen hat eine Salige als Magd gedient. Einmal isch der Bauer auf seinem Schimmel vom Markt hoamgritten, da hat er eine Stimme aus dem Wald gehört: ‚Hoss, Hoss! Moarhofer afn weißn Ross, sog zi deiner Diarn, dö tuit in Bachzuber rüahrn, die Hirla Harla isch gstorben!' Wie der Bauer der Magd das ausgerichtet hat, hat sie glei alls stehn und liegen lassen und ischt davon. Aber dem Moarhofer ist seitdem nie mehr das Brot ausgangen. Das mit der Hirla Harla gfollt mir noch besser wia das mitm alten Hans, weil bei die Wildfrauen kommen eigentlich nia Männer vor." (S. 29f)

Was waren das für Leute, die Saligen? „Man sagt auch Wildfrauen zu ihnen oder Fenggen oder Alfrauen oder guate Leutlan. Und es hoaßt, dass die vor uns da waren, dass sie die erschten Bewohner der Alpen seind, die Ureinwohner des Gebirgs. Ihr Vieh sollen die Gamsen sein, die halten sie wie die Menschen im Tal das Rindvieh." (S. 30)

Es gibt Geschichten, in denen ein Wilder Mann vorkommt. Aber es gibt keine „Saligen Männer oder Almänner". Die Saligen leben in Gruppen zusammen. Sie „seind früher nach Lech am Arlberg zum Tanz gekommen. Von den Flüer Schrofen seind sie heruntergekommen, wunderschön anzuschaun, und haben beim Tanz zuageschaut. Sie haben nix getan oder gesagt, nur zuageschaut. Und wenn die Sonn hinterm Berg verschwunden ischt, haben sie gsagt: ‚die Sonn geht zur Neige, iatzt miaßen mir scheide', und sein schnurgrad den Berg nauf gangen, bis sie in den Schröfen verschwunden sein. Oamal hat ein Bursch eine bei der Hand gnommen und hat sie wollen auf den Tanzboden ziachn. Seither sind sie niamehr wiederkemmen." (S. 35)

„Die Saligen sind ein altes Volk. Sie stammen aus der Zeit des Sammelns und Jagens. Drum sind die Saligen auch die Beschützerinnen des Wildes, bsonders von die Gamsen, und sie bestrafen z. B. immer wieder übereifrige Jäger." (S. 38)

„Die wilden Frauen schenken gern etwas und sie bitten auch manchmal um Geschenke. Aber man hört nia nicht, dass sie Handel treiben oder Schätze horten wie die Nörggelen oder die Venedigermandln. Die Saligen haben kein

Reich und auch keine Königin, davon ist nirgends die Red. Manchmal kommen sie von den Bergen herunter und helfen den Bauern bei der Arbeit. Sie kommen bei Nacht und schneiden den Weizen oder sie helfen beim Heumachen." (S. 43)

„In manchen Gschichten nehmen sie a Schüssele Milch an oder an Teller Tirschtlan. Aber bezahlen darf man sie nia!" (S. 47) „Was hat das denn zu bedeuten, dieses Arbeiten ohne Dank und Gegengeschenk? Man liest von Forschern bei wilden Stämmen, die ins Fettnäpfchen treten – das tuen die sowieso oft genug. Aber einige berichten, dass sie von Jägern ein Stück Fleisch gschenkt kriagt und sich dafür bedankt haben. Darauf waren die Jäger fürchterlich beleidigt. Denn die Jäger sind drauf angewiesen, dass ein jeds seine Beute mit den andern teilt. Das ischt für die absolut selbstverständliche Pflicht. Und sich für seinen Anteil bedanken, das heißt soviel wie sagen, einer hätte auch nicht teilen können. Ja, und das kränkt halt so einen Primitiven." (S. 51)

„Die Geschichten von den Saligen sind sehr alt. Sie kennen auch noch keinen Mühlstein. Die Zeit, wo man das Korn noch mit einem Stein zerklopft hat, das war die Jungsteinzeit." (S. 52)

Man hat alles geteilt. Das Gesetz der Wildnis verlangt das Teilen. Man nimmt nicht anderen etwas weg.

„Die Wilde Frau hat koanen Respekt vor der Ehe anderer Leute. Manchmal hat sie eine Liebe mit einem verheirateten Mann. Dann treffen sie sich auf einer Almhütte. Die rechtmäßige Frau geht dem Gatten nach, wenn er zum Stelldichein geht, und kommt zu der Almhütte, wo die beiden liegen. Da hängt das Haar von der Saligen zum Fenster heraus bis zur Erd. Und die Frau hebt das Haar auf, und die Salige entflieht unter Schmerzensgeschrei." (S. 60)

Man darf sie auch nicht fragen, wie sie heißt. „Denn in alter Zeit, da hat man Macht über einen gewonnen, wenn man seinen Namen gwißt hat. Und die Saligen dulden des nit, dass oaner Macht über sie hat. Und Wildfrauen hoaßen sie, weil sie wild sind, weil sie sich net zivilisieren habn lassen, weil sie aus der Zeit stammen vor der Zivilisation, aus der Zeit, bevor der Fluch der Arbeit über die Menschen gekommen isch." (S. 61)

Also war das noch vor dem Ackerbau, der das ermöglicht hat, dass „mit den Vorräten das Eigentum aufkemman isch und mit dem Eigentum arm und reich" (S. 64). Dadurch gab es etwas zu rauben, und Krieger sind gekommen, und die Fürsten haben Abgaben gefordert, die Männer sind in den Krieg gegangen. Es war die Zeit der Saligen also die Zeit vor dem Sündenfall.

Schließlich: „Das Schlaraffenland liegt im Ötztal zwischen Brand bei Längenfeld und Burgstein. Dort hat ein Bursch sieben Wildfrauen ihr Lied singen ghört. Er isch ihnen nachgangen, aber sie sind weggelaufen vor ihm. Der Bursch ischt ihnen immer hinterherglaufen und ischt zu einem großen Tor gekommen. Dahinter hat er eine herrliche, reiche Landschaft gseachn. Der Bursch wollt das schöne Land betreten, aber die Fräulein haben gegen ihn gekämpft, und vor seinen Augen haben sie das Tor verschlossen. Und später hat er den Eingang nimmer finden können." (S. 66)

Wilde Frauen als Göttinnen

Andere Wilde Frauen sind vor allen Dingen Göttinnen. Da haben wir hier auch einige vorzuweisen, z. B. gilt in den Dolomitensagen die Donna Kelina, die Adlerin, als die Mutter der Saligen. Salig wird hier übersetzt mit selig. Anderswo wird salig mit heilig übersetzt. Die Donna Kelina aus den Dolomiten repräsentiert das Element Feuer. Dabei geht es um den Zusammenhang der Frauen mit den Elementen. Kelina hat einen prächtigen Palast im Berg, in dem die neuen Menschen geboren werden. Die weiße Gämse mit den goldenen Hörnern ist das Abbild der Sonne, und die Sonnengöttin erscheint in Tiergestalt. Elemente, Tier und Frau gehören zusammen. Donna Kelina ist mit ihren Kindern, den Saligen, die Schützerin und Heilerin der Tiere. Sie ist auch zuständig für den Liebeskult der Hirten und Bauern. Das Element Feuer steht dabei für die Sexualität und die Liebesgeschichten.

Dann haben wir in den Dolomiten Tanna, die Bergmutter. Sie steht für die Erde. Ihre Kinder sind die Felsen. Sie schuf die Murmeltiere und die Menschen aus ihrem Leib. Die Murmeltiere lehrten die Menschen das Überleben im Gebirge.

Die dritte dolomitische Göttin und Wilde Frau ist Moltina. Das ist die Gründungsmutter des Feenvolkes. Sie repräsentiert das Wasser und ist eine sehr üppige und weise Frau, die alle Himmelbewegungen kennt und Weissagungen daraus entnehmen kann. Zu ihr gehören die drei Bethen. Beth heißt ewiges Leben[756], allerdings nicht das jenseits des Leben-Tod-Zyklus, sondern dasjenige, das gerade durch den Zyklus ewig weitergegeben wird.

Die vierte Göttin aus den Dolomiten ist Samblana, die Luftgöttin, die in den schneebedeckten Bergen die Seelen der Toten unter ihrem weißen Mantel birgt, bis sie wiedergeboren werden, also eine Wiedergeburtsgöttin entsprechend der Borbeth oder Barbara mit ihren Zwillingstöchtern, den Yemeles, die zuständig sind für die Herbst- und Frühlingsstürme.

Die Junge, die Üppige und die Ahnin, das sind die drei Göttinnengestalten, die wir immer wieder vorfinden: die Göttin in ihrer Jungfrauengestalt, also als junge, starke, unabhängige Frau, dann als üppig-fruchtbare Mutter und schließlich als Ahnin und Frau aus dem Totenreich, die den Übergang zum nächsten Leben ermöglicht. Daraus kommen die Wilbeth, Ambeth und Borbeth, das sind die drei Bethen, die nachher Katharina, Margaretha und Barbara heißen. Wilbeth/Katharina ist zuständig für die jungen Frauen, Ambeth/Margaretha für die fruchtbaren Frauen und Barbara/Borbeth für die alten Frauen und die Wandlung vom Leben in den Tod und wieder ins Leben. Daraus kommen auch übrigens die Heiligen drei Könige. Jetzt malt man jedes Jahr immer noch an die Häuser C+M+B, als wären das Caspar, Melchior

756 vgl. Alpenweiber: Tirols Werden als Vergehen, Stams, Man. Innsbruck 1996, darin: Gabriele Mirhoff, S. 13–26

und Balthasar. Aber eigentlich handelt es sich nach wie vor um Katharina, Margaretha und Barbara.

Göttinnen kann man auch sonst überall in der Welt finden, z. B. die Erdmutter Anna bei den Kelten oder die tibetische Erdmutter Anapurna, nach der ja auch der Berg heißt. Im Alpenraum haben wir noch die Hulda, die Saliga, die Madrissa, die Silvretta und die Matreia, die alle Berge darstellen. Die Berge wurden immer als Frauen oder Göttinnen interpretiert. Die Große Mutter erscheint auch in Bächen, Quellen, Flüssen, Seen und Steinen. In anderen Teilen der Welt haben wir z. B. Kybele als „Mutter vom Berg" im Nahen Osten, wobei der Berg der Thron oder Schoß der Muttergöttin ist. In Sumer gab es die Göttin Ninkhursag, die Frau des Berges.

Dann haben wir im Keltischen die Göttin Gagamelle, die Steinträgerin. Das sind die Riesinnen in den Sagen.

Es wimmelt in aller Welt von Berggöttinnen oder überhaupt Göttinnen. Das gilt auch für die Bäume. Die Göttin Yggdrasil, das ist die große Esche der Kelten, die dann unter den Schlägen der Christen verschwand. Der Baum gilt als Axis Mundi. Als Göttin vorgestellt hält er Himmel und Erde zusammen[757].

Wilde Landschafts- und Pflanzen-Göttinnen

In den Landschaften schließlich haben wir Göttinnen, die Devas genannt werden, das sind auch Pflanzengeister, wovon das Wort devil, Teufel kommt[758]. Denn im Christentum wurden die Göttinnen alle dämonisiert. Im Persischen heißt das Paradies „paiori daeza", der schöne eingezäunte Garten, das Paradies des Alten Testaments[759], also der Garten der Pflanzengeister und der Pflanzen- oder Landschaftsgöttin. Die Berggipfel gelten als „göttliche Quellen des himmlischen Wassers, sie fließen ins Meer des göttlichen Magnetismus"[760].

Im frühen Judentum gab es noch einen „Erdmutterkult", wobei man sieht, dass auch die patriarchalen Hochreligionen ursprünglich an matriarchalen Göttinnengestalten anknüpfen. Wir haben die Feen im irisch-keltischen Kult, den Mondkult bei den Kelten und Reste des europäischen Mutterkults überall in Europa. Dann geht es immer um die Plätze, „an denen sich eine solche Wirklichkeit verorten kann, einstrahlende Punkte, Energiephänomene, die als vertikale Säulen Himmel und Erde verbinden: Himmelsleitern, Quelle, Baum und Fels[761]. In der indischen Philosophie werden alle Lebewesen als leuchtende Strahlengestalten dargestellt.

757 Brönnle, 1994
758 Sterl 2001
759 Brönnle S. 66
760 ebenda
761 a.a.O., S. 66, 68, 85, 87, 131

Geomanten wie Marko Pogacnik betonen die Wiedergeburt des göttlich Weiblichen, die heute stattfinde[762]. Das ist es, was er als Geomant wahrnimmt. Das Numinose, also das Rätselhafte und Geheimnisvolle der Landschaft, wird als Nymphe, Sylphe, Fee, immer als weibliche Gestalt ausgedrückt[763]. Das entspricht einem pantheistischen Empfinden.

In der neueren Physik wird die Welt als „Hologramm" gesehen, d. h. die kleinsten Teilchen enthalten demnach bereits die ganze Welt, die „Photonen" leuchten wie das ganze Universum. Es wird also auch hier inzwischen betont, dass und wie die Dinge zusammenhängen. Und dieser Zusammenhang der Dinge miteinander – nicht die Trennung, die wir gewohnt sind – wird ursprünglich als göttlich und weiblich dargestellt.

Bei dem Allgäuer „Schamanen" Dieter Storl heißt es in „Pflanzendevas": „Vor dem seherischen Auge erschien die unerschöpfliche Kraft, die die Pflanzen aus dem Äther saugen und die die gesamte Natur ebenso wie den menschlichen Mikrokosmos durchpulst, im Bild einer großen Göttin. Als Shakti (Energie), als Gauri, (Goldstrahlende), als Uma (Licht), als Jagamata (Mutter der Welt) oder als Parvati, Bergfrau. In ihrer energetischen furchterregenden Erscheinung ist sie die löwenreitende dämonenvernichtende Durga (die Unnahbare), Chandi (die Wilde) oder Bhairavi (die Schreckliche). Meistens aber wird sie schlicht als Devi, die ‚strahlende Göttliche' verehrt."[764] Feuer, Luft und alle übrigen Elemente stehen im Dienste der Göttin und auch im Dienste der Vegetation, in der sie sich offenbart.

In Indien gibt es dazu ein Frauenritual mit neun Pflanzen, ein Bündel der wichtigsten Heilpflanzen, die der Göttin geweiht sind, 3x3 Pflanzen, die die Vollkommenheit, die Gesundheit und das Heil repräsentieren. So ist es auch in den Alpenländern. Da gibt es den Frauendreißiger. Das ist die Zeit zwischen Maria Himmelfahrt, dem 15. August, und dem 14. September. Da sammeln die Allgäuer Landfrauen den „Kräuterwisch" und lassen ihn segnen. Das sind zwischen 9 und 77 Heilpflanzen[765].

Im Ritual des Säens und Pflanzens waren von Melanesien über das megalithische Europa bis nach Amerika „sexuelle Ausgelassenheit, Orgien unter freiem Himmel, auf frisch gepflügten Äckern, unter Ästen heiliger Bäume oder neben aufgestellten hölzernen Phallen und Vulven" üblich. „Alle Konventionen und sittlichen Normen wurden während dieser wilden Tage suspendiert". Der „Geschlechtsverkehr auf frisch gesäten Feldern hat eine ganz reale Wirkung auf das Wachstum der Pflanzen. Es werden subtile Bioenergien generiert. In aktiven Schlafzimmern finden Sie niemals kranke Pflanzen"[766].

762 Pogacnik 2002
763 Brönnle, a.a.O., S. 18, 25
764 Sterl a.a.O., S. 21
765 a.a.O., S. 26
766 a.a.O., S. 30f

Die Wilde als Tod

Die Vegetationsgöttin ist aber zugleich auch Totengöttin. Diese andere Seite, die so genannte schreckliche Seite, ist immer mit von der Partie. Die Vegetationsgöttin lebt zugleich tief unten in der Erde und hoch oben im Himmel. Sie verbindet das Sichtbare und das Unsichtbare. Bei uns ist das Frau Holle, in England die Mother Goose, die Gänsemutter, die auch Herrin des Schamanenfluges ist. Die Gans ist das Symbol für die Reise in die Anderswelt, in die Welt des Todes, wo der/die Schamane/in oder später die Hexe als fliegende Frau den Ahnengeistern, Tiergöttern und Pflanzengeistern begegnet[767]. Die eiszeitlichen Kulthöhlen finden wir als die Gebärmütter der Erdgöttin wieder, der Initiand „starb" dort und wurde anschließend wiedergeboren. Es ging dabei also um einen „spirituellen" und nicht um einen physischen Tod, wie ihn später – und offenbar im Patriarchat – der so genannte Vegetationsgott oder Heros jedes Jahr erleidet[768].

Die Wilde als Tiergöttin

Neben den Pflanzen gibt es die Tiere: Wilde Frauengestalten wie Diana/Artemis, die „Herrin der Tiere" und der Vegetation, oder die göttliche Löwin, die als Geburtshelferin den gebärenden Frauen beisteht und die Beschützerin von Müttern und Kindern ist[769].

Das habe ich selber erlebt nach der Geburt meines Sohnes. Da erschien mir nämlich die „galaktische Löwin", wie ich sie nannte, also der Löwinnengeist, obwohl ich damals gar nichts von diesen Dingen wusste und mir diese Erfahrung nicht erklären konnte. Sie bestand darin, dass ich – als ich nach der Geburt zum ersten Mal in einen Spiegel sah – fand, ich sähe aus wie eine Löwin, und damit sehr zufrieden war. Denn ich spürte, dass „sie" es war, die mich vor und während der Geburt, die mir wie eine Reise durch ganze Galaxien vorkam, „wild" hatte werden lassen.

Dadurch hatte ich auf einmal eine mir bisher unbekannte Sicherheit, Kraft und Entschlossenheit bekommen, anstatt mich auf die – wie ich fand der Würde des Moments „unangemessenen" – Anweisungen von Arzt und Hebamme zu verlassen. So wollte ich unbedingt im nackten Zustand gebären, weil kein Gewand diesem Moment entsprach, wie ich fand, und ich beharrte auf einer Entfernung aller Drähte und Messinstrumente an meinem Bauch sowie auf dem „Recht", während der Presswehen so laut zu brüllen, wie es aus mir hervorkam, während die Hebamme mich ermahnte, ich erschrecke damit das Kind.

767 a.a.O., S. 36
768 Göttner-Abendroth 1997
769 Meier-Seethaler 1993

Die kleinasiatische Artemis ist die Löwin der Weiber, die Göttin der vegetativen Fruchtbarkeit, Baumgöttin, Herrin der wildwachsenden Natur. In Italien ist es die Diana, Göttin der wilden Tiere, „Herrin" der Wölfe und „Gebieterin"[770] all derer, die außerhalb der Kultur, jenseits der menschlichen Ordnung leben. Sie wurde vom einfachen Volk besonders verehrt[771]. Nördlich der Alpen gibt es die keltische Naturgöttin und Herrin der Tiere in gleicher Weise, nur mit anderen Namen. Sie ist Herrin des Lebens und des Todes von Mensch und Tier, ihr Wahrzeichen ist das Füllhorn, in dem die Fülle des Lebens ist. Es wird als Trinkhorn oder für die Düngung mit Präparaten in der alten, heute der biodynamischen Landwirtschaft gebraucht.

Wilde Frauen bei den Kelten im Alpenraum

Jetzt wenden wir uns noch einmal dem hiesigen Raum zu, dem Alpenraum. Da gibt es ein köstliches Buch von Georg Rohrecker: „Druiden, Wilde Frauen, Andersweltfürsten"[772]. Er geht davon aus, dass Österreich ein Keltenland war und sagt dazu: „Während Iren und Schotten, Waliser und Bretonen stolz bis selbstironisch die Tatsache ihrer keltischen Herkunft pflegen, stehen wir Österreicher offensichtlich noch immer auf Kriegsfuß mit der eigenen Vergangenheit. Kaum jemand scheint hierzulande zu realisieren, dass das eigentliche Kernland der Kelten schon lange vor Asterix und Cäsar unsere Alpen waren, während die später unvermeidlichen Germanen als solche nie südlich des ‚Weißwurst-Äquators' (Main-Linie) sesshaft wurden. Vermutlich nahezu Tausend Jahre war das Gebiet des heutigen Österreich – insbesondere um die Salzbergbaumetropolen Hallstatt und Hallein/Dürrnberg – bereits ‚keltisch', bevor die begehrlichen Römer ihre Finger nach uns ausstreckten"[773], z. B. die keltischen Räter, zu denen ja auch Ötzi gehört, „die sich im Bereich der heutigen Bundesländer Vorarlberg und Tirol im Jahre 15 v. Chr. dem römischen Alpenfeldzug tapfer und quasi hoferlike entgegenstellten – am Bodensee kam es sogar zu einer Seeschlacht – und ebenso tapfer unterlagen ..."

„Die Frauen unserer keltischen Vorfahren hatten sich übrigens viel weniger dem römischen Modediktat unterworfen, und die ganze lange Zeit über weder ihren Stolz noch ihre ‚norischen Hauben' abgelegt."[774] Trotz „allem ‚Fleiß', der zur Verdrängung aufgewandt wurde – ob nun ‚christlich', ‚germanisch' oder sonst wie begründet – die alten Namen der Berge, Gewässer und Flure, die mythologische Bedeutung der örtlichen Schutzheiligen und Kirchen-

770 Nicht zu verwechseln mit Herr und Gebieter in ihrer patriarchalen Bedeutung. Hier geht es um Schutz und „totemistische" Verbundenheit und „Verwandtschaft" – eine wilde Ordnung.

771 Duerr 1985

772 Rohrecker 2002

773 a.a.O., S. 8

774 a.a.O., S. 10

patronInnen, die überkommenen Bräuche und Feste (blieben) das uns kaum verhüllte Erbe unserer keltischen Vorfahren"[775].

„Im Gegensatz zu den propagierten Feindbildern aber waren gerade unsere keltischen Ahnen beileibe keine blutrünstigen, ungebildeten Wilden, sondern den arroganten Römern in vielen Bereichen klar überlegen. Zwar nicht in den Sekundärtugenden und auch nicht im Militarismus, aber in kultureller und technischer Hinsicht waren die Kelten ihren Nachbarn zum Teil um Längen voraus. So haben sie nach antiken Zeugnissen z. B. die Seife erfunden oder den Radpflug und eine Art Mähmaschine. Und das Norische Eisen hatte solche Qualität, dass die Römische Armee ihre Soldaten mit daraus geschmiedeten Schwertern ausstattete."[776]

„Sie hatten noch große Ehrfurcht vor Mutter Erde, die sie als Oberhaupt der ganzen Menschen- Tier- und Pflanzenfamilie betrachteten – und als deren Mitglieder sie sich selbst fühlten – und vor den in der belebten Natur sichtbaren ‚weiblichen' Prinzipien. Waren die Römer ‚pragmatisch-rational', so zeichnet die Kelten ihre grenzenlose Phantasie aus. Waren die Römer gewinnsüchtig und machtgierig, so die Kelten großzügig und vertrauensselig. Unsere keltischen Vorfahren hatten unverschämte Lust am Leben und vertrauten fest auf dessen Unendlichkeit und Unerschöpflichkeit, ohne dass deshalb anderen groß etwas weggenommen hätte werden müssen."[777]

In der „keltischen Wirklichkeit waren schon die ‚durchschnittlichen' Frauen dominant, und besonders dominant waren die keltischen Göttinnen, die bis in die Römerzeit ihre männlichen Pendants immer auf ‚Platz zwei' verweisen konnten. Zuerst in einfacher (Erd- und Muttergöttin), dann in dreifacher Gestalt (Trinität) bestimmten göttliche Frauen, wo es in Mythen und Natur lang ging. Die Herren der Schöpfung sahen unsere keltischen Vorfahren nur als Heroen und Sohngeliebte der Großen Muttergöttinnen, die in den Augen verunsicherter antiker, katholischer und nordischer Machos dann furchterregend ‚wilde', weil starke und vor allem unabhängige, ‚unbändige' Frauen sein mussten."[778]

Hier beginnt dann die Dämonisierung der Frauen und der Wildnis.

„Im Mittelpunkt der keltischen Weltanschauung, ihrer mythischen Erklärung des Kosmos, stand nichts ‚Übersinnliches' oder ‚Außerirdisches', sondern das allgegenwärtige irdische ‚weibliche Prinzip' von ‚Mutter Erde'. Sie bringt hervor. Sie ist die große fruchtbare Gebärerin, Ernährerin, Beschützerin und Heilerin... Besondere Bedeutung hatte in der keltischen Welt das Wasser, das Element des Lebens, das unmittelbar dem vielfältigen Schoße von Mutter Erde entspringt. Tausende der den Kelten heiligen Quellen sind heute noch heilig. Im Kreislauf des Wassers und in den analogen Bewegungen

775 ebenda
776 a.a.O., S. 11
777 a.a.O., S. 12
778 a.a.O., S. 13

der Natur bestätigte sich unseren ‚heidnischen' Ahnen nach auch ihr ‚zyklisches Denken' vom ewigen Kreislauf des Lebens in bestimmten Phasen und dessen logischer Konsequenz der irdischen Wiedergeburt, nach einem vorübergehenden Aufenthalt in einer paradiesischen, dem Leben benachbarten ‚Anderswelt'."[779]

Wir können festhalten, dass diese „wilde" Vergangenheit, die kulturell wilde Vergangenheit Österreichs und auch gerade Tirols mit den Kelten zu tun hat. Dabei sind es eigentlich mehrere Dinge, die hervortreten. Das eine ist die Charakterisierung der Wilden Frau, der Wilden oder Saligen, der Frau, die in Höhlen und Felswänden hauste, betont lustvoll war, und die auch ihre Beziehung zu Essen und Trinken, zur Sexualität, zu allen sinnlichen Genüssen pflegt. „Lebenslustige Wildfrauen, frei und ungebunden."[780]

Die Wilde Frau ergibt also ein völlig anderes Frauenbild als es heute üblich ist, insbesondere dann, wenn von „Gender" die Rede ist.

Wilde Frauen in Österreich und der wilde Mann

Salig heißt selig bzw. heilig (keltisch). Die Salige ist meistens blond. Das Blond bedeutet, dass sie Licht und Kraft hat wie die „goldene Göttin". Das Sonnenmotiv war damals noch weiblich. Es bedeutet Hingabe an Freiheit und Verbundenheit mit der Natur[781].

Zu den Wilden Frauen treten aber auch Wilde Männer. Die Frauen und Mütter sind ewig jung, aber die Männer sterben und müssen immer wieder ersetzt werden. Sie sind das vergängliche Geschlecht, während die Frauen durch die Geburten weiterleben. Der Wilde Mann wird später in Gestalt bis hin zum so genannten „Tatter-Mann" verunglimpft oder als Gartenzwerg mit Mütze dargestellt. Die Kelten hatten diese Mützen, insbesondere die Bergleute, und wenn jemand starb, dann hatte er sie auch beim Begräbnis auf, genauso wie der Nöck, also der Nikolaus.[782] Er und der Weihnachtsmann entstammen also dieser Tradition.

So werden sie im Patriarchat verunglimpft, die „Wilden Männer" (und die blonden Frauen). Auch vor dem Salzburger Festspielhaus steht ein Wilder Mann: der Keltenheros Dagda mit seiner magischen Keule. Das dicke Ende bringt den Tod und das schmale Ende blüht, das neue Leben symbolisierend. Er wird dargestellt als Herr über Leben und Tod, aber selbstverständlich nicht unabhängig von einer wilden Frau, sondern im Auftrag der Muttergöttin Dana oder Anna, der Donau[783].

779 ebenda
780 a.a.O., S. 31
781 a.a.O., S. 37
782 a.a.O, S. 48
783 a.a.O, S. 61

Bei den Kelten hatte die Muttergöttin auch ihren wilden Mann, den Heros. Das war der Cernunnus im Winter, der Herr und Heiler der Tiere in Form eines gehörnten Hirsches. Daher kommt dann später die Verunglimpfung des gehörnten Mannes. Im spanischen Raum ist Cornudo das schlimmste Wort, das man einem Mann sagen kann. Der gehörnte Mann ist der, der betrogen wird von seiner Frau. Da wird also der matriarchale Mann verunglimpft.

Im Sommer ist die Gestalt des Heros der Muttergöttin ein Keiler namens Esus, also ein wildes Schwein. Die Wilden Männer werden oft mit Pfeilen dargestellt. Das sind Lichtblitze, die zwar verwunden, aber auch heilen[784]. Hier ist immer wieder die Leben-Tod-Perspektive als gleichzeitig zyklische vorhanden.

Der Tod als Weg in die „Anderswelt" der Kelten

Das andere Thema ist die „Anderswelt". Die andere Welt, das ist die Welt, die wir als den Tod bezeichnen und die „aus keltischer Sicht nur ein paradiesisch versüßter Zwischenaufenthalt zur Verjüngung der Seelen vor der nächsten Runde ‚irdischen' Lebens (bedeutet), ein Übergangsstadium zwischen Leben und Tod"[785]. Und auch die Anderswelt ist eine von Frauen bestimmte Welt, eine Frauenwelt. Im Grunde sind ja auch die Saligen Übergangsgestalten zwischen der Anderswelt und der hiesigen Welt. Der Tod gehört immer dazu und ist keineswegs furchterregend.

Ich kann dazu eine Geschichte vortragen über die Anderswelt.

„Während für die Kelten am Alpenrand und in den Gebirgstälern der Zugang zur Anderswelt bei höhlenreichen Bergen wie z. B. dem sagenhaften Untersberg lag, scheinen unsere Ahnen im ‚flacheren' Land durch Flüsse und Teiche in diese gefahren zu sein. Im ‚Fruchtwasser von Mutter Erde' fanden ihre Seelen aber nicht ein töpfchenwinziges Gefäß, sondern Schutz und Geborgenheit wie die Goldmarie im Brunnen der Frau Holle. Ja, die erwähnten Urnen, die als Bestattungsform der unmittelbaren Ahnen der Kelten einer ganzen prähistorischen Epoche den Namen gegeben haben, sind nicht nur Symbol des Brunnens der Frauen, sondern auch Symbol für ihren Uterus, aus dem unsere Vorfahren verjüngt wieder geboren werden wollten. In einer anderen Form wird aber auch der Rundgang durch die Unterwelt und die Anderswelt dargestellt als erfolgreiche Wiederbelebung Verstorbener in Quellen und Kesseln der Wiedergeburt."[786] Die sind vor allen Dingen wichtig bei den Kelten gewesen, diese Kessel, die immer für den Transformationsvorgang zwischen Leben und Tod standen und schließlich in der patriarchalisierten

784 a.a.O., S. 82
785 a.a.O., S. 25
786 a.a.O. aus Kapitel: „Es gibt keinen endgültigen Tod!", S. 101–134

Alchemie als Öfen, Phiolen und künstliche Uteri für das „Große Werk" der Lebensschöpfung außerhalb des Frauenleibes wiederkehren.[787] Schließlich gibt es noch den Rundgang durch die Unterwelt, der auf den Rummelplätzen in Gestalt der Geisterbahn immer noch vorkommt. Dieser Rundgang ist eine Initiation, also der „kleine Tod" im Sinne einer Einführung des Initianden in den Mythos – z. B. auch in den Geschlechtsverkehr, der nach wie vor als „kleiner Tod" des Mannes bezeichnet wird. Dabei erlebt der Initiand eine Einweihung durch Reinigungsriten wie das Untertauchen im Wasser, das später als Form der christlichen Taufe weiterbesteht, oder das Kriechen durch eine Höhle bzw. durch ein Labyrinth. Dass damit der Frauenleib gemeint ist, ist unschwer zu erkennen. Der Initiand „stirbt" also und wird dann als Weiser oder als Erwachsener wiedergeboren. Besonders die Männer mussten durch diese Anderswelt auch im Leben schon gehen, damit sie lernen, wie die Welt organisiert ist.

Anderswelten sind sonst auch noch Glaspaläste im See. Da gibt es vom oberösterreichischen Mondsee eine Geschichte, in der in der sichtbaren Welt eine nicht sichtbare existiert, und sie steht für die Anderswelt. Die Anderswelt ist also kein Jenseits und kein Zeichen einer Transzendenz, sondern einer Immanenz. Mitten in der jetzigen Welt ist auch die Anderswelt, nicht wie in der heutigen Kultur, wo die Welten immer weit voneinander getrennt gesehen werden, falls überhaupt noch mehr als nur eine Welt gesehen wird …

Die Hölle der Kelten ist das Höllengebirge. Diese Hölle war aber nicht dunkel, sondern hell erleuchtet, Ort des Lichts und heilig, wo Menschen ihr Schicksal erhellen konnten. Sie war kein Reich von Angst, kein Ort des Schreckens, kein finsteres Totenreich, sondern ein helles Paradies im Schoß der Muttergöttin. Der mit Licht und Fruchtbarkeit verbundene Totenkult der Kelten hatte als zentrales Motiv das weiße Pferd, das als licht- und hellsehend galt, zur Anderswelt gehört, Mitwisser der Göttinnen ist und in heiligen Hainen gehalten wird. Das weiße Pferd ist damit ein Licht- und Weisheitsträger.

Da sagt Rohrecker ironisch, heute gäbe es statt des Weiherosses nur noch die Rossweihe.

Auch in anderen Kulturen ist übrigens das lichte Weiß die Farbe des Todes und Schwarz dagegen die Farbe der Erde und der Fruchtbarkeit.

Das Gesetz der Wildnis

Nach alldem, was wir bisher gehört haben, lautet es:

1. Man muss das Leben lieben und es leben, und es ist eine Sünde, das nicht zu tun. Niemand darf sich unterwerfen oder zur Unterwerfung gezwungen werden, gerade auch die Frauen nicht. Die Männer sollen ihre Kraft dem Leben widmen, etwa im Dienst der Göttin oder dessen, was da-

787 Vgl. Kap. I.3

für steht. Man soll keine Angst vor dem Tod haben und die Verbindung zwischen Leben und Tod anerkennen. Diese Verbindung ist zu erkennen, denn es gibt eine Wiedergeburt.

2. Man muss anderen helfen. Man darf sich gegenseitig nicht verlassen. In der Wildnis braucht man sich gegenseitig. Die Menschen müssen gut sein, wenn sie in der Wildnis überleben wollen.
3. Man darf die Natur nicht zerstören. Das ist überhaupt die schlimmste Sünde.
4. Man muss die Naturerscheinungen respektieren. Natur soll also nicht nur nicht zerstört werden, sondern vor ihren Erscheinungen muss der Respekt gewahrt werden.

Almwirtschaft

Speziell für die Almwirtschaft gilt: „Von den Menschen Bescheidenheit bis zur Askese zu verlangen, war erst ein wesentlicher Programmpunkt jener Missionierung, die es darauf abgesehen hatte, die Mehrheit der Bevölkerung botmäßig zu machen (und) die Früchte ihrer Arbeit sowie den Reichtum und Überfluss der Natur wie Rahm abzuschöpfen und es unter Titeln wie Zehent und ähnliches nur noch einer kleinen privilegierten Schicht zukommen zu lassen. Aus der Beschreibung des ehemals sündhaften Wandels am Dachstein schimmern jedoch noch immer anschauliche Reste einer kollektiven Erinnerung an die Zeiten vor Zehent und Frondienst, an die unbändige Lebenslust der keltischen Ahnen, die sich noch uneingeschränkt an den Früchten der Natur freuen und sie vor allem selbst genießen konnten. Milch, Butter und Käse sind dabei nicht nur in unseren Breiten uralte Symbole des Überflusses und der unendlichen Sättigung, der köstliche Inhalt des Kessels des Lebens, des unerschöpflichen Füllhorns von Mutter Natur. Die Kelten wurden nicht müde, sich über deren üppige Geschenke zu freuen und den entsprechenden Reichtum ausgiebig bis ekstatisch zu feiern. Überfluss, Reichtum und Schönheit, all das durfte nach erfolgreicher Bekehrung für die gewöhnlich Sterblichen unter unseren Ahnen quasi nur noch als Blendwerk des Teufels gelten. Das Paradies sollten sie erst im Jenseits schauen. Auf Erden ist ein Jammertal. Konsequent wurde aus dem Fron als den heiligen Gütern, dem alten Besitz der Götter die Fron im Sinne der Ausbeutung durch die Feudalherren."[788]

Tirol gilt als am meisten keltisch geprägte Provinz in Österreich. Es gäbe dort eine dominante Frauenkultur bis heute, und auch der Ötzi hätte noch einen Schlangenkult gekannt. Aber trotzdem gilt, Österreich hätte seine Identität verloren. „Die Dominanz der christlichen Kirche ist dafür verantwortlich, dass den Menschen jenes Glück schwand, das auf der wechselseitigen Freundschaft zwischen Mensch und Natur, zwischen dieser und der anderen Welt unserer

788 Rohrecker, ebenda

heidnischen Vorfahren begründet war."[789] Die alten Kultplätze wurden mit christlichen überbaut[790]. Der Verlust der Wurzeln führte zum Verlust der kulturellen Identität. Das Gesetz der Wildnis wurde von nun an ständig gebrochen.

Wilde Frauen in aller Welt

Geschichten über wilde Frauen gibt es auch im gleichnamigen Buch von Claudia Schmölders[791], die Geschichten aus der ganzen Welt gesammelt hat, in denen immer wieder dieser Zusammenhang zwischen Frauen und Tieren, Frauen und Pflanzen, Frauen und Landschaften und Frauen und Elementen dargestellt wird. Ich wähle daraus einige aus. Kommentar der Autorin: „Man hat das Gefühl, dass diese Primitiven eine ästhetische Subtilität, eine intellektuelle Raffinesse und eine moralische Sensibilität an den Tag zu legen verstehen, die uns ebensoviel Gewissenhaftigkeit wie Ehrfurcht einflößen sollten."[792]

Eine Geschichte aus Kanada:

Eine Frau bringt immer viel Essen in ihr Dorf, und zwar aus dem Wald. Sie sagt, sie habe das Essen von ihrer Mutter, aber niemand hat sie gesehen. Einmal geht sie, und ihr Mann folgt ihr unbemerkt. Er versteckt sich in ihrem Kanu. Auf dem See erscheint die Mutter. Aber sie ist kein Mensch, sondern der Wald. Der Wald hat Augen und sieht den Mann, der vor Angst fast stirbt. Die Frau sagt: Ah, da kommt meine Mutter und bringt mir zu essen. Der Wald sagt: Es ist das letzte Mal. Denn du hast es zugelassen, dass dein Mann mich sieht. Das Kanu wird vollgepackt und die Mutter taucht im Wasser unter. Da stürzt der ganze Wald um[793].

Eine Geschichte aus Brasilien:

Die Frauen eines Dorfes hatten einen Brauch. Sie gingen mit Töpfen und Kochgeräten zur Lagune, wo ein Alligator hauste. Eine Frau wurde mit Federschmuck, Leibgürtel und Moschusduft geschmückt. Sie blieb am Ufer sitzen. Die anderen Frauen gingen Beeren sammeln im Wald. Die Frau im Federschmuck rief nun: Alligator, komm, bring Fische. Der Alligator antwortete: Ich komme. Dann kam er, ein Bündel Fische tragend. Dann legte er seinen Kopf der Frau auf den Schenkel und ließ sich die Parasiten absuchen. Anschließend schlief er ein. Dann kochten alle und feierten und aßen alles auf.

Später kamen die Männer darauf, was die Frauen taten, und töteten den Alligator und viele andere Tiere. Da töteten die Frauen im Zorn die Männer,

789 ebenda
790 vgl. Auer 2009
791 Claudia Schmölders 2000
792 a.a.O., S. 46
793 a.a.O., S. 71, 74f

die nur Spott für sie übrig gehabt hatten. Danach zogen sie den Fluss hinauf und man hat nichts mehr von ihnen gehört. Die Alligatoren sprechen seitdem nicht mehr[794].

Eine keltische Geschichte:

Albine, die Herrin der Meer-Feen, verliebte sich in einen Mann, der Gast auf ihrer Insel unter den Wogen war, also in der Anderswelt. Am Ende seines Besuchs flochten „die Meerfrauen ihre Hände ineinander und trugen lachend und singend ihren Gast hinüber zu den Ufern … Als er dort an Land gestiegen war, schaute er sich noch einmal um. Da sah er die schimmernden Leiber der Frauen über den Wellen leuchten und ihre Haare wehten wie schwarze und goldene Flammen im Morgenwind. Sie winkten ihm noch einmal zu und verschwanden dann im Schaum der grünen Wogen. Der Gast vergaß allerdings, zurückzukehren, wie es versprochen war. Nach sieben Jahren passierte er wieder die Stelle per Schiff. Da stießen die Meerfrauen einen so schrecklichen Schrei aus, dass den Seeleuten das Blut in den Adern erstarrte[795]. Albine, die einen Knaben von dem Gast geboren hatte, rief: Hast Du nicht Dein Wort gegeben, heimzukehren zu mir? Sieben Jahre harrte ich Deiner, im siebten Jahr wartet das Kind auf seinen Vater. Ist Dir dein Versprechen nicht mehr heilig?[796] Als er weiterhin zögert „ergriff sie den schönen Knaben, erwürgte ihn vor seinen Augen und ließ den kleinen Körper in die Tiefe des Meeres hinabsinken"[797]. „‚Du Treuloser', schreit sie in wildem Schmerz, und ihre Stimme klingt jetzt nicht mehr sanft und dunkel wie damals, als sie ihm ihre Liebe gestand, sondern schrill wie die einer klagenden Möwe. Sie folgt dem Schiff und lässt es an einer Flutwelle zerschellen[798].

Solche Geschichten zeigen, dass es in der Wildnis dieses Gesetz gibt, das nicht übertreten werden darf, andernfalls der Tod die Folge ist. In ihnen sind es die Frauen, die zur Wildnis gehören, und es sind jedes Mal Männer, die die Gesetze der Wildnis nicht anerkennen. Auf diese Weise gehören die wilden Frauen mehr zur nichtmenschlichen Natur als zu den Menschen, ob sie sich dessen bewusst sind oder nicht. Insbesondere erscheinen die Frauen als Tiere, wobei die Tiere keineswegs als niedrig angesehen werden wie heute. Da heißt es: „Die Männer verlieren ihre Frauen an die Tierwelt."[799] Oder: Die Menschen verlieren zuweilen ihre Männer an die Anderswelt der Frauen, etwa im „Feenland", das am anderen Ende der Wildnis liegt, die es vom Reich der

794 a.a.O., S. 118f
795 a.a.O., S. 265
796 a.a.O., S. 267
797 ebenda
798 ebenda
799 Schmölders, a.a.O., S. 222

Menschen trennt[800]. Männer, die daraus zurückkommen, behalten in ihren Augen „immer das seltsame Licht eines Verlangens"[801]. Und dann konnte es passieren, dass eines Tages „eine milchweiße Hirschkuh und ein milchweißes Rehkitz die Straße herab(kamen), und die Tiere nahmen ihn (den Mann) in die Mitte und Mann und Tiere verschwanden im dunklen Wald"[802].

Europa und die Wilden

Wir haben in der europäischen Diskussion auch die Rousseau-Variante vom „Wilden" als Schlagwort der Kulturkritik, nämlich den „edlen Wilden". Aus den fernen Ländern der Kolonien wird er den „Zivilisierten" als Utopie vorgehalten.

Im 19. Jahrhundert wird in den Märchen von Jacob Grimm das Wilde verherrlicht als weiblich, etwa in Gestalt von Ahnfrauen, die das Schicksal ordnen, vor Gefahr warnen, in schwieriger Lage raten und weissagen.

Im 20. Jahrhundert entwirft Claude Lévi-Strauss, der Ethnologe, mit „Das wilde Denken"[803] die Grundzüge eines anderen als des neuzeitlichen europäischen Denkens. Er hebt „die unerhörte Differenziertheit" hervor, mit der die so genannten Naturvölker oder eben die Wilden „ihre physische und gesellschaftliche Umwelt begreifen". Sie bedienen sich dabei einer „komplexen und analogischen", eben nicht rational-logischen Denkweise. „Der Eingeborene", sagt Lévi-Strauss, „verknüpft unablässig die Fäden, zieht unaufhörlich alle Aspekte des Realen zusammen, physisch, sozial und geistig. Das Ergebnis ist der Bastler. Er oder sie ist in der Lage, eine große Anzahl verschiedenster Arbeiten auszuführen. Doch macht er seine Arbeit nicht abhängig vom Vorhandensein bestimmter Rohstoffe wie jeder Ingenieur, sondern die Welt seiner Mittel ist begrenzt, und die Regel seines Spiels besteht immer darin, jederzeit mit dem, was ihm zu Hand ist, auszukommen."[804]

Das ist die wilde Ökonomie.

Sonst herrscht meist ein Doppelbild des Wilden vor. Einerseits gilt er als roh und ausschweifend, andererseits als friedlich und haushälterisch. Dabei taucht das Ausschweifende immer dann auf, wenn die Wilden unterdrückt und kolonisiert werden. Denn es soll dieses legitimieren. Und das spezielle Bild der wilden Frau besteht darin, sie nur noch als unmenschlich darzustellen, jedoch nicht im Sinne ihrer Verbindung mit Tieren, Pflanzen und Landschaften, sondern im Sinne einer Grausamkeit, die darin besteht, dass sie die Konsequenz des Naturgesetzes oder des Gesetzes der Wildnis vollzieht. Damit gilt sie denen, die Wildnis verletzen, als Horrorgestalt.

800 a.a.O., S. 204
801 a..a.O., S. 210
802 a.a.O., S. 211
803 Lévi Strauss 1968
804 a.a.O.

So ist in Europa die Hagazussa die doppelgesichtige wilde Frau, die Hexe, die auf dem Hag, der Hecke, an der Nahtstelle zwischen menschlichen und nichtmenschlichen Lebenswelten sitzt. Da bedeutet die wilde Frau sowohl das äußerste Andere, als auch das äußerst Verwandte. Aber auf jeden Fall ist diese Frau aus fundamental anderem Stoff gemacht als der Mann.

Später werden z. B. bei Johann Jakob Bachofen, einer der Begründer der Matriarchatsforschung[805], das Matriarchale und die Frau ins Dunkel versetzt, dagegen das Patriarchale sowie der Mann ins Licht gehoben, obwohl – wie wir ja gesehen haben – diese Dichotomie ursprünglich nicht bestanden hat. Das Lichte und das Dunkle sind beide Seiten der weiblich gesehenen Wildnis und nicht voneinander zu trennen. Aber diese Trennung in konträre Aspekte, ja Dichotomien, ist die typisch patriarchale Strategie der Trennung und einer Über- und Unterordnung, die sich gegen das Wilde, das Zusammen-Hängende, das Zusammen-Haltende und die matriarchale Kultur richtet.

Die Frau ist dann bald nicht mehr als sinnliche Mahn- und Schutzfigur des tröstenden „Oiko-Morphismus" erschienen, also der matriarchalen Welt als Haushalt, als Leib, der sich ganz zwanglos zwischen Menschen und Pflanzen, Tieren und anorganischem Gestein bewegt. Sondern sie ist das Gegenbild zu unserer beklemmenden, zivilisierten und an Empfindungen arm gemachten Frau.

Männliche Initiation in die Wildnis

Die folgende Geschichte ist aus Afrika, aus Obervolta bzw. Burkina Faso. Da geht es um die Initiation von Männern, die in der Wildnis und auch ihretwegen stattfindet. Durch die Wildnis werden sie initiiert, und zwar ist das offenbar noch eine matriarchale Initiation. Die Männer sollen dabei ihre Selbstfindung erleben, und zwar in der Auseinandersetzung mit der Wildnis. Daher müssen sie die Wildnis kennen lernen. Die Geschichte ist aus dem Buch von Malidoma Somé „Vom Geist Afrikas"[806]:

„Um ein Mann zu werden, muss ich in den Schoß der Natur zurückgehen. Aber wenn ich wieder komme, singe ich für Euch die Freude der Wiedergeburt"[807]. Zu dem, was diese Männer da als Initiationsleistung vollbringen müssen, gehörte unter anderem, sich einen Baum auszusuchen, sich 20 Meter vor den Baum zu setzen und den Baum so lange anzuschauen, bis man etwas erkannte. Somé beschreibt hier, wie ihm das passiert ist. Erst am zweiten Tag geschah etwas:

„Plötzlich begann ich zu ihm zu sprechen. Hatte ich endlich entdeckt, dass er ein eigenes Leben besaß? … Meine Worte waren ehrlich. Ich empfand, was ich sagte. Mein Schmerz war etwas gedämpft worden. Ich spürte, ich konnte mich jetzt besser auf den Baum konzentrieren … Und plötzlich blitzte es wie

805 Bachofen 1987
806 Malidoma 2000
807 a.a.O., S. 259

Wetterleuchten in mein Bewusstsein. Ein kühler Schauder rann mir das Rückgrat hinab bis in den Boden hinein, auf dem ich jetzt eineinhalb Tage gesessen war. Mein ganzer Körper wurde kalt. Die Sonne, der Wald, die Ältesten und ich selbst begriffen, dass ich mich jetzt in einer anderen Realität befand und Zeuge eines Wunders wurde. Alle Bäume um meinen Yila-Baum glühten wie Feuer, wie atmende Lichter. Ich fühlte mich schwerelos im Mittelpunkt eines Universums ... Als ich meinen Blick wieder auf den Baum richtete, entdeckte ich, dass es gar kein Baum war. Wie hatte ich ihn jemals so sehen können? ... Wie aus dem Nichts erschien an der Stelle, wo der Baum gestanden hatte, eine große, von Kopf bis Fuß schwarz gekleidete Frau. Sie glich am ehesten einer Nonne, sah jedoch keineswegs fromm aus. Das Gewand war aus Seide und schwarz wie die Nacht. Über das Gesicht hatte sie einen Schleier gezogen. Doch war mir klar, dass dieser Schleier ein ungemein schönes, mächtiges Wesen verbarg. Ich spürte eine starke Ausstrahlung, eine unwiderstehliche magnetische Anziehungskraft. Dieser Anziehungskraft nachzugeben war wie nach einem Tag Wüstenwanderung Wasser zu trinken ... Meine Augen hefteten sich auf die Frau im Schleier. Immer stärker wurde ich von ihr angezogen. Für einen Augenblick überfielen mich Schüchternheit, Unbehagen und das Gefühl, ihrer nicht Wert zu sein. Ich schlug die Augen nieder. Als ich sie doch wieder hob, hatte sie ihren Schleier gelüftet. Ihr Gesicht war unirdisch schön. Sie war grün, hellgrün, sogar ihre Augen waren grün, obwohl sehr klein und leuchtend. Sie lächelte, ihre Zähne waren purpurrot, Licht strömte von ihnen aus. Aber das Grüne in ihr hatte nichts mit der Hautfarbe zu tun. Sie war grün von innen her, wie wenn ihr Körper von grünem Fluidum erfüllt wäre. Ich weiß nicht, woher die Sicherheit kam, aber dieses Grün war der Ausdruck einer unendlichen Liebe. Nie zuvor war mir so viel Liebe entgegengeströmt. Es war mir, als hätte ich sie ein Leben lang entbehren müssen. Ich danke dem Himmel, der sie mir schließlich wieder geschickt hatte. Die grüne Herrin und ich, wir kannten einander schon, aber ich konnte nicht sagen, wo, wann oder wie wir uns begegnet waren. Auch die Art unserer Liebe war unbeschreiblich. Es war keine romantische oder Kindesliebe. Es war eine Liebe, die über alle Begriffe hinausging. Wie zwei Liebende, die unerträglich lange voneinander getrennt waren, stürzten wir aufeinander zu und flogen einander in die Arme. Das Gefühl, ihren Körper zu umarmen, zerriss den meinen in unzählige Stücke, aus denen Millionen bewusster Zellen wurden, die sich danach sehnten, sich mit dem Ganzen, das sie darstellte, zu vereinigen. Konnten sie sich nicht mit ihr vereinigen, konnten sie nicht mehr leben. Ich hatte keine Worte für die Empfindung, in den Armen der grünen Herrin im schwarzen Schleier zu liegen ... Während sie mich umarmte, sprach die grüne Frau mit der sanftesten Stimme lange auf mich ein. Sie war so viel größer als ich, dass ich mich wie ein kleiner Junge in ihren starken Armen fühlte. Sie drückte mir die Lippen dicht auf eine Stelle am linken Ohr und sprach so süß und zart, dass ich jedes Wort in mich einsog. Die ganze Zeit weinte ich laut, nicht, weil ihre Worte so traurig waren, sondern weil sie in mir ein unbeschreibliches Gefühl des Heimwehs und der Sehnsucht erzeugten ...

Das Wesen in uns, das sich nach dieser Art von Empfindungen und Erlebnissen sehnt, ist nicht mehr menschlich. Es weiß nicht, dass es in seinem Körper lebt, der nur ein bestimmtes Maß solcher Erfahrung auf einmal erträgt. Empfänden die Menschen immer so, könnten sie wahrscheinlich nichts anderes tun, als für den Rest ihres Lebens unaufhörlich Tränen des Glücks zu vergießen."[808]

Er wacht auf, es war wie eine Trance. Er sieht sich, wie er den Baum umarmt und streichelt.

Später, nach seiner Initiation, sagt Somé: „Die mächtigste Erscheinung war das Licht. Überall atmete und lebte es ...Ich hatte das Gefühl, mich inmitten einer ungeheuren Intelligenz zu befinden ... Der Horizont der Wirklichkeit war über alle Dimensionen hinausgewachsen. Was jetzt geschah, verstand ich aus den Tiefen meines Inneren heraus mit einer Logik, die nicht dem Gehirn entstammte."[809] Und: „Ich war im Busch verabredet mit allen Bäumen, also ging ich ...Und ich lernte, dass ich lebte, immer und überall. Ich lernte, dass ich alles wusste, nur hatte ich es vergessen ... Jetzt bin ich zurück und erinnere mich."[810]

Und ich denke an die ununterbrochene Rodung der letzten Urwälder auf der Erde ...

Die europäische Hexe

Über die Amazonen will ich hier nichts sagen, denn sie sind ja schon der Ausdruck des Widerstandes gegen die patriarchale Verwüstung[811].

Es fehlen aber noch einige Sätze über die europäische Hexe und ihre Beschreibung bei dem Ethnologen Hans Peter Duerr in „Traumzeit. Über die Grenze zwischen Wildnis und Zivilisation"[812]. Dabei sagt er, dass in den Hexenberichten immer wieder Gestalten wie Frau Holle oder die Elfenkönigin, geisterhafte Feen der Wildnis usw. oder der Teufel als alte Percht auftreten. Hier sieht man, dass dieses Erbe in Europa noch sehr lange existiert hat.

Duerr sagt: „Archaische Menschen hatten noch die Einsicht, dass man seine Welt verlassen musste, um sie erkennen zu können, dass man nur zahm werden konnte, wenn man zuvor wild gewesen war. Oder dass man nur dann leben konnte, wenn man bereit war zu sterben. Man konnte nur wissen, was drinnen bedeutet, wenn man draußen gewesen war."[813] Das Draußen darf aber heute überhaupt nicht mehr sein, weil „die bloße Vorstellung des Draußen die Quelle der Angst ist", wie Adorno und Horkheimer es formulieren[814]. Die Existenz des Draußen wird heute geleugnet.

808 a.a.O., S. 298–301
809 a.a.O., S. 332, 334, 338
810 a.a.O., S. 404
811 Lyn 1999/2001
812 Dürr 1985
813 Dürr, a.a.O, S. 76
814 a.a.O. S. 79 (n. Theodor Adorno, Max Horkheimer: Dialektik der Aufklärung)

Der Teil jenseits des Zauns der Zivilisation ist die Wildnis. Draußen, das ist „die Welt der Seejungfrauen, Meer, Urwald. Die Frauen sind alle draußen, aber die Seejungfrauen sind noch draußener. In vielen Kulturen gelten die Frauen als grundsätzlich draußen. Die Frauen, die zu den Seejungfrauen geschickt wurden, sind völlig wild geworden"[815].

Die Hagazussa saß auf dem Hag, „der Hecke, dem Zaun, der hinter dem Garten verlief und das Dorf von der Wildnis abgrenzte. Sie war ein Wesen, das an beiden Bereichen teilhatte, ein halbdämonisches Wesen – bis sie nur noch das verkörperte, was aus der Kultur hinausgeworfen wurde.[816] Schließlich wurde die hoffärtige Frau als Hexe dingfest gemacht, und ihr „die Sinnlichkeit ausgebrannt, eine eigene, aggressive und nicht unterwürfige Sinnlichkeit …"[817]

Die Weißen aus der Sicht der Wilden

In Mexiko gilt die Wildnis unter den Indios als „nagual" und die Zivilisation als „tonal". „Jenseits des Tors des tonal rast der Sturm."[818] Das nagual ist jenseits der „Insel des tonal"[819].

„Die Weißen erscheinen denen, die sie einst mit einem gewissen Recht ‚Wilde' nannten (denn diese hatten noch ein Bewusstsein ihrer Wildnis) als Menschen, welche die ‚Insel des tonal' über die Massen aufblähen und erweitern, (und) glauben, dass die Zivilisation ‚innerhalb' des Zaunes sich aus sich selbst heraus begreifen könne, und die überdies der Überzeugung sind, dass sie um so mehr von der Welt verstünden, je weiter sie ihren Zaun in die Wildnis vorrückten. Sie erscheinen als Menschen, die nicht leben können, weil sie den Tod vergessen haben."[820] Die Indios sagen, dass die Weißen „ihr Leben so leben, als würde der Tod sie nie berühren" und sich so verhalten, „als ob sie niemals sterben würden". Dabei sei „der Tod selber jedoch keine Erfahrung, sondern die Grenze aller Erfahrung". Doch nur „im Bewusstsein der Begrenztheit des Lebens, der Endlichkeit, lebt man mit Bewusstsein. Nur, wer in der Wildnis gehaust hatte, konnte ein wahrer Ritter werden, nur wer seinen ‚Tierteil' gesehen hatte, wer ‚gestorben' war, konnte mit Bewusstsein in der Kultur leben".[821]

„Das nagual … ist das Unaussprechliche", es ist nicht aussagbar, sondern es „zeigt sich".[822] Die archaischen Menschen „erfuhren die Auflösung der Ordnung, und damit erfuhren sie erst die Ordnung". So wartet in der

815 a.a.O. S. 80
816 ebenda
817 a.a.O, S. 97
818 a.a.O., S. 111
819 a.a.O., S. 112
820 a.a.O., S. 113
821 ebenda
822 ebenda

Wildnis „keine Erkenntnis auf uns. Die Erkenntnis wartet auf den Heimkehrer aus der Wildnis".[823]

Sie kennen die Wildnis nicht, sagen die Indios über die Weißen, daher haben sie kein Bewusstsein von dem, was die Indios als Macht/Kraft bezeichnen, englisch als „power". „Die Weißen haben viel, vielleicht alles ... Alles – außer meskowesan, ‚power'"[824] Power kommt nur dadurch, dass man das nagual kennt.

Ein Weißer schildert seine diesbezügliche Erfahrung mit den Indios: „Meine Haut war weiß, sie leckten an mir, um zu sehen, ob diese Farbe abging und waren belustigt, als sie in ihrer Fremdartigkeit haften blieb. Wieder und wieder strichen ihre Hände über meine Brust, über Bauch und Penis. Mit zarten Fingern berührten sie meine Nase, meine Augen, mein Haar und steckten ihre Nase in meinen Nabel. Immer wieder sagten sie das eine Wort: ‚Habe, habe'. Es hat lange gedauert, bis ich wusste, dass es bedeutet: ‚Ein Unwissender'"[825].

Wildnis versus Wissenschaft

Wildnis heißt also: Erweiterung der Person über die Grenzen des Leibes im engeren Sinne hinaus als das, was man als Leben in der „Verbundenheit alles Seienden"[826] oder als „Fliegen" bezeichnet. Es ist ein Offensein, ein auch die außermenschliche Natur Kennen. „Man beutet keine Natur aus, die zu einem spricht." Es geht also darum, „hinter die Angst zu kommen".

Der moderne Wissenschaftler aber „... hat weder Ehrfurcht vor den Dingen, noch liebt er sie. Er wirft ein Netz über sie, er teilt sie und teilt sie ein. Die Dinge werden rubriziert, kontrolliert und von all dem gesäubert, was über die Maschen hinauswuchern will. Die Dinge weinen, aber der Forscher sieht keine Tränen. Das ist das, was ich täglich erlebe".[827]

Was also ist Wildnis, wenn wir sie erinnern? Was bedeutet sie heute?

Die Wildnis ist gewaltig, aber keineswegs Gewalt im Sinne von Willkür, Beliebigkeit, Rache, Strafe oder Krieg. Sie ist ein vielfältiges metahumanes Subjekt. Ihr „Blick" ist nicht etwa borniert, einfältig oder blind, sondern im Gegenteil umfassend, die Verbundenheit alles Seienden durchschauend. In der Wildnis gibt es die Möglichkeit der Hingabe und der Distanz, aber nicht der Distanzierung. Wildnis ist nie abstrakt. Es geht um ein „Sein, wie alles ist"[828]. Auch

823 a.a.O., S. 124
824 a.a.O., S. 125
825 ebenda
826 Werlhof 2010 (q)
827 Dürr, a.a.O.
828 Lispector 1990

wir Menschen sind, wie alles ist. Wir sind nicht „Teil", sondern zugehörig, wir gehören dazu, in ein Kontinuum. Aber wir haben es verlernt, die Sprache der Wildnis zu verstehen, in der Natur wie in einem Buch zu lesen, das „lumen naturae", ihr „Licht" zu sehen. Erst wenn wir in der Wildnis sind, fällt uns auf, dass wir inzwischen auch im Hellen blind sind, und wir schämen uns.

Der und die Wilde zähmt und bricht nicht, sondern liebt und pflegt. In der Wildnis brauchen wir alle Sinne und Kräfte. Wir sind dort frei von Herrschaft, alle sind gleich, aber dafür haben wir alles, was ist, zu respektieren. Nichts in der Wildnis ist beliebig oder unwichtig, und es gibt eine Ordnung, so chaotisch sie uns auch zuerst erscheinen mag. Die Wildnis ist sowohl materiell, als auch geistig und seelisch vorhanden. Nichts ist dabei voneinander getrennt, und zwar nie.

In der Wildnis hört man nicht nur, man horcht. Gehorchen macht allerdings in der Wildnis keinen Sinn. In der Wildnis muss man einerseits erwachsen sein, die Dinge ernst nehmen und gelernt haben, mit ihnen umzugehen. Gleichzeitig kann man aber auch wie ein Kind oder Tier sein, unschuldig zwischen allem, aber keinesfalls kindisch, infantil, höhnisch oder zynisch. Man muss auf alles reagieren und kann sich nicht entziehen.

Wildnis verschafft Kraft und Erfahrung, alle Sinne finden ihren Platz. Wer sich in der Wildnis auskennt, ist wirklich frei, aber nicht wie Robinson Crusoe, sondern in Gemeinschaft mit allem Lebendigen. Alles, was man tut oder nicht tut, hat Folgen.

Daher lernt man in der Wildnis, was Magie ist – nämlich einmal die der Wildnis selber, ein andermal das, was aus dem Mögen und Können, über das man verfügt, wird, wenn man es anwendet – und man muss alles anwenden, dessen man fähig ist. Es ist eine ständige Herausforderung. Man muss dabei also wach sein und gleichzeitig träumen, hören und horchen, sehen und „sehen", wahrnehmen und „erkennen", denken und fühlen, alles gleichzeitig, alles doppelt.

Die Wildnis leuchtet und ist erleuchtet. Wenn wir ihr Leuchten erkennen, sind wir erleuchtet.

Die Ordnung der Wildnis hat ein Gesetz. Es ist in seinen verschiedenen Ausprägungen und Aspekten immer zu respektieren, sonst droht unmittelbar der Tod.

Frauen sind noch lange wild geblieben. Die Männer dagegen wollten schon bald die Wildnis abschaffen, kontrollieren und verleugnen – im Patriarchat.

Die Wildnis ist die eigentliche Herausforderung an alle unsere Fähigkeiten in ihrer Fülle. Die Männer des Patriarchats wollen dagegen die Reduktion – den asketischen Körper, die Entkörperung anstatt die sich verbindende Ver-Leib-lichung/Ver-Lieb-lichung/Ver-Leben-digung. Sie schufen eine wüste Ersatzwildnis, die durch und durch verlogen ist und auf der Zerstörung der Wildnis fußt.

Die Frauen sind der Wildnis näher geblieben durch ihren Leib und das, was der Leib macht. Während im Patriarchat der Mann sich zwischen die

Frau und die Wildnis stellt, koppelt er die Frauen von der Wildnis ab und sperrt sie ein. Dabei nimmt er ihr nach und nach den letzten Rest von Wildnis – den Leib, seine inneren und äußeren Wildnisse, seine Seele und seinen Geist. Übrig bleibt „Gender".

Zu entdecken ist: Der Übergang zwischen Frauen und Wildnis ist fließend, ein Kontinuum. Wir sind nach wie vor mit der Wildnis verbunden, und es geht eigentlich darum, wie wir wieder wild werden, indem wir „hinter die Angst" gelangen. Die Anerkennung der Wildnis ist heute – paradoxer- oder auch logischerweise – Zeichen einer neuen Zivilisation. Dabei ist das wieder Wildwerden verbunden mit Fülle: der Fülle der Möglichkeiten, der Fülle der Anforderungen, der Fülle der Notwendigkeiten, der Fülle des Vorhandenen, der Fülle der Verbundenheiten, der Fülle der Sinne und des Sinns.

Und schließlich: Wildnis ist Liebe, aber eine andere als die, für die wir das Wort meist verwenden. Sie ist die vielfältige, volle und überwältigende materielle, leibliche und dabei geistig-seelische Form oder Inkarnation allen Lebens. Liebe zeigt sich als kosmisches Wirken und „Prinzip". Alles ist mit bzw. „aus Liebe" gemacht. Sie ist daher auch der Weg zur Erkenntnis der „Großen Mutter" oder „Göttin" in allem.

Wildnis bedeutet, zum Leben dazuzugehören. Sie ist unsere Heimat.

Angesichts der ultimativen Bedrohung der Wildnis: Was tun?

Wir haben unsere Heimat verlassen, und jetzt sind wir dabei, sie endgültig zu verlieren. Das ist der Unterschied zu allen Zeiten vor uns. Daher stehen wir vor Herausforderungen, wie sie noch nie da waren.

Das Problem, dessen ZeugInnen wir werden, ist, dass sich der Zustand der Erde und mit ihr der Wildnis keineswegs verbessert oder erhöht, wie viele heute meinen, sondern sogar rapide verschlechtert und sozusagen „erniedrigt" – nämlich erniedrigt wird. Die Erde wird erniedrigt. Es ist hohe Zeit, dagegen etwas zu unternehmen, dass dies unwidersprochen, ja unbemerkt geschehen kann. Wir können es ganz bestimmt nicht zulassen, dass Mutter Erde und ihre Wildnisse hinter unserem Rücken, über unseren Köpfen und unter unseren Füßen zerstört werden, sogar als Planet insgesamt, selbst zur Zerstörung des Lebens verwendet und dabei in eine Riesenwaffe gegen uns und sich selbst verwandelt wird[829].

Was wäre das für ein Widerspruch: wir, die wir in jeder Hinsicht auf Mutter Erde und ihren Wildnissen gründen, ließen sie in der Not im Stich?

Was aber können wir tun, nachdem wir uns so weit von ihr entfernt und uns schon so lange daran gewöhnt haben, sie im Stich zu lassen? Wie können wir wieder wild werden? Wie können wir wieder auf ihre Seite gelangen, um von da aus – mit ihren Augen zu sehen, mit ihrem Herzen zu fühlen, mit

829 Vgl. www.pbme-onlne.org

ihrem Verstand zu denken und mit ihrer Tatkraft zu handeln – und dennoch beschränkt auf unseren menschlichen Rahmen?

Die Beschädigungen des Planeten sind inzwischen schon beträchtlich: sie reichen von einer Störung des Magnetfeldes auf, in und über der Erde, zu einer Verlangsamung und stärkeren Schwankung der Erdrotation bis hin zu Klimaveränderung – die keineswegs nur durch das CO_2 verursacht wird – und Ozonloch, durch das lebensgefährliche kosmische Strahlung auf die Erde trifft, bis zum – übrigens offenbar bewussten – Abtauen der Arktis seit 1974, der Gefahr eines Reißens des Golfstroms mit darauffolgender Eiszeit auf der Nordhalbkugel und einem Polsprung, und zur Veränderung der das Leben auf der Erde schützenden Luftschichten über der Erde und der des Verhaltens des Erdinneren bis hin zu möglichen Resonanzen mit Mond und Sonne, also im Sonnensystem selbst[830].

Die Anlagen mit dem Namen „Ionosphäre-Heizer", die diese Katastrophen bewirken können, stehen inzwischen nicht nur in Russland und den USA, sondern auch in Nordnorwegen, Tromsö, und anderen Stellen Nordeuropas, in Arecibo, Puerto Rico, in Australien und sicher auch in China und Japan. Es dürften inzwischen an die zwei Dutzend geworden sein. Und wir haben keine Ahnung, was sie tun, miteinander, gegeneinander, was bereits auf dem Weg ist, und was ihre Pläne sind.

Diese nicht-atomaren kommen also nun zu den atomaren Vernichtungsmitteln dazu, die wir ja auch in Gestalt von angeblich friedlichen AKWs zu Hunderten unter uns haben, nicht zuletzt in Gestalt des Reaktorkomplexes von Fukushima in Japan, bei dem im März 2011 insgesamt drei Reaktoren, unter ihnen ein Plutoniumreaktor, nach dem Riesen-Erdbeben vor der Küste in die Kernschmelze geraten sind, was als bisher bei weitem größter aller Atomunfälle noch ganz und gar unabsehbare Folgen für den gesamten Planeten haben wird.

Die hinter den neuen, nicht-atomaren Waffen stehende Technik wird allerdings bis heute von der Normalwissenschaft noch nicht einmal zur Kenntnis genommen, ja als inexistent angesehen. Während sich im Nuklearbereich jetzt einiges auch in der Wissenschaft bewegt, haben wir also von daher in Bezug auf nicht-atomare Vernichtungsmittel im Naturkatastrophenbereich keine Unterstützung zu erwarten. Wie ist das möglich?

Es hat damit zu tun, dass diese Technologien aus einem anderen als dem normalen modernen Naturverständnis entwickelt wurden. Sie gehen zurück auf den Serbokroaten Nikola Tesla (1856-1943), der im Zusammenhang mit der neuen Physik des 19./20.Jahrhunderts, also der Relativitäts- und Quantentheorie gesehen werden muss.

Das andere an Teslas Naturauffassung ist, dass sie keine mechanistische mehr ist. Für Tesla besteht die Welt nicht aus Partikeln und leerem Raum,

830 Bertell 2010, 2011

sondern aus Wellenbewegungen, Strömen von Energien, insbesondere elektromagnetischen. Und in diese in der Natur wild wirkenden Kräfte mischt er sich ein. Er verstärkt sie, bewegt sie in andere Richtungen oder schaukelt sie rhythmisch auf. Das geht theoretisch und eben auch praktisch bis ins Unermessliche, ja Unendliche. Auf diese Weise sagte er schon 1908, also vor über 100 Jahren, die Möglichkeit von künstlichen Erdbeben voraus [831].

Die HAARP-, russischen „Woodpecker"- und norwegische EISKAT-Anlagen, eben die so genannten Ionospheric heaters, tun genau dies: Sie schicken mit bis zu Milliarden Watt (GIGA-Watt) elektromagnetische Wellen gepulst in den Himmel, um dort Löcher, Schnitte oder durch die Hitze verdichtete „Linsen", Reflektoren zu schaffen, mit denen die Strahlen auch auf und unter die Erde zurückgeschickt werden können, und zwar an und in jeden beliebigen Punkt. Dadurch können gezielt unermessliche Zerstörungen angerichtet werden.

2.
Wieder „wild" werden?

Es kann bei solchen Dimensionen, wie wir ihnen heute begegnen und wie sie noch nie vor uns jemandem begegnet sind, niemals einfach um so etwas wie eine „normale" politische Praxis gehen, die mit Strategie und Taktik, Kosten und Kalkülen arbeitet und dabei auch noch der Hybris verfällt, das ganze Problem wirklich lösen zu können. Denn dann würden wir gar nicht erst anfangen. Die Aufgabe wäre viel zu groß, und wir würden nur in Angst und Ohnmacht erstarren. Wie aber kommen wir „hinter die Angst"?

Es gilt, sich klar zu machen, dass wir zu allererst eine spirituelle politische Aufgabe haben, nämlich die, diese Herausforderung anzunehmen und sich ihr zu stellen. Dabei würden wir herausfinden, dass die Spiritualität selbst auch anders und neu zu definieren wäre, als wir das meistens bisher getan haben. Denn so wie es um David und Goliath heute geht, können wir nur handeln, wenn wir weder das Problem verdrängen noch aufgrund unseres Handelns einen Sieg erwarten, ja noch nicht einmal einen größeren oder kleineren Erfolg – am Ende gar nichts. Und das ist nichts fürs Ego! Mit dem Ego kommen wir hier keinen Millimeter weiter.

Spirituell handeln, denken und fühlen heißt heute also: trotz aktiven politischen Handelns nichts zu erwarten, wohl aber zu beobachten, was daraufhin

831 Tesla 1997

geschieht. Denn geschehen tut auf jeden Fall etwas, es ist aber keineswegs vorhersehbar. Nur so sind wir frei sowohl von Erwartungen wie auch von Einflussnahmen, und kommen zu einem Handeln, in dem es ausschließlich darum geht, die heutige Wahrheit des Umgangs mit Mutter Erde und ihren Wildnissen zu erforschen, auszutauschen, zu sagen, zu schreien, öffentlich zu machen, zu singen, zu malen, zu tanzen ... und zwar ganz gleich, was das für Folgen hat. Denn wir handeln nicht (mehr) der Folgen wegen. Wir handeln „unschuldig", wie Ghandi es nannte, ohne Kalkül, nur der Wahrheit wegen, und das gewaltlos (ahimsa/sathyagraha, waren Ghandis Begriffe dafür. Sie stehen uns zur Verfügung.) Das heißt: Wir handeln „jenseits der Angst". Und im selben Sinne denken und fühlen wir, ja, nur unter der Voraussetzung einer solchen Unschuld, die allein der Wahrheit verpflichtet ist, kommen wir auch zu einem entsprechenden Fühlen und Denken. Die Natur lügt nicht und führt nichts im Schilde. Ist daher ein bewusst unschuldiges Handeln nicht eigentlich der einzig mögliche Weg auf die andere Seite, die der Wildnis? Fangen wir auf diese Weise damit an, „wie sie" bzw. wenigstens von ihrer Seite aus, von ihr her zu denken, zu fühlen und zu handeln?

Auf unserer beschränkten menschlichen Ebene geht es zunächst darum: Es müssen alle erfahren, es muss überall gewusst werden, was mit der Erde, was mit der Wildnis geschieht. Es geht nicht, dass es niemand weiß! Und wenn trotzdem dieselbe Zerstörung weiterhin geschieht: es ist etwas anderes, wenn laut gesagt, ja hinaus geschrien wird, was der Fall ist – anstatt dass dies nicht geschieht und weiter geschwiegen wird.

Es geht darum, wie Nicanor Perlas, ein alternativer Nobelpreisträger aus den Philippinen es nennt, dem „call" zu folgen! Es ruft uns etwas, und es wird uns irreversibel verändern, wenn wir diesem Ruf folgen. Da will etwas gehört werden, vielleicht wirklich die Wildnis selber, die Erde, unsere Große Mutter, die ja kein Mensch ist, in ihrem Schmerz, den ihr Menschen antun. Es fehlt auf jeden Fall erst einmal – der Schrei! [832] Der Aufschrei über die Untat – der ja die Untat noch nicht beendet, aber auf jeden Fall der erste Schritt dazu ist. Ohne diesen Schritt gäbe es nichts weiter, mit ihm beginnt alles, was möglich und vielleicht auch das, was eigentlich unmöglich ist, unmöglich jedenfalls ohne ihn.

Die Entscheidung, diesem Ruf zu folgen, bedeutet ein Sicheinlassen auf die neu erfahrene Realität als einer erschreckenden Wahrheit – und das heißt ein Sichöffnen für die darin liegende Erkenntnismöglichkeit, die hinter der Angst liegt. Denn nur im Fühlen zeigt sich der Weg zum Denken und zur Erkenntnis. Diese Erkenntnis besteht heute im Verlust jeglicher Illusion. Man gelangt in eine andere Dimension, in die der ungeschminkten Realität, nämlich die der

832 Holloway 2006

Natur und ihrer Wildnisse selber, auf deren Seite wir uns zu schlagen haben – was ja bisher trotz aller „Tiefenökologie" [833] noch nicht wirklich geschieht.

Das Sicheinlassen beginnt mit brennendem Schmerz, tiefster Verzweiflung und dunkelster Trauer [834]. Doch irgendwann wie nach einer Ewigkeit kommt sie: die große, große Wut! Welch prächtiges Gefühl! Denn die Wut will handeln, sie führt zum Mut, zum Muttermut, und sie weiß, was zu tun ist. Es sind ja der Schmerz, die Trauer, die Verzweiflung und die Wut nicht zufällig da. Sie machen sich aus einem einzigen Grund bemerkbar – der eben jener enormen Liebe, die zur Wildnis gehört. Es ist die Entdeckung der Fülle der Liebe zum Leben, zur Erde, zur Mutter Erde und allem, was da kreucht und fleucht. Es ist ein ganz allgemeines Gefühl und ein ebenso großes, tiefes, alles umfassendes. Es lehrt, was es heißt, dass wir „planetar" zu denken und zu fühlen beginnen müssen, müssen, denn wir haben keine andere Wahl mehr. Dass dem Leben auf dem Planeten und diesem selbst – der Wildnis – etwas Furchtbares angetan wird, und zwar überhaupt und in ihren Grundlagen, das ist der wahre Grund für Schmerz, Verzweiflung und Wut – und den Mut, es mit den Tätern aufzunehmen, sie zu konfrontieren mit ihrer Missetat, so wie es eine Mutter tut, wenn ihre Kinder bedroht sind. Das ist das stärkste und wahrhaftigste Gefühl, das es vielleicht gibt. Und es ist im Recht, im Mutterrecht! Gegen dieses Recht ist alles andere null und nichtig.

Wir haben es aus der Erinnerung immer noch in uns, wir erfahren es spätestens als Mütter wieder, dieses Gefühl dafür, wie die Dinge sein und vor allem, wie sie nicht sein sollten. Und dieses Recht sollen wir heute, wo es dem ganzen Planeten und unseren Lebensbedingungen überhaupt, ja unserer Wildnis an den Kragen geht, nicht mehr wissen und vor allem ausüben, herausschreien, einklagen können? Wir können das nicht vergessen haben oder verdrängen. Wer sonst, wenn nicht wir, die neuen wilden Frauen, hätten diese Aufgabe, wären aufgerufen, sie wahrzunehmen: nämlich das Mutterrecht auch des Planeten Erde einzuklagen.

Wieder, inmitten des Patriarchats und inmitten seiner größten Verbrechen, ins Gefühl dieser Liebe zu kommen, das ist eigentlich des Rätsels Lösung. Es fühlt sich an wie eine Gnade, wie eine Initiation, es ist reine Freude, aus der Angstlähmung herauszufinden mit der Liebe als dem roten Faden, an dem vor allem es langgeht. Und es lösen sich fast alle Fragen, was diese Gefühle bedeuten und was daher zu denken und zu tun ist, und mit wem, auch, mit wem nicht (mehr). Ohnmachtsgefühl und Verdrängung, Ängstlichkeit und Passivität – diese Hausfraueneigenschaften, die wir haben sollen, aber auch die parvenuhafte Empfindungslosigkeit und Kaltschnäuzigkeit des „Gender"-Geschlechts, das

833 Macy 2007
834 Werlhof 2011 (d)

keines sein will, ziehen sich zurück aus unserem Leben. Es gibt etwas zu tun, viel zu tun, und zwar von der anderen Seite des Zauns, von der Wildnis aus.

Nur aus den heutigen Erfahrungen und ihrer Verarbeitung aus der Perspektive der Wildnis kann das kommen, was jetzt als neue zivilisatorische Praxis im Raum steht, buchstäblich ansteht und auf uns wartet. Und dabei kommt die wilde Erde zuerst, weil wir ohne sie nicht leben und schon gar keine neue, diesmal ganz andere, nämlich eine wilde Zivilisation aufbauen können.

Aus der Sicht des modernen Patriarchats muss die „Hexe" als wilde Frau besiegt werden: vom sperrigen Atom, das sich partout nicht teilen lassen will, über die widerspenstige Frau, die von der Hexe zur Hausfrau und damit zur ökonomischen Grundlage der Moderne mutiert wurde, bis zum Planeten als Mega-Hexe, der von den Militärs und ihren Geoingenieuren nun so richtig in den Griff genommen wird, um sie in eine an- und ausschaltbaren Super-Maschine zu verwandeln. Und dann werden sich Militärs, Konzernchefs und Naturwissenschaftler wie Gott persönlich fühlen können.

Erst wenn wir die Dinge so sehen, dann schaffen wir den Satz, den Sprung über den Zaun auf die andere Seite, dahin, wo wir eigentlich schon immer zuhause waren und wieder sein können: in die Wildnis und jede ihrer Dimensionen.

Fazit: Das Ende der Verkehrung?

Das kapitalistische Patriarchat, also die profitable Zerstörung und Verkehrung des Planeten Erde im Kleinen wie im Großen in Kapital, also in Geld, Ware, Maschinerie und Kommandostrukturen durch den militärisch-industriellen Komplex ist ein Verbrechen an uns allen. Es muss öffentlich diskutiert, gestoppt und am besten ganz abgeschafft werden. Das ist die logische Konsequenz. Wir Frauen, die, vom Gender-Dilemma befreit, wieder wild zu werden begonnen haben, sind „Whistleblower", die laut pfeifen.

Das stört in der Tat. Es stört die Ruhe und den vermeintlichen Frieden sowie die Idylle, die manche von uns in der alten und neuen „Heimat Wildnis" angesichts der Tumulte unserer Zivilisation vielleicht auch zu suchen versucht sind. Jedoch ist die Wildnis ebensowenig eine Idylle wie die Liebe, von der hier die Rede ist, die Farbe Rosa hat. Realitätsverweigerung hat noch nie geholfen. Aber wir wissen ja: es gibt einen Weg, der zu überraschenden Ergebnissen führen wird, und den wir schon einmal gehen könnten: Schreiend!

Dank

Mein Dank gilt

1. dem Verlag, der diesem Publikationsprojekt vorbehaltlos zugestimmt hat,
2. denen, die mich immer wieder mit dem Ungeheuerlichen des Patriarchats konfrontiert haben, so unangenehm und schmerzlich das auch war, denn sie haben mich gezwungen, so lange darüber nachzuforschen, bis ich es meine, nun verstanden zu haben und dies auch weitergeben zu können, und
3. den von mir so genannten guten Geistern, die mir immer wieder die Kraft und den Mut gegeben haben, das eigentlich Undenk- und Unsagbare doch zu denken und zu sagen – soweit mir das möglich ist.

LITERATUR

A Quellenliteratur allgemein

Aischylos, 1987: Die Orestie, Agamemnon, die Totenspende, die Eumeniden, Stuttgart

Akhter, Farida: Verteidigung der Subsistenz in Bangladesh: Nayakrishi Andolon und die Bewegung für ein glückliches Leben, in: Werlhof, Claudia von, Bennholdt-Thomsen, Veronika und Faraclas, Nicholas (Hg.), 2003: Subsistenz und Widerstand. Alternativen zur Globalisierung, Wien, S. 213–219

Alcoff, Linda 1988: Cultural Feminism vs. Post-Structuralism, in: Signs 1 (3), S. 405–436

Altvater, Elmar u. a. 2001: Die Gewalt des Zusammenhangs. Neoliberalismus – Militarismus – Rechtsextremismus, Wien

Amendt, Gerhard, 1986: Der neue Klapperstorch. Über künstliche Befruchtung, Samenspender, Leihmütter, Retortenzeugung und die Folgen: Reproduktionsmedizin, Freiburg

Anders, Günther, 1981: Die atomare Drohung, München

Anders, Günther, 2002: Die Antiquiertheit des Menschen Bd. II: Über die Zerstörung des Lebens im Zeitalter der dritten industriellen Revolution, München

Anders, Günther, 2010: Die Antiquiertheit des Menschen Bd. I: Über die Seele im Zeitalter der zweiten industriellen Revolution, München

Andreas-Salomé, Lou, 1990: Das „zweideutige" Lächeln der Erotik, Freiburg

Arendt, Hannah, 1959: Rahel Varnhagen. Lebensgeschichte einer deutschen Jüdin aus der Romantik, München

Arendt, Hannah, 1986: Eichmann in Jerusalem. Ein Bericht von der Banalität des Arendt, Hannah, 1987: Vita Activa oder Vom tätigen Leben, München/Zürich

Bösen, München 1963

Aristoteles, 1959: Zeugung der Geschöpfe. Übers. v. Paul Gohlke, Paderborn

Aristoteles, 1986: Politik, München

Arrowsmith, William und Korth, Michael, 1995: Die Erde ist unsere Mutter. Die großen Reden der Indianerhäuptlinge, München

Assmann, Jan, 2000: Moses der Ägypter. Entzifferung einer Gedächtnisspur, Frankfurt/M.

Assmann, Jan, 2003: Die Mosaische Unterscheidung oder Der Preis des Monotheismus, München/Wien

Aubauer, Hans Peter: CERN-Forschung für Antimaterie-Bomben?, in: Zeitfragen Nr. 38, 15.09.2008

Auer, Sibylle, 2009: „Heiliges Land Tirol"? Enteignung, Zerstörung und Umwandlung von alten Baum-, Stein- und Quellkulten, Frankfurt/M.

AutorInnengemeinschaft (Hg), 2003: Die Diskriminierung der Matriarchatsforschung. Eine moderne Hexenjagd, Bern

Bachofen, Johann-Jakob, 1975/1987: Das Mutterrecht, Frankfurt/M.

Bacon, Francis, 1990: Neues Organon, Lat.-Dt., hg. und eingeleitet von Wolfgang Krohn, Bd. 1 u. 2, Hamburg

Bacon, Francis: Neu-Atlantis, in: Klaus J. Heinisch, 2004: Der utopische Staat, Reinbek, S. 171–215

Bahro, Rudolf, 1995: Apokalypse oder Geist einer neuen Zeit. Berlin

Bammé, Arno u. a. (Hg.), 1983: Maschinen-Menschen, Mensch-Maschinen. Grundrisse einer sozialen Beziehung, Reinbek

Barry, Kathleen: Deconstructing Deconstructionism, in: Bell, Diane, Klein, Renate (Hg.), 1996: Radically Speaking: Feminism Reclaimed, London

Bauman, Zygmunt, 1992: Moderne und Ambivalenz. Das Ende der Eindeutigkeit, Hamburg

Baureithel, Ulrike und Bergmann, Anna, 1999: Herzloser Tod. Das Dilemma der Organspende, Stuttgart

Becker, Gabriele, Bovenschen, Silvia, Brackert, Helmut u. a. (Hg.), 1977: Aus der Zeit der Verzweiflung. Zur Genese und Aktualität des Hexenbildes, Frankfurt/M.

Behmann, Mathias: Idee und Programm einer Matriarchalen Natur- und Patriarchatskritischen Geschichtsphilosophie. Zur Grundlegung der Kritischen Patriarchatstheorie angesichts der ‚Krise der allgemeinsten Lebensbedingungen', in: Projektgruppe „Zivilisationspolitik", 2009: Aufbruch aus dem Patriarchat – Wege in eine neue Zivilisation?, Frankfurt/M., S. 107–177

Beiträge zur Dissidenz, 1996 ff, hg. von Claudia von Werlhof. Frankfurt/M./Paris/New York

beiträge zur feministischen Theorie und Praxis, 11/1984: Frauenforschung oder feministische Forschung?, Köln

beiträge zur feministischen Theorie und Praxis, 12/1984: Natur, Technik, Magie, Alltag, Köln

beiträge zur feministischen Theorie und Praxis, 13/1985: Unser Staat?, Köln

beiträge zur feministischen Theorie und Praxis, 39/1995: Utopie. Richtiges im Falschen?, Köln

Bell, Daniel, in: Sitter-Liver, Beat (Hg.), 2007: Utopie heute I. Zur aktuellen Bedeutung, Funktion und Kritik des utopischen Vorstellens und Denkens, Stuttgart/Fribourg

Bell, Diana und Klein, Renate (Hg.), 1996: Radically Speaking: Feminism Reclaimed, London

Benhabib, Sheyla, 1995: Selbst im Kontext. Gender Studies, Frankfurt/M.

Benjamin, Walter: Zur Kritik der Gewalt und andere Aufsätze, Frankfurt a. M. 1965

Bennholdt-Thomsen, Veronika, 1980: Investition in die Armen. Zur Entwicklungspolitik der Weltbank, in: dies. u. a. (Hg.): Lateinamerika. Analysen und Berichte 4, Berlin, S. 74–96

Bennholdt-Thomsen, Veronika, Mies, Maria und Werlhof, Claudia von, 1992 (1983): Frauen, die letzte Kolonie, Zürich

Bennholdt-Thomsen, Veronika und Mies, Maria, 1997: Eine Kuh für Hillary. Die Subsistenzperspektive, München

Bennholdt-Thomsen, Veronika, Holzer, Brigitte, Müller, Christa (Hg.), 1999: Das Subsistenzhandbuch. Widerstandskulturen in Europa, Asien und Lateinamerika, Wien

Bennholdt-Thomsen, Veronika, Faraclas Nicholas, Werlhof, Claudia von (Hg.), 2001: There is an Alternative. Subsistence and Worldwide Resistance to Corporate Globalization, London

Bennholdt-Thomsen, Veronika: Wovon leben unsere Städte wirklich? Subsistenzorientierung statt Geldorientierung, in: Werlhof, Claudia von, Bennholdt-Thomsen, Veronika und Faraclas, Nicholas (Hg.), 2003: Subsistenz und Widerstand. Alternativen zur Globalisierung, Wien, S. 242–254

Bergmann, Anna, 1992a: Die verhütete Sexualität. Die Anfänge der modernen Geburtenkontrolle, Hamburg.

Bergmann, Anna, 1992b: Fruchtbarkeit als Todeskult im Patriarchat: Historisch-philosophische Hintergründe des modernen Menschenopfers, in: Prokla. Zeitschrift für historische Sozialwissenschaft 89, Berlin

Bergmann, Anna: Die Verlebendigung des Todes und die Tötung des Lebendigen durch den medizinischen Blick, in: Mixa, Elisabeth u. a. (Hg.), 1996: Körper-Geschlecht-Geschichte, Innsbruck/Wien

Bergmann, Anna, 1997: Töten, opfern, zerlegen und reinigen in der Konstitutionsgeschichte des modernen Körpermodells, in: Metis, Nr. 6, S. 45–64

Bergmann, Anna, 1998: Die verhütete Sexualität. Die medizinische Bemächtigung des Lebens, Berlin

Bergmann, Anna, 2004: Der entseelte Patient. Die moderne Medizin und der Tod, Berlin

Bertell, Rosalie, 1987: Keine akute Gefahr? Die radioaktive Verseuchung der Erde, München

Bertell, Rosalie, 2000: Planet Earth. The Latest Weapon of War, London

Bertell, Rosalie, 2010: vgl. www.pbme-online.orgwww.pbme-online.org, 2. Info-Brief, November

Bertell, Rosalie: Joint US/Soviet Involvement, Email 23.07.2010, 2. Info-Brief, www.pbme-onlione.orgwww.pbme-onlione.org 2010

Bertell, Rosalie: Vorwort der deutschen Ausgabe von „Planet Erde – die neueste Kriegswaffe", in Vorbereitung

Bertell, Rosalie: Wie unser Planet langsam zum Wrack gemacht wird, 3. Info-Brief, www.pbme-online.org 2011 sowie in: MatriaVal Nr. 14, Frankfurt/M., März 2011, S. 35–40

Binswanger, Hans Christoph, 1985: Geld und Magie. Deutung und Kritik der modernen Wirtschaft anhand von Goethes „Faust", Stuttgart/Wien

Bloch, Ernst, 1980: Das Prinzip Hoffnung, 3 Bände, Frankfurt/M.

Bloch, Ernst, 1991: Naturrecht und menschliche Würde, Frankfurt/M.

Boehme, Hartmut, 1988: Natur und Subjekt, Frankfurt/M.

Boff, Leonardo, 2010: Die Erde ist uns anvertraut. Eine ökologische Spiritualität, Kevelaer.

Böhme, Hartmut, 1988: Natur und Subjekt, Frankfurt/M.

Bohrer, Karl Heinz, 1988: Nach der Natur. Über Politik und Ästhetik, München

Bonfil Batalla, Guillermo, 1990: México Profundo. Una Civilización Negada, Mexiko, Grijalbo

Bookchin, Murray, 1977: Die Formen der Freiheit. Aufsätze über Ökologie und Anarchismus, Telgte/Westbevern

Bookchin, Murray: Das Weltbild organischer Gesellschaften oder Natur als Leben, in: Lutz, Rüdiger (Hg.), 1984: Frauenzukünfte, Weinheim

Bornemann, Ernest, 1975: Das Patriarchat, Frankfurt/M.

Braun, Christina von, 1990: Nicht Ich. Logik. Lüge. Libido. Frankfurt/M.

Braun, Christina von: Gender, Geschlecht und Geschichte, in: dies. und Stephan, Inge (Hg.), 2000: Gender-Studien, Stuttgart/Weimar

Braun, Christina von und Stephan, Inge (Hg.) 2000: Gender-Studien, Stuttgart/Weimar

Bröckling, Ulrich, 1997: Disziplin. Soziologie und Geschichte militärischer Gehorsamsproduktion, München

Broderick, Damien, 2004: Die molekulare Manufaktur. Wie Nanotechnologie unsere Zukunft beeinflusst, Reinbek

Brodribb, Somer, Nothing Mat(t)ers, in: Bell, Diane und Klein, Renate (Hg.). 1996: Radically Speaking: Feminism Reclaimed, London

Brönnle, Stefan, 1994: Landschaften der Seele, München, S 59–65

Bruiger, Dan, 2006: Second Nature. The man-made world of idealism, technology and power, Victoria/Canada

Butler, Judith, 1991: Das Unbehagen der Geschlechter, Frankfurt/M.

Caldicott, Helen, 2002: The new nuclear danger. George Bush's Military Industrial Complex, New York

Casper, Gerhard u. a. (Hg.), 2007: Über die Pflicht zum Ungehorsam gegenüber dem Staat, Göttingen

Chargaff, Erwin,1988: Unbegreifliches Geheimnis. Wissenschaft als Kampf für und gegen die Natur, Stuttgart

Chattopadhyaya, Debiprasad, 1959: Lokayata. A Study in Ancient Indian Materialism, New Delhi

Chlada, Marvin, 2004: Der Wille zur Utopie, Aschaffenburg

Chomsky, Noam, 1995: Wirtschaft und Gewalt. Vom Kolonialismus zur neuen Weltordnung, München

Chossudovsky, Michel, 2002: Global Brutal. Der entfesselte Welthandel, die Armut, der Krieg, Frankfurt/M.

Chossudovsky, Michel and Marshall, Garwin (Hg.), 2010: The Global Economic Crisis. The Great Depression of the XXI Century, Montréal

Clastres, Pierre, 1976: Staatsfeinde: Studien zur politischen Anthropologie, Frankfurt/M.

Clastres, Pierre, 1981: Freiheit – Fatalität – Namenlos, in: Unter dem Pflaster liegt der Strand, Bd. 8, Berlin, S. 85–99

Colburn, Theo, Dumanoski, Dianne, Peterson Myers, John, 1996: Die bedrohte Zukunft. Gefährden wir unsere Fruchtbarkeit und Überlebensfähigkeit? München

Collard, Andrée und Contrucci, Joyce, 1989: Die Mörder der Göttin leben noch. Rape of the Wild, München

Corea, Gena, 1986: MutterMaschine. Reproduktionstechnologien von der künstlichen Befruchtung zur künstlichen Gebärmutter, Berlin

Corea, Gena: Industrialisierung der Reproduktion, in: Paula Bradish, Erika Feyerabend, Ute Winkler (Hg.), 1989: Frauen gegen Gen- und Reproduktionstechnologien, München, S. 63–70

Croissier, Gertrude R., 2007: Psychotherapie im Raum der Göttin, Schalksmühle

D'Eaubonne, Françoise, 1975: Feminismus oder Tod, München

Dahl, Jürgen,1989: Die Verwegenheit der Ahnungslosen. Über Gentechnik, Chemie und andere schwarze Löcher des Fortschritts, Stuttgart

Daly, Mary, 1980: Jenseits von Gottvater, Sohne & Co, München

Daly, Mary, 1981: GynÖkologie. Eine Metaethik des radikalen Feminismus, München

Davis, Mike, 2004: Die Geburt der Dritten Welt. Hungerkatastrophen und Massenvernichtung im imperialistischen Zeitalter, Berlin/Hamburg/Göttingen

De Beauvoir, Simone, 1951: Das andere Geschlecht, Reinbek

De Meo, James: Entstehung und Ausbreitung des Patriarchats – die Saharasia-These, in: ders. u. a. (Hg), 1997/2001: Nach Reich. Sexualökonomie, Frankfurt/M., S. 377–410

Delumeau, Jean, 1989: Angst im Abendland. Die Geschichte kollektiver Ängste im Europa des 14. bis 18. Jahrhunderts, Reinbek

Derungs, Kurt, 2000: Landschaften der Göttin. Avebury, Silbury, Lenzburg, Sion. Kultplätze der Großen Göttin in Europa, Bern

Derungs, Kurt, 2003: Die Natur der Göttin, Vorwort in: James, Edwin O.: Der Kult der Großen Göttin, Bern

Derungs, Kurt: Naturverbundenheit als Zweite Kultur, in: Werlhof, Claudia von, Projektgruppe „Zivilisationspolitik" (Hg.): Kann es eine „neue Erde" geben? In Vorbereitung 2011, Frankfurt/M.

Deschner, Karl-Heinz, 1992: Das Kreuz mit der Kirche. Eine Sexualgeschichte des Christentums, Düsseldorf/Wien

Diamond, Jared, 2006: Kollaps. Warum Gesellschaften überleben oder untergehen, Frankfurt/M.

Dieckvoss, Gerd, 2003: Wie kam Krieg in die Welt? Ein archäologisch-mythologischer Streifzug, Hamburg

Douglas, Carol Anne: I'll Take the Low Road: A Look at Contemporary Feminist Theory, in: Bell/Klein (Hg.), 1996: Radically Speaking. Feminism Reclaimed. London, S. 417–420

dpa: Jubel in Genf: Startschuss für den Urknall. Genfer CERN-Zentrum startet Teilchenbeschleuniger LHC, 20.09.2008

Duden, Barbara, 1991: Der Frauenleib als öffentlicher Ort. Vom Missbrauch des Begriffs Leben, Hamburg/Zürich

Duden, Barbara: Die Frau ohne Unterleib. Zu Judith Butlers Entkörperung, in: Feministische Studien, 11. Jg., Nr. 2/1993

Duden, Barbara, 2002: Die Gene im Kopf – der Fötus im Bauch. Historisches zum Frauenkörper, Hannover

Duerr, Hans-Peter, 1985: Traumzeit. Über die Grenze zwischen Wildnis und Zivilisation, Frankfurt/M., S. 34

Easlea, Brian, 1986: Väter der Vernichtung. Männlichkeit, Naturwissenschaftler und der nukleare Rüstungswettlauf, Reinbek

Ebert, Klaus, Thomas Müntzer, 1987: Von Eigensinn und Widerspruch, Frankfurt/M.

Edwards, Steven A., 2006: The Nanotech Pioneers. Where Are They Taking Us? Weinheim

Eisler, Riane, 1993: Kelch und Schwert. Von der Herrschaft zur Partnerschaft. Männliches und weibliches Prinzip in der Geschichte, München

Eliade, Mircea, 1980: Schmiede und Alchemisten, Stuttgart

Erdheim, Mario, 1982: Die gesellschaftliche Produktion von Unbewusstheit, Frankfurt/M.

Ernst, Werner, 1986: Legitimationswandel und Revolution. Studien zur neuzeitlichen Entwicklung und Rechtfertigung politischer Gewalt, Berlin

Ernst, Werner: Zur Psychoanalyse der Denkgewalt, in: Texte 3, Innsbruck 1991

Ernst, Werner: Gewalt und die ersten Menschen, in: Raymund Schwager, Jozef Niewiadomski (Hg.), 2003: Religion erzeugt Gewalt – Einspruch! Münster/Hamburg/London

Esteva, Gustavo, 1995: Fiesta. Jenseits von Entwicklung, Hilfe und Politik. Frankfurt/M./ Wien.

Esteva, Gustavo: Mexiko: Unseren eigenen Weg gemeinsam mit den Graswurzelbewegungen finden, in: Werlhof, v. Claudia, Bennholdt-Thomsen, Veronika und Mies, Maria (Hg.), 2003: Subsistenz und Widerstand. Alternativen zur Globalisierung, Wien, S. 189–201

Federici, Silvia: Krieg, Globalisierung und Reproduktion, in: Werlhof, v. Claudia, Bennholdt-Thomsen, Veronika und Mies, Maria (Hg.), 2003: Subsistenz und Widerstand. Alternativen zur Globalisierung, Wien, S. 167–179

Federici, Silvia, 2004: Caliban and the Witch. Women, the Body and Primitive Accumulation, New York

Feuerstein, Günther, 1995: Das Transplantationssystem. Dynamik, Konflikte und ethisch-moralische Grenzgänge, Weinheim/München

Firestone, Sulamith, 1975: Frauenbefreiung und sexuelle Revolution. Frankfurt/M.

Fischer-Homberger, Esther, 1984: Krankheit Frau, Darmstadt/Neuwied

Fleischer, Eva, 1993: Die Frau ohne Schatten. Gynäkologische Inszenierungen zur Unfruchtbarkeit, Pfaffenweiler

Food Summit Watch, Rom 16.11.1996, hg. von Women's Feature Service anlässlich der Welternährungskonferenz der FAO.

Fox Keller, Evelyn, 1986: Liebe, Macht und Erkenntnis. Männliche oder weibliche Wissenschaft? München/Wien

Fraenkel, Ernst, 1984: Der Doppelstaat. Recht und Justiz im Dritten Reich, Frankfurt/M.

Frank, Andre Gunder und Gills, Barry, K., 1999: The World System. Five Hundred years or five Thousand? London/New York

Fraser, Nancy, 1994: Widerspenstige Praktiken. Macht, Diskurs, Geschlecht. Gender Studies, Frankfurt/M.

Freyer, Hans, 2000 (1936): Die politische Insel. Eine Geschichte der Utopien von Platon bis zur Gegenwart, Wien/Leipzig

Fromm, Erich, 2005: Humanismus als reale Utopie, Hamburg

Fukuoka, Masanobu, 1990: Der große Weg hat kein Tor, Darmstadt

Fukuyama, Francis, 2002: Our posthuman future. Consequences of the biotechnological revolution, New York

Furtschegger, Christoph, 2011: Grüne Gentechnik als Krieg gegen Mensch und Natur. Zur Bedrohung von Ernährungsgrundlagen durch Konzerninteressen – und die Alternativen, Frankfurt/M.

Galtung, Johan, 1997: Der Preis der Modernisierung. Struktur und Kultur im Weltsystem, Wien

Gambaroff, Marina u. a., 1986: Tschernobyl hat unser Leben verändert. Vom Ausstieg der Frauen, Reinbek

Ganser, Renate: Der springende Punkt. Vom natürlichen zum künstlichen Gedächtnis. Erinnerung zwischen Herrschaft und Widerstand, in: Werlhof, v. Claudia et al. (Hg.), 1996: Herren-Los. Herrschaft-Erkenntnis-Lebensform, Frankfurt/M.

Gebauer, Gunter und Wulf, Christoph, 1992: Mimesis. Kultur-Kunst-Gesellschaft, Reinbek

Gebelein, Helmut, 1996: Alchemie. Die Magie des Stofflichen, München

Genarchiv/Impatientia e.V. / Kontaktstelle Organspende / Feministisches Frauen-Gesundheitszentrum e. V.: Essener Erklärung zum „Mustergesetzentwurf für Organtransplantation", o. D., Essen

Genth, Renate: Der Computer – Hoffnungsmaschine für die Erkenntniskrise? In: Fischer, Manfred S. (Hg.), 1989: Mensch und Technik: Literarische Phantasie und Textmaschine, Aachen

Genth, Renate und Werlhof, v. Claudia: Geschlechtsspezifische Bedingungen und Formen des Umgangs mit Informations- und Kommunikationstechnologien, Untersuchungsbericht über das Projekt 95 des So-Tech-Programms, Ministerium für Arbeit, Gesundheit und Soziales, Düsseldorf 1990

Genth, Renate, 1996: Matriarchat als zweite Kultur, in: Werlhof, v. Claudia, Schweighofer, Annemarie und Ernst, Werner (Hg.): Herren – Los. Herrschaft – Erkenntnis – Lebensform, Frankfurt/M./New York, S.17–38

Genth, Renate: Die moderne Maschinisierung als Naturverhältnis, Man., Hannover 1999

Genth, Renate, 2002: Über Maschinisierung und Mimesis. Erfindungsgeist und mimetische Begabung im Widerstreit und ihre Bedeutung für das Mensch-Maschine-Verhältnis. Beiträge zur Dissidenz Nr. 10, Frankfurt/M./New York/Paris

Genth, Renate, 2002a, Zivilisationspolitik, Mimesis und Naturverhältnis (Habilitationsvortrag) www.uibk.ac.at/forschung/genth.pdf 06.11.2006

Genth, Renate: Zivilisationskrise und Zivilisationspolitik, in: Projektgruppe „Zivilisationspolitik", 2009: Aufbruch aus dem Patriarchat – Wege in eine neue Zivilisation? Frankfurt/M., S. 31–57

Gess, Heinz, 1996: C. G. Jung und die faschistische „Weltanschauung", Rassenpsychologie und Antisemitismus, in: Widerspruch 32, Zürich

Gimbutas, Marija: Das Ende Alteuropas. Der Einfall von Steppennomaden aus Südrussland und die Indogermanisierung Mitteleuropas, Innsbrucker Beiträge zur Kulturwissenschaft, Sonderheft 90/1994, Innsbruck

Gimbutas, Marija, 1996: Die Zivilisation der Göttin. Die Welt des alten Europa, Frankfurt/M.

Girard, René, 1992: Das Heilige und die Gewalt, Frankfurt/M.

Goethe, Johann Wolfgang von: West-Östlicher Diwan, 1819

Goethe, Johann Wolfgang von: Faust 2, Reclam, Stuttgart 2001

Gögl, Hans-Joachim und Kittinger, Josef, (Hg.), 2005: Tage der Utopie. Entwürfe für eine gute Zukunft, Bregenz/Götzis

Gore, Al, 2006: Eine unbequeme Wahrheit. Der drohende Klimawandel und was wir dagegen tun können, München

Göttner-Abendrohth, Heide, 1989: Das Matriarchat I, Geschichte seiner Erforschung, Stuttgart

Göttner-Abendroth, Heide, 1991: Das Matriarchat II. 1. Stammesgesellschaften in Ostasien, Indonesien, Ozeanien. Stuttgart

Göttner-Abendroth, Heide und Derungs, Kurt (Hg.), 1997: Matriarchate als herrschaftsfreie Gesellschaften, Bern

Göttner-Abendroth, Heide, 2000: Das Matriarchat II, 2. Stammesgesellschaften in Amerika, Indien, Afrika. Stuttgart

Göttner-Abendroth, Heide: Der Weg in die egalitäre Gesellschaft, in: Zangen, Britta (Hg.), 2002: Feministische Utopien. Zukunftsmodelle aus Frauensicht, Overath, S. 73–80

Göttner-Abendroth, Heide: „Verhindert sie mit allen Mitteln!" Die Diskriminierung der Matriarchatsforschung und die praktischen Folgen, in: AutorInnengemeinschaft (Hg), 2003: Die Diskriminierung der Matriarchatsforschung. Eine moderne Hexenjagd, Bern, S. 63-87

Göttner-Abendroth, Heide (Hg.), 2006: Gesellschaft in Balance. Dokumentation des 1. Weltkongresses für Matriarchatsforschung 2003 in Luxemburg, Stuttgart

Göttner-Abendroth, Heide (Hg.), 2009: Societies of Peace. Matriarchies past, presence and future, Toronto

Greco, Monica: Homo Vacuus. Alexithymie und das neoliberale Gebot des Selbstseins, in: Ulrich Bröckling, Susanne Krasmann, Thomas Lemke (Hg.), 2000: Gouvernementalität in der Gegenwart. Studien zur Ökonomisierung des Sozialen, Frankfurt/M., S. 265-285

Griffin, Susan, 1987: Frau und Natur, Frankfurt/M.

Gronemeyer, Marianne, 1988: Die Macht der Bedürfnisse. Reinbek

Gruen, Arno, 1997: Der Verlust des Mitgefühls – Über die Politik der Gleichgültigkeit, Stuttgart

Gugenberger, Eduard und Schweidlenka, Roman, 1987: Mutter Erde, Magie und Politik. Zwischen Faschismus und neuer Gesellschaft, Wien

Hamilton, Clive, 2010: The Return of Dr. Strangelove. The politics of climate engineering as a response to global warming, Man., National University, Australien.

Haraway, Donna, 1983: A Manifesto for Cyborgs: Science, Technology and Socialist Feminism in the 1980's, in: Socialist Revolution 80.

Haraway, Donna, 1995: Die Neuerfindung der Natur. Primaten, Cyborgs und Frauen, Frankfurt/M./New York

Hartmann, G. K., Max Planck Institut für Quantenphysik, Göttingen, im Interview mit Renate Genth, September 2008

Hasselmann, Kristiane, Schmidt, Sandra, Zumbusch, Cornelia (Hg.), 2004: Utopische Körper, München

Hawthorne, Susan: From Theories of Indifference to a Wild Politics, in: Bell/Klein (Hg.), 1996: Radically Speaking: Feminism Reclaimed, London, S. 483-501

Heidegger, Martin, 1956: Die Frage nach der Technik, in: ders., Die Künste im technischen Zeitalter, Darmstadt.

Heidelberger, Michael und Thiessen, Sigrun, 1981: Natur und Erfahrung. Von der mittelalterlichen zur neuzeitlichen Naturwissenschaft, Reinbek

Heinisch, Klaus, 2004 (Hg.):Der utopische Staat. Morus, Campanella, Bacon. Reinbek

Heinsohn, Gunnar, Knieper, Rolf und Steiger, Otto, 1979: Menschenproduktion. Allgemeine Bevölkerungslehre der Neuzeit, Frankfurt/M.

Heuer, Rolf-Dieter: Wir stoßen die Tür zum dunklen Universum auf, Interview mit Manfred Lindinger in: FAZ, 12.09.2008

Hobbes, Thomas: Leviathan oder Stoff, Form und Gewalt eines kirchlichen und bürgerlichen Staates, hg. und eingeleitet von Iring Fetscher, Frankfurt/M. 1984

Hoff, Joan: The Pernicious Effect of Post-Structuralism on Women's History, in: Bell/Klein (Hg.), 1996: Radically Speaking, London, S. 393-412

Holloway, John, 2006: Die Welt verändern ohne die Macht zu übernehmen, Münster

Horkheimer, Max und Adorno, Theodor W., 1947: Dialektik der Aufklärung, Frankfurt/M.

Horstmann, Ullrich, 1985: Das Untier, Frankfurt/M.

Hüster, Wiebke: Beim Stichwort „Hausarbeit" fehlen die Literaturangaben. Die Gender Studies haben ein Lexikon erhalten, in: FAZ, 03.01.2003

Huxley, Aldous, 1932: Brave New World, dt. 1981: Schöne neue Welt. Ein Roman der Zukunft, Frankfurt/M.

Illich, Ivan, 1981: Die Nemesis der Medizin. Von den Grenzen des Gesundheitswesens. Reinbek

Illich, Ivan, 2006: In den Flüssen nördlich der Zukunft. Letzte Gespräche über Religion und Gesellschaft mit David Cayley, München

Irrgang, Bernhard, 2005: Posthumanes Menschsein? Künstliche Intelligenz, Cyberspace, Roboter, Cyborgs und Designer-Menschen – Anthropologie des künstlichen Menschen im 21. Jahrhundert, Wiesbaden

Jaeger, Michael, 2008: Global Player Faust oder Das Verschwinden der Gegenwart. Zur Aktualität Goethes, Berlin

James, Edwin O., 2003: Der Kult der Großen Göttin, Bern

James, Selma, 1975: Sex. Race and Working Class Power, in: dies./Dalla Costa, Maria Rosa: Sex. Race and Class. London

Jonas, Hans: Das Prinzip Verantwortung. Versuch einer Ethik für die technologische Zivilisation, Frankfurt/M. 1984

Jonas, Hans, 1987: Technik, Medizin und Ethik. Zur Praxis des Prinzips Verantwortung, Frankfurt/M.

Joy, Bill: Warum die Zukunft uns nicht braucht, in: Schirrmacher, Frank (Hg.), 2001: Die Darwin AG. Wie Nanotechnologie, Biotechnologie und Computer den neuen Menschen träumen, Köln, S.31–71

Jung, Carl Gustav, 1985: Erlösungsvorstellungen in der Alchemie, Grundwerk Band 6, Heitersheim/Schweiz

Jung, Carl Gustav, 2001: Paracelsus, Alchemie und die Psychologie des Unbewussten, Klein-Königsförde

Keller, Cathryne, 1989: Der Ich-Wahn. Abkehr von einem lebensfeindlichen Ideal, Zürich

Kern, Fritz, 1962: Gottesgnadentum und Widerstandsrecht im frühen Mittelalter, Darmstadt, Wissenschaftliche Buchgesellschaft

Kidder, Tracy, 1982: Die Seele einer neuen Maschine, Basel

Kimmerle, Gerd, 1980: Hexendämmerung. Studie zur kopernikanischen Wende der Hexendeutung, Tübingen

Klein, Renate, 1996: (Dead) Bodies Floating in Cyberspace: Post-Modernism and the Dismemberment of Women, in: dies. und Bell (Hg.): Radically Speaking: Feminism Reclaimed, London, S. 346–358

Klein, Renate, 1989: Das Geschäft mit der Hoffnung, Berlin

Klein, Renate: Der globalisierte Körper im 21. Jahrhundert: Die endgültige patriarchale Machtergreifung?, in: Werlhof, Bennholdt-Thomsen, Faraclas (Hg.), 2003: Subsistenz und Widerstand. Alternativen zur Globalisierung, Wien, S. 122–137

Klöss, Erich, 1985: Die Herren der Welt. Die Entstehung des Kolonialismus in Europa, Köln

Kluge, Friedrich, 1975: Etymologisches Wörterbuch der deutschen Sprache, Berlin/New York

Korten, David, 2006: The Great Turning. From Empire to Earth Community, San Francisco

Kreutzer, Mary und Milborn, Corinna, 2008: Ware Frau. Auf den Spuren moderner Sklaverei von Afrika nach Europa, Salzburg

Kroll, Renate (Hg.) 2002: Metzler Lexikon Gender Studies/Geschlechterforschung. Stuttgart

Krondorfer, Birge: Geplagte Plagiate. Oder: Polemische Notizen zum Körper als dem (ver)letzten, in: Kreisky, Eva und Sauer, Birgit (Hg.), 1998: Geschlecht und Eigensinn. Feministische Recherchen in der Politikwissenschaft. Wien/Köln/Weimar, S. 198–207

Kumar, Corinne (Hg.), 2007: Asking we walk. The south as new political imaginary, 2 Bände, Bangalore

Kurthen, Martin, 2004: Die Dritte Natur. Über posthumane Faktizität, Münster

Kutschmann, Werner, 1986: Der Naturwissenschaftler und sein Körper, Frankfurt/M.

Laotse: Tao Te King. Das Buch vom Sinn und Leben. Übersetzt und mit einem Kommentar von Richard Wilhelm, München 1993

Lawrence, J. P., 1989: Schellings Philosophie des ewigen Anfangs, Würzburg

Lehrs, Ernst, 1987: Mensch und Materie. Ein Beitrag zur Erweiterung der Naturkenntnis nach der Methode Goethes, Frankfurt/M.

Lenz, Ilse: Globalisierung, Ethnizität, Geschlecht: Gibt es Chancen zur sozialen Gestaltung?, in: Ralser, Michaela (Hg.), 2001: Egalitäre Differenz. Ansätze, Einsätze und Auseinandersetzungen im Kampf um Anerkennung und Gerechtigkeit, Innsbruck, S. 155–177

Lévi-Strauss, Claude, 1968: Das wilde Denken, Frankfurt/M.

Liberia delle Donne di Milano, 1996: Das Patriarchat ist zu Ende, Rüsselsheim

Liedloff, Jean, 1980: Auf der Suche nach dem verlorenen Glück, München

Lispector, Clarice, 1990: Die Passion nach G. H., Frankfurt/M.

List, Elisabeth und Studer, Herlinde (Hg.), 1989: Denkverhältnisse, Frankfurt/M.

Locke, John: Gedanken über Erziehung, Stuttgart 1970

Loraux, Nicole, 1992: Die Trauer der Mütter. Weibliche Leidenschaft und die Gesetze der Politik, Frankfurt/M./New York

Luxemburg, Rosa, 1970: Die Akkumulation des Kapitals, Frankfurt/M.

Lyn, Webster Wilde, 1999/2001: Amazonen. Auf den Spuren kriegerischer und göttlicher Frauen, Hamburg/Wien

Macy, Joanna und Young Brown, Molly, 2007: Die Reise ins lebendige Leben, Paderborn

Malidoma, Patrice Somé, 2000: Vom Geist Afrikas. Das leben eines afrikanischen Schamanen, München

Mannheim, Karl, 1985: Ideologie und Utopie, Frankfurt/M.

Maresch, Rudolf und Rötzer, Florian (Hg.), 2004: Renaissance der Utopie. Zukunftsfiguren des 21. Jahrhunderts, Frankfurt/M.

Margotsdotter-Fricke, Dagmar, 2004: Menstruation. Von der Ohnmacht zur Macht, Rüsselsheim

Markale, Jean, 1984: Die keltische Frau. Mythos, Geschichte, soziale Stellung, München

Marx, Karl und Engels, Friedrich, 1970: Manifest der kommunistischen Partei, in: dies.: Ausgewählte Werke, Band I, Marxistische Blätter, Frankfurt/M., S. 415–451

Marx, Karl, 1974: Das Kapital. Kritik der politischen Ökonomie, 1. Band, MEW 23, Berlin

Massarat, Mohssen: „Wohlstand" durch globale Kostenexternalisierung? Widerspruch 31/1996, Zürich

MatriaVal, Zeitschrift, Frankfurt/M.

Medosch, Armin, 2010: Ö1, 21.06.2010, Radiokolleg, 9.05 Uhr, C. v. Werlhof im Gespräch mit Armin Medosch, „Hausfrauisierung"

Meier-Seethaler, Carola, 1992: Ursprünge und Befreiungen. Die sexistischen Wurzeln der Kultur, Frankfurt/M.

Meier-Seethaler, Carola, 1997: Gefühl und Urteilskraft. Ein Plädoyer für die emotionale Vernunft, München

Meier-Seethaler, Carola, 2004: Das Gute und das Böse. Mythologische Hintergründe des Fundamentalismus in Ost und West, Zürich

Merchant, Carolyn, 1987: Der Tod der Natur. Ökologie, Frauen und neuzeitliche Naturwissenschaft, München

Metzner, Ralph, 1994: Der Brunnen der Erinnerung. Über die mythischen Wurzeln unserer Kultur, Braunschweig

Mies, Maria, 1978: Methodische Postulate zur Frauenforschung – dargestellt am Beispiel der Gewalt gegen Frauen, in: beiträge zur feministischen Theorie und Praxis, 1/1978, Köln, S. 41–63

Mies, Maria, 1984: Tantra – Magie oder Spiritualität?, in: beiträge zur feministischen Theorie und Praxis, 12/1984, Köln, S. 82–98

Mies, Maria, 1988: Patriarchat und Kapital. Frauen in der internationalen Arbeitsteilung. Zürich

Mies, Maria 1992: Vom Individuum zum Dividuum. Oder: Im Supermarkt der käuflichen Körperteile, in: dies.: Wider die Industrialisierung des Lebens, Pfaffenweiler, S. 99–110

Mies, Maria: Frauenbewegung und 15 Jahre „Methodische Postulate zur Frauenforschung", in: Diezinger, Angelika/Kitzer, Helwig u. a., (Hg.) 1994: Erfahrung mit Methode. Wege sozialwissenschaftlicher Frauenforschung, Freiburg

Mies, Maria und Shiva, Vandana, 1995: Ökofeminismus, Zürich

Mies, Maria: Patente auf Leben. Darf alles gemacht werden, was machbar ist?, in: Trallori, Lisbeth N. (Hg.), 1996: Die Eroberung des Lebens, Wien

Mies, Maria: Women, Food and Global Trade. An Ecofeminist Analysis of the World Food Summit, 13.–17.11.1996 in Rome. Contributions to the Discussion on Subsistence, Bielefeld 1996

Mies, Maria und Werlhof v., Claudia (Hg), 1998: Lizenz zum Plündern. Das Multilaterale Abkommen über Investitionen – MAI. Globalisierung der Konzernherrschaft und was wir dagegen tun können, Hamburg

Mies, Maria, 2001: Globalisierung von unten. Der Kampf gegen die Herrschaft der Konzerne, Hamburg

Mies, Maria: Über die Notwendigkeit, Europa zu entkolonisieren, in Werlhof, v. Claudia u. a. (Hg.), 2003: Subsistenz und Widerstand. Alternativen zur Globalisierung, Wien, S. 19–40

Mies, Maria, 2004: Krieg ohne Grenzen. Die neue Kolonisierung der Welt, Köln

Mikschik, Jürgen, 2002: Wider die Metaphysik. Patriarchale Leibes-, Liebes- und Lebensvorstellungen und ihre gesellschaftspolitische Wirksamkeit, Frankfurt/M./Paris/New York

Miller, Alice, 1988: Das verbotene Wissen. Frankfurt/M.

Minsky, Marvin, 1988: Interview im Dokumentarfilm „Maschinenträume" von Peter Krieg

Mixa, Elisabeth u. a. (Hg.), 1996: Körper-Geschlecht-Geschichte. Historische und aktuelle Debatten in der Medizin, Wien

Modelmog, Ilse, 1990: Empirische Sozialforschung als Phantasietätigkeit. Zur Ethik von Beobachtung und Befragung, in: Ethik und Sozialwissenschaften 1, Paderborn

Mooney, Pat, 2010: Next BANG! Wie das riskante Spiel mit Megatechnologien unsere Existenz bedroht, München

Moravec, Hans, 1990: Mind Children, Hamburg

Mulack, Christa, 1983: Die Weiblichkeit Gottes. Matriarchale Voraussetzungen des Gottesbildes, Stuttgart

Mulack, Christa, 1990: Natürlich Weiblich. Die Heimatlosigkeit der Frau im Patriarchat, Zürich

Mulack, Christa, 1996: Die Wurzeln weiblicher Macht. Frauen leben ihre Stärke, München

Mulack, Christa, 2007: Maria Magdalena, Apostelin der Apostel, die Frau, „die das All kennt", Schalksmühle

Müller, Ingo, 1987: Furchtbare Juristen. München

Müller, Karl: Polemik statt wissenschaftlicher Sorgfalt. CERN hat trotz Bedenken Teilchenbeschleuniger in Betrieb gesetzt, in: Zeit-Fragen Nr. 38, 15.09.2008

Müller, Petra: Women's Studies. Ein Beispiel für die Bundesrepublik?, in: Metz-Göckel, Sigrid (Hg.), 1979: Frauenstudien – Zur alternativen Wissensaneignung von Frauen, Blickpunkt Hochschuldidaktik Nr. 54, Hamburg, S. 133–149

Mumford, Lewis, 1977: Mythos der Maschine. Kultur, Technik und Macht, Frankfurt/M.

Muraro, Luisa, 1993: Die symbolische Ordnung der Mutter, Frankfurt/M./New York

Mürner, Christian, Schmitz, Adelheid und Sierck, Udo (Hg.), 2000: Schöne, heile Welt? Biomedizin und Normierung des Menschen, Hamburg/Berlin

Musil, Robert, 1969: Der Mann ohne Eigenschaften. Hamburg

Nagl-Docekal, Hertha und Pauer-Studer, Herlinde (Hg.), 1993: Jenseits der Geschlechtermoral. beiträge zur feministischen Ethik, Frankfurt/M.

Nagl-Docekal, Hertha, 2000: Feministische Philosophie. Ergebnisse, Probleme, Perspektiven, Frankfurt/M.

Neusüß, Christel, 1995: Die Kopfgeburten der Arbeiterbewegung, Osnabrück

Noble, David F., 1999: The Religion of Technology. The divinity of man and the spirit of invention, London

Nordmann, Alfred: Renaissance der Allianztechnik? Neue Technologien für alte Utopien, in: Beat Sitter-Liver (Hg.), 2007: Utopie heute I, Fribourg/Stuttgart, S. 261–278

Oberansmayr, Gerald, 2004: Auf dem Weg zur Supermacht. Die Militarisierung der Europäischen Union, Wien

Olympe. Feministische Arbeitshefte zur Politik: Der verwertete Körper. Selektiert, Reproduziert, Transplantiert, 5/1996, Zürich/München

Opitz-Belakhal, Claudia, 2006: Das Universum des Jean Bodin. Staatsbildung, Macht und Geschlecht im 16. Jahrhundert, Frankfurt/M.

Orwell, George, 1949: 1984, dt. 2002, Frankfurt/M./Berlin/Wien

Palaver, Wolfgang u. a. (Hg.), 2008: Aufgeklärte Apokalyptik: Religion, Gewalt und Frieden im Zeitalter der Globalisierung, Innsbruck

Paracelsus: De natura rerum. 1994 neu im Nachwort in: Klaus Völker (Hg.): Künstliche Menschen, Frankfurt/M.

Platon, 1973: Der Staat oder Über die Gerechtigkeit, Stuttgart

Pogacnik, Marko, 1997: Die Landschaft der Göttin, München

Pogacnik, Marko, 2002: Tochter der Erde. Die Wiedergeburt des göttlichen Weiblichen, Aarau

Polanyi, Karl, 1978: The Great Transformation. Politische und ökonomische Ursprünge von Gesellschaften und Wirtschaftssystemen, Frankfurt/M.

Ponte, Lowell: The Cooling, Cambridge, Mass.1976, Prentice Hall

Pörksen, Uwe, 1988: Plastikwörter. Die Sprache einer internationalen Diktatur, Stuttgart

Projektgruppe „Zivilisationspolitik" (Hg.), 2009: Aufbruch aus dem Patriarchat – Wege in eine neue Zivilisation?, Frankfurt/M.

Projektgruppe „Zivilisationspolitik" (Hg.), 2011: Kann es eine „neue Erde" geben? Zur „Kritischen Patriarchatstheorie" und der Praxis einer post-patriarchalen Zivilisation Frankfurt/M. (in Planung)

Raymond, Janice, 1995: Die Fortpflanzungsmafia, München

Reich, Jens: Glasnost für die Gentechnik, in: Zeit-Punkte, „Die Zeit" 2/1995, Was darf der Mensch?, Hamburg, S. 49–53

Reiterer, Albert F., 1988: Die unvermeidbare Nation. Ethnizität, Nation und nachnationale Gesellschaft, Frankfurt/M./New York.

Rich, Adrienne, 1989: Von Müttern geboren. Mutterschaft als Erfahrung und Institution, München

Rifkin, Jeremy, 1986: Genesis Zwei. Biotechnik – Schöpfung nach Maß, Reinbek

Robert, Jean: Produktion, in: Sachs, Wolfgang (Hg.), 1993: Wie im Westen so auf Erden, Reinbek

Robinson, Victoria, Richardson, Diane: Repackaging Women and Feminism: Taking the Heat Off Patriarchy, in: Bell, Diane/Klein, Renate (Hg.), 1996: Radically Speaking: Feminism Reclaimed, London

Röder, Brigitte u. a. 1996: Göttinnen Dämmerung. Das Matriarchat aus archäologischer Sicht. München

Rohrecker, Georg, 2002, Druiden, Wilde Frauen, Andersweltfürsten. Das Keltische Erbe in Österreichs Sagen, Wien

Roob, Alexander, 1996: Alchemie & Mystik. Das hermetische Museum. Köln/London/ New York.

Rössler, Otto E.: A Rational, Moral and Spiritual Dilemma, in: Potential dangers of running the CERN Large Hadron Collider, 26.8.2008a

Rössler, Otto E.: Abraham-solution to Schwarzschild metric implies that CERN miniblack holes pose a planetary risk, 27.9.2008b

Rostow, Walt W., 1960: Stadien wirtschaftlichen Wachstums. Eine Alternative zur marxistischen Entwicklungstheorie, Göttingen

Rowland, Robin und Klein, Renate,: Radical Feminism: History, Politics, Action, in: Bell/ Klein (Hg.), 1996: Radically Speaking, London, S.9–36

Ruault, Franco, 2006: „Neuschöpfer des deutschen Volkes". Julius Streicher im Kampf gegen „Rassenschande", Frankfurt/M.

Saage, Richard, 1990: Das Ende der politischen Utopie?, Frankfurt/M.

Saage, Richard, 2000: Die moderne Utopie und ihr Verhältnis zur Antike, Leipzig

Saleh, Ariel, 1997: Ecofeminism as Politics. Nature, Marx, and the Postmodern, London

Sarkar, Saral, 1993: Nachhaltige Entwicklung. Rettungsversuch für eine sterbende Illusion, in: Claudia von Werlhof, Veronika Bennholdt-Thomsen und Nicholas Faraclas (Hg.): Subsistenz und Widerstand. Alternativen zur Globalisierung, Wien, S. 69-83

Schaeffer-Hegel, Barbara (Hg.), 1984: Frauen und Macht. Der alltägliche Beitrag der Frauen zur Politik des Patriarchats, Berlin

Schäfer, Lothar, 1993: Das Bacon-Projekt. Von der Erkenntnis, Nutzung und Schonung der Natur, Frankfurt/M.

Schennach, Markus, 1997: Mord-Natur und Paradies. Naturwissenschaft und Viehzucht als Methodik zur Beherrschung von Tier und Mensch, Diplomarbeit, Innsbruck

Schirrmacher, Frank (Hg.), 2001: Die Darwin AG. Wie Nanotechnologie, Biotechnologie und Computer den neuen Menschen träumen, Köln

Schmitt, Carl: Der Begriff des Politischen (1932/2002), Berlin

Schmölders, Claudia, 2000: Wilde Frauen, München

Schmölzer, Hilde, 2005: Die abgeschaffte Mutter. Der männliche Gebärneid und seine Folgen, Wien

Schrader, Christopher: Wo die wilden Teilchen rasen, in: Süddeutsche Zeitung 09.09.2008

Schroeder, Renée,: Der genetische Code und die Aktivierung der Gene, in: Baier, Wilhelm (Hg.), 1997: Genetik – Einführung und Kontroverse, Graz

Schumpeter, Joseph A., 1962: Capitalism, Socialism, and Democracy, New York

Schütt, Hans-Werner. 2000: Auf der Suche nach dem Stein der Weisen. Die Geschichte der Alchemie, München

Schütz-Buenaventura, Ilse: Die Vergesellschaftung des destruktiven Konstruktivismus, in: Werlhof, Claudia von, Schweighofer, Annemarie, Ernst, Werner (Hg.), 1996: Herren-Los. Herrschaft-Erkenntnis-Lebensform. Frankfurt/M./Paris/New York, S. 270–301

Schwarz, Gerhard, 1999: Die „heilige Ordnung" der Männer. Patriarchalische Hierarchie und Gruppendynamik, Wiesbaden

Seligmann, Kurt: Das Weltreich der Magie, o. D.: 5000 Jahre Geheime Kunst, Wiesbaden (Erstveröffentlichung in engl. Sprache 1948)

Sennett, Richard, 1998: Der flexible Mensch. Die Kultur des neues Kapitalismus. Berlin

Sheldrake, Rupert, 1984: Das schöpferische Universum, München

Sheldrake, Rupert, 1990: Das Gedächtnis der Natur. Das Geheimnis der Entstehung der Formen in der Natur, Bern/München/Wien

Sheldrake, Rupert und Fox, Matthiew, 1999: Die Seele ist ein Feld. Der Dialog zwischen Wissenschaft und Spiritualität, Frankfurt/M.

Shiva, Vandana, 1995: People's Charter for Food Security. Freedom for Trade vs. Freedom from Hunger. Third World Network (India) and Research Foundation for Sience, Technology and Natural Resource Policy, New Delhi

Shiva, Vandana, 2004: Geraubte Ernte. Biodiversität und Ernährungspolitik, Zürich

Shiva, Vandana, 2005: Earth Democracy, Cambridge

Shiva, Vandana, 2006: Erd-Demokratie, Zürich

Shiva, Vandana, 2008: Soil not Oil: Environmental Justice in an Age of Climate Crisis, Cambridge, Mass.

Sieferle, Rolf, 1984: Fortschrittsfeinde. Opposition gegen Technik und Industrie von der Romantik bis zur Gegenwart, München

Sigrist, Christian, 1994: Regulierte Anarchie. Untersuchungen zum Fehlen und zur Entstehung politischer Herrschaft in segmentären Gesellschaften Afrikas, Hamburg

Singer, Peter, 1994: Praktische Ethik, Stuttgart

Sitter-Liver, Beat (Hg.), 2007: Utopie heute I, II. Zur aktuellen Bedeutung, Funktion und Kritik des utopischen Denkens und Vorstellens, Fribourg/Stuttgart

Sloterdijk, Peter und Macho, Thomas H., 1991: Weltrevolution der Seele. Ein Lese- und Arbeitsbuch der Gnosis, 2 Bände, Gütersloh

Sloterdijk, Peter, 1991: Die wahre Irrlehre. Über die Weltreligion der Weltlosigkeit, in: ders. und Macho, Thomas (Hg.): Weltrevolution der Seele. Ein Lese- und Arbeitsbuch der Gnosis, Bd.1, Gütersloh, S. 17–56

Smith, Joan, Wallerstein, Immanuel, Evers, Hans-Dieter (Hg.), 1984: Households and the World Economy. London/New Delhi/Beverly Hills

Sombart, Nicolaus, 1991: Die deutschen Männer und ihre Feinde. Carl Schmitt. Ein deutsches Schicksal zwischen Männerbund und Matriarchatsmythos, München/Wien

Somé, Malidoma Patrice, 2004: Vom Geist Afrikas. Das Leben eines afrikanischen Schamanen, München

Sorgo, Elisabeth, 2003: Die Brüste der Frauen. Ein Symbol des Lebens oder des Todes? Brustkrebs als Ausdruck der „Kränkung" von Frauen im Patriarchat, Frankfurt/M.

Specula, Journal of the American Association of MetaScience, Jan./1978, Huntsville, Alabama

Spretnak, Charlene: The Disembodied Worldview of Deconstructive Modernism, in: Bell/Klein (Hg), 1996: Radically Speaking, London, S. 321–324

Starhawk, 1988: Der Hexenkult als Ur-Religion der Großen Göttin, Freiburg

Sterl, Wolf-Dieter, 2001: Pflanzendevas, Aarau

Stowasser, Horst, 1995: Freiheit pur. Die Idee der Anarchie, Geschichte und Zukunft, Frankfurt/M.

Straube, Ingrid, 2001: Die Quellen der Philosophie sind weiblich, Aachen

Striebel, Hans Walter, Linke, Jürgen (Hg.), 1991: Ich pflege Tote: Die andere Seite der Transplantationsmedizin, Basel

Sunzi: Die Kunst des Krieges, hg. v. James Clavell, München 1999

Sutter, Alex, 1988: Göttliche Maschinen. Die Automaten für Lebendiges, Frankfurt/M.

Tazi-Preve, Irene, 1992: Der Mord an der Mutter. Das gewaltsame Brechen der Macht der Mutter als konstitutives Merkmal des Patriarchats, Diplomarbeit, Innsbruck

Tazi-Preve, Irene Mariam, 2004: Mutterschaft im Patriarchat. Mutter(feind)schaft in politischer Ordnung und feministischer Theorie – Kritik und Ausweg, Frankfurt/M./Paris/New York

Tesla, Nikola, 1919: My Inventions, in: Electrical Experimenter, Februar–Juni, Neuherausgabe v. Ben Johnson, New York 1982 1997: Waffentechnologie – Theorien und Artikel, Bd. 6, Peiting

Tesla, Nikola, The American Heritage Dictionary, 2001, New York

Thompson, Denise: The Self-Contradiction of Post-Feminism, in: Bell/Klein (Hg.), 1996: Radically Speaking, London, S. 325–338

Thürmer-Rohr, Christina u. a. (Hg.), 1989: Mittäterschaft und Entdeckungslust, Berlin

Thürmer-Rohr, Christina: Denken der Differenz. Feminismus und Postmoderne, in: beiträge zur feministischen Theorie und Praxis, 39/1995, Utopie: Richtiges im Falschen? Köln

Trallori, Lisbeth N. (Hg.), 1996: Die Eroberung des Lebens. Technik und Gesellschaft an der Wende zum 21. Jahrhundert, Wien

Treusch-Dieter, Gerburg, 1990: Von der sexuellen Rebellion zum Gen- und Reproduktionstechnologie, Tübingen

Treusch-Dieter, Gerburg, 2001: Die Heilige Hochzeit. Studien zur Totenbraut, Pfaffenweiler

Turkle, Sherry, 1984: The Second Self, Computers and the Human Spirit, dt.: Die Wunschmaschine, New York

Turner, Terisa und Brownhill, Leigh S.: Women Never Surrendered: The Mau-Mau and Globalization from Below in Kenya 1980–2000, in: Bennholdt-Thomsen/Faraclas/Werlhof (Hg.), 2001: There is an Alternative. Subsistence and Worldwide Resistance to Corporate Globalization, London, S. 106–132

Ullrich, Otto, 1977: Technik und Herrschaft. Frankfurt/M.

Ullrich, Otto, 1980: Weltniveau. In der Sackgasse des Industriesystems, Berlin

Ullrich, Otto: Technologie, in: Sachs, Wolfgang (Hg.), 1993: Wie im Westen so auf Erden, Reinbek

UNO: Environmental Modification (ENMOD) Convention. Convention on the Prohibition of Military or Any Other Hostile Use of Environmental Modification Techniques, signed 18 May 1977, Genf

UNO: Moratorium gegen Geoengineering, Nagoya 2010, in: 2. Info-Brief, www.pbme-online.org, 2010

Unseld, Godela, 1992: Maschinenintelligenz oder Menschenphantasie? Ein Plädoyer für den Ausstieg aus unserer technisch-wissenschaftlichen Kultur. Frankfurt/M.

Vaughan, Genevieve, 1997: For-Giving. A Feminist Criticism of Exchange, Austin

Vaughan, Genevieve (Hg.), 2007: Women and the Gift Economy. A radically different worldview is possible, Toronto

Virilio, Paul und Lotringer, Sylvère, 1984: Der reine Krieg, Berlin

Voss, Jutta, 1988: Das Schwarzmondtabu. Die kulturelle Bedeutung des weiblichen Zyklus, Stuttgart

Wagner, Friedrich, 1970: Weg und Abweg der Naturwissenschaft, München

Wahrig, Gerhard: Deutsches Wörterbuch, München 1989

Wallerstein, Immanuel,: Aufstieg und künftiger Niedergang des kapitalistischen Weltsystems. Zur Grundlegung vergleichender Analyse, in: Senghaas, Dieter (Hg.), 1979: Kapitalistische Weltökonomie. Kontroversen über ihren Ursprung und ihre Entwicklungsdynamik, Frankfurt/M., S. 31–67

Wallerstein, Immanuel, 1986, 1998, 2004: Das moderne Weltsystem I, II, III, Wien

Wallerstein, Immanuel, 2002: Utopistik. Historische Alternativen des 21. Jahrhunderts, Wien

Wallerstein, Immanuel (Hg.), 2004: The Modern World System in the Longue Durée, Boulder

Weber, Andreas, 2008: Alles fühlt. Mensch, Natur und die Revolution der Lebenswissenschaften, Berlin

Weiler, Gerda, 1991: Der enteignete Mythos. Eine feministische Revision der Archetypenlehre C.G. Jungs und Erich Neumanns, Frankfurt/M./New York

Weizenbaum, Joseph, 1978: Die Macht der Computer und die Ohnmacht der Vernunft, Frankfurt/M.

Weizenbaum, Josef, 1987: Kurs auf den Eisberg, München

Weizenbaum, Josef, 1990: Künstliche Intelligenz und die Endlösung der Menschenfrage, Klagenfurter Beiträge zur Technik-Diskussion, Heft 32, hg. von A. Bammé, B. Baumgartner, W. Berger, E. Kotzmann, Klagenfurt

Winstanley, Gerrard, 1941: Works (The New Law of Righteousness, 1649), Ithaca

Wittfogel, Karl A., 1977: Die orientalische Despotie. Eine vergleichende Untersuchung totaler Macht, Frankfurt/M.

Wolf, Doris, 1994: Was war vor den Pharaonen? Die Entdeckung der Urmütter Ägyptens, Zürich

Wolf, Maria A., 2008: Eugenische Vernunft. Eingriffe in die reproduktive Kultur durch die Medizin 1900–2000, Wien

Wright, Ronald, 2006: Eine kurze Geschichte des Fortschritts, Reinbek

www.pbme-online.org : 1. und 2. Info-Brief 2010

Ziegler, Jean, 2002: Wie kommt der Hunger in die Welt, München

Zimmermann, Wilhelm, 1982: Der große deutsche Bauernkrieg, Berlin

B Quellenliteratur Claudia von Werlhof

Werlhof Claudia von, 1981: Der Proletarier ist tot. Es lebe die Hausfrau? Teil I: Wirtschaftskrise und Kriegsgefahr als Problem einer Neustrukturierung von internationaler und geschlechtlicher Arbeitsteilung, in: Sterz, Zeitschrift für Literatur, Graz, S. 24–26

Dies., 1983: Lohn hat einen „Wert", Leben nicht? in: PROKLA, Nr. 50: Marx und der Marxismus, Berlin, S. 38–58

Dies., Bennholdt-Thomsen, Veronika, Mies, Maria, 1983: Frauen, die letzte Kolonie. Zur Hausfrauisierung der Arbeit, Reinbek

Dies., 1985: Wenn die Bauern wieder kommen. Frauen, Arbeit und Agrobusiness in Venezuela, Bremen

Dies., 1986: Wir werden das Leben unserer Kinder nicht dem Fortschritt opfern, in: Gambaroff, Marina u. a.: Tschernobyl hat unser Leben verändert. Reinbek

Dies., 1991 (a): Was haben die Hühner mit dem Dollar zu tun? Frauen und Ökonomie, München

Dies., 1991 (b): Der Anthropozentrismus als Erkenntnisschranke, in: Dies.: Männliche Natur und künstliches Geschlecht. Texte zur Erkenntniskrise der Moderne, Wien, S. 178–203

Dies., 1991 (c): Die Puppen in der Puppe. Zum Verhältnis von Staat und Kapital und Patriarchat, in: Dies: Was haben die Hühner mit dem Dollar zu tun? München, S. 22–38

Dies., 1991 (d): Der Anthropozentrismus als Erkenntnisschranke, in: Dies: : Männliche Natur und künstliches Geschlecht. Texte zur Erkenntnis der Moderne, Wien

Dies., 1991 (e): Geistig gebären? Frauen und Computerarbeit, in: Dies.: Männliche Natur und künstliches Geschlecht. Texte zur Erkenntniskrise der Moderne, Wien, S. 49–72

Dies., Mies, Maria, Bennholdt-Thomsen, Veronika, 1992: Frauen, die letzte Kolonie, Reinbek/Zürich

Dies., 1996 (a): Der Leerkörper. Leibeigenschaft-Leibeigentum-Körperschaft, in: Dies.: MutterLos. Frauen im Patriarchat zwischen Angleichung und Dissidenz, München, S. 85–95

Dies., 1996 (b): Subsistenz: Abschied vom ökonomischen Kalkül?, in: Dies.: Mutter-Los. München, S. 159–175

Dies., 1996 (c): Fragen an Ramona. Die Zapatisten, die indianische Zivilisation, die Matriarchatsfrage und der Westen, in: Dies.: MutterLos, München, S. 189–224

Dies., 1996 (d): Freud-Los? Die „Religion", der „Vater", die „Herrschaft": unhintergehbare Voraussetzungen aller Kultur?, in: Dies.: Mutter-Los, München, S. 61–84

Dies., 1996 (e): Reflex(ion) des Patriarchats: Frauen zwischen Mit-Täterschaft und Dissidenz, in: Dies.: Mutter Los. Frauen im Patriarchat zwischen Angleichung und Dissidenz, Kapitel II, München

Dies., 1996: Mutter-Los. Frauen im Patriarchat zwischen Angleichung und Dissidenz, München

Dies., Schweighofer, Ernst (Hg.), 1996: Herren-Los. Herrschaft-Erkenntnis-Lebensform. Frankfurt/M.

Dies., 1997 (a): Ökonomie, die praktische Seite der Religion. Wirtschaft als Gottesbeweis und die Methode der Alchemie – Zum Zusammenhang von Patriarchat, Kapitalismus und Christentum, in: Ernst, Ursula Marianne, Gubitzer, Luise und Schmidt, Angelika (Hg.): Ökonomie M(m)acht Angst, Frankfurt/M./Wien/Paris, S. 95–121

Dies., 1997 (b): Schöpfung aus Zerstörung? Die Gentechnologie als moderne Alchemie und ihre ethisch-religiöse Rechtfertigung, in: Baier, Wilhelm (Hg.): Genetik. Einführung und Kontroverse, Graz, S. 79–115

Dies., 1999: Frauen und Globalisierung, in: Internationale Vereinigung für natürliche Wirtschaftsordnung, INWO, International (Hg.): Zukunftsfähige Gesellschaft. Globalisierung und Geldreform, Aarau, S. 73–91

Dies., 2000: Patriarchat als „alchemistisches System": Die Z-Er-Setzung des Lebendigen, in: Rathmayr, Bernhard, Ralser, Michaela, Wolf, Maria (Hg.): Die Gegenwart und Zukunft des menschlich Lebendigen, Vortragsreihe an der Universität Innsbruck, S. 13–31

Dies., 2000 (a): Tila und der Mann aus dem Zug, in: ab 40, Zeitschrift von, für, über Frauen, Juni 2000, S. 36–40

Dies., 2002: Gewalt und Geschlecht, in: Widerspruch 42, 22. Jg./1. Hj., Zürich, S. 121–136

Dies., 2003 (a): Gewalt und Geschlecht, in: AutorInnengemeinschaft (Hg): Die Diskriminierung der Matriarchatsforschung. Eine moderne Hexenjagd, Bern, S. 13–33

Dies., 2003 (b): Fortschrittsglaube am Ende? Das kapitalistische Patriarchat als „Alchemistisches System", in: Dies., Bennholdt-Thomsen, Veronika und Faraclas, Nicholas (Hg.): Subsistenz und Widerstand. Alternativen zur Globalisierung, Wien, S. 41–68

Dies., 2003 (c): (Haus)Frauen, „Gender" und die Schein-Macht des Patriarchats, in: Widerspruch Nr.44, 23. Jg./1. Hj. 2003, Zürich, S. 173–189 (überarbeitete Version in diesem Band)

Dies., 2003 (d): Bennholdt-Thomsen, Veronika und Faraclas, Nicholas (Hg.): Subsistenz und Widerstand. Alternativen zur Globalisierung, Wien

Dies., 2003: Das GATS und die Frauen, in: AEP Nr. 4., Innsbruck, S. 15–17

Dies., 2003: Bennholdt-Thomsen, Veronika, Faraclas, Nicholas (Hg.): Subsistenz und Widerstand. Alternativen zur Globalisierung, Wien

Dies., 2006 (a): Das Patriarchat als Negation des Matriarchats. Zur Perspektive eines Wahns, in: Göttner-Abendroth, Heide (Hg): Gesellschaft in Balance. Dokumente des 1. Weltkongresses für Matriarchatsforschung 2003 in Luxemburg, Stuttgart, S. 30–41

Dies., 2006 (b): Thesen zu Frauen und Krieg. Was heißt „Krieg als System"? in: Friedensforum, Nr. 3–4, Stadtschlaining, Juni 2006, S. 24–25

Dies., 2006 (c): Keine Kapitalismuskritik ohne Patriarchatskritik! Warum die Linke keine Alternative ist, in: Widerspruch 50, 26.Jg./1. Hj, Zürich, S. 99–111

Dies., 2007 (a): Capitalist Patriarchy and the Negation of Matriarchy. The Struggle for a „Deep Alternative", in: Genevieve Vaughan (Hg.): Women and the Gift Economy. A radically different world view is possible, Toronto, S. 139–153

Dies., 2007 (b): Das Patriarchat als Utopie von einer mutterlosen Welt. Utopie, nein danke! in: Beat Sitter-Liver (Hg.): Utopie heute I. Zur aktuellen Bedeutung, Funktion und Kritik des utopischen Denkens und Vorstellens, Fribourg/Stuttgart, S. 423–455 (überarbeitete Version)

Dies., 2007 (c): Alternativen zur neoliberalen Globalisierung oder Die Globalisierung des Neoliberalismus und seine Folgen, Wien

Dies., 2007: Alternativen zur neoliberalen Globalisierung oder Die Globalisierung des Neoliberalismus und seine Folgen, Wien

Dies. 2008 (a): Globalisierungsprozesse und Patriarchat. Antworten der Frauen(-Bewegung), in: Birge Krondorfer, Miriam Wischer, Andrea Strutzmann (Hg.): Frauen und Politik. Nachrichten aus Demokratien, Wien, S. 146–156

Dies., 2008 (b): Die Zivilisation der Alchemisten. Das Patriarchat als Weltsystem einer „Schöpfung" aus Zerstörung, Manuskript. Innsbruck

Dies., 2009 (a): The Utopia of a Motherless World – Patriarchy as War-System, in: Göttner-Abendroth, Heide (Hg.): Societies of Peace, Toronto, S. 29–44

Dies., 2009 (b): Einleitung: Sieben Jahre im freien Fall, in: Projektgruppe „Zivilisationspolitik": Aufbruch aus dem Patriarchat – Wege in eine neue Zivilisation?, Frankfurt/M., S. 7–28

Dies., 2009 (b): Das Patriarchat: „Befreiung von Mutter (und) Natur?, in: Projektgruppe „Zivilisationspolitik": Aufbruch aus dem Patriarchat – Wege in eine neue Zivilisation?, Frankfurt/M., S. 59–103

Dies, 2010 (a): Es geht buchstäblich um Aufklärung. Interview mit Daniel Krcal in: Rokkos Adventures, Wien, Dezember 2010, S. 52–57

Dies., 2010 (b): Ausrufung der Planetaren Bewegung für Mutter Erde, in: MatriaVal, Nr. 12, September, Frankfurt/M., S. 10–17

Dies., 2010 (c): Was macht Mensch – was Mutter Natur? Der Planet Erde in zunehmender Unordnung, in MatriaVal, Nr. 13, Dezember, Frankfurt/M., S. 26–31

Dies., 2010 (d): West-End. Das Scheitern der Moderne als „kapitalistisches Patriarchat" und die Logik der Alternativen, Köln

Dies., 2010 (e): Fortschrittsglaube am Ende?, In Dies.: West-End. Das Scheitern der Moderne als „kapitalistisches Patriarchat" und die Logik der Alternativen, Köln, S. 88–129

Dies., 2010 (f): Fortschrittsglaube am Ende?, in: Dies.: West-End. Das Scheitern der Moderne als „kapitalistisches Patriarchat" und die Logik der Alternativen, Köln, S. 88–129

Dies., 2010 (g): Gentechnik, moderne Alchemie und Faschismus. Von der „Ver-un-Wertung" des Lebens zu seiner „höheren Neu-Schöpfung", in: Dies.: Vom Diesseits der Utopie zum Jenseits der Gewalt. Feministisch-patriarchatskritische Analysen – Blicke in die Zukunft? Freiburg, S.171–209

Dies., 2010 (h): Was macht Mensch – was Mutter Natur? Planet Erde in zunehmender Unordnung, 2. Info-Brief der PBME, November 2010, in: MatriaVal, Nr. 13, Dezember 2010, S. 26–31

Dies., 2010 (i): „Endlösung" der Frauenfrage?, in: Dies.: Über die Liebe zum Gras an der Autobahn. Analysen, Polemiken und Erfahrungen in der „Zeit des Bumerang", Rüsselsheim, S. 121–128

Dies., 2010 (j): Gentechnik, moderne Alchemie und Faschismus, in Dies.: Vom Diesseits der Utopie zum Jenseits der Gewalt. Feministisch-patriarchatskritische Analysen – Blicke in die Zukunft? Freiburg, S.171–209

Dies., 2010 (k): Gesellschaft als „Kriegssystem" und die Folgen, in: Dies.: Über die Liebe zum Gras an der Autobahn. Analysen, Polemiken und Erfahrungen in der „Zeit des Bumerang", Rüsselsheim, S. 136–151

Dies., 2010 (l): Vom Diesseits der Utopie zum Jenseits der Gewalt. Feministisch-patriarchatskritische Analysen – Blicke in die Zukunft?, Freiburg

Dies., 2010 (m): Keine Kapitalismuskritik ohne Patriarchatskritik! Warum die Linke keine Alternative ist, in: Dies.: West-End, Köln, S. 69–87

Dies., 2010 (n): Wir werden das Leben unserer Kinder nicht dem Fortschritt opfern, in: Dies.: Über die Liebe zum Gras an der Autobahn. Analysen, Polemiken und Erfahrungen in der „Zeit des Bumerang", Rüsselsheim, S. 249–267

Dies., 2010 (o): „Geschlecht und Arbeit" – Zur Geschichte der Frauenforschung an der Universität Bielefeld, in: Dies.: Vom Diesseits der Utopie zum Jenseits der Gewalt, Freiburg S. 52–69

Dies., 2010 (p): Vom Diesseits der Utopie zum Jenseits der Gewalt. Feministisch-patriarchatskritische Analysen – Blicke in die Zukunft? Freiburg

Dies., 2010 (q): Über die Liebe zum Gras an der Autobahn. Analysen, Polemiken und Erfahrungen in der „Zeit des Bumerang", Rüsselsheim

Dies., 2010 (r): „Unsere" Uni? In: Dies: Über die Liebe zum Gras an der Autobahn, Rüsselsheim, S. 74–95

Dies., 2010 (s): Fühlen, Denken und Handeln in der „Verbundenheit alles Seienden", in: Dies.: Über die Liebe zum Gras an der Autobahn. Analysen, Polemiken und Erfahrungen in der „Zeit des Bumerang", Rüsselsheim, S. 306–313

Dies., 2010 (t): Satanologie angesichts der Apokalypse. Wovon René Girard (nicht) spricht und was daraus folgt, in: dies.: West-End, Köln, S. 169–244

Dies., 2010: Kann es einen „neuen Himmel" und eine „neue Erde" geben? Vortrag im Rahmen des Klausurtages „Gewalt & Frieden", Forschungsplattform „Politik–Religion–Kunst", 29.10.2010, Universität Innsbruck

Dies., 2011 (a): „Ich bin der Tod geworden, der Zerstörer der Welten!" Zum schwarzmagischen und nihilistisch-totalitären Charakter der Militär-Alchemie von atomaren und post-atomaren Katastrophen-Technologien heute und der Fall Fukushima, Manuskript für: Widerspruch, Nr. 60, Zürich

Dies., 2011 (b): The Latest Challenge: „Military Alchemy" as a Dystopia for Planet Earth, in: Dies.: The Failure of Modern Civilization and the Struggle for a „Deep" Alternative. On „Critical Theory of Patriarchy" as a New Paradigm, Frankfurt/M./New York, S.269–301

Dies., 2011 (c): The Latest Challenge: „Military Alchemy" as a Dystopia for Planet Earth, in: Dies.: The Failure of Modern Civilization and the Struggle for a „Deep" Alternative. „On Critical Theory of Patriarchy" as a New Paradigm, Frankfurt/M.

Dies., 2011 (d): Die Planetare Bewegung für Mutter Erde. Warum es sie gibt und geben muss, Vortrag beim internationalen Matriarchatskongress „Die Zeit ist reif!", St. Gallen, 15.05.2011

Dies., 2011: The Failure of Modern Civilization and the Struggle for a „Deep" Alternative. Critical Theory of Patriarchy as a New Paradigm, Frankfurt/M./New York